U0819205

权威·前沿·原创

皮书系列为
“十二五”“十三五”国家重点图书出版规划项目

智能汽车蓝皮书
BLUE BOOK OF INTELLIGENT VEHICLE

中国智能汽车产业发展报告（2018）

ANNUAL REPORT ON DEVELOPMENT OF INTELLIGENT VEHICLE INDUSTRY IN CHINA (2018)

编　著／中国汽车技术研究中心

社会科学文献出版社
SOCIAL SCIENCES ACADEMIC PRESS (CHINA)

图书在版编目（CIP）数据

中国智能汽车产业发展报告．2018／中国汽车技术研究中心编著．--北京：社会科学文献出版社，2018．10

（智能汽车蓝皮书）

ISBN 978-7-5201-3486-6

Ⅰ．①中… Ⅱ．①中… Ⅲ．①智能控制-汽车工业-产业发展-研究报告-中国-2018 Ⅳ．①F426．471

中国版本图书馆CIP数据核字（2018）第215646号

智能汽车蓝皮书

中国智能汽车产业发展报告（2018）

编　　著／中国汽车技术研究中心

出 版 人／谢寿光
项目统筹／郑庆寰
责任编辑／郑庆寰　王蓓遥

出　　版／社会科学文献出版社·皮书出版分社（010）59367127
地址：北京市北三环中路甲29号院华龙大厦　邮编：100029
网址：www．ssap．com．cn

发　　行／市场营销中心（010）59367081　59367018
印　　装／三河市龙林印务有限公司

规　　格／开　本：787mm×1092mm　1/16
印　张：27．5　字　数：420千字

版　　次／2018年10月第1版　2018年10月第1次印刷
书　　号／ISBN 978-7-5201-3486-6
定　　价／99．00元

皮书序列号／PSN B-2018-764-1/1

本书如有印装质量问题，请与读者服务中心（010-59367028）联系

摘　要

《中国智能汽车产业发展报告》是关于中国智能汽车产业发展的年度研究报告，2018 年为首次出版。本书是中国汽车技术研究中心组织，在全国智能汽车企业、交通运输研究机构、高校、科研院所以及零部件企业的行业专家的鼎力支持下，由中国汽车技术研究中心的多位研究人员和行业专家共同撰写完成的。

《中国智能汽车产业发展报告（2018）》下设总报告、专述篇、产业篇、产品篇、技术篇、政策篇、标准篇、企业篇、热点篇、专项篇、国外篇十一个篇章及附录。

在总报告中，综述了近几年中国智能汽车的行业现状、技术及产品现状、商业模式现状、相关法律现状、标准体系的建设情况、示范区的建设及企业测试情况、信息安全领域的现状，总结了中国智能汽车产品落地面临的问题。

在专述篇中，从智能汽车行业发展中存在的问题、行业中的投资合作现状、中国交通运输及智能驾驶的发展现状入手进行了细致分析。在行业发展方面，提出智能汽车的发展还要从顶层设计入手，引导行业的发展；在投资合作方面，提出了行业发展中存在的问题和发展趋势；在交通运输方面，提出了中国交通运输对自动驾驶发展的需求以及发展趋势。

在产业篇中，对智能汽车行业的总体发展、零部件产业、测试产业和市场及商业模式进行了展现，重点阐述了技术现状、测试环境等，指出了零部件产业的发展路径，对智能汽车产业、零部件产业、测试产业、市场及商业模式的未来趋势进行了分析。

在产品篇中，阐述了整车产品的体系构架、产品功能价值的转移、市场现状以及零部件的研发水平，对国内外零部件产品和技术的发展现状及差距进行了展示，对智能汽车产品、零部件和关联产品的发展前景进行了分析。

在技术篇中，从技术路线图入手，经过对国内外行业技术的发展水平和技术发展路径的分析，阐述了中国在智能汽车前沿技术方面与国际水平之间存在的差距，并对前景提出了展望。通过对比世界主要汽车大国在新车评价体系中测试的不同定义和测试技术的差异，对中国在测试技术方面的发展提出了建议。

在政策篇中，梳理了中国针对智能网联汽车产业的战略目标、产业政策及相关领域的产业政策和相关法律，分析了政策层面和法律方面在推动产业发展中存在的不足，提出了推进顶层设计、建立协调推进机制等政策法规建设意见，以及加快推进相关法律建设的意见。

在标准篇中，在对比国内外行业标准的基础上，分析了中国在智能网联汽车标准体系建设方面存在的问题，提出了建设标准体系的基本思想。

在企业篇中，分别介绍了大型国企、混合制企业及独资企业在智能网联汽车发展中，在技术研发、产品落地及企业战略规划等方面的不同思路和设计，展示了各类体制的企业在智能网联汽车发展中的不同布局和策略。

在热点篇中，针对智能汽车产业及相关领域中的安全、产业链投资、智慧城市与智慧交通和互联网企业发展智能网联汽车的各种现状进行了描述，并对上述现状提出了分析和建议。

在专项篇中，分别简述了智能网联汽车在信息安全和云数据两个领域的发展现状，分析了产生信息安全问题的种种原因，指出了问题存在的相关安全技术领域，以及中国相关企业格局，提出了中国汽车信息安全产业云数据发展中存在的问题。此外，对中国几个主要城市在智能汽车应用方面的情况进行了介绍，归纳总结了应用中的特点，根据实际情况分析了未来应用方面的规划。

在国外篇中，阐述了德国、英国、美国和日本四个国家在发展智能汽车中所拥有的优势、政策法规环境和技术现状、测试状况等，对中国发展智能汽车起到了很多借鉴作用。

《中国智能汽车产业发展报告（2018）》向智能汽车和相关行业以及将要进入行业的企业和社会大众展示了中国智能汽车行业的发展现状，普及了行业知识。同时，汇集了中国智能汽车行业大量专家的精彩力作，各分报告从科学的角度，对中国智能汽车产业的全貌进行了系统梳理和分析，希望能为汽车行业管理部门、科研院所、大专院校、整车和零部件及相关企业、社会大众等了解中国智能汽车产业的发展提供最权威、最翔实的资料。

目 录

Ⅰ 总报告

Ⅱ 专述篇

Ⅲ 产业篇

Ⅳ 产品篇

Ⅴ 技术篇

Ⅵ 政策篇

Ⅶ 标准篇

Ⅷ 企业篇

Ⅸ 热点篇

Ⅹ 专项篇

Ⅺ 国外篇

Ⅻ 附录

皮书数据库阅读**使用指南**

总 报 告

General Report

B.1
中国智能汽车发展综述

王 羽　宋 瑞　张美芳*

摘　要： 互联网、大数据和人工智能等技术的兴起，带动了全球智能汽车产业的重大变革，世界各国高度重视智能汽车产业的发展，投入了大量的资金和精力，我国也不例外。经过多年的努力，我国智能汽车发展迅猛，本报告将从我国智能汽车产业、产品技术、商用模式、相关政策法规、示范区建设和信息完全等多个方面进行介绍，客观全面地阐述了我国智能汽车的发展现状及存在的问题。

关键词： 智能汽车　产业发展　商业模式　法规政策　示范区建设

---

* 王羽，中国汽车技术研究中心，智能汽车研究室暨汽车软件测评中心主任，硕士，研究方向为智能汽车与信息安全，华东交通大学客座教授；宋瑞，中国汽车技术研究中心，硕士，研究方向为智能汽车与智慧交通；张美芳，中国汽车技术研究中心，硕士，研究方向为前瞻技术与产业发展。

随着互联网和人工智能等技术在各行业逐渐渗透，全球汽车产业正面临智能化和网联化所带来的第四次重大变革。在当前中国汽车产业增速放缓的情况下，智能汽车将成为中国汽车产业新的增长点，并有望在汽车智能化变革中实现弯道超车。根据《节能与新能源汽车技术路线图》的规划，到2020年、2025年和2030年，驾驶辅助、部分自动驾驶车辆，高度自动驾驶车辆，完全自动驾驶车辆的市场占有率将分别达到50%、15%和10%。虽然中国智能驾驶行业起步略晚于国际市场，尚处于探索期，但国家政策大力支持、行业巨头布局积极，发展潜力巨大。2017年，中国智能驾驶市场规模超过400亿元，未来将保持每年超过20%的增长速度，到2020年市场规模有望达千亿元。

一　产业发展迅猛，多领域企业开展智能驾驶研究

整体而言，中国智能汽车市场可划分为探索期（2009～2018年）、启动期（2019～2025年）、高速发展期（2025年～）以及成熟应用期四个发展阶段。相对于全球市场，中国企业在智能驾驶领域的推进更积极。中国智能驾驶相关企业主要有整车制造企业、大型互联网企业和小型智能驾驶创业企业三类。

（一）传统汽车企业加大智能汽车布局，但与国际水平仍存在差距

近几年，智能网联汽车的概念开始对传统汽车人的思维造成冲击和改变，中国汽车企业渴望通过智能网联汽车领域在现有汽车企业格局中获得新地位。北汽集团、广汽集团、上汽集团、长安汽车和比亚迪汽车等均已涉足智能汽车领域，积极开展智能汽车研发和测试。其中，2016年4月长安汽车完成了重庆到北京2000公里无人驾驶测试，2017年11月获得美国加利福尼亚州路测无人驾驶牌照，并计划在2020年实现第3级别CA阶段（相当于SAE的L3级别）无人驾驶汽车量产上市。目前，长安汽车实现内外

资源的整合，与华为公司、百度公司、腾讯公司、阿里集团和蔚来汽车等合作伙伴达成了战略合作。上汽集团在智能驾驶领域采取了一系列举措，包括与中国移动、华为公司共同推出的智能出行服务，与Mobileye制定了智能驾驶技术联合开发计划等，与阿里集团合作推出了第一款互联网汽车荣威RX5，并在上市18个月内销量超过50万辆。广汽集团自2013年开始进入智能汽车领域，至今已有5年历史，在基于V2X技术的自动跟车、自动泊车和自动驾驶算法中的多项关键技术方面实现了突破。

中国传统整车企业以智能网联汽车技术跟进为主，采取从DA逐步向FA发展的模式，逐渐提高汽车的自动化水平。目前，各大整车企业的量产乘用车基本具有侧向稳定控制、自动助力转向控制等辅助驾驶功能，高档乘用车配置了自动泊车、自适应巡航和车道偏离预警系统等，而且都在投入巨资研发具有特定工况（低速）托管能力的半自动驾驶技术，包括防撞紧急制动、手机遥控泊车、拥堵跟车和车道跟踪控制等功能。传统整车企业在未来的发展进程中，首先将会面临第3级别CA阶段有条件自动驾驶的人机共驾的挑战。

（二）大型互联网企业加入造车行业，打破传统汽车行业格局

在新一轮科技革命的推动下，大量的互联网企业开始研发智能汽车的关键技术和核心部件，并制订造车计划，积极跻身智能汽车行业，拓展业务领域，力图在新一轮科技浪潮中崭露头角，占据市场主导地位。随着智能驾驶技术的研发和新兴车企的出现，系统级部件和软件算法的研发等使得整车装配技术不再具备高度专业化特点，传统整车制造企业的技术门槛相对降低，这使得智能汽车行业迎来大繁荣、大发展的时代。大量的互联网企业和新型车企及创业公司开始从各个方面展开研究：或研发核心传感器以降低成本推动智能汽车智能化落地；或以攻克关键算法作为技术解决方案；或进行智能汽车研发测试。智能驾驶汽车行业呈现百花齐放、百家争鸣的状态，关键技术、测试装备和测试标准、政策法规等都将持续突破并逐渐标准化，传统汽车行业格局将很快发生变革。

实际上，百度、阿里、华为等都对智能驾驶汽车研发进行了布局推进。以互联网企业百度公司为例，2013 年开展无人驾驶汽车项目研发，核心是包括感知、定位、智能决策与控制的“百度汽车大脑”研发。百度通过自主采集和构建高精度地图并运用帧内关键点检测和点云拼接、路面提取等技术，实现了厘米级定位。2015 年 12 月，百度公司无人驾驶汽车在北京完成了首次公开道路测试并于次年底在乌镇试运营；2017 年 4 月，宣布开放自动驾驶平台——Apollo 平台，帮助其他研发机构结合其自身的车辆和硬件设备搭建一套与之相匹配的自动驾驶软件系统。2017 年 7 月，推出 Apollo 1.0 平台，开放封闭场地的自动驾驶能力。目前，百度公司经过大规模上路测试，积累了大量的自动驾驶数据和技术开发能力，并建立起包含感知、定位、高精度地图、规划决策与控制、仿真、后台数据处理等各方面能力的技术平台。

对于以蔚来汽车、小鹏汽车、威马汽车和奇点汽车等为代表的新兴造车企业，从企业的建立阶段便深入布局自动驾驶汽车的研发与制造，正处于快速发展阶段。这些企业纷纷建立各大生产基地，通过不断推出样车和量产计划，抢占汽车智能化的发展风口。根据新兴造车企业的发展战略，汽车智能化将在 2018 年集中爆发，产品将直接面向终端消费者。随着越来越多的新造车企业走向市场，智能网联汽车行业的洗牌将加快速度，预计未来能够存活的企业仅 3 ~4 家。在全新市场阶段，新兴造车企业如何在没有资本注入的情况下实现企业自我造血，不断提升技术竞争力与品牌影响力，将成为决定其未来胜出的关键因素。

（三）众多小型智能驾驶创业企业，围绕智能驾驶产业链进行布局

因智能驾驶技术还不成熟，需要的技术能力和技术方向繁多复杂，涵盖了很多之前未纳入汽车产业链的技术，给创业企业提供了更好的技术输出平台和成功的可能性。目前，众多创业企业纷纷进入智能汽车领域，围绕智能驾驶产业链进行布局。从车辆改装、传感器、数据处理、地图、规划决策、

定位和数据后处理等各个环节，整体推动智能汽车技术更好地发展。

目前，创业企业的技术团队中，来自百度公司的较多。2015 年成立的“地平线”，将 ADAS 和自动驾驶两条技术路线同时推进。“地平线”已与美国、德国、日本以及中国这四大汽车市场内的 OEM 和 Tier1 展开了合作。2017 年 3 月成立的景驰科技，要完成百度公司未完成的计划，将建立中国首个无人驾驶汽车大规模产业化企业，计划在 2018 年量产 500 ~ 1000 辆无人驾驶汽车。2017 年 8 月，从百度公司离职的倪凯创立了禾多科技，主攻介于 CA 与 HA 之间（相当于 SAE 的 L 3. 5 级，L 3. 5 是需要把准 L 4 系统降维为 L 3 使用）的自动驾驶技术。此外，新兴初创企业还有 Pony. AI、主线科技、roadstar. ai 等也在多个场景下开发相应的自动驾驶技术，积极推进多种场景下的自动驾驶技术商用化。

作为行业新进入者，初创企业是轻装上阵，有望凭借各自优势，在无人驾驶的整车制造、运营、系统解决方案或关键零部件等领域获得重要地位，实现跨越式发展，但在激烈竞争中已经出现“大鱼吃小鱼”现象，多数创业企业难逃被大企业收购或阻击的命运。

传统整车企业与新兴互联网企业之间虽然存在一定的竞争关系，但两个领域也在不断地相互学习、补充与融合，共同打造智能网联汽车产业生态体系。上汽集团与阿里集团共同投资开发荣威 RX5，利用云端计算提供个性化服务，结合阿里集团的生态数据和车主出行数据推送定制服务，具备智能导航、人机交互等互联功能，为传统汽车智能化开辟了一条典型的可借鉴之路。此外，北汽集团与百度、广汽集团与腾讯等也纷纷签署了战略合作协议，共同在车联网服务、智能驾驶、云平台、大数据、汽车生态圈、智能网联汽车营销和宣传等领域开展业务合作，以推动双方业务的全面发展。

二　企业聚焦智能汽车，产品技术迎来大爆发

企业在智能汽车技术方面的研究方向不同，整车企业大部分以辅助驾驶

为先导，通过不断装配传感器攻克关键技术按智能化等级逐层过渡到自动驾驶，最终实现无人驾驶。互联网企业则多通过搭载全面的传感器和成熟的智能驾驶技术直接实现无人驾驶。

智能汽车作为智能化、网联化及电动化的结合体，其构架分为三个系统、一个平台和一套总成。其中，三个系统是感知系统、决策系统和执行系统；一个平台是车联网平台，由通信网络、通信终端及精确的3D地图构成；一套总成系统是电力总成系统，包括动力电池、电机及电控系统等。其中，行业比较公认的智能网联汽车定义是：搭载先进的车载传感器、控制器、执行器等装置并融合现代通信与网络技术，实现车与X（车、路、人、云端等）智能信息交换、共享，具备复杂环境感知、智能决策、协同控制等功能，实现“安全、高效、舒适、节能”行驶，并最终实现替代人来操作的新一代汽车。

在环境感知技术层面，智能网联汽车传感器产业的发展较集中，全球汽车传感器90%的市场份额被大陆集团、博世集团、德尔福和电装公司等企业垄断，Velodyne、Quanergy和Ibeo等企业在激光雷达技术方面的优势显著。中国智能网联汽车传感器与国外同类产品相比，整体技术水平普遍不高，面临准确度低、分解能力差、信号精度不足和抗干扰性弱等问题。但是，一些传统军工企业开始布局民用市场，不断促进毫米波雷达技术的成熟与发展。在激光雷达方面，涌现出一些新兴企业进行相关技术与产品研发。

在定位测绘技术层面，在V2X车联网通信领域中存在DSRC与LTE-V两大技术发展阵营。中国华为公司和大唐公司等企业积极参与LTE-V标准制定，并进行产业布局。2015年，华为公司旗下的海思公司独家中标奔驰汽车第二代车载通信模块全球项目，击败了高通公司；2016年，大唐联芯推出业界首款芯片级LTE-V预商用产品。但目前LTE-V车联网通信仍面临技术积累不足、产业标准滞后、与整车企业未紧密衔接等问题。在定位导航方面，北斗导航等技术在车载市场的应用率较低、通信成本较高，尚未充分发挥技术优势，面临应用市场发展不均衡等挑战。

在决策规划技术层面，中国 ADAS 算法领域的相关企业具有较强竞争力，百度公司和地平线等企业的机器视觉算法技术基本可实现 ADAS 功能，车道线识别率、车辆识别率等指标紧跟国际水平。目前，中国众多企业集中于智能汽车顶层决策算法的设计研发，但是在芯片处理方面的开发能力欠缺，继续采取直接采购国外芯片的方式，会使得中国核心芯片技术面临空心化危机。

智能汽车的发展涉及多方企业的努力与各种知识技术的融合，是汽车行业全新运营模式的发展形成过程。不可否认，与欧美发达国家相比，传感器、车载芯片、中央处理器、车载操作系统等都是中国的短板和弱项。针对这种情况，政府有关部门应大力扶持新兴的中小型零部件企业，组织政产学研用多方合作，共同攻克智能汽车关键传感器核心技术，降低相关部件成本促进产业化应用；继续支持互联网企业和整车制造企业研发共性技术，加快推进智能汽车应用与测试；最大限度地支持创业创新，掌握更多尖端核心技术，推动智能汽车发展落地。

总体而言，中国在智能网联汽车关键技术领域已取得显著成绩，但随着深入发展会面临一定的挑战，未来需要全面加强智能网联汽车产业的整合联动，进一步提升传感器相关技术研发与制造能力。同时，充分利用中国先进的 5G 通信及导航定位等技术优势，加快其在智能网联汽车产业的布局与推广，并在国际上发挥带头引领作用。

三　商业模式重塑、跨产业联合成为新形态

“智能汽车”已经不再只具备汽车这一单项功能，而是综合了计算机、互联网、物联网和人工智能等高端技术于一体的“智能移动机器人”。在产品定位和价值重心发生转变之后，智能汽车相关企业势必将重新定义和建立自身的商业模式。2017 年以来，中国智能汽车的商业模式不断创新，对整个智能汽车产业的发展起到了积极推动作用。

（一）商业模式不断丰富，跨企业合作模式成为新态势

有效的商业模式能快速带动产业链发展。通过对产品成本分摊与获利平台的重新搭建，重新划分各方成本结构及利益分层，确保各方获利，实现全产业链的盈利，是产业良性发展的运营模式。

在汽车智能化进程的快速推动下，智能汽车市场涌现了大批互联网造车企业。一方面，以 BAT 为首的互联网企业全面进军汽车行业，纷纷与传统整车企业联手打造全新一代的智能汽车产品。百度公司启动了无人驾驶开发计划；阿里巴巴则早于 2014 年与上汽集团共同宣布建立合资企业；腾讯公司也牵手广汽集团，准备继续深耕造车领域。另一方面，以蔚来汽车、小鹏汽车、威马汽车和奇点汽车等为代表的互联网造车企业动作频频，第一批智能汽车产品正在逐步落地，未来造车格局进一步明晰。对所有汽车行业的新加入者而言，研发仅是刚刚踏出的第一步，生产并获得上市销售资质才是关键。而目前互联网造车企业普遍在 2016～2017 年才完成工厂选址，并达成投资意向。为尽快将产品投向市场，大部分互联网造车企业都选择由传统汽车企业代工的模式进行量产产品的生产。

智能汽车产业链分支众多，市场需求量巨大，且发展空间广阔。在汽车行业转型升级的重要阶段，既有企业人才配备齐全、深谙汽车之道的传统汽车企业，也有储备了先进互联网及自动驾驶技术的互联网造车企业，为快速扩张智能汽车市场规模，全新的跨界合作模式无疑是促进产业发展的重要途径。

（二）新商业模式推动智能汽车推广应用规模

随着互联网造车企业快速兴起，衍生出了一系列商业模式。

（1）“互联网＋”模式。该模式采用“线上线下”的互联网路线，能快速匹配消费者的需求，并根据消费者的不同需求提供灵活的购买形式。此外，“互联网＋”模式也成功刺激了传统汽车企业的造车观念，逐渐体现出将“以用户为核心”的创新思维融入汽车生产、制造及推广过程，并使其

在技术与人才交流方面变得日益活跃，促进了高层技术研发及管理人才的流动速度，推动了中国智能汽车产业的快速转型。

（2）共享模式。近几年，中国共享经济市场正在蓬勃发展，其中共享汽车出行已经进入高速发展阶段，传统租车、网约车及分时租赁等共享出行模式正在快速普及与发展。随着汽车共享出行市场的逐渐成熟，互联网专车市场作为市场规模最大、用户认可度较高的互联网出行细分领域，具有显著的资本优势及海量的运营数据，将成为无人驾驶商业化落地的首选。在智能汽车共享时代，“无人驾驶汽车＋共享出行”的全新模式将最终解决城市的交通问题。

（3）服务主导模式。在智能汽车全面来临的时代，终端消费者未必需要拥有汽车，市场商业模式将转变为以每次出行服务的里程数以及在途中所使用的服务项目进行计费。对于消费者而言，每一次用车中的服务体验将影响下一次的出行选择。智能汽车市场的收费模式将从过往的低频率、高单价消费转变为高频率、低单价消费。对于业内企业，不再是仅以产品硬件的推陈出新来满足消费者需求，而是要在既有的软件服务平台上进行内容优化，最大限度地提升消费者出行的服务体验，围绕消费者全旅程的体验来设计和改善服务内容，形成动态且可持续的业务闭环。智能汽车产业将不再是单纯以产品销售为主导的传统制造业，而向以乘坐体验为核心的服务导向型行业进行过渡。

四　政策频出，中国智能汽车发展驶入快车道

目前，主要发达国家均高度重视智能网联汽车产业发展，欧、美、日等发达国家和地区都将智能网联汽车作为重要发展方向，发布了一系列政策和法规，并通过研发和示范等进行引导和推动，联合国和国际标准化组织 ISO 已将智能网联汽车发展作为重要工作。在中国，智能网联汽车产业也被纳入国家重要发展战略，政府部门频繁推出相关政策加快产业发展。2015 年 5 月国务院印发的《中国制造 2025》将无人驾驶汽车作为汽车产业未来转型

升级的重要部分；2016 年，工业和信息化部组织有关单位制定了《智能网联汽车发展技术路线图》，并由国家制造强国建设战略咨询委员会对外发布，明确了智能网联汽车技术路线，并提出阶段性发展目标；2017 年，工业和信息化部、国家发改委、科技部共同印发了《汽车产业中长期发展规划》，认为智能网联汽车有望成为抢占先机、赶超发展的突破口。

总之，中国在政策、法规和标准等方面大力支持智能网联汽车产业发展，并全力推进智能网联汽车相关的技术研究、产品开发和测试示范等方面的建设，为促进产业进步创造了良好的政策环境。智能网联汽车相关标准和法规等方面虽取得了一定进展，但仍需加大力度进行丰富与完善，以便进一步促进产业的快速落地。

（一）智能网联汽车迫切需要国家政策法规支持

目前，中国自动驾驶技术正处于产业化探索的初期，政策与技术进步是否匹配，在一定程度上决定了产业的创新速度和竞争力。中国亟须加大在政策领域的创新力度，充分发扬“敢为天下先”的精神，让政策创新成为产业发展的竞争力，成为新经济的生产力。

（二）各部门统筹规划，协同推进智能汽车发展政策

智能网联汽车产业涉及计算机、通信、大数据、人工智能等学科领域，以及智慧交通和智慧城市等应用领域，需要政府在不同领域出台相关的政策法规，综合加以推进。积极发挥政府对智能汽车发展的引导作用，强化战略规划和顶层设计，完善产业政策，优化发展环境。加强部门协同、行业协调和军民融合，建立跨部门、跨行业、跨领域的协调发展机制，协同推进核心技术自主化、汽车和基础设施智能化、运行监管规范化，增强政策合力，提升质量、效益和发展的效率。

（三）构建完善系统的政策法规体系

中国现行的汽车相关政策主要是基于传统汽车制定的，在引导和规范智

能网联汽车发展时存在明显的问题和不足，迫切需要有关部门加强对智能网联汽车政策环境的研究、分析和把握。全面开展重大政策研究，加快推进相关制度的调整和完善，尽快构建系统的、科学的智能网联汽车政策法规体系，为产业的持续快速发展创造良好的政策法规环境。

五　法律体系不完备，需进一步加强

目前，智能网联汽车上路行驶受到有关法律法规的限制。第一，现有交通法规要求驾驶员必须为人类，智能网联汽车的自动驾驶系统在中国还未被认定为驾驶人，且并未明确如何评判自动驾驶系统为合格驾驶人或自动驾驶汽车的驾驶主体。第二，智能网联汽车不能注册登记，尚不能作为商品车辆上路行驶。第三，部分地区的法规禁止悬挂试验牌照的机动车辆在快速路和高架桥行驶，阻碍了智能网联汽车的试验测试和产业化发展。第四，现有的对驾驶人的发证和违章扣分处罚等管理政策不适合自动驾驶系统。第五，保险、刑事和民事责任认定，创新商业模式的市场准入（如网约车）等其他相关方面的法规还不配套。

针对以上情况，中国应尽快设立合法的自动驾驶制度。

（一）需要明确自动驾驶概念

目前，全球智能汽车行业尚未对自动驾驶汽车或智能网联汽车有公认的标准定义，中国也不例外。尚未明确的定义会致使企业定位不清，行业相关研究人员的多种定义会使公众对智能汽车概念更加模糊不清。因此，国内首先需要对自动驾驶汽车或智能汽车进行标准定义，提出其发展目标和发展路线，引导行业向一个方向发展，加速中国汽车行业智能化进程。

（二）亟须出台智能汽车测试法规

智能汽车的商业化离不开道路测试这一实践性、必要性检验。除了对测试路段需具备的测试条件进行规范之外，对申请道路测试的单位资质和车辆智能化水平也提出严格标准的要求，并对测试过程中的安全保障与损失等的责任归属问题进行划分。对开展道路测试的车辆是否需要发放临时测试牌照，测试车辆驶入未允许测试区域内等诸多问题进行研究，保证道路测试安全有效地进行。

除了对道路测试进行规范之外，示范区内的测试规程也应探索出台。主要是对示范区内的测试条件要求和测试流程进行规范，使各测试区内的测试内容趋于标准化，也有利于示范区建设和新示范区的落成。

（三）探索出台智能汽车上路行驶相关法规

智能汽车从特定路段测试走向全路段测试，将会面对更加复杂的交通状况和交通事故等问题。现行交通法规是对传统汽车进行约束的标准规定，智能汽车与传统汽车共同组成的交通环境、全无人驾驶汽车行驶的交通环境等都需探索出台相应的法规，主要对智能汽车需要满足的硬性条件和各交通参与者需要承担的责任进行规定说明，对行驶安全和事故责任认定等问题进行责任划分，以及其他关键问题进行标准化要求。

六　法规体系滞后于产业发展，仍处于研究与编制阶段

中国智能网联汽车领域相关的标准法规正在逐步建立和完善。2016 年，工业和信息化部、国家标准化管理委员会联合启动了《智能网联汽车标准体系建设方案》的研究及编制工作，委托全国汽车标准化技术委员会组织汽车、电子、信息、通信、互联网和交通等相关行业的骨干企业、技术机构、行业组织、科研院所和高等院校等，共同开展方案研究及编制工作。2016 年 11 月，全国汽车标准化技术委员会发布《智能网联汽车标准体系建设方案》（第 1 版），明确了智能网联汽车标准体系建设的目标和原则，对智能网联汽车标准体系框架进行了分析和研究，并积极推进后续标准法规的各项事宜。2017 年 6 月，工业和信息化部发布了《关于征求〈国家车联网

产业标准体系建设指南〉意见的通知》面向公众征求意见，初步确立了95项无人驾驶标准。2017年9月，《智能网联汽车公共道路适应性验证管理规范（试行）》已经形成基本框架，但尚未对外正式发布。2017年12月，北京市交委、市交管局、市经信委联合制定的《北京市关于加快推进自动驾驶车辆道路测试有关工作的指导意见（试行）》和《北京市自动驾驶车辆道路测试管理实施细则（试行）》公开发布，对中国自动驾驶公开道路测试具有里程碑意义。此外，工业和信息化部、交通运输部和公安部也在起草国家层面的自动驾驶规范，预计将很快出台。

在中国，由于专业背景、技术关注点和利益趋向性不同，不同行业对智能网联汽车的定义、功能、构成的理解存在一定的差异，技术标准体系常滞后于产业发展，一般随产业发展的成熟应运而生。现行的机动车安全技术标准主要适用于传统的机动车辆，并没有针对智能网联汽车单独提出相关的技术要求。

中国针对现阶段智能汽车产业的发展现状，在构建标准体系时需要遵循以下几个原则。

（一）面向未来技术，避免制约技术创新和产业发展

智能网联汽车作为新兴产业集群，融合了汽车、电子、信息和通信等不同行业的新理念和新技术，技术和产业尚处于快速发展中，其范畴也随着技术发展和应用不断扩展和完善。智能网联汽车标准体系建设考虑到未来技术发展和应用的多样性，采取开放和融合的态度，避免标准体系方案制约智能网联汽车技术和产业的发展。

（二）以智能化为主，同时采用智能化和网联化两条路径

智能化和网联化代表了智能网联汽车发展的两种不同路径，发展方向是“智能化+网联化”，最终实现替代人类执行全部驾驶任务。智能网联汽车标准体系的构建中：在智能化方面，前期以先进驾驶辅助系统（ADAS）技术和应用为重点，逐步扩展到自动驾驶（AD）；在网联化方面，以车内硬

件、软件接口和车内通信协议为重点，逐步扩展到车辆与外界进行信息交互的通信协议及界面接口。

（三）立足基本国情，适应中国道路交通特点与产业需求

智能网联汽车标准体系的建设应调查研究中国道路交通的特点、典型驾驶行为、事故形态、用车方式和商业模式等具体情况，充分考虑智能网联汽车相关产业及技术发展现状，对智能网联汽车关键技术、产品的适用性进行研究和对比分析，确定适合中国的技术发展路线和应用场景，提出适用于中国国情和产业需求的智能网联汽车标准项目。

（四）科学进行分类，合理确定层级、定位和适用范围

智能网联汽车标准体系的建设根据内容和适用性划分的基础、通用规范、产品和技术应用及相关标准，按照特定系统或技术的工作原理及功能等进行归类。根据性质和层级不同，制定国家标准（包括强制性国家标准）、行业标准和团体标准，实现国家标准、行业标准和团体标准的良好配合与衔接，并对电子、通信、互联网及智能交通等相关标准提出要求，为体系间相互协调兼容预留接口。

（五）确定工作进度，加快急需标准项目的研究与制定

智能网联汽车标准体系的建设聚焦于技术和产业发展的方向目标，把研究基础共性和关键技术以及成熟的产品与技术应用标准作为研发建设重点，研究制定适用不同产品类别和应用领域要求的标准。依据各种不同场景下，智能网联汽车相关技术应用前景分析，确定体系建设短、中、长期计划及优先开展项目，有步骤、有计划地协同推进具体标准的制定。

（六）强化体系协调，实现与其他相关行业标准兼容

智能网联汽车标准体系的建设应强化与电子、信息和通信等相关领域的技术标准体系的协调性，在满足电子、信息和通信等通用技术要求的基础

上，结合汽车独特的使用条件和技术特征制定车载电子、信息、通信装置及系统的整车级技术标准，并加强与道路设施、交通控制信号等协调，兼容和支撑智能交通及智慧城市标准体系的建设。

（七）坚持开放态度，积极参与国际标准法规的制定与协调

智能网联汽车标准体系的建设应秉承开放合作态度，加强与世界主要汽车生产国、联合国（UN）、国际标准化组织（ISO）、国际电工委员会（IEC）等国家、国际组织和机构的交流与合作，充分吸收和借鉴国际经验和成果，加大对国际标准法规的协调力度，积极参与相关国际标准法规的制定与协调，为中国汽车产业“走出去”战略创造有利环境。

七　示范区建设推广已取得一定进展，各汽车企业积极路测格式问题

中国在推动智能汽车产业发展的进程中，尤其关注智能汽车测试与示范的相关工作，并正在政策方面给予大力支持。2015 年 5 月，国务院发布《中国制造 2025》发展战略，首次涉及智能网联汽车测试与示范相关内容。2015 年 7 月，根据工业和信息化部公布的 2015 年智能制造 46 个试点示范项目名单，中国首个智能网联汽车试点示范区开始进行规划建设。国家发改委在 2017 年 11 月印发的《增强制造业核心竞争力三年行动计划（2018 ~ 2020 年）》中提出，要大力开展智能汽车信息安全和测试评价技术研究，建立完善的信息安全评价体系。目前，中国关于智能汽车测试的政策正在全面推进，但是在测试标准贯彻落实方面仍然需要加快推进、更新与完善，而且现有道路交通相关法律在客观上仍未给出关于无人驾驶汽车上路测试的明确条文，对智能汽车的进一步应用推广造成了一定的法律障碍。当前，为满足智能汽车测试需求，需要模拟并建设大量的实际交通场景，传统汽车试验场已经无法满足智能汽车技术产品的测试需求。欧、美、日等国家和地区纷纷建设智能汽车专用测试基地，中国也正在积极推动智能汽车测试与示范区建设

工作，工业和信息化部首先通过智能制造试点示范项目批准了国家智能网联汽车（上海）试点示范区，之后又与北京—河北、重庆、浙江、吉林、湖北等地方政府签署了示范合作框架协议，与公安部、江苏省政府签署共建合作协议，与四川省政府签署相关协议，初步形成了“5+2+1”的智能汽车测试基地格局。

自动驾驶汽车要告别实验室，实现规模化生产和销售，道路测试是必不可少的环节。

在乘用车领域的自动驾驶测试方面，2015 年 12 月，百度公司与宝马公司合作的无人驾驶汽车在北京进行路测，拉开了中国智能网联汽车路测的序幕，路测过程中实现了多次跟车、减速、变道和超车等复杂驾驶行为。2016 年 11 月，百度公司的 18 辆无人驾驶汽车在乌镇进行运营体验，首次在开放路段实现全程无人干预的 HA 级别（相当于 SAE 的 L4 级别）无人驾驶。2017 年 7 月，李彦宏在副驾驶座位乘坐百度公司研发的无人驾驶汽车在北京五环道路上行驶，1 分钟视频中显示该车始终处于自动驾驶状态。2016 年 4 月，长安汽车的 3 辆无人驾驶汽车从重庆市出发，途经安康、西安、郑州和石家庄等地，完成超过 2000 公里的道路测试。2016 年 12 月，中国科学院合肥研究院和江淮汽车共同研制的无人驾驶汽车 Mr. JAC 完成了无人驾驶测试，具备在真实交通道路及园区道路等复杂交通状况下的自主行驶能力。此外，广汽集团的无人驾驶汽车也在近两年多次参加智能汽车相关赛事，进行了开放道路的测试与竞技，并取得了优异成绩。

在商用车领域的自动驾驶测试方面，2015 年 9 月，宇通客车宣布其研发的无人驾驶大型客车已在全开放道路进行测试，成为全球首辆通过测试的大型客车。2016 年 11 月，百度公司与北汽福田联合发布了中国首款无人驾驶载货车，并在 2017 年开展路测工作。2017 年 1 月，驭势科技发布了首辆完全独立自主研发的无人驾驶电动汽车——城市移动包厢，已初步完成测试，并计划 1～2 年内加速推进量产。2017 年 9 月，智行车推出了其首辆无人驾驶扫路车“蜗小白”，并率先落地北京奥林匹克森林公园。2017 年 11 月，图森未来 HA 级别（相当于 SAE 的 L4 级）自动驾驶载货车在上海封闭示范区完成测试，测试全程经历了环岛掉头、过交通信号灯、躲避障碍车辆以及数次转弯等项目，整个过程完全自主、无人干预。2017 年 12 月，主线科技的自动驾驶载货车在上海汽车城进行了首次展示，并计划在天津港落地其无人驾驶集装箱牵引车。

在无人驾驶出租车领域的测试示范方面，中国出租车打车软件服务商滴滴公司宣布进军无人驾驶领域，2015 年与北汽集团签署合作协议，计划在无人驾驶领域进行深度合作，并在 2016 年与驭势科技进行商业接触，同时也在硅谷寻求收购或投资无人驾驶技术企业，以加快该公司在无人驾驶方面的进度，以便进一步在无人驾驶出租车领域取得一定突破。

目前，中国已初步建立了智能汽车测试评价体系，具体测试技术及方法仍处于概念性阶段，需要进一步明确与深入。在智能汽车测试与示范区建设方面已经取得了一定成绩，基本形成了全国范围内的战略布局，同时各大整车、零部件、互联网及新兴创业型企业也全面开展智能汽车相关技术与产品的测试工作，并在乘用车、商用车领域均取得了突出进展。但是，现有智能网联汽车示范区的交通状况相对简单，驾驶场景和环境复杂度不够，无法满足研发测试的需求。在未来智能汽车测试过程中，仍需要积极引导企业在示范和测试期间研发新一代交通控制路网技术，实证在实际道路环境下智能网联汽车的运行情况，以及检测 V2X 网络通信的安全性与兼容性等内容，为未来的政策制定和相关法规法律的制定提供重要支撑，并在尚未大规模开发的国家级重点新区，统一规划配套基础设施，并加强相关的试点示范工作。

八　信息安全成为智能汽车发展的关键问题

当前智能汽车的智能化、网联化程度不断提高，智能汽车面临的信息安全问题愈加严峻。只有保证智能汽车的信息安全，才能够避免恶意入侵等带来的经济损失和由此引发的公共安全问题。尽管当前智能网联汽车的安全漏洞尚未被不法分子大量利用，但是有统计表明，56% 的消费者将信息安全问题作为他们购车时的主要考虑因素。由此可见，智能网联汽车的信息安全已经成为汽车产业甚至是社会关注的焦点。

中国智能网联汽车信息安全企业大致可分为以下几类。①具有国资背景的检测机构，以CIIA智能网联汽车信息安全实验室、中国信息通信研究院泰尔终端实验室和赛迪集团为代表，前者主要从事通信设备检测，后者主要从事软硬件设备检测。由于汽车与互联网、通信行业日益融合，这类企业自然涉入汽车信息安全检测当中。②传统互联网安全企业，已经把汽车作为下一个终端进行产业布局，以奇虎360、腾讯科恩实验室等为代表。③从事物联网安全的企业，把汽车作为物联网的一个节点进行产业布局，以梆梆安全、匡恩网络等为代表。④一些做传统加密业务的企业，布局汽车端之上的云数据加密产业链条。⑤具有一定的汽车软件开发基础的企业，迅速切入汽车信息安全行业当中。

国家在互联网、大数据和卫星通信等众多领域发布了大量信息安全相关政策，主要有关于网络接入安全、工业和交通领域信息安全、个人信息等方面的立法，以及营运车辆安装卫星定位系统、互联网地图数据服务器和数据管理、电信安全试点、大数据安全管理等方面的内容。目前，国家颁布的相关信息安全政策主要集中在国家信息安全保护领域，对高精度地理信息测量以及高精度电子地图的绘制有严格的限制。同时，智能网联汽车作为新生事物，相关的产品信息（含OBD在线诊断、车载娱乐、RFID射频识别等）和个人隐私信息等信息安全的立法保护还不完善。

中国汽车信息安全企业绝大部分以软件、漏洞为突破口，在渗透测试、漏洞挖掘和安全检测方面具有一定的技术积累，在汽车端之上的管、云安全防护方面有一定的建树。但是在车端，如总线数据加密、空中升级等涉及车载芯片级的安全防护方面的技术较欠缺，信息安全企业的竞争不够明显激烈的主要原因：①智能汽车信息安全发展处于起步阶段，涉及信息安全的企业较少；②智能汽车与互联网存在一定的技术壁垒，传统安全企业对这个领域的关注度不高，大型互联网安全企业几乎没有车载安全产品；③汽车零部件集成度较高，要求复杂，融入车辆信息安全体系中的单一产品成熟度较低；④汽车信息安全企业技术积累普遍不高，没有形成强大的有竞争力的产品。

九　智能驾驶汽车的量产与普及尚有较多瓶颈

目前，智能网联汽车领域合作仍存在一定问题，如合作受制于法律法规的限制，仍局限在技术研发和示范测试等范围，部分企业合作与智能化战略不符。

首先，全球智能网联汽车领域合作仍主要局限在技术研发和示范测试等阶段，自动驾驶汽车市场化合作仍有待进一步探索。现阶段，高自动化等级的智能网联汽车市场化发展面临大量的法律法规障碍，相关企业在合作推动破除智能网联汽车发展面临的法律法规障碍的探索未取得实质性进展。

其次，部分企业智能化发展战略不明确，导致部分企业合资合作行动没有以智能网联汽车发展战略作为指导，或与其制定的智能网联汽车发展战略不完全相符，使合作项目的范围和内容比较散乱，不聚焦。

最后，智能网联汽车领域合作对企业跨界融合发展和转型的作用尚未完全显现。现阶段，企业在智能网联汽车领域开展的跨界和同领域的合资合作行动，仍处于夯实基础阶段，尚未对企业的发展和转型产生重大影响，需要企业持续推进相关工作。

专 述 篇

Special Reports

B.2
智能网联汽车的发展急需顶层设计

吴松泉*

摘 要： 智能网联汽车将加快无人驾驶的实现，助力打造智慧城市。我国智能网联汽车将由探索制造期步入示范测试期，国内众多汽车企业不断加快技术研发和产品测试。但要想实现智能网联汽车的落地，需要国家的顶层设计。本报告阐述了当前我国智能网联汽车的发展现状，指出了良好制度环境的重要性，并提出了加强顶层设计的相关建议，以促进智能网联汽车产业发展。

关键词： 智能网联汽车　制度环境　顶层设计

* 吴松泉，中国汽车技术研究中心，教授级高级工程师，研究方向为汽车产业政策和法规。

智能网联汽车（自动驾驶汽车）是汽车智能化和网联化的融合，其功能属性、涉及的领域及技术复杂性远超传统汽车。同时，智能网联汽车是城市智能交通系统的重要环节，将在未来智能交通系统建设和推进汽车社会和谐健康发展中发挥关键作用。很长时间以来，中国各项配套软硬件技术发展不够成熟，智能网联汽车发展极其缓慢。近几年，随着互联网、通信和核心零部件等关键领域的技术有了突破性发展，智能网联汽车已经进入大规模产业化的前夜。目前，中国相关政府部门正在统筹规划智能网联汽车的发展，完善相关的政策措施，推进智能网联汽车健康、有序的发展。

一　中国智能网联汽车发展即将进入示范测试阶段

2016～2018 年是全球智能网联汽车大发展的三年，“智能和网联”概念成为全世界范围内的科技热点，主要汽车工业国家纷纷将智能网联汽车的发展列入国家战略，多家汽车企业、零部件企业及互联网企业竞相展开自动驾驶技术的测试，自动驾驶汽车由概念、研发向产业化推进的进程明显加快。

2016 年以来，中国智能网联汽车产业展现出蓬勃发展的态势。在主要汽车企业（集团）中，如中国一汽、长安汽车和吉利汽车等纷纷制定、实施智能网联汽车发展战略，加快技术研发和产品测试。有互联网背景的新创汽车企业，如蔚来汽车、智车优行和威马汽车等均将智能网联作为发展的重点，在企业及产品宣传方面大力推广“智能网联”概念。在互联网企业中，如百度、阿里巴巴和乐视等企业纷纷跨界进入汽车领域，以“智能网联”技术为核心的跨界合作成为汽车产业的重要发展趋势。在多方合力的情况下，中国智能网联汽车产业正在加快从研发阶段进入示范测试阶段。在工信部、公安部等部委的支持下，中国已建立了上海、北京—河北、杭州、重庆、武汉、长春和无锡共 7 个智能网联汽车示范区。同时，长安汽车和百度等多家企业已在开放道路上进行了自动驾驶测试。

二　良好的制度环境是智能网联汽车发展的重要前提

智能网联汽车是近几年才迅速发展起来的新兴事物，现行的主要针对传统汽车的法律和政策体系并不完全适用于智能网联汽车，主要表现在法律法规、行业管理和配套环境三个方面。

首先，现行法律法规存在诸多不适宜的条款和内容。①阻碍智能网联汽车的测试和使用，如《道路交通安全法》禁止人类以外的其他对象（如系统）驾驶车辆，《道路交通安全法实施条例》禁止机动车在高速公路上进行测试。②现行法律法规对交通行为主体确认和交通事故责任认定等方面的规定也无法适用未来汽车自动驾驶的情形。③现行标准法规限制智能网联汽车的生产、销售和进口，智能网联汽车部分结构和功能不符合部分现有强制性标准的要求。④《测绘法》及相关法规禁止无资质的企业、单位进行地理信息采集及地图绘制，制约了智能网联汽车必需的高精度地图和定位的发展。对此，全国人民代表大会正在组织修订《道路交通安全法》，智能网联汽车注册登记和上路行驶等问题有望解决；工业和信息化部、公安部、交通运输部共同组织制定的《智能网联汽车公共道路测试规范》已经完成初稿，出台后将允许和规范智能网联汽车道路测试；由工业和信息化部组织，全国汽车标准化委员会组织制定的智能网联汽车标准体系已形成框架。

其次，行业管理亟待加强统筹和协调。由于智能网联汽车涵盖汽车、电子、互联网、通信和地图导航等众多领域，涉及工业和信息化部、公安部、国家质量监督检验检疫总局、交通运输部、国家发改委、国家测绘地理信息局、国家互联网信息办公室、科学技术部等多个政府管理部门，导致智能网联汽车的管理职能相对分散，在工作协调、协同管理方面较难形成合力。

最后，尚未形成适合智能网联汽车发展的配套环境。①基础设施不完善。现有的道路标识、交通设施、充电设施和停车设施等配置不完善，且智能化水平不高，无法满足智能网联汽车大规模应用的需求。②社会环境有待培育。智能网联汽车的应用在带来多方面好处的同时，还引起了社会伦理、道德和隐私等社会问题，如何建立保障有力、公平和有序的制度环境，引导社会公众广泛接受和使用智能网联汽车也是政府和产业界面临的重要课题。

三　建议加强顶层设计，统筹推进智能网联汽车发展

智能网联汽车已成为中国汽车产业继新能源汽车之后又一个抢占先机、赶超发展的突破口，是中国推动汽车产业转型升级，实现汽车强国战略目标的重要途径。为顺应汽车产业智能化、网联化的发展趋势，把握产业变革的战略机遇，建议有关部门加强顶层设计，加快推进智能网联汽车发展。

（1）加强宏观指导和统筹协调。建立国务院层面高效、统一的工作推进机制，厘清并协调好各相关管理部门的职能及权责，明确有关的发展思路、工作目标、主要任务、保障措施等。

（2）构建良好的制度环境。抓紧时间调整和完善有关法律法规和政策，统筹智能网联汽车发展与智能交通、智慧城市相关规划的关系，尽快建立促进智能网联汽车产业化和推广应用的法律法规和政策体系。

（3）由政府部门组织有关机构编制符合中国国情的《智能网联汽车发展综合指南》，向各级政府、企事业单位、民间团体和社会公众等明确有关的发展导向，合力推进智能网联汽车发展。

（4）推进协同创新。支持建立一批智能网联汽车关键技术联合研发平台，吸引、汇聚各相关产业领域的优秀人才和资源，强化各领域技术的协同研发，加快攻克核心技术。

B.3

汽车智能化指数及评价方法研究

王 羽　宋 瑞　杨晨光　郑碧琪*

摘　要： 近年来，智能化作为汽车产业未来发展的重要方向，是汽车产品向智能化发展的重要过程，充分了解汽车智能化发展的水平及演进阶段，对于促进智能汽车产业发展具有重要意义。本报告试图在 SAE International 汽车智能化等级划分的框架下，建立对应的系统且详细的汽车智能化指数评价指标体系，并综合利用层次分析法与熵权法的优缺点，确定各指标的综合权重，最终计算得到汽车智能化指数综合评价分数，为评定汽车智能化等级提供判断依据。

关键词： 汽车智能化　评价指标体系　层次分析法　熵权法　综合权重

汽车智能化指数及评价方法研究试图在 SAE International 汽车智能化等级划分的框架下，提出涵盖专业测评、实践工况、市场评价等“三位一体”的评价体系，建立以自动驾驶、车联网、信息安全以及车载信息服务等为基础的评价指标体系，并综合利用不同评价方法的优缺点，同时结合大数据分析方法，最终计算得到汽车智能化指数综合评价分数，为评定汽车智能化等

---

* 王羽，中国汽车技术研究中心，智能汽车研究室暨汽车软件测评中心主任，硕士，研究方向为智能汽车与信息安全，华东交通大学客座教授；宋瑞，中国汽车技术研究中心，硕士，研究方向为智能汽车与智慧交通；杨晨光，中国汽车技术研究中心，助理工程师，硕士，研究方向为智能交通与共享出行；郑碧琪，中国汽车技术研究中心，助理工程师，本科双学位，研究方向为智能科技与测试评价。

级提供判断依据，从而不断促进智能汽车在安全、体验、能耗、效率等方面的整体提升。

一　研究背景

智能汽车代表着汽车产品智能化水平的演进趋势，是汽车产业转型升级的重要方向，引起了很多国家的高度重视，我国也早在2015年国务院印发的《中国制造2025》规划中，明确指示将智能汽车纳入国家重要战略。智能汽车作为工业化和信息化深入融合的重要产物，汇集了计算机、通信、人工智能、物联网等各不同领域，随着汽车智能化关键技术与产品的不断深入发展，特别是高级智能驾驶辅助、车联网等多项子功能系统的融入，使得智能汽车功能及性能方面相关高精度、全面可靠、综合性的评价也变得日益重要。

为了加快汽车智能化测试及评价进程，推动智能汽车技术发展与工程应用，世界范围内已广泛展开关于汽车智能化分级的相关研究。欧美地区纷纷发布了智能汽车自动化等级划分标准，其总体原则一致但内容略有差异，且尚未形成统一。目前，汽车智能化等级划分被广泛关注的主要包括：2013年5月，美国国家公路交通安全管理局（NHTSA）设定的5级自动驾驶智能化等级，分别是手动驾驶、驾驶辅助（DA）、部分自动驾驶（PA）、高度自动驾驶（HA）以及完全自动驾驶（FA）；另外，欧洲道路交通研究咨询委员会也制定了相应的“自动驾驶路线图”，将汽车自动化等级划分为6级，分别是Level 0（无自动化）、Level 1（驾驶辅助）、Level 2（部分自动驾驶）、Level 3（有条件自动驾驶）、Level 4（高度自动驾驶）以及Level 5（完全自动驾驶）；然而，最受行业认可的汽车智能化等级划分则为美国汽车工程学会SAE的分级与定义，分别是Level 0（无自动化）、Level 1（驾驶辅助）、Level 2（部分自动化）、Level 3（有条件自动化）、Level 4（高度自动化）以及Level 5（完全自动化）。在国际汽车智能化等级划分基础上，我国也基于SAE汽车智能化等价划分框架，充分考虑中国道路交通情况的复杂性特征，并加入了对应级别下智能系统能够适应的典型工况特征，给出了如图1所示的智能汽车分级标准。

智能化等级	等级分数	评价指标						
Level 5 (完全自动化)	[80，100]	指标1	指标2	指标3	指标4	指标5	指标6	…
Level 4 (高度自动化)	[60，80)	指标1	指标2	指标3	指标4	指标5	…	
Level 3 (有条件自动化)	[40，60)	指标1	指标2	指标3	指标4	…		
Level 2 (部分自动化)	[20，40)	指标1	指标2	指标3	…			
Level 1 (驾驶辅助)	(0，20)	指标1	指标2	…				
Level 0 (无自动化)	0							

图1　汽车智能化阶段评价指标体系示意

依据国内外汽车智能化宏观等级划分标准，目前已经量产的汽车智能化水平大多数还停留在 Level 1 和 Level 2 水平，部分研发阶段的产品才能达到 Level 3 和 Level 4 水平，尚未有产品达到 Level 5 水平，为进一步针对现阶段量产汽车智能化程度以及研发阶段产品智能化水平进行详细定位和精准评价，仅仅依靠上述宏观定性的等级划分则面临严重不足。

二　指数介绍

在某一时期内，通过精确的基准参考值反映某种产品的发展状况，不仅可以分析出产品的技术现状和应用情况，还能指导产品该如何进行下一步的发展，这就需要用到指标。指标具有便于理解、直观且易于比较、精确标准等特点。

为了能够客观准确地掌握当前智能汽车的发展状况，以及为将来行业发展提供对标参考和先行指导，亟须对智能汽车产业建立全面可靠的指标。因此，在汽车智能化不断发展的过程中通过建立完整的汽车智能化指标，可全面实现各阶段智能汽车产品一体化、可延伸的评价体系。它的基本思想是借助可纵向深化和横向扩充的系统性评价指标，通过科学合理地确定各个指标的不同权重，进行各个子指标的详细对标测试，以此得到汽车智能化水平的综合评价。

重点基于 SAE 等级划分构建汽车智能化水平的评价方法、验证系统和技术路线建立汽车智能化指数，旨在通过一系列实践性、立体化、全方位的测评，发挥产品研发准则、技术测评标尺、科技发展导向等作用。权威、公正、第三方的汽车智能化指数评价结果，在社会消费认知、汽车企业升级、国家部委决策等多个方面都具有重要应用价值与参考意义。通过细化智能汽车在 Level 0 ~5 各个等级中的智能化评价指标，初期在高级自动驾驶辅助系统、V2X 通信功能等方面，建立对应系统且详细的层级结构，通过开展具体的实车评价并得出客观公正的星级结果，一方面，可以加强不同部门、不同领域测试评价机构的紧密合作，不断对智能汽车测试和评价技术以及相关标准法规进行完善；另一方面，可以为汽车智能化领域的产业升级、产品生产制造以及技术突破发挥“详细定位、精准对标”的指导作用，刺激汽车生产商提高汽车智能化生产水平，敦促汽车制造商不断探寻更高的智能化技术和装置。此外，还可以通过独立、公正、第三方的汽车智能化水平评价结果让消费者直观全面地认识智能汽车并为其购车提供可信赖的参考价值。

第一，有利于国家部委制定智能汽车产业发展决策，加强不同部门、不同领域测试评价机构的紧密合作，不断对智能汽车测试和评价技术以及相关标准法规进行完善，建立并健全智能汽车测试评价体系架构及测试基础数据库。

第二，有利于整车及零部件企业加快产业转型升级，为智能汽车产品生产制造以及技术突破提供“详细定位、精准对标”指导，促进智能汽车工业设计、生产和销售的良性循环，刺激汽车制造商提高智能化生产水平，为智能汽车市场提供更高端的技术和产品。

第三，有利于社会群体客观全面地认识智能汽车，为消费者购买相关产品时提供高权威、可信赖的参考依据，为消费者提供满意的服务质量和用户体验，在汽车智能化产品消费中形成良性消费，产生优良的智能汽车市场消费效应。

三　体系与指标

为确保汽车智能化评价的全面性、客观性与实用性，本报告提出了以专业测评（实验室测评、虚拟场景测评、封闭场景测评）、实践工况（开放道路测评、科技赛事测评）、市场评价（品牌指标、满意度指标）等“三位一体”的评价体系，如图2所示，将充分利用实验室/示范基地等虚拟与实际测试场景进行智能汽车的专业性测评，并结合我国现有智能汽车相关权威性科技赛事对智能汽车的年度实践性测评，同时兼顾市场中消费者对于智能汽车场景需求与实际功能匹配程度的满意度分析，科学、严谨、全面地为汽车智能化水平评价提供参考支撑。

图2　汽车智能化评价体系

第一，在智能汽车实验室/示范基地专业性评价方面，我国正在积极部署智能网联汽车测试与示范区建设工作，2015年7月，根据工业和信息化部公布的2015年智能制造46个试点示范项目名单，我国首个智能网联汽车

（上海）试点示范区开始进行规划建设，之后又纷纷同北京—河北、重庆、浙江、吉林、湖北、江苏、四川等地区达成合作，初步形成了“5 +2 +1”的智能网联汽车测试基地全国分布格局。目前已经建成的测试基地中，主要通过搭建封闭测试区、开放测试区等测试场景与环境，对智能汽车相关的自动驾驶技术及网联技术进行更为专业化的测试与评价，然而尚未达到完善的系统级测试评价水平与能力。

第二，在智能汽车科技赛事实践性评价方面，我国已成功举办世界智能驾驶挑战赛、中国智能汽车大赛、中国智能车未来挑战赛、“飞思卡尔”杯全国大学生智能车赛等多项赛事。其中，中国智能汽车大赛作为我国最权威的智能汽车测评平台和中国汽车智能化发展的风向标，连续两年的成功举办使其充分发挥了行业高端交流平台和技术实践测评标尺的作用，赛事每年度会召集来自全国各地的智能汽车开展同台竞技，通过专业化场景与组别设置、权威性规则仲裁，为汽车智能化水平提供实践验证性评价，通过赛事结果实时且全面反映了我国智能汽车最新发展进程与水准。

第三，在智能汽车消费市场满意度评价方面，目前我国量产汽车智能化水平基本位于 Level 3 以前，主要实现了较为基本的高级智能驾驶辅助功能，基于上述现状可从消费市场应用角度出发，通过对不同品牌代表性产品的智能化程度开展消费者满意度调查，并充分结合大数据分析方法，为汽车智能化等级评价提供源于消费市场的参考依据。

以上述“三位一体”评价体系为方向引导，为进一步细化汽车智能化评价研究，构建了 Level 2 等级的汽车智能化评价指标体系，如图 3 所示。该评价指标体系基本按照树形多级结构，可分为一级指标、二级指标以及三级指标，而且各级指标相互联系、逐层细化。

其中，汽车智能化评价体系的一级指标是指汽车自动化智能化以及网联化智能评价指标，代表了衡量汽车智能化等级的最终评价指标，其下又具体细分为二级指标和三级指标等。关于汽车智能化评价体系的二级指标，一方面，自动化智能评价主要涵盖高级驾驶辅助系统、人机共驾系统以及完全无人驾驶系统，现阶段主要侧重从高级驾驶辅助功能出发对自动化智能水平进

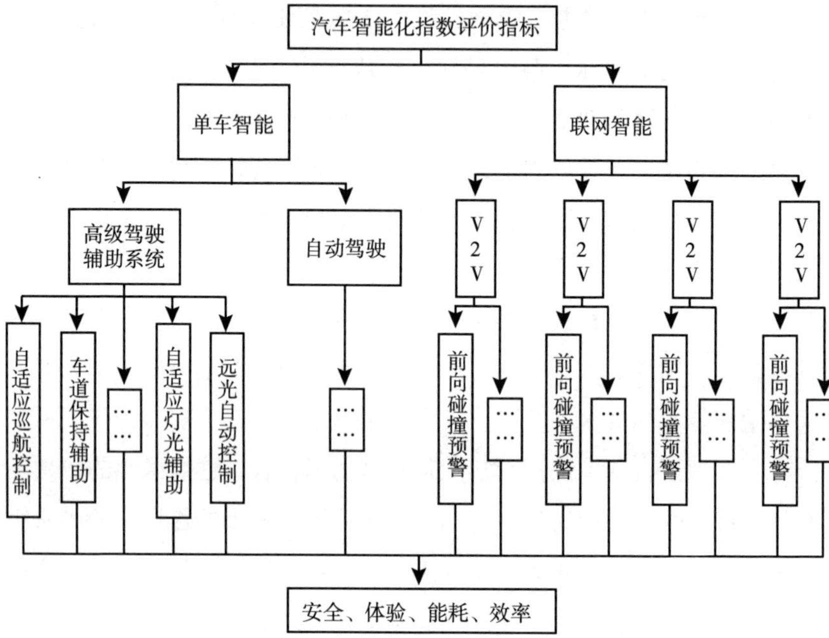

图3　汽车智能化评价指标层级框架

行初步评价，之后逐步扩展至人机共驾功能甚至无人驾驶功能相关的评价指标；另一方面，对于网联化智能评价则主要涵盖车与车（V2V）、车与路（V2I）、车与网（V2N）以及车与人（V2P）等四方面评价指标，针对不同类型通信确定具体的细化指标，通过智能汽车在行驶过程中同周围环境之间进行通信的功能性及性能性评价，进而来判断汽车的网联化智能水平。关于汽车智能化评价体系的三级指标，则是在二级指标的基础上进一步细化，具体到能够反映汽车智能化水平的功能及性能指标，通过判断各项指标的功能有无与性能好坏，来对汽车的智能化水平进行有效评价。

四　模型与方法

汽车智能化评价模型整体框架如图 4 所示，其中核心部分在于：确定完备的评价指标体系与选取恰当的权重确定方法。基于模型进行汽车智能化评价的主要步骤，具体可描述为：首先，从实验室/示范基地、科技赛事、消费市场中获取汽车智能化评价参数，并对参数进行数据预处理；其次，根据构建的汽车智能化评价指标体系，从中选取重要指标参数数据；再次，利用层次分析法—熵权法的综合确权法对指标体系中的指标权重进行设定，不同的评价方法也决定了综合评价模型的差异性；最后，基于汽车智能化指标评价分数及指标权重，依次计算第三级、第二级与第一级指标的评价分数，并以评价分数的最终结果确定汽车智能化等级。

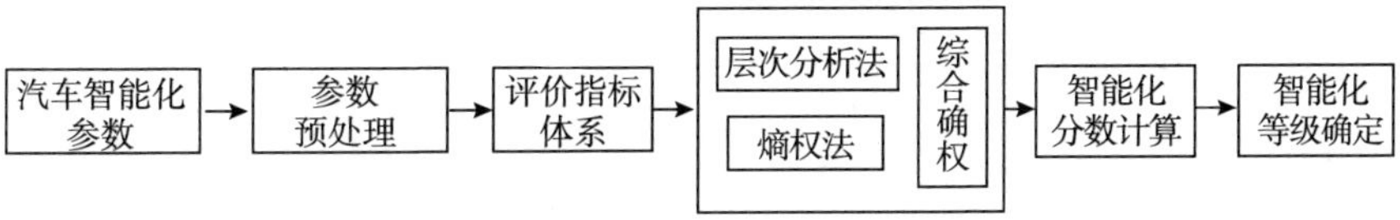

图 4　汽车智能化评价模型

在上述汽车智能化评价模型中，其核心部分在于评价指标权重确定方法的选择，其对于综合评价结果的客观性和确切性具有重要影响，指标权重确定方法的不同往往也是不同综合评价法的差异所在，计算权重系数的方法大致可分为两大类：一类是主观赋权法；另一类是客观赋权法。其中，层次分析法主要是考虑专家的意见，汲取了专家们的知识和经验，大多都具有较高的合理性，但仍存在主观随意性较大的缺陷；熵权法通过对原始数据进行充分挖掘，获得更加客观的结果，但会缺少专家的经验和知识，不能体现决策者的意见，可能会导致得到的权重与实际重要程度不相符。因此，为了得到最佳的指标权重，本报告选取层次分析法和熵权法相结合的综合确权方法，对汽车智能化评价指标权重进行确定。

假设通过层次分析法和熵权法确定的第 i 项指标权重分别为 α_i 和 β_i ，设定折中系数为 ε ，将求得指标再次进行权重分配，即：

$$w_i = \varepsilon \alpha_i + (1 - \varepsilon) \beta_i$$

ε 越大，则代表熵权法确定的数值对综合权重的影响更大；反之，层次分析法确定的数值对综合权重影响更大。大多数情况下取 $\varepsilon = 0.5$，即重要性对等。这种方法能适应不同环境需求，但对于折中系数如何确定依然带有强烈的主观性。

五 实例及流程

汽车智能化评价在具体实施过程中，主要包含选车、购车、评价及发布四大流程，其中，选车环节主要包含小型轿车、紧凑型驾车、中大型轿车、小型SUV、紧凑型SUV和MPV等几种细分市场车型；购车环节则是在确定评价车型之后，选择其中销量最高的车型，按照随机抽样的原则，到市场经销商处进行选购；评价环节作为其中的核心组成部分，具体完成评价指标确定、层级构建、权重分配、计算得分以及星级确定等步骤操作；发布环节则是基于评价分数及星级结果面向智能汽车行业进行公开发布，为企业及消费者提供独立、客观、公正的参考依据。

汽车智能化评价结果包括总分以及两项一级指标得分。其中，总分根据一级指标得分及权重计算得出（保留小数点后一位），具体计算公式如式所示。

$$S = \sum_{i=1}^{n} S_i \times a_i$$

式中，S 为汽车智能化评价总分，i 为一级指标序号，S_i 与 a_i 分别为第 i 项一级指标的得分与权重。

一级指标得分根据二级指标得分及权重计算得出（保留小数点后一位），具体计算公式如式所示：

$$S_i = \sum_{j=1}^{n_i} Q_{ij} \times \frac{b_{ij}}{a_i}$$

式中，j 为二级指标序号，n_i 为第 i 项一级指标所包含的二级指标总数，Q_{ij}、b_{ij} 分别为第 i 项一级指标中第 j 项二级指标的得分与权重。

对于二级指标得分则根据三级指标的得分及权重计算得出（保留小数点后一位），具体计算公式如式所示：

$$Q_{ij} = \sum_{k=1}^{n_{ij}} P_{ijk} \times \frac{c_{ijk}}{b_{ij}}$$

式中，k 为三级指标序号，n_{ij} 为第 i 项一级指标中第 j 项二级指标所包含的三级指标总数，Q_{ij} 、b_{ij} 分别为第 i 项一级指标中第 j 项二级指标的得分与权重，P_{ijk} 、c_{ijk} 分别为第 i 项一级指标中第 j 项二级指标中第 k 项三级指标的得分与权重。

为提升汽车智能化评价结果的可读性与影响力，可依据评价总分得出与其对应的星级评价结果。

六　总结

汽车智能化指数及评价方法研究在 SAE 现有的对汽车智能化等级定性划分的基础上，提出汽车智能化“三位一体”的定量评价体系，不仅建立了汽车智能化指数评价模型，而且提出衡量汽车智能化的评价指标体系，同时采用层次分析法与熵权法的主客观结合算法，确定汽车智能化指数综合权重，并结合大数据分析方法，最终计算得出汽车智能化指数评价的总体得分及级别划分，其对于未来汽车智能化指数的定量评价奠定了坚实的理论基础，具有重要的指导意义。

B.4
智能网联汽车领域的投资合作

刘 宇　黎宇科　董伟栋*

摘　要： 智能网联汽车涉及汽车、互联网及通信等多个领域，随着智能网联汽车实用化和商业化的推进，智能网联汽车领域的合作不断扩大，已成为汽车领域的合作重点。本报告分别介绍了美国、欧洲、日本、韩国和我国的智能网联汽车领域投资合作的特点，科技类业外企业结合自身优势，积极与智能网联汽车领域开展合作，同时智能网联汽车领域与相关零部件企业的合作也呈现出鲜明的特点，最后，本报告指出当前存在的问题和未来的发展趋势。

关键词： 智能网联汽车　投资重点　合作特点　合作路线

中国正在进入智能网联汽车实用化的竞争阶段。随着技术的发展，电子信息和通信技术已经和汽车产业深度融合，而且融合的速度正在加快，同时ADAS系统的应用普及程度也在快速提高，车联网的应用范围更加广泛，智能网联汽车领域的合作正在各类企业中不断扩大。

一　智能网联成为汽车领域的合作重点

近三年，合作成为智能网联汽车领域（包括自动驾驶和车联网）发展

* 刘宇，中国汽车技术研究中心，工程师，本科，研究方向为智能汽车；黎宇科，中国汽车技术研究中心，高级工程师，双学士，研究方向为汽车产业政策；董伟栋，中国汽车技术研究中心，工程师，硕士，研究方向为汽车投资管理。

中不断增长的模式，同时也成为汽车产业和相关产业进行合作发展的重点领域。按照2015年至2017年6月收入中国汽车技术研究中心汽车产业政策研究室“智能网联汽车及乘商用汽车政策和行业信息月报”数据库的统计，合作案例共有318个，位列统计前三位的分别是智能网联、新能源和出行服务三个领域。其中，164项为智能网联汽车合作项目，占汽车行业合作案例总数的51.6%。传统整车企业、零部件企业和互联网企业是合作企业的主要组成部分，它们的投资合作特点各不相同。同时，不同国别企业在智能网联汽车产业进行合作的特点差别明显（见图1）。

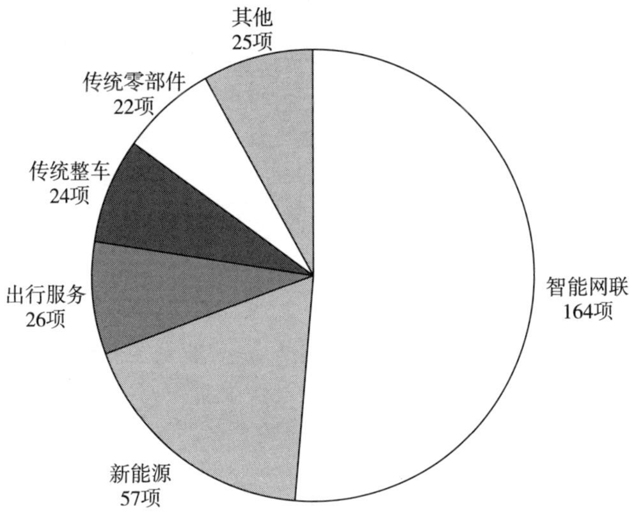

图1　2015～2017年汽车行业各领域合作案例数量统计

二　智能网联汽车领域投资合作的特点

（一）整车企业

1. 美国

美国强大的汽车产业基础和科技创新能力世界闻名。在智能网联汽车产业的投资合作中，美国整车企业与科技类企业进行跨产业融合发展更依赖于强大的汽车产业基础，并逐步向后市场延伸，构建起自动驾驶和车联网组成的产业生态。强势传统企业、弱势传统企业和新整车企业在投资合作方面的特点各不相同，是美国整汽车企业的主要组成部分。

（1）新型整车企业（典型代表：特斯拉）

像特斯拉这样的新型整车企业，紧紧围绕着 Autopilot 系统进行合作。前期与 Mobileye 公司合作，配套视觉感知系统，通过驾驶辅助系统获取数据；后期与博世集团进行合作，对 Autopilot 系统进行优化，逐渐完善其自动驾驶技术和车联网技术，从而形成特斯拉的产业和出行服务生态。

（2）弱势传统整车企业（典型代表：菲亚特-克莱斯勒）

美国弱势传统整车企业依托科技企业的强大进行自动驾驶和车联网方面的合作。如克莱斯勒为谷歌公司的驾驶系统提供相关的汽车硬件产品，进行自动驾驶领域的合作。此外，“谷歌 + Lyft + 克莱斯勒”联盟计划进行共享服务方面的合作，向后服务市场延伸。

（3）强势传统整车企业（典型代表：通用汽车、福特汽车）

美国强势传统整车企业在智能网联汽车产业对外投资合作的方式有三种：①通过自动驾驶技术和车联网技术，强化向共享出行等后服务市场的延伸，如通用公司投资创建的 Lyft 和 Maven 等出行服务公司；②投资并购人工智能和地图数据等技术薄弱领域，如福特汽车投资导航企业 Civil Maps，向人工智能企业 Argo AI 投资 10 亿美元；③联合科技类企业共同进行自动驾驶技术的研发，大数据、人工智能、V2X 通信和人机交互等积累相对薄弱的技术是其主要研发方向。同时，加大在高精度导航等方面的合作，可以加速提升企业在自动驾驶技术方面的水平。

2. 欧洲

欧洲拥有汽车制造和研发等方面的雄厚实力，相较中美在科技创新和互联网方面落后明显。因此，欧洲整车企业更愿意依赖自身实力开发相关产业，并有向美国科技企业寻求合作的发展趋势。

欧洲整车企业为了弥补劣势，通过在电子信息、人工智能和互联网等领域对外投资进行合作，其投资合作特点包括：①整车企业将自动驾驶云服务、服务应用软件、车联网络和数字导航等作为合作的重点；②在 AI 技术、地图数据和导航等方面强化收购或者投资；③通过在芯片、5G 应用、车机互联、感知、车联网系统等偏重网联化和数据应用等方面进行联合开发的合作。

总之，欧洲整车企业相较美国整车企业，其依赖车联网向共享出行等后服务市场延伸发展的投资合作滞后。此外，欧洲整车企业对外投资合作的研发范围比较发散，其重点研发范围覆盖了 ADAS 之外的大部分领域。欧洲汽车企业面临的重要问题是怎样通过 AI 等技术的投入和研发，使低级自动驾驶向高级自动驾驶技术跃升。

3. 日本和韩国

在智能网联汽车领域，日本和韩国的发展状况与欧洲基本相似。这两个国家整车企业的汽车制造基础也很强大，同样在信息科技创新和互联网方面比中美落后。在发展自动驾驶和车联网方面，日本和韩国的整车企业正在谋求通过本身进行发展。

在投资合作方面，日本和韩国整车企业的特点：①为了加快发展，在驾驶数据、AI 技术和自动驾驶技术研发团队几个方面进行投资收购；②联合谷歌公司等科技企业进行自动驾驶技术的研发，并在 5G 通信技术应用、高精度导航和车联网等方面进行联合研发；③获取车辆网技术的授权，以增加车联网的功能；④在云端服务、共享出行和银行卡支付系统等领域切入车联网服务。

4. 中国

中国与欧洲、美国和日本等国家和地区相比较，汽车制造领域的基础更薄弱，而在信息科技和互联网创新方面比欧洲、日本和韩国更有活力。所以，在与科技创新企业和互联网企业的协同发展中，中国的整车企业更有优势。

中国整车企业进行合作的特点：①在 AI 技术方面，中国整车企业还缺少重大布局；②中国整车企业更关注在自动驾驶、数据和高精度地图等领域的合作；③拓展车联网服务应用领域受到十分重视；④自动驾驶、5G 通信和车联网等众多领域均是智能网联汽车进行合作研发的范围，例如东风汽车与华为集团、北汽集团与百度公司进行的合作开发；⑤在车联网应用领域的合作较多，例如长安汽车应用百度公司 Car Life 车联网平台以及四维图新的高精度导航，上汽集团应用百度公司的 Car Life 车联网平台以及阿里的 Yunos 系统。

（二）业外企业

在智能网联汽车领域积极进行投资合作的科技类业外企业主要来自中国和美国。这类企业充分发挥自身的优势，在智能网联汽车和车联网的产业生态中的部分领域，通过合作形成了一定的竞争优势。

在智能网联汽车领域开展合作的科技类企业的合作特点：①芯片类科技企业通过开发汽车级芯片，为自动驾驶和车联网技术的发展提供基础性支撑，部分汽车级芯片技术落后企业为了提升竞争力，像英特尔公司投巨资收购 Mobileye 的方式一样收购智能网联汽车产业链中的企业。

（三）零部件企业

在智能网联汽车领域，掌控关键零部件的主体以国外大型零部件企业为主。

在智能网联汽车领域开展相关零部件企业合作的特点：①为了在 AI 技术方面实现突破，与芯片类科技企业合作；②整车企业在进行自动驾驶技术研发时，均以底盘技术作为支撑；③5G 通信技术是与业外企业进行合作的关注点。

三　存在的问题

目前，在智能网联汽车领域的合作仍存在一定问题，例如合作受法律法规的限制，仍局限在技术研发和示范测试等范围，部分企业的合作与智能化战略不符。

首先，全球智能网联汽车领域合作仍主要局限在技术研发和示范测试等方面，自动驾驶汽车市场化合作仍有待进一步探索。现阶段，高自动化等级的智能网联汽车市场化发展面临大量的法律法规障碍，相关企业在合作推动破除智能网联汽车发展中所面临的驾驶员认定、车辆注册登记、上路行驶、信息安全、刑事、民事和保险等多个方面的法律法规障碍的探索未取得实质性进展。

其次，部分企业智能化发展战略不明确，导致部分企业合资合作行动没有以智能网联汽车发展战略作为指导，或与其制定的智能网联汽车发展战略不完全相符，使合作项目从领域到内容比较散乱，不聚焦。

最后，智能网联汽车领域合作对企业跨界融合发展和转型的作用尚未完全显现。现阶段，企业在智能网联汽车领域开展的跨领域和同领域的合资合作行动仍处于打基础阶段，尚未对企业的发展和转型产生重大影响，需要企业持续推进相关工作。如丰田汽车并购 AI 公司，并不能帮助其立刻从汽车制造企业转型为科技企业，还需要后续持续推进。

四 发展趋势

未来，抢占生态圈主导权或核心领域主导权将是智能网联汽车领域竞争的焦点，各类企业的投资合作也同样。

在智能网联汽车领域进行合作的整车企业有两条路线开展合作：①有汽车制造能力的部分企业，凭借本身的制造能力与智能网联汽车服务生态圈的领先企业进行合作，并为这样的企业提供贴牌汽车整车产品；②强势整车企业通过研发的智能网联汽车整车产品与其他企业进行合作，共同构建数据服务和出行服务等生态圈。

在智能网联汽车领域进行合作的科技类等业外企业有三条路线开展合作：①以阿里巴巴为代表的业外企业，依托本身拥有的车联网系统、大数据和支付等平台，联合整车企业在车联网服务领域构建车联网服务生态；②以谷歌公司为代表的业外企业，依托本身拥有的强大自动驾驶技术研发能力，直接与整车企业和出行企业进行联合构建出行服务和相关服务产业生态；③以百度公司为代表的业外企业，依托本企业拥有的自动驾驶系统吸引众多企业，围绕本企业的自动驾驶系统构建产业生态圈。

在智能网联汽车领域进行合作的零部件企业有两条路线开展合作：①提升智能网联类零部件的竞争力，必须先提高感知、通信、决策和执行等系统的信息化水平，也就必须与科技类企业开展持续性合作；②增强企业在 AI 方面的研发和制造能力。

B.5
中国交通运输与智能驾驶发展概述

张浩　李斌　张红卫*

摘　要： 汽车智能化的推进加速了交通运输行业的智能化发展，两者紧密相连，相互促进。车路协同技术要求实现“聪明”的道路与“智能”的汽车协同发展，本报告主要介绍了我国交通运输行业智能化的发展现状和运营车辆智能化技术的应用，根据我国相关部门所提出的《交通运输行智能化发展规划和实施方案》，总结了智能交通发展的形势要求，最后阐述了智能驾驶技术应用的发展趋势。

关键词： 交通运输　营运车辆　智能驾驶　车路协同

一　中国交通运输行业智能化的发展现状

中国智能网联汽车的推广应用涉及汽车、交通和通信等多个行业，给工业和信息化部、交通运输部、公安部等业务主管部门带来了全新挑战。交通运输行业作为智能网联汽车使用的重要领域，其智能化的发展水平直接影响智能网联汽车的应用。智能网联汽车的应用不仅涉及不同车辆生产企业间的互联互通，还涉及交通设施、道路环境和联网联控等

* 张浩，交通运输部公路科学研究院，副研究员，博士，研究方向为道路运输装备运用技术；李斌，交通运输部公路科学研究院，副院长，研究员，研究方向为智能交通与交通安全方面的研究开发及应用；张红卫，交通运输部公路科学研究院，首席车辆工程师/研高，研究方向为车辆及其运用技术。

方面内容，与交通运输行业的智能化发展进程密切相关。“十二五”期间，中国交通运输行业得到了蓬勃发展，智能化水平不断提高。主要体现在几个方面。

（一）交通运输要素的资源数字化水平稳步提高

“十二五”期间，已经基本建成中国公路交通运输基础数据库，对重点运载装备运行状态和公路的重要交通基础设施的数据采集工作正在逐步完成。目前，已经基本建成营运车辆、交通基础设施、从业人员和经营者等行业基础数据库，部分地市的城市公交、出租车、客运枢纽和农村客运等基础数据库初步建成。基本完成了全国高速公路信息通信干线传输系统联网工程建设，初步实现了全网贯通。当前，已经对超长隧道、超大桥梁以及国省干线公路网中40%以上的重点路段实现了运行状况动态监测。建立了全国重点营运车辆联网联控系统（简称联网联控系统），推动了全国道路货运车辆公共监管与服务平台（简称公共货运平台）建设，实现了全国高速公路电子不停车收费系统（ETC）联网运行。

（二）交通运输行业的智能化水平持续发展

全国道路运政管理信息系统的互联互通工作得到推进，启动了全国交通运输行政执法综合管理信息系统，不断提升交通运输行政管理和执法信息化水平。23个省（区、市）开展了公路安全畅通与应急处置系统建设，推动了全国道路货运车辆公共监管与服务平台建设。6个省开展了危险货物道路运输电子运单试点工作，进一步增强了行业运行监测与应急处置能力。以世界性和地区性大型活动的召开为契机，北京、上海、广州和深圳等特大城市的综合交通信息资源开发利用程度显著提高，交通运输行业的运行协调和应急联动能力明显提升。36个城市的公共交通智能化应用系统建设顺利推进，提高了城市公共交通运行效率和服务能力。30个城市开展了出租汽车服务管理信息系统试点建设，出租汽车智能化运行管理水平得到提升。

（三）发展环境不断优化

交通运输行业的智能化发展政策相继出台，制定、修订了一批行业标准规范，体制机制逐步完善，行业的智能化发展环境得到进一步改善。2013年9月，交通运输部印发的《关于科技创新推动交通运输转型升级的指导意见》（交科技发〔2013〕540号）中明确指出“以信息化智能化引领交通运输现代化发展，大力推动信息技术在交通运输系统运行监测、运营管理、运输服务和安全应急等领域的深度应用”。同月又印发了《关于推进交通运输信息化智能化发展的指导意见》（厅科技字〔2013〕257号），提出加强智能交通技术集成创新和试点示范，加快物联网、新一代移动通信、大数据管理和下一代互联网等现代信息技术在交通运输领域的集成应用创新，推进车联网技术在预防道路拥堵、节能减排和提升通行能力等方面的应用，积极发挥智能交通示范工程的引领作用。如今，全国智能运输系统标准化技术委员会已经建立了智能运输系统标准体系，完成了自适应巡航系统（ACC）、车道偏离预警系统（LDWS）、前方碰撞预警系统（FCWS）等先进辅助驾驶系统（ADAS）标准的制定、修订工作，支持智能交通产业联盟等制定发布了智能驾驶分级、高精度地图、车道保持辅助系统（LKAS）、低速跟车系统（LSF）、弯道车速预警系统（CSWS）等40余项团体标准。目前，标委会已发布90项国家和行业标准（包括84项国家标准、6项行业标准），有34项国家标准和13项行业标准已列入计划，以上标准的制定和修订促进了相关技术应用，带动了产业发展，提升了中国车辆的智能化水平。

二　营运车辆智能化技术的应用

交通运输行业智能化的发展，推动了营运车辆智能驾驶技术的发展。目前，智能化技术在营运车辆上的应用，除了体现在安全辅助驾驶装置的安装使用方面，还体现在监管平台的使用方面。“两客一危”车辆接入联网联控系统进行监管，普通货运车辆接入公共货运平台进行监管。

（一）营运车辆运行监管现状

2010 年上海举办世博会，其间需保障道路运输和公路交通的安全，交通运输部门以此为契机，对各省（市）车辆动态信息监控资源进行整合，采用统一的信息交换标准建立全国重点营运车辆联网联控系统，实现了全国范围内重点营运车辆动态信息实现跨区域、跨部门的信息交换和共享，不仅为道路运输管理部门实施车辆动态监管提供了手段，还为车辆动态分析和辅助决策提供了数据支撑。2014 年 10 月，通过运政基础数据，清理出“两客一危”车辆约 78 万辆。截至 2016 年 12 月，联网联控系统接入了超过 95% 的“两客一危”重点营运车辆，基本对重点营运车辆实现了有效监管。

2012 年 7 月，国务院印发了《关于加强道路交通安全工作的意见》（国发〔2012〕30 号），其中明确要求全国 12 吨以上重型载货车和半挂牵引车需要安装卫星定位装置，便于通过全国道路货运车辆公共监管与服务平台进行监测管理。2014 年 1 月，交通运输部会同公安部、安监总局联合出台了《道路运输车辆动态监督管理办法》（交通运输部令 2014 年第 5 号），组织各地深入开展全国道路货运车辆公共监管与服务平台建设，为全国 12 吨以上载货车、半挂牵引车提供车辆动态监管和服务。截至 2016 年 10 月，全国已有 380 多万辆重型载货车和半挂牵引车接入了公共货运平台，入网率接近 100%，实现了每天 24 小时不间断地对全国营运货运车辆的实时监控。目前，平台累计下发超速和疲劳驾驶提醒信息十几亿条，超速驾驶纠正率超过 94%，有效解决了过去对载货车超速和疲劳驾驶等违章行为现场纠正和治理手段不足的问题。

近几年，联网联控系统和公共货运平台利用先进的科技手段，在国家重大活动的交通安保中发挥了重要作用，在北京 APEC 会议、“9·3”阅兵等活动中都承担了安保和交通疏导的工作，显示出平台的巨大威力。在杭州 G 20 峰会期间，通过向营运车辆下发浙江省和杭州市周边过境道路的绕行路线，对缓解杭州湾大桥等重点区域交通拥堵发挥了立竿见影的作用，充分发挥了互联网、车联网带来的巨大优势。未来，一旦发生紧急状况，在道路应急运输方面，联网联控系统和公共货运平台对就近定位车辆、组织运力能发挥很好的作用。

（二）营运车辆安全新技术应用

中国的营运车辆与乘用车相比，拥有总体技术水平较薄弱、安全辅助驾驶装置应用相对较少的特点，现实智能驾驶的基础薄弱。在车型方面，营运客车安全辅助驾驶装置的应用率总体高于营运载货车。为促进安全辅助驾驶装置的应用、提高营运客车的安全性能，交通运输部组织制定的《营运客车安全技术条件》（JT/T 1094—2016）已于 2017 年 4 月 1 日起正式实施。该标准对营运客车的安全性能和结构配置提出了最基本的安全技术要求，具体涵盖整车、主要总成和安全防护装置等方面。为降低弯道侧滑和转向不足情况下发生交通事故的概率，提出了安装电子稳定控制系统（ESC）的要求。为减少追尾事故和偏离车道事故，以及减轻事故发生造成的伤害，提出应安装 AEBS、FCWS 和 LDWS 等安全系统的要求。由于轮胎充气压力对保障轮胎安全非常重要，提出了安装胎压监测系统（TPMS）或胎压报警装置的要求。同时，为降低前轮爆胎引发的交通事故，提出了前轮应安装爆胎应急安全装置的要求。以上安全辅助驾驶装置的应用，对促进营运客车智能驾驶技术的发展具有重要意义。

运输不同类型货物的营运载货车，其安全辅助驾驶装置的应用也是参差不齐。目前，危险品运输车已经实现了限速装置、制动防抱死系统（ABS）、具有卫星定位功能的行驶记录仪等装置的安装使用，部分危险品运输车已经开始安装使用 AEBS 系统，对运输过程实施全程监控。但承担普通货物运输的营运载货车的安全辅助驾驶装置应用相对较少。交通运输部正在积极组织开展营运货车安全技术条件的制定工作，对应用安全辅助驾驶装置提出具体要求，将促进安全辅助驾驶装置的应用，进一步提升中国营运载货车的智能化和安全技术水平。

三 促进智能交通发展的形势要求

2016 年 7 月，国家发改委联合交通运输部印发了《推进“互联网 +”便捷交通促进智能交通发展的实施方案》（发改基础〔2016〕1681 号，简称《实施方案》），旨在促进交通与互联网深度融合，推动交通智能化发展，全面提升质量和效率。明确指出，推进“互联网 +”便捷交通，完善建设智能运行管理系统、智能运输服务系统和智能决策支持系统，加快智能交通基础设施建设，制定推广技术标准，掌握相关核心技术的研发，实现先进技术装备自主开发和规模化应用，交通运输服务效率、资源配置效率以及交通治理能力得到全面提升。

《实施方案》重点提出以下三个方面。第一，要提升汽车智能化水平，构建智能运行管理系统，以智能车载设施为基础，加快推进智能路测设施建设，加强智能汽车同道路环境之间的互联互通能力。第二，要不断完善智能交通基础设施，为新一代交通信息基础网络构建做准备，通过建立先进感知监测系统从而实现交通运输车辆的动态感知、全面覆盖与泛在互联，为车联网体系建设奠定坚实基础。第三，要全面强化标准和技术研究，支撑车联网与自动驾驶发展，加快推进 V2X 等关键技术的标准及规范建设，加强在高精度地图、自动驾驶算法、核心计算单元及芯片等领域的技术攻关，大力发展车联网与自动驾驶等智能交通先进技术。第四，“互联网 +”便捷交通重点示范项目主要分为基础设施和功能应用两大部分，通过示范项目将网络、通信、汽车及交通产业的各环节相连，建立应用服务、产品及技术三位一体的对接与交流平台，不断推进智能交通的发展进程。

2017 年 2 月，国务院印发了《“十三五”现代综合交通运输体系发展规划》（国发〔2017〕11 号，简称《“十三五”规划》），指出要从促进交通产业智能化变革、推动智能化运输服务升级、优化交通运行和管理控制、健全智能决策支持与监管、加强交通发展智能化建设五个方面提升交通的智能化水平，推动广泛应用智能技术。

《“十三五”规划》提出，通过应用先进技术提高基础设备和营运车辆的智能化水平，并辅以交通信息平台、车辆网和监控系统的建设，推动发展智能驾驶技术和车路系统技术。一方面，发挥物联网、大数据、云计算等技术优势和特点，实现与交通运输行业的有机融合，推动基础设施、载运工具、运营管理等方面的数字化、网络化与智能化进程。并通过推动运行监测设备与交通基础设施同步建设，加强车联网的建设，推动发展车路协同技术。另一方面，实现各类交通信息平台的信息互通，提供综合出行信息服务，掌握事故区域与危险路段的实时状态信息，及时有效地进行信息传递和预警，提高出行信息服务的质量。同时，强化全面覆盖交通网络基础设施风险状况、运行状态、移动装置走行情况、运行组织调度信息的数据采集系统，形成动态感知、全面覆盖、泛在互联的交通运输运行监控体系。

《“十三五”规划》明确指出，通过开展交通运输智能化发展重点工程，促进智能化技术落地实施。通过开展新一代国家交通控制网、智慧公路建设试点，推动出行信息服务、车路协同和路网管理的智能化发展。并通过开展新一代国家交通控制网示范工程、高速公路电子不停车收费系统（ETC）应用拓展工程、北斗卫星导航系统推广工程等，推进交通智能化建设。同时，建设智能路侧设施，推广智能车载设备应用，推进全自动驾驶车辆研发，推动开展营运车辆智能协同示范。

四　智能驾驶技术应用发展趋势

“十三五”期间，全球信息化进程不断推进，大数据和“互联网 +”上升为国家战略，交通运输系统智能化已成发展的必然趋势，因此，交通运输行业的智能化发展面临前所未有的重大机遇。交通行业智能化水平的发展，必然进一步推动营运车辆智能驾驶技术的应用。结合交通运输行业智能化发展实际需求，营运车辆智能驾驶技术应用的发展趋势包括以下几方面。

（一）智能驾驶技术应用的总体思路

1. 以营运车辆为切入点

推动自动驾驶技术和车路协同技术在道路客运车辆、大型货运车辆、危险货物运输车辆以及城市公交车辆中率先应用，提升营运车辆的运输安全水平和效率。

2. 以基础设施为着力点

加强道路基础设施与无线通信、交通状态感知、高精度电子地图、北斗卫星定位等信息系统以及新能源网络的建设，为自动驾驶技术和车路协同技术的应用创造安全、友好的运行环境。

3. 以车路协同为主线

在交通系统全面推动自动驾驶技术发展，按照车路协同的技术路径推动自动驾驶技术发展，并和现有交通运输管理系统进行有效的衔接，有效地提高交通系统的效率和安全性。

（二）推动智能驾驶技术应用的主要任务

1. 加强自动驾驶技术和车路协同技术发展的统筹规划

统筹制定车路协同技术与营运车辆自动驾驶技术的应用规划，形成技术政策和总体应用路径，明确配套基础设施建设方案和目标。根据技术成熟度和应用需求紧迫程度，分阶段、分领域逐步推进车路协同技术与自动驾驶技术在城市公共运输和高速客货运输领域的应用。

2. 支持鼓励自动驾驶和车路协同关键技术创新

鼓励支持车路协同与自动驾驶的道路基础设施构建技术研究。开展基于下一代移动通信及下一代移动互联网的“车—路”“车—车”多模式数据交互技术研究。开展面向自动驾驶的动态高精度地图的开发与数据采集技术的研究。开展面向车辆高精度定位的北斗地基增强系统的应用和管理技术的研究。研究支持自动驾驶感知系统、驾驶决策系统和控制执行系统的网联协同技术。

3. 开展智能驾驶与车路协同标准化工作

交通运输部已组织完成《智能驾驶与车路协同标准化工作方案》，提出了标准化工作的目标和任务，并按照急用先行的原则，优先启动了一批面向营运车辆主动安全、智能化道路设施、车路通信以及信息安全等方面的标准研究工作。

4. 加强自动驾驶和车路协同的测试基地建设

研究制定营运车辆自动驾驶技术与车路协同技术的测试验证方法，尽快建立健全国家级营运车辆自动驾驶与车路协同技术的测试验证体系，构建国家级的营运车辆自动驾驶与车路协同第三方测试验证平台和检测认证机制。

5. 开展自动驾驶和车路协同集成与试点示范应用

逐步推广 ACC、LDWS、FCWS 等主动安全技术在营运车辆方面的示范应用，提高营运车辆主动安全技术水平；选取信息化基础条件较好的高速公路，在高速公路上选择合流区、急弯陡坡、视距不良、大型隧道和桥梁等特殊路段，开展智慧高速示范；选取信息化基础条件较好的城市快速公交专用道路，增设具备信息采集、传输和信息发布一体的信号灯控制系统，实现基于车路协同的公交信号优先控制及公交编队的运行示范。

产　业　篇

Industry Reports

B.6
智能网联汽车产业发展情况

王 羽　杨晨光　侯凯文*

摘　要： 智能网联汽车不仅仅是一种交通输运工具，它已成为解决日益严峻的交通问题的重要手段，也是构建智慧出行服务新型产业生态的核心要素，更是推进交通强国、智慧城市建设的重要载体。本报告列举了相关政策法规并进行分析，基于智能网联汽车关键技术架构介绍了关键技术研发情况，阐述了我国测试评价环境，客观地给出中国智能网联汽车测试示范区建设情况，最后分析了市场发展形势。通过以上内容对我国智能网联汽车产业的发展情况进行客观全面的介绍。

* 王羽，中国汽车技术研究中心，智能汽车研究室暨汽车软件测评中心主任，硕士，研究方向为智能汽车与信息安全，华东交通大学客座教授；杨晨光，中国汽车技术研究中心，助理工程师，硕士，研究方向为智能交通与共享出行；侯凯文，北京交通大学交通运输学院，交通运输工程专业研究生在读。

关键词： 智能网联汽车 产业生态 政策法规 关键技术 测评环境

智能网联汽车作为未来汽车产业智能化、网联化、电动化和共享化发展的重要载体，已成为解决汽车产业可持续发展的重要途径，正在分阶段逐步进化与落地。

一 基本概述

关于智能网联汽车的发展阶段，美国 SAE 及 NHTSA、德国 VDA 等组织已经给出了各自分级方案，在此基础上我国通过考虑中国道路交通情况的复杂性特征，加入了对应级别下智能系统能够适应的典型工况特征，给出了涵盖辅助驾驶（DA）、部分自动驾驶（PA）、有条件自动驾驶（CA）、高度自动驾驶（HA）以及完全自动驾驶（FA）的智能网联汽车分级标准。

目前，为了不断推动汽车智能化等级进步，智能网联汽车产业已初步形成了涵盖传统整车企业、新兴造车企业、零部件供应企业、互联网企业、通信企业以及其他软硬件及算法供应企业的产业生态圈，如图 1 所示。其中，

图 1 智能网联汽车产业生态

传统整车及零部件企业正在不断探索推进智能网联汽车等级化的发展路径，并积极开展跨界融合，加强汽车的智能化配置；新兴造车企业坚持智能网联汽车自主研发与制造，不断加快新车的发布与量产速度；互联网企业主要致力于研发开放的智能驾驶系统平台，逐步完善路测数据积累及商业化试运营；通信企业加快 5G 技术快速发展，推动车联网技术发展与服务水平提升；其他软硬件及算法供应企业则主要集中于某一特定的关键技术与产品的研发，实现智能网络汽车某一特定功能，以此不断完善智能网络汽车的功能和应用，推动智能网络汽车商业落地的进程。

二 政策法规分析

当前，主要发达国家均高度重视智能网联汽车产业发展，欧美日等发达国家和地区都将智能网联汽车作为重要发展方向，通过一系列政策、法规、研发和示范等进行引导和推动，联合国和 ISO 将智能网联汽车发展作为重要工作。在中国，国家也高度重视智能网联汽车产业的发展，政府部门频繁推出利好政策为该产业发展保驾护航，具体政策规划如表 1 所示。

表 1 中国智能网联汽车产业发展相关政策

时间	主体部门	文件名称	相关内容
“十二五”期间	科技部 总装备部	国家“863 计划”	对智能网联汽车车路协同等关键技术进行立项并取得了初步成果，陆续通过验收且投入实践应用领域
2015 年 5 月	国务院	《中国制造 2025》	明确指出：到 2020 年，掌握智能辅助驾驶各项关键技术及总体技术，初步建立智能网联汽车生产配套体系及自主研发体系
2015 年 7 月	工业和信息化部	《2015 年智能制造试点示范项目名单》	明确指出汽车智能制造综合试点示范、智能网联汽车试点示范等项目
2016 年 3 月	中国汽车工业协会	《“十三五”汽车工业发展规划意见》	要求在“十三五”期间建立汽车产业创新体系，积极发展智能网联汽车

续表

时间	主体部门	文件名称	相关内容
2016年5月	国家发改委	《"互联网+"人工智能三年行动实施方案》	提出加快人工智能技术在汽车领域推广应用
2016年10月	中国汽车工程学会	《节能与新能源汽车技术路线图》	明确提出将以新能源汽车和智能网联汽车为主要突破口，产生一系列智能网联汽车原创科技成果并有效普及应用
2016年12月	工业和信息化部 财政部	《智能制造发展规划（2016～2020年）》	提出了推动新一代信息通信技术在装备（产品）中的融合应用，促进智能网联汽车、服务机器人等产品研发、设计和产业化
2017年7月	工业和信息化部 国家发改委 科技部	《关于印发〈汽车产业中长期发展规划〉通知》	提出要实施智能网联汽车技术路线图，明确近、中、远期目标，攻克智能网联汽车关键技术难题，加快智能网联汽车法律法规体系建设，开展智能网联汽车示范推广
2017年11月	国家发改委	《增强制造业核心竞争力三年行动计划（2018～2020年）》	在智能网联汽车关键技术产业化方面的重点任务包括：开展智能网联汽车基础共性技术研发、开展智能网联汽车信息安全和测试评价技术攻关、提升智能网联汽车核心软硬件水平、提高智能网联汽车创新能力以及推进智能网联汽车军民融合发展等方面内容
2018年1月	国家发改委	《智能网联汽车创新发展战略》（征求意见稿）	对智能网联汽车的战略态势、战略纲领、战略任务、战略保障等方面进行了初步阐述，并指明各部门要加大对智能网联汽车新发展的支持力度，各地区要结合实际制定推动智能网联汽车创新发展的有效举措，确保各项战略任务有效落实

除上述关键性政策外，我国也正在逐步建立和完善智能网联汽车领域相关的标准法规。2016 年，国家标准化管理委员会、工业和信息化部联合启动了《智能网联汽车标准体系建设方案》的研究及编制工作，委托全国汽车标准化技术委员会，以及各相关领域的组织、企业、高等院校和研究院等共同开展方案研究及编制工作。2016 年 11 月，全国汽车标准化技术委员会提出《智能网联汽车标准体系建设方案》（第 1 版），明确了智能网联汽车标准体系建设的目标和原则，对智能网联汽车标准体系框架进行了分析和研究，并积极推进后续建立标准法规各项事宜。2017 年 6 月，工业和信息化

部发布《关于征求〈国家车联网产业标准体系建设指南（智能网联汽车）(2017年)〉（征求意见）意见的通知》面向公众征求意见，初步确立了95项无人驾驶标准。同年9月，《智能网联汽车公共道路适应性验证管理规范(试行)》已经形成基本框架，但尚未对外正式发布。同年12月，北京市交委、市交管局、市经信委联合制定的自动驾驶车辆道路测试相关指导意见及实施细则对外公开发布，在中国自动驾驶公开道路测试方面有里程碑意义，此外，工业和信息化部、交通运输部和公安部也在起草国家层面的自动驾驶路侧规范，预计很快出台。

总体而言，目前中国在政策、法规、标准等方面大力支持智能网联汽车产业发展，并全力推动智能网联汽车相关技术研究、产品开发和测试示范等方面的建设，为促进产业进步创造了良好的政策环境。在智能网联汽车相关标准、法规等方面虽取得一定进展，仍需加大力度进行丰富与完善，以便进一步促进产业的快速落地。

三　关键技术条件

智能网联汽车作为智能化、网联化及电动化的结合体，其构架分为三个系统、一个平台和一套总成，如图2所示。其中，感知系统、决策系统和执行系统为三个系统；由精确的3D地图、通信终端及通信网络构成的车联网平台为一个平台；动力电机、电池及电控等电力总成系统为一套总成系统。

在环境感知技术层面，智能网联汽车传感器产业发展较集中，全球汽车传感器90%的市场份额被少数零部件企业所垄断，主要包括大陆集团、博世集团、德尔福、电装等企业，激光雷达技术方面则主要集中在Velodyne、Quanergy和Ibeo等企业。与国外同类产品相比，中国智能网联汽车传感器整体技术水平普遍不高，面临准确度低、分解能力差、信号精度不足和抗干扰性弱等问题。然而，一些传统军工企业正在加快向民用市场渗透，不断促进毫米波雷达技术的成熟与发展，在激光雷达方面主要涌现出一些新兴企业进行相关技术与产品研发。

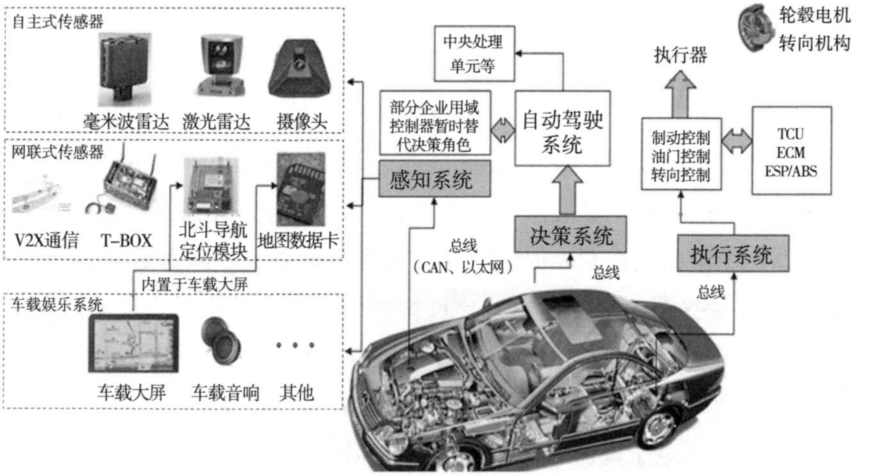

图2　智能网联汽车关键技术架构

在定位测绘技术层面，V2X 车联网通信主要存在 DSRC 与 LTE-V 两大发展阵营，中国华为、大唐等企业正在积极参与 LTE-V 标准制定并进行产业布局。但是，当前 LTE-V 车联网通信仍面临技术积累不足、产业标准滞后与整车企业未紧密衔接等问题。在定位导航方面，北斗导航等技术在车载市场应用率较低，通信成本较高，尚未充分发挥技术优势，面临应用市场发展不均衡等挑战。

在决策规划技术层面，国内相关企业在智能网联汽车顶层决策算法的设计研发方面具有较强竞争力，百度、地平线等企业的机器视觉算法技术基本可实现 ADAS 功能，车道线识别率、车辆识别率等指标紧跟国际技术水平，然而，国内企业在芯片处理方面的开发能力存在缺失，仍然采取直接采购国外芯片的方式，会使得中国核心芯片技术面临空心化危机。

总体而言，中国在智能网联汽车关键技术领域已取得显著成绩，但深入发展面临一定的挑战，接下来需要全面加强智能网联汽车产业的整合联动，进一步提升传感器相关技术研发与制造能力，同时充分利用中国先进的 5G 通信及导航定位等技术优势，加快其在智能网联汽车产业中的布局与推广，并在国际上发挥带头引领作用。

四 测试评价环境

在推动智能网联汽车产业发展进程中，中国尤其关注智能网联汽车测试评价等相关工作，并在各方面给予大力支持与明确指示，全力加快智能网联汽车测试与示范区建设，为促进产业快速落地创造了良好的测试评价环境。目前，有10多个省市竞相规划或建设智能网联汽车示范区，具体如表2所示。其中，国家智能网联汽车（上海）试点示范区为国家首个智能网联汽车试点示范区。此外，工业和信息化部又与重庆、北京、浙江、武汉、长春等省市签订《〈基于宽带移动互联网的智能网联汽车、智慧交通应用示范〉合作框架》，联合公安部与江苏省签署《共建国家智能交通综合测试基地》等一系列协议。

表2 中国智能网联汽车测试示范区建设情况

时间	地点	示范区/项目名称
2015年7月	上海	国家智能网联汽车(上海)试点示范区
2015年8月	江苏常熟	中国智能车综合技术研发与测试中心(常熟)
2015年9月	浙江	基于宽带移动互联网的智能汽车、智慧交通应用示范(5G车联网应用示范)
2016年1月	北京、河北	基于宽带移动互联网的智能汽车、智慧交通的(京冀)应用示范区
2016年1月	重庆	基于宽带移动互联网的智能汽车与智慧交通应用示范
2016年7月	辽宁盘锦	辽宁盘锦北汽无人驾驶体验项目
2016年7月	深圳	深圳无人驾驶示范区(无人驾驶汽车小镇)
2016年9月	湖南长沙	湖南湘江新区智能系统测试区
2016年11月	吉林长春	国家智能网联汽车应用(北方)示范区
2016年11月	湖北武汉	武汉智能网联汽车示范区
2017年1月	福建漳州	全球首个“城市级无人驾驶汽车社会实验室”
2017年3月	海南	海南无人驾驶汽车技术开发与试验基地
2017年8月	江苏无锡	国家智能交通综合测试基地(无锡)
2017年11月	四川成都	中德合作智能网联汽车、车联网标准及测试验证试点示范项(四川示范基地)

在上述智能网联汽车测试示范区中，上海示范区第1期封闭测试区已完成建设并对外开放运营，现已成功应用于行业测试服务，产业带动效应逐步显现，成为影响力较大、技术水平较先进、测试能力较全的中国智能网联汽车项目合作平台及交流展示窗口。但是，中国其他测试示范区发展参差不齐，一部分测试示范区建设完毕但尚未对外公开提供测试服务，另一部分测试示范区则基本处于规划与待建状态。

同时，为推动无人驾驶汽车的上路测试，北京市出台了自动驾驶车辆道路测试相关指导意见与实施细则，对自动驾驶汽车的上路测试进行了规范与界定，并对测试车辆、测试主体、测试驾驶员、测试道路、路试申请以及测试管理等方面内容进行了详细说明，对加快促进智能网联汽车技术与产品测试评价具有重要意义。

此外，中国还加强智能网联汽车相关测试与评价相关理论的工作，围绕智能网联汽车产业开展了ADAS测试评价、车联网“端管云”测试评价、信息安全测试评价和功能安全测试评价等各方面测试评价技术与方法的研究，通过对智能网联汽车软、硬件产品及系统工程质量的安全与可靠性进行检测，不断促进其相关技术、产品、算法和系统等方面的改进与完善。

五　市场发展形势

汽车智能化尝试起源于车联网，中国智能网联汽车研发设计于2014年前后才在真正意义上开始进行，经过这几年的发展，现已处于市场探索期，预计2020年之前重点推广智能驾驶辅助，属于智能网联汽车的DA和PA，2020~2030年重点推广CA和HA的自动驾驶阶段，到2030年之后，FA全自动驾驶会进入产业化，专业化越强的车辆全自动驾驶的需求越高，约到2040年，FA全自动驾驶车辆在新车中的占比会达到比较可观的规模，智能网联汽车产业初步形成一定的市场规模。就当前中国智能网联汽车产业市场发展形势而言，主要呈现出两种不同路线：一种是以传统汽车企业为主，通过不断升级的智能辅助驾驶系统一步步实现汽车的无人驾驶；另一种则是以高新互联网企业和科研院所为主直接进行无人驾驶技术研发。

对国内传统的整车企业而言，主要以智能网联汽车技术跟进为主，采取从 DA 逐步到 FA 的发展模式，逐渐提高汽车自动化水平，目前各大整车企业的量产乘用车基本装有自动助力转向控制、侧向稳定控制等辅助驾驶功能，高档乘用车装有自动泊车、车道偏离预警系统、自适应巡航等辅助驾驶功能。此外，特定工况（低速）的半自动驾驶技术也有各大整车企业投入巨资进行研发，其中包括：拥堵跟车、防撞紧急制动、车道跟踪控制、手机遥控泊车等。传统整车企业在接下来的发展进程中，将会面临第 3 级别 CA 有条件自动驾驶中人机共驾阶段的挑战，从而进入智能网联汽车产业发展的最难突破瓶颈。

对以蔚来汽车、小鹏汽车、威马汽车和奇点汽车等为代表的新兴造车企业而言，其从一开始便深入布局自动驾驶汽车的研发与制造，正处于快速发展阶段，分别在中国东南沿海城市纷纷建立各大生产基地，通过不断地推出样车和量产计划，抢占汽车智能化发展风口。之后，在 2018 年，消费者将可以选择多样化、多品牌的新兴汽车。随着越来越多的新造车企业走向市场，将加快智能网联汽车行业的洗牌速度，未来能够存活的企业预计只有 3 ~4 家。在全新市场阶段，新兴造车品牌如何在没有资本注入的情况下实现企业自我造血，不断提升技术竞争力与品牌影响力，将成为决定其未来胜出的关键因素。

传统整车企业及新兴互联网企业之间虽然存在一定的竞争关系，但两个领域也在不断地相互学习、补充与融合，共同打造智能网联汽车产业生态体系。以荣威 RX5 智能网联汽车为例，其为上汽集团与阿里巴巴共同投资开发的一款车型，利用云端计算提供个性化服务，结合阿里生态数据和车主出行数据推送定制服务，具备智能导航、人机交互等互联功能，为传统汽车智能化开辟了一条典型可借鉴之路。此外，北汽集团与百度公司、广汽集团与腾讯公司等也纷纷签署了战略合作协议，共同在车联网服务、智能驾驶、云平台、大数据、汽车生态圈、智能网联汽车营销和宣传等领域开展业务合作，以推动双方业务的全面发展。中国智能网联汽车产业发展已经驶入快速车道，其未来发展前景值得期待。

六 总结

随着国家利好政策的保障、资金投入加大、企业机构的推动以及人才资本的涌入，中国智能网联汽车产业发展逐渐进入关键时期。综合本报告对中国现阶段智能网联汽车产业发展的综述与分析，可以总结出目前国内智能网联汽车产业发展在总体上呈现的以下特点：①具备良好的政治发展环境，且相关标准法律体系正逐步完善，但是具体实施细则仍需深入加强与落实；②在关键技术领域取得显著成绩但仍需加强创新型技术研发与应用，并在V2X网联化方面形成自身先进性优势；③测试与评价环境设施配套良好，但需加强发挥与产业的协同效应，以便促进产业链的同步发展；④市场发展呈现不同路径，各大类型企业争相崭露头角，但是整体发展形势仍处于探索阶段。将来，我国需要进一步加快智能网联汽车产业相关政策落实、法律出台与标准制定，激励智能网联汽车先进共性技术加快研发、创新与应用，同时全面促进产业链各部分形成协同发展，并善于充分利用自身现有优势发挥引领作用。相信中国必将在全新一轮的汽车产业变革时期抢占制高点。

B.7
智能汽车零部件产业发展情况研究

宋瑞　王羽*

摘　要： 随着智能网联汽车的兴起，汽车零部件企业纷纷把目光投向智能汽车行业，近年来，智能汽车零部件产业发展迅猛。本报告分析了我国智能汽车零部件产业在世界汽车零部件产业由欧美日等国家和地区形成三足鼎立的局面下的发展形势，从环境感知系统、决策规划系统、控制执行系统等三个方面论述了智能汽车零部件产业链构成，给出了产业链中国内外的知名企业，最后归纳总结了关键零部件发展路径。

关键词： 智能汽车零部件　传感器　控制器　执行器

2017 年，世界汽车行业持续增长，但是已经开始出现增长疲软的迹象，中国与欧洲增长放缓，美国产量下降。但整体环境利好，全球汽车零部件供应商收入有望增长 3%，并继续保持盈利水平，平均息税前利润率约 7%，与 2017 年持平。目前，中国与北美自由贸易区的汽车零部件供应商的利润高于全球平均水平。随着智能网联汽车产业的快速兴起，中国的整车企业、零部件企业和电子元件企业纷纷涉足智能汽车行业，中国零部件产业市场涌现出很多自主研发的 ADAS 产品，包括自动紧急制动系统（AEB）、车道偏

---

* 宋瑞，中国汽车技术研究中心，硕士，研究方向为智能汽车与智慧交通；王羽，中国汽车技术研究中心，智能汽车研究室暨汽车软件测评中心主任，硕士，研究方向为智能汽车与信息安全，华东交通大学客座教授。

离预警系统（LDW）、前方碰撞预警系统（FCW）、自适应巡航系统（ACC）和盲点信息系统（BLIS）等。

一 概况

纵观世界各国汽车零部件产业发展现状，欧美日等国家和地区基本上已经形成三足鼎立的局面。其中，欧洲早年就开始自主驾驶技术的研究，整车企业和汽车电子零部件供应商都处于领先地位；美国重点研究车联网的应用，基于车-X通信的网联化汽车已逐步实现产业化；日本交通设施基础较好，自动驾驶水平也在稳步推进。

中国智能网联汽车产业总体处于跟随欧、美、日等发达国家和地区的阶段。现阶段驾驶辅助（DA）级系统已在中国大部分企业开始装配，部分自动驾驶（PA）级系统也已经在少数高端车型上开始装配，而有条件自动驾驶（CA）及其以上级别的系统尚处于研发和小规模测试阶段。在车联网专用通信技术等方面，中国也有自己的优势技术与产品推出，掌握了一定的国际话语权。

中国企业也积极开展智能汽车研发和产业布局，整车制造企业与IT企业等跨界合作，“互联网+汽车”产业模式已粗具形态。中国一汽、东风汽车、长安汽车、上汽集团、吉利汽车和广汽集团等主要整车制造企业均积极进行了高级自动驾驶技术及产品开发。自主ADAS企业在前向碰撞预警系统、车道偏离预警系统、全景泊车辅助系统等领域推出了大量具有国际同等先进水平的产品，占据了一定的市场份额。在跨界合作方面，百度公司与北汽集团和奇瑞汽车等汽车企业联合开发自动驾驶系统；阿里巴巴集团与上汽集团联合推出“互联网汽车”，受到市场追捧；华为公司在车载通信系统和自动驾驶领域都大力投入研发；腾讯公司通过入股特斯拉和蔚来汽车的方式参与到新能源与智能汽车行业之中。

在智能汽车快速发展的大形势下，中国智能汽车零部件整体体量和质量两方面均有显著提高，但在产业链完整度和关键环节，还存在上游零部件产业、基础装备等方面仍受制于人，关键核心技术缺乏、上下游支撑不足、产业内外接协同欠缺、企业软实力有待提升等问题，发展受到掣肘。但中国汽车工业在完整、自主、安全、可控的核心目标上仍具有较大的提升空间，汽车零部件产业也仍有较大的发展和进步空间。

二 智能汽车零部件产业链构成

（一）环境感知系统

智能汽车获取和处理环境信息，主要用于状态感知和 V2X 网联通信。状态感知主要通过车载传感器对周边及本车环境信息进行采集和处理，包括交通状态感知和车身状态感知。V2X 网联通信是利用融合的现代通信与网络技术，实现智能驾驶车辆与外界设施和设备之间的信息共享、互联互通和控制协同等功能。

1. 传感感知

环境感知系统作为智能汽车的核心部分，主要包括相机、激光雷达、毫米波雷达、超声波雷达、GPS、BDS 和 INS 等，目前智能汽车上采用的配置方案往往是多种型号或多种类型设备组合的技术解决方案。

（1）车载摄像头

车载摄像头具有广阔的应用空间，按照视觉不同可简单分为：前视、后视、环视和车内监控四类。随着汽车智能化趋势及国家政策驱动，摄像头凭借应用广和成本低的特点，将成为汽车中使用较多的传感器。目前，车载摄像头价格已降至月 200 元/枚。根据 HIS 测算，2014～2020 年车载摄像头全球出货量将从 2800 万枚增长到 8270 万枚。目前，国内外主要图像传感器企业有 On-Semi、OmniVision、Sony、Gentex、Hynix、Melexis、Panasonic 和格科微电子，摄像头模组企业主要有 Magna、Panasonic、Valeo、Fujitsu Ten、Sony、Continental、MCNEX、Gentex、Hitachi、Nidec Elesys、Hella、Tokai Rika、Autoliv、KYOCERA、Kostal、SHARP、HPB、思比科和兴芯微电子，视觉处理相关企业有 Morpho、CogniVue、Mobileye、Magna、苏州智华、前向启创、纵目科技、德赛西威、中科慧眼、道可视、同致电子和经纬恒润等。

（2）超声波雷达

发射探头通过将产生的 20 千赫的超声波发射出去，超声波在遇到障碍物时经过反射被接收探头接收，根据超声波转递速度和收发超声波信号的时间差，就可以计算出与障碍物间的距离，实现超声雷达测距。其优势是成本低廉，但探测距离有限，探测精度受天气情况影响，常用于泊车系统中。

（3）毫米波雷达

该雷达使用波长 1~10 毫米的电磁波工作，其频率范围通常在 30~300 吉赫。利用大气窗口传播时衰减较小，可进行较长距离的探测，可达 250 米，探测幅度窄，探测分辨率一般为 0.3~1 米，此外还可以对目标方位以及速度进行测量。毫米波雷达不易受天气气候的影响，穿透性好。主要应用于 ACC 自适应巡航系统、AEB 自动紧急制动系统和 FCW 前碰撞预警系统。目前，毫米波雷达企业主要有博世集团、大陆集团、Hella、Fujistu Ten、ZF-TRW、Denso、Delphi、Autoliv、Valeo、Hitachi、ST、Mitsubishi、InnoSenT GmbH、Rfbeam、意行半导体、森斯尔、安必喜、智波科技、东方安高、华域汽车、森思泰克、承泰科技、纳雷科技、晟泰克、南京米勒、成都西科和北京行易道等企业。

（4）激光雷达

激光雷达是一种集激光、全球定位系统（GPS）和惯性测量装置（IMU）等技术与一体的系统，是一种用于精确获取三维位置信息的传感器，探测精度高，具有较强的抗源干扰能力。目前，激光雷达普遍应用于智能辅助系统（如 ACC 自适应巡航系统化、FCW 前车碰撞预警系统、AEB 自动紧急制动系统），自动驾驶系统以及 3D 高清地图绘制过程（如 HERE 及 TomTom 等企业）。在激光雷达方面，传统企业有威力登（Velodyne）、IBEO 和 Quanergy，一些企业也开始进入激光雷达领域，如 Quanergy 和 Luminar；传统汽车供应商也通过多种渠道进入激光雷达领域，如采埃孚收购 Ibeo 汽车系统公司（Ibeo Automotive Systems）40%的股份，大陆集团收购的Advanced Scientific Concepts（ASC）的高清3D闪存激光雷达业务，博世集团投资的激光雷达初创企业TetraView，电装公司参与了激光初创企业Tri Lumina的资金募集环节，麦格纳公司与以色列的Innoviz Technologies公司合作研发固态激光雷达；法雷奥与Leddar Tech进行战略合作，共同研发低成本固态激光雷达。

2. 定位导航

智能汽车行驶的基础是自主导航，不仅需要获取车辆与外界环境的相对位置关系，还需要通过车身状态感知确定车辆的绝对位置，因此定位与导航也是环境感知的关键技术之一。

高精度地图作为智能汽车定位导航的关键技术，主要通过高精度定位提供精细化的地图信息辅助作用，可以解决特定情况下传感器失效的问题，弥补环境感知设备的不足，能有效降低智能汽车的感知难度。根据地图和动态交通信息的先验知识，基于全局路径规划，给出最佳行驶路径和合理的行驶策略，能有效实现车辆的主动安全，降低车辆驾驶的复杂度，缓解真实道路拥堵的现状。

具体而言，高精度地图发展根据应用类型主要分为三个阶段。第一阶段为基础导航电子地图阶段，该阶段的地图数据主要面向驾驶人，用于辅助驾驶人导航，导航精度为10米。第二阶段为先进驾驶辅助阶段（ADAS），该阶段地图以主动安全为目的，定位精度一般为1～5米，扩充了普通导航电子地图的数据内容，还包括高精度道路级别的数据（道路形状、坡度、曲率和方向等）信息，道路的精度和形状信息更加准确。高精度地图主要应用在自适应巡航系统（ACC）、车道偏离预警系统（LDW）、车道保持辅助系统（LKA）、前撞预警系统（FCW）等技术之中。第三阶段为高度自动驾驶级别的高精度地图，主要以自动驾驶为目的，服务对象是更广泛的智能驾驶系统、辅助安全系统和车路协同系统。高精度地图已经成为实现无人驾驶和智能交通的重要组成部分，随着自动驾驶技术对地图的需求日益凸显，地图企业、互联网企业以及传感器企业积极围绕高精度地图开展跨界合作与投资并购，市场竞争激烈。目前，主流高精度地图企业有高德软件、苹果、立德空间、四维图新、武大吉奥、腾讯、凯立德、TomTom 和 Here 等，此外，谷歌、Uber、百度公司和阿里巴巴集团等互联网企业，Mobileye 等传感器企业，丰田汽车、奔驰汽车、奥迪品牌、宝马集团等传统汽车制造企业，均大力支持无人驾驶高精度地图产业发展，加强核心及关键技术的研发，全面加速面向高精度辅助驾驶、自动驾驶地图数据的商用化。

3. 网联通信

关于智能汽车感知技术解决方案，目前国内外主要采用多传感器信息融合技术，然而如何借助车联网技术实现信息在“车—车”“车—路”“车—人”“车—互联网”间的信息传输，以提高车辆感知能力，将成为实现 L4～L5 级智能汽车的关键技术支撑。V2X 网联是基于物联网，运用 D2D（Device to Device，终端直通）以及信息通信等技术，实现车辆与外界环境的互联互通。其主要按照约定的数据交互标准和通信协议，通过车内网、车际网和车载移动互联网三网合一的动态网络，实现车辆与路、人、环境之间的无线通信和信息交换。目前，V2X 通信产业分为 DSRC（Dedicated Short Range Communication，专用短程协议）和 LTE-V2X 两个标准和产业阵营。其中，DSRC 的优势在于技术成熟可靠，能够保证低时延和安全可靠性，因此依然是当下市场主流的 V2X 标准；LTE-V2X 仍在研发测试阶段，但是已形成可运营的完整网络体系，能够在高频段（5.9 吉赫）、高车速（250 公里/小时）、高车流量的环境下提供可靠的通信能力，并且在大容量、低时延、抗干扰性以及可管理性等方面更成熟。

（二）决策规划系统

决策规划系统是自动驾驶的关键部分之一。首先是融合多条传感信息，然后根据驾驶需求进行任务决策，接着在能避开可能存在的障碍物前提下，通过一些特定的约束条件，规划出两点间多条可选的安全路径，并在这些路径中选取一条最优的路径作为车辆行驶轨迹。决策规划层是自主驾驶系统智能性的直接体现，对车辆的行驶安全性和整车性能起决定性作用，以谷歌公司和斯坦福大学等为代表的众多企业和高校都已经做了大量研究。

智能决策技术的实现方式主要是将决策算法植入集成芯片，例如视觉识别技术领先的以色列企业 Mobileye 的核心技术之一便是基于感知信息分析和识别，借助算法完成行驶决策的智能预判。

（三）控制执行系统

智能控制技术是自动驾驶技术发展的核心之一，其功能类似于智能汽车的运动中枢神经。该技术的实现主要依靠汽车电控组件，具体包括：电子稳定控制系统（ESC）、制动防抱死系统（ABS）、牵引力控制系统（TCS）等部分。目前，智能控制相关基础技术已经较为成熟，国内外已有非常好的供应商协助企业实现相关功能，主要为大陆集团、采埃孚、博世集团、万都、耐世特、京西重工、亚太机电、阿基波罗和蒂森克虏伯等企业。

目前，智能控制技术的主要难点在于：如何与决策系统更好地连接，从而提高控制精确度。随着大数据和云计算等技术的快速发展，要实现自动驾驶所要求的精确度的安全性，将有赖于深度学习算法。

三　关键零部件发展路径

智能汽车零部件产业链总体由传感器、控制器、执行器三部分构成，其中三大类型传感器、高精度地图、V2X 通信、决策芯片及算法等作为智能汽车关键零部件领域，对于汽车智能化及网联化协同发展起至关重要的作用。

阶段一：主要是三大传感器的融合使用，促进实现自动紧急制动、自适应巡航等部分自动驾驶（PA）功能需要视觉解决方案和传感器的融合，以及辅助网联信息交互。第一，在车载视觉系统方面，主要有专用图像处理 ISP 芯片、车载光学镜头、车载图像感光芯片和车载视觉系统等，整体发展趋势为硬件产品日益成熟、软件系统逐渐升级。在市场竞争格局方面，多数企业都将目标定向于智能汽车产业中的某一个或者几个方面，只有很少的企业能实现一体化。整车企业所需的摄像头传感器由汽车零部件提供商，双方进行合作实现量产，同时双方还不断加大算法和芯片的研发投入。将来，复杂图像处理技术与专用图像处理芯片方面的突破将带动国内摄像头的发展，逐步实现由自主研制到车载视觉与其他感知系统融合产品的大规模应用。第二，在毫米波雷达方面。毫米波雷达已经逐渐普及，广泛采用从中低端车型逐渐向高端车型上升配备的方式，现有配备情况包括“1长+2短”（如别克威朗）、“1长+4短”（如奥迪A4）、“1长+6短”（如奔驰S级）。目前，国内市场毫米波雷达传感器对外依赖性强，在高端汽车中所配置装配的全部是从海外进口，为解决产品形态的导入，国内汽车企业华域已经能生产24吉赫毫米波雷达，主要完成LCA车道切换辅助、BSD盲点侦测等功能。同时，针对24吉赫产品，为实现量产，国内在第二阶段的研发过程中重点关注如何降低成本问题。第三，在激光雷达方面，可分为2D、2.5D（1、4、8线）和3D（16、32、64线）两大类，其分类是根据激光雷达线目的不同，两类别的性能用途也有较大的差异。相较于国外高品质激光雷达生产企业，国内企业与它们的产品、技术水平还有一定的差距。激光雷达现多用于建筑测量、智能机器人和地形测绘等领域，而及无人驾驶系统及辅助驾驶系统中所需的3D激光雷达产品仍处于探索研发并逐步实现量产的阶段。

阶段二：随着信息化的推进和高精度地图的成熟，车辆能实时掌握精确的路况信息，完成部分网联信息协同感知，进一步加快实现自动驾驶的进程。自动智能驾驶科技企业、图商、传统车企、ADAS方案提供商等四类企业，采用各自所擅长的技术和方案实现高精地图，展现出不同的优势和不足。当前，高精度地图已能够实现L2～L3级自动驾驶，仍处于ADAS级，要想实现HAD级的高清地图需要结合5G技术、机器学习和3D建模技术等多项技术共同服务于高清地图，预计2018年高清地图逐渐开始成熟，为智能网联汽车提供关键的技术支持。

阶段三：主要是通信技术的快速发展，全面建成5G网络基础设施并进入商业化，通信服务、互联网终端及相关车载设备的成熟，以及网联化进程的推进满足 V2X 低时延的通信要求，实现复杂工况下的全自动驾驶。在无线通信技术（如 DSRC、4G/LTE）的发展下，不断带动智能汽车相关通信技术产品的应用与发展（V2V、V2I 相关应用）。随着 V2X 通信业务的不断发展，将产生智能汽车与路侧设施通信所需的相关通信模块或设备，因此通信芯片、模块与产品的设计及制造即成为中国业者发展的机会点所在。近几年，整车企业不仅强攻车载信息通信平台，也开始加码投资行车安全应用和移动定位的新技术发展，未来智能汽车整合 V2X 通信技术与应用将会成为主流的市场。

阶段四：主要是决策芯片和算法的成熟及设计的协同发展，芯片架构发生转变，实现全区域的无人驾驶等高级（HA）/完全自动驾驶（FA）功能和网联协同决策控制的功能。按照 SAE International 的自动驾驶等级标准，目前已商用的自动驾驶芯片基本处于高级驾驶辅助系统（ADAS）阶段，可实现 L1 ~ L2 等级的辅助驾驶和 L3 等级的半自动驾驶，与 L4 ~ L5 等级的超高度自动驾驶及全自动驾驶的 AI 芯片离规模化商用仍有距离。随着人工智能的发展，在 ADAS 及自动驾驶方面，AI 的应用已经成为主要趋势，针对芯片的设计也开始增加硬件的深度学习，如何在人工智能算法模型与芯片架构及系统设计方面做好匹配，以及促进多传感器融合的芯片设计等将是新的研究课题，目前还处于早期探索阶段。

B.8

智能网联汽车测试产业发展研究

杨晨光　郑碧琪*

摘　要： 智能网联汽车的硬件是否失效，软件是否有漏洞，功能是否存在缺陷，行驶是否安全可靠，这些都需要依靠智能网联汽车的测试，只有通过测试，才能有效规避智能网联汽车可能面临的安全风险。本报告对智能网联汽车测试产业发展进行深入研究，从测试意义及必要性入手，简述了我国测试政策法规环境，从“端”“管”“云”三个层次对智能网联汽车测试技术方法体系进行介绍，最后本报告给出了测试示范基地建设情况和测试企业项目进展。

关键词： 智能网联汽车　测试评价　政策法规　方法体系　项目进展

随着智能网联汽车技术与产品的不断深入发展，汽车逐渐从独立的机械单元过渡为具备智能化及网联化功能的网络节点，特别是高级智能驾驶辅助、车联网等多项子功能系统的融入，使得智能网联汽车的功能及性能安全面临全新挑战。传统的汽车测试方法和工具已经不能很好地满足智能网联汽车测试的需求。在此背景下，需要加强智能网联汽车测试产业发展研究，在传统汽车测试技术基础上进行完善与创新，通过高精度、可靠、综合性的测试系统确定智能网联汽车能否满足行业标准的要求，从而为进一步完善和提高技术研究及产品开发水准提供参考依据。

---

* 杨晨光，中国汽车技术研究中心，助理工程师，硕士，研究方向为智能交通与共享出行；郑碧琪，中国汽车技术研究中心，助理工程师，本科双学位，研究方向为智能科技与测试评价。

一　测试意义及必要性

智能网联汽车作为汽车产业转型升级的重要方向，在现有汽车基础上搭载了更加有效减少死亡、提高效率的智能系统。同时，除了应加强研究智能网联汽车的相关技术、算法及产品之外，还需保障智能网联汽车在行驶过程中的可靠性与安全性。因此，需要不断完善智能网联汽车的测试方法与技术研究，才能较快发现研发过程中的系列问题，及时挖掘隐藏的功能缺陷与不合理之处，以便保证智能网联汽车应用的功能完备性及有效性，从而提升产品的市场核心竞争力。具体而言，加强对智能网联汽车测试产业发展研究的重要意义在于：首先，能够为智能网联汽车行驶安全提供可靠保障，确保其能够按照既有设定安全、高效地完成任务；其次，能够对智能网联汽车进行基本的判断与分类，通过测试过程统一标准与公共平台，实现各参与方自动驾驶和车联网功能的互联互通；最后，能够借助成熟的智能网联汽车测试经验与技术，保障智能网联汽车系统在应用中的稳定与可靠性，为大规模产业化及市场化应用创造条件。

未来，随着汽车智能化发展水平不断提升，其中将包含大量的电子器件和控制软件，由此可能会面临硬件失效及软件漏洞等一系列问题。因此，为了规避智能网联汽车可能面临的安全风险，在产品发生故障或失效时仍能继续保证系统的安全性，使智能网联汽车在投入使用之前进行严格的测试成为必要环节。

二　测试政策法规环境

在推动智能网联汽车产业发展的进程中，中国尤其关注智能网联汽车测试与示范相关的工作，并正在政策方面给予大力支持与明确指示。2015 年 5 月，国务院发布《中国制造 2025》发展战略，首次涉及智能网联汽车测试与示范相关内容。同年 7 月，根据工业和信息化部公布的 2015 年智能制造 46 个试点示范项目名单，中国首个智能网联汽车试点示范区开始进行规划建设。2017 年 11 月，国家发改委在印发的《增强制造业核心竞争力三年行动计划（2018～2020 年）》中提出，要解决测试评价技术和智能网联汽车信息安全方面的难题，建立智能网联汽车测试评价体系。2018 年 1 月，国家发改委发布的《智能网联汽车创新发展战略》（征求意见稿）中指出，要完善测试评价技术，加强跨部门、跨领域测试评价机构的协同配合，建立健全智能网联汽车测试评价体系架构及测试基础数据库；重点研发虚拟仿真、软硬件结合仿真、实车道路测试等技术和验证工具，并加强开发整车级、系统级、零部件级的测试评价系统；推动企业、第三方测试评价机构的能力建设，建立国家级智能网联汽车技术试验及安全运行评价中心。

在智能网联汽车测试相关标准法规方面，中国也正在逐步加强建设与完善。工业和信息化部、国家标准化委员会联合启动了《智能网联汽车标准体系建设方案》研究及编制工作，委托全国汽车标准化技术委员会以及各相关领域的组织、企业、高等院校和研究院等共同开展方案研究及编制工作。2017 年 6 月，工业和信息化部发布了《关于征求〈国家车联网产业标准体系建设指南（智能网联汽车）（2017 年）〉（征求意见）意见的通知》面向公众征求意见，初步确立了 95 项无人驾驶标准。同年 9 月，《智能网联汽车公共道路适应性验证管理规范（试行）》已经形成基本框架，但尚未对外正式发布。同年 12 月，北京市交委、市交管局、市经信委联合制定的《北京市关于加快推进自动驾驶车辆道路测试有关工作的指导意见（试行）》和《管理实施细则（试行）》对外公开发布，是中国自动驾驶公开道路测试的里程碑。

目前，中国关于智能网联汽车测试的政策正在全面推进，但是在测试标准贯彻落实方面仍然需要加快推进、更新与完善，而且现有道路交通相关法律在客观上仍未给出关于无人驾驶汽车上路测试的明确条文，对智能网联汽车的进一步应用推广产生了一定的法律障碍。

三　测试技术方法体系

智能网联汽车所涉及的主要测试内容涵盖功能和性能、信息安全和功能安全等不同方面。具体来说，首先，功能测试对于驾驶辅助系统而言是针对一个驾驶场景和驾驶判断，考虑其系统功能是否符合设计要求。对于高等级自动驾驶和无人驾驶系统而言，则是针对其目标运行环境下的整个驾驶过程，测试其功能完备性指标。性能测试对于高等级自动驾驶和无人驾驶车辆来说，需要评价系统的驾驶性能和安全性能是否高于人类驾驶员。其次，信息安全测试对智能网联汽车在操作时是否出现数据丢失、数据泄露和系统被侵入等问题，以及数据安全和通信协议等内容进行测试。最后，功能安全测试则贯穿智能网联汽车的整个生命周期，从需求到概念、软件、硬件等设计，直到最终的生产和操作，在整个过程中始终保证安全相关的汽车电子产品不发生功能性失效，不会导致危险发生。

智能网联汽车测试技术框架可划分为“端”“管”“云”三个层次，如图 1 所示。其中，“端”是指智能网联汽车端的相关部件与系统，涵盖传感器、车载总线、嵌入式控制软件、车载操作系统、车载及智能终端应用软件等；“管”是指智能网联汽车端到服务端的接口与通信媒介，包含基于 OBD 的服务终端、T-box 终端、V2X 通信、4G/5G 等部分；“云”是指智能网联汽车远程服务系统，包含远程的信息服务系统、汽车远程服务提供商 TSP、云计算平台、大数据平台等。因此，可参照上述三层技术框架，对智能网联汽车终端产品、网络系统及服务平台等进行全面测试。

面对智能网联汽车技术研发水平及产品迭代速度的发展需求，在现有技术框架基础上应该进一步研究更有效的测试评价方法，以便能够实现自动驾驶/无人驾驶车辆的加速测试。目前，国内外关于智能网联汽车测试领域尚未提出较完善的方法体系，因此，可考虑从已有的 ADAS 测试方法进行切入，不断探讨智能网联汽车发展进程中的测试方法。ADAS 技术作为智能网联汽车发展的初级阶段，已经具备较成熟的技术水平，并快速迈向产业化及市场化。现有 ADAS 测试方法可概括为技术、用户相关性及收益三个测试层面，采用仿真测试、驾驶模拟器测试、受控场地测试和实证测试四种方法，整体遵循系统功能描述、预期收益和假设、测试场景定义、评价方法选择、

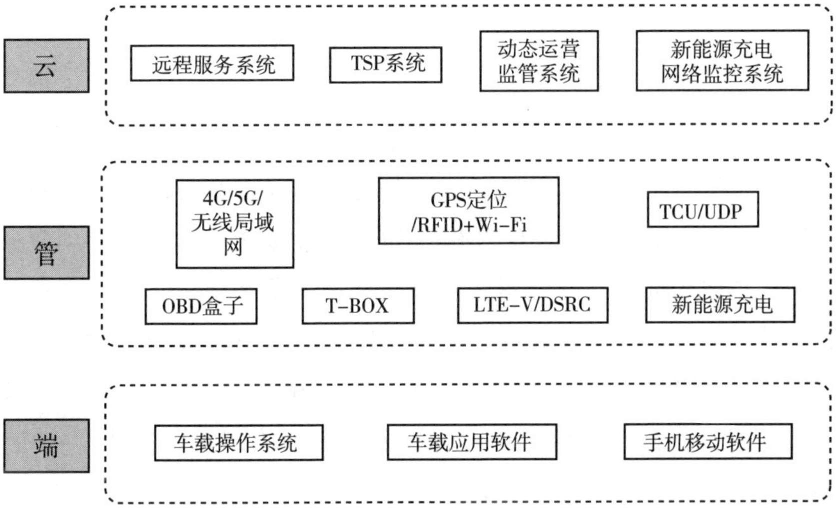

图1　智能网联汽车测试技术框架

制定测量技术及执行测试分析等六个基本步骤。针对未来的3级及以上高级自动驾驶车辆，可参考ADAS测试评价方法进行拓展与完善，如图2所示，其中的测试场景库不再是测试评价所需的独立场景，而是需要涵盖满足证明无人驾驶安全驾驶里程中所遇到的全部场景。

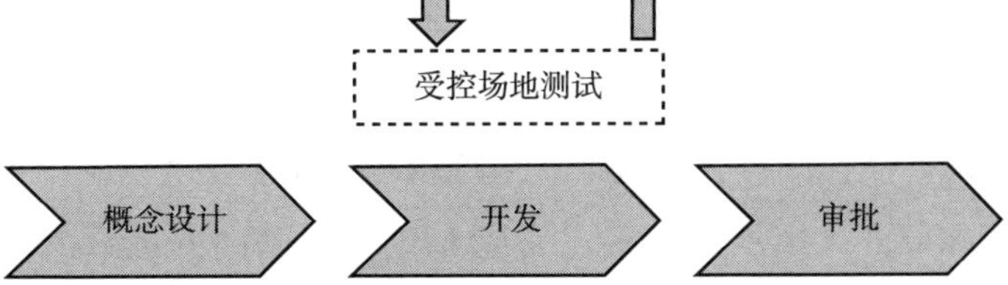

图2　智能网联汽车测试方法体系

四　测试示范基地建设

为满足当前智能网联汽车测试需求，需要模拟并建设大量的实际交通场景，传统汽车试验场已经无法满足智能网联汽车技术产品的测试需求。因此，欧、美、日等国家和地区纷纷建设智能网联汽车专用测试基地，中国也在积极推动智能网联汽车测试与示范区建设工作，工业和信息化部首先通过智能制造试点示范项目批准了国家智能网联汽车（上海）试点示范区，之后又与北京—河北、重庆、浙江、吉林、湖北地方政府签署了示范合作框架协议，与公安部、江苏省政府签署共建合作协议，与四川省政府签署相关协议，初步形成了“5 +2 +1”的智能网联汽车测试基地格局。

不同类型示范基地具有不同测试重点，通过搭建封闭测试区域、开放测试区域等测试场景与环境，对智能网联汽车的自动驾驶技术及网联化技术进行测试。国家智能网联汽车（上海）试点示范区，作为中国首个建成并初步投入运营的示范基地，主要以网联汽车、自动驾驶和无人驾驶技术测试为重点，以封闭测试区和科普体验区为依托，逐步拓展至安亭汽车城核心区 25 平方公里及安亭镇 90 平方公里范围内。国家智能网联汽车与智慧交通（京冀）示范区建设主要以智能网联汽车和智慧交通为应用领域，以部署 4. 5G/5G 宽带移动互联网为通信基础，以智能驾驶、智慧路网、车路协同等关键技术测试为牵引，协同构建安全、节能、高效、便捷的汽车服务新生活。重庆 i-VISTA 智能网联汽车集成系统试验区采用共筹、共建、共享的运营模式，联合不同类型企业机构组建基于车载环境下的 4G/5G 通信网络、V2X、北斗导航定位技术标准、测试验证和公共服务中心，形成较完善的产品标准符合性验证、系统级测试评价及示范应用等能力。浙江云栖小镇和桐乡乌镇示范区重点完成 LTE-V 车联网测试示范，实现区域内道路无线网络覆盖，对智能网联汽车区域调度、路径规划、智慧停车等技术进行测试。吉林长春智能网联示范测试基地重点进行 LTE-V/5G 高速试验网络建设，开展智能驾驶应用示范，正在加快建设成为国内重要的智能网联汽车和智慧交通技术测试验证与评价体验中心。湖北武汉智慧小镇示范区通过建立所需网络的基础设施，进行智能网联汽车的自动驾驶测试，形成半开放示范应用区，并推进产业生态圈建设。

五　测试企业项目进展

随着智能网联汽车技术水平的快速提升，为了在未来的竞争市场中占有一席之地，国内外各大汽车企业纷纷开始进行大量自动驾驶车辆的测试示范，中国智能网联汽车领域相关的整车及互联网企业等，分别在乘用车、商用车以及出租车等三大领域开展智能网联汽车测试工作。

（一）乘用车领域的自动驾驶测试

2015 年 12 月，由百度公司和宝马集团合作的无人驾驶汽车在北京进行路测，测试车型为以 BMW3 系 GT 为基础研发的自动驾驶汽车，路测过程中无人驾驶汽车往返全程均实现自动驾驶，并实现了多次跟车、减速、变道和超车等复杂驾驶行为；2016 年 11 月，百度公司的 18 辆无人驾驶汽车再次在乌镇进行运营体验，首次在开放路段实现全程无人干预的 L4 级无人驾驶行为；2017 年 7 月，李彦宏再次坐在副驾驶座位上乘坐百度公司研发的无人驾驶汽车在北京五环道路上行驶，全程 1 分钟视频中车辆处于自动驾驶状态。2016 年 4 月，长安汽车 3 辆无人驾驶汽车从重庆市出发，途经安康、西安、郑州、石家庄等地完成 2000 公里以上的上路测试，长安汽车成为国内首个进行无人驾驶长途路测的上市企业。2016 年 11 月，通用汽车在上海示范区演示了最新的八项安全应用，将全新开发的 V2I 通信技术应用带到中国。2016 年 12 月，一辆电动的、基于雷诺 ZOE 的自动驾驶原型车开始在武汉进行 2 公里长路段的自动驾驶测试和演示。此外，广汽集团的无人驾驶汽车也在近两年多次参加智能网联汽车相关赛事，进行开放道路的测试与竞技，并取得了优异成绩。

（二）商用车领域的自动驾驶测试

2015 年 9 月，宇通客车宣布，其研发的无人驾驶大型客车已在全开放道路上进行了测试，成为全球首辆成功通过测试的大型客车。2016 年 11 月，百度公司与北汽福田联合研发了国内首款无人驾驶载货车，并在 2017 年开展路测工作。2017 年 1 月，驭势科技发布了首辆完全独立自主研发的无人驾驶电动汽车——城市移动包厢，已初步完成测试，并计划 1 ~2 年内加速推进量产。2017 年 9 月，智行车推出了旗下首辆无人驾驶扫路车“蜗小白”，并率先落地北京奥林匹克森林公园。2017 年 11 月，图森未来 L4 级别自动驾驶无人载货车在上海封闭示范区完成测试，测试全程经历了环岛掉头、过红绿灯、躲避障碍车辆以及数次转弯等场景，整个过程完全自主、无人干预。2017 年 12 月，主线科技的自动驾驶载货车在上海汽车城进行了首次展示，并将在天津港落地其无人驾驶集装箱半挂牵引车。

（三）无人驾驶出租车领域的测试示范

中国无人驾驶出租车领域的测试示范启动于中国出租车打车软件服务企业滴滴宣布进军无人驾驶领域。2015 年，其同北汽集团签署合作协议，计划在无人驾驶领域进行深度合作，并在 2016 年同驭势科技进行商业接触，同时也在硅谷寻求收购或投资相关无人驾驶技术企业，以提升该公司在无人驾驶方面的进度，并进一步在无人驾驶出租车领域取得一定突破。

综上所述，中国一汽、上汽集团、广汽集团、江淮汽车、长安汽车、北汽福田和宇通客车等传统整车企业早已逐渐开展了智能网联汽车测试工作，以百度公司为代表的互联网汽车企业也在无人驾驶技术测试领域迅速布局，从目前国内已进入路测阶段的示范项目来看，中国智能网联汽车测试仍以乘用车领域为主，但正在逐渐迈向商乘并举阶段。

六　总结

随着智能网联汽车技术的快速发展，为促进产业迅速落地与产品安全运行，与其相关的测试评价体系变得日益重要，中国已经出台多部政策明确要大力加强智能网联汽车测试评价技术研究。同时，加快制定一系列标准法规为智能网联汽车测试产业提供可靠依据。目前，中国初步建立了智能网联汽车测试评价体系，具体测试技术及方法仍处于概念性阶段，需要进一步明确与深入。然而，在智能网联汽车测试与示范区建设方面，已经取得了一定成绩，基本形成了全国范围内战略布局，同时各大整车、零部件、互联网及新兴创业型企业也全面开展智能网联汽车相关技术与产品的测试工作，并在乘用车、商用车领域均取得了突出进展。未来，智能网联汽车测试产业需要全面贯彻落实国家的政策要求，全产业链应该相互配合，共同加强测试理论技术、体系框架、基础数据库、服务平台等方面建设，将测试工作贯穿于智能网联汽车产品的全生命周期中，以不断促进智能网联汽车技术研发与产品开发水平的提升，同时为其功能、性能安全及信息安全方面提供可靠保障。

B.9
智能网联汽车市场发展及商业模式变化

杨晨光　张美芳　郑碧琪　李　晨*

摘　要： 近年来，中国智能网联汽车的发展相当迅速，《中国制造2025》提出，到2025年我国将掌握自动驾驶总体技术以及各项相关技术，建立较完善的智能网联汽车自主研发体系、生产配套体系以及产业群，基本完成汽车产业转型升级的目标。本报告将通过研究智能网联汽车发展商业模式：跨界合作模式、“互联网+”模式、共享出行模式、服务主导模式等，来阐明我国智能网联汽车市场当前发展以及在新的商业模式下如何建成“安全、高效、绿色、文明”的智能汽车社会。

关键词： 智能网联汽车　无人驾驶　商业化　市场渗透　共享出行

随着互联网和人工智能等技术在各行业渗透，全球汽车产业正在面临智能化和网联化所带来的第四次重大变革。半个世纪以来，中国汽车产业实现了从模仿到创新的重要转变，逐步具备了自主研发能力。在当前中国汽车产业增速放缓的情况下，智能网联汽车将成为中国汽车产业新的增长点，并有望在汽车智能化变革中实现弯道超车。近年来，中国智能驾驶市场规模快速

---

* 杨晨光，中国汽车技术研究中心，助理工程师，硕士，研究方向为智能交通与共享出行；张美芳，中国汽车技术研究中心，硕士，研究方向为前瞻技术与产业发展；郑碧琪，中国汽车技术研究中心，助理工程师，本科双学位，研究方向为智能科技与测试评价；李晨，天津大学国际工程师学院，电子与通信专业研究生在读。

增长，智能驾驶作为智能网联汽车的重要功能体现，将为中国汽车产业智能化发展奠定坚实基础。

一　智能网联汽车市场发展现状

（一）智能网联汽车发展背景

21 世纪，随着智能化信息化水平的大幅提升，新一轮科技革命正在席卷各个行业。中国的汽车产业也正在蓬勃发展，汽车产量和销量位居全球第一。数据显示，2017 年中国汽车保有量已超过 2 亿辆，由于智能网联汽车的迅猛发展，整个汽车产业格局将在几年内发生根本变革。根据 IHS 报告，预计到 2035 年之前，全球拥有部分无人驾驶功能的智能汽车将达到 1800 万辆，拥有完全无人驾驶功能的智能汽车将达到 1200 万辆，占同期全球汽车市场总销量的 9%，中国智能汽车的市场规模将超过 1500 亿元。另外，美国电气和电子工程师协会（IEEE）预测，到 2050 年之前，无人驾驶汽车将占据全球汽车保有量的 75%，交通规则、基础设施等汽车交通系统和产业模式都将被颠覆。

目前，中国政府正在高度重视智能汽车产业发展，汽车智能化市场发展正在反向推动各项政策法规的制定与实施。2015 年 5 月，《中国制造 2025》提出五大工程建设，主攻智能制造工程。在移动互联、大数据及云计算等为代表的新一轮科技革命中，传统制造业正在向智能制造转型升级，智能网联汽车作为最具代表的智能制造载体标志着汽车产业转型升级方向，更牵系着整个智能制造工程的发展。在中国汽车工业协会 2016 年 3 月发布的《“十三五”汽车工业发展规划意见》中，提出智能网联汽车发展的目标是：2016～2020 年“十三五”期间建立汽车产业创新体系，具有驾驶辅助功能（1 级自动化）的智能网联汽车的新车渗透率要达到 50%，有条件自动化（2 级自动化）的智能网联汽车要达到 10%。另外，工业和信息化部、国家发改委、科技部 2017 年 4 月联合印发的《汽车产业中长期发展规划》中明确指出：到 2020 年，汽车 DA（驾驶辅助）、PA（部分自动驾驶）、CA（有条件自动驾驶）系统新车装配率超过 50%，网联式驾驶辅助系统装配率达到 10%，满足智慧交通城市建设需求。到 2025 年，汽车 DA、PA、CA 新车装配率达 80%，其中 PA、CA 级新车装配率达 25%，高度和完全自动驾驶汽车开始进入市场。2018 年 1 月，国家发改委公布的《智能汽车创新发展战略》（征求意见稿）中提出，到 2020 年我国智能汽车新车占比将达到 50%，中高级别智能汽车实现市场化应用；中国标准智能汽车体系框架、智能道路交通系统建设和示范区域运行都卓有成效；到 2025 年，新车基本实现智能化，高级别智能汽车实现规模化应用；到 2035 年，中国率先建成智能汽车强国，共享“安全、高效、绿色、文明”的智能汽车社会。

综上所述，中国为智能汽车市场快速发展营造了良好的政治环境，明确制定了未来市场发展目标，并指明了各阶段市场发展规模，清晰呈现了中国智能汽车产业市场发展前景。

（二）智能汽车市场发展阶段

从整体情况而言，中国智能汽车市场可划分为探索期（2009 ~ 2018 年）、启动期（2019 ~ 2025 年）、高速发展期（2025 ~ ）以及成熟应用期四个发展阶段。

中国智能汽车市场发展起源于 2009 年，以通用汽车的安吉星为代表的主机企业车联网产品推行标志着汽车智能化时代正式启动，汽车逐渐通过不同渠道进行网联化渗透，腾讯公司、百度公司和阿里集团等互联网企业开始积极布局车联网市场。2014 年前后，特斯拉在美国市场开始快速发展，使得国内诸多企业跨界进入智能汽车市场，以蔚来汽车、小鹏汽车和威马汽车等为典型代表。2016 年，特斯拉受到消费者热捧，加快了智能汽车市场发展速度，使得市场关注度达到高峰。一批互联网科技企业开始涉足车载信息娱乐系统，并与传统汽车企业合作生产智能汽车。

目前，中国智能汽车市场发展仍处于探索期，各相关行业的广泛关注与全面布局进一步加强。智能汽车产业链已经开展协同创新，跨界合作云起风涌。各大传统整车企业全面加快推进智能汽车市场发展速度，已经具备智能硬件、整车控制等技术的积累优势，但其仍然无法绕过 IT、互联网等企业的迅猛进军，大批新兴造车势力先后发布新款车型及量产计划。因此，多方合作成为当前阶段智能汽车市场发展的重要特征，各大整车企业纷纷同互联网企业、新兴造车企业进行联手，行业洗牌正在逐渐拉开序幕。由此可见，中国智能汽车探索阶段与全球智能汽车市场发展有所不同，互联网企业和新兴的车企及创业团队相较于国内整车制造企业具有更高的研发能力，也更积极地推进智能网联汽车市场化应用。

预计 2019 年，中国智能汽车市场进入启动期，成功进行智能汽车量产并得到用户广泛认可的企业逐渐在市场上稳固发展，而部分企业将由于资金、技术和量产等限制逐渐退出市场。从 2025 年起，中国智能汽车市场将进入高速发展期，产业链相关软硬件技术水平得到快速升级，汽车智能化及网联化功能大幅提升，智能汽车驾驶及操作系统逐渐成熟，且开放程度不断提高。未来，在中国智能汽车市场的应用成熟期，将全面开启无人驾驶新时代，构建“绿色、高效、安全”的未来出行生态系统。

二　智能网联汽车发展商业模式

“智能网联汽车”应该涵盖由智能网联汽车和智能公路组成的整个系统。可以预见的是，未来的智能网联汽车已经不再只是汽车，而是综合了电脑、互联网、物联网和人工智能等高端技术的“智能移动机器人”。在产品定位和价值重心转变之后，传统汽车企业势必将重新定义和塑造自身的商业模式。

（一）跨界合作模式

在汽车智能化进程的快速推动下，智能汽车市场涌现了大批互联网造车企业。一方面，以 BAT 为首的互联网企业全面进军汽车行业，纷纷与传统整车企业联手打造全新一代的智能汽车产品，如百度公司启动了无人驾驶开发计划，并将自身定位成智能驾驶技术方案供应企业的角色，计划为上百家汽车企业提供智能驾驶系统及平台服务；阿里巴巴集团于2014年与上汽集团共同宣布建立合资企业，从车载信息服务系统切入智能汽车市场领域；腾讯公司也牵手广汽集团，准备继续深耕造车领域。另一方面，以蔚来汽车、小鹏汽车、威马汽车、奇点汽车等为代表的互联网造车企业动作频频，第一批智能汽车产品正在逐步落地，未来造车格局将进一步明晰。对所有汽车行业的新加入者而言，研发只是刚刚踏出的第一步，生产并获得上市销售资质才是最大的关键。目前，市场上主流的互联网造车企业普遍在2016～2017年才完成工厂选址并达成投资意向，工业和信息化部对生产资质的审批尚处于停滞状态。为尽快将产品投向市场，大部分互联网造车企业都选择由传统汽车企业代工的模式进行生产。

智能汽车产业链分支众多，市场需求量巨大且发展空间广阔，在汽车转型升级的重要阶段，既有企业人才配备齐全、深谙汽车之道的传统汽车企业，也有储备了先进互联网及自动驾驶技术的互联网造车企业，为快速扩张智能汽车市场规模，全新的跨界合作模式无疑是促进产业发展的重要途径。

（二）“互联网+”模式

互联网造车企业的快速兴起，彻底推翻了传统汽车开发一款新车至少需要3～4年的时间定律，并逐渐体现出将“互联网+”模式以及“以用户为核心”的创新思维融入汽车生产、制造及推广过程，对于智能汽车产业未来发展具有重要意义。

一方面，“互联网+”模式已成功贯穿互联网企业的造车进程中，新兴造车势力正在以“互联网+汽车制造”的全新商业模式颠覆着汽车行业的未来。首先，其通过全新的数字化智能工厂，根据消费者个性化订单进行生产，实现快速匹配用户的需求；其次，采用在线销售模式，坚持“线上购车，线下提车”的互联网路线，尝试为消费者提供以租代购、众筹合购、升级换购等灵活的购买形式；最后，不断进行企业多轮融资，保障资金链逐渐补充扩张，快速实现新型产品推出与快速量产。

另一方面，“互联网+”模式也成功刺激了传统汽车企业的造车观念，使其在技术与人才交流方面变得日益活跃，提高了高层技术研发及管理人才的灵活性，使人才与技术在传统汽车企业与互联网造车企业之间流转，盘活了汽车人才的流动，逐步打破传统汽车企业“闭门造车”的壁垒，推动中国智能汽车产业的快速转型。

（三）共享出行模式

近几年，中国共享经济市场正在蓬勃发展。其中，共享出行占有较大比例，而共享汽车出行作为出行市场的新宠，未来发展潜力巨大。目前，中国共享汽车出行市场已经进入高速发展阶段，传统租车、网约出租车、网约专车/拼车以及分时租赁等共享出行模式正在快速普及与发展。

随着汽车共享出行市场的逐渐成熟，互联网专车市场作为市场规模较大、用户认可度较高的互联网出行细分领域，具有显著的资本优势及海量的运营数据，或将成为无人驾驶商业化落地的首选，逐步经历简单交通状况场景试运营、复杂交通状况场景试运营、试点城市试运营、全面普及四个阶段。

未来，智能共享汽车将成为共享经济模式下的全新出行方式，实现类似于滴滴打车的运营模式。乘客出发前约车，约定地点乘车，舒适乘坐智能共享汽车至目的地下车。全过程无人化操作，且保证驾驶行为的安全性和路线的合理性。在智能汽车共享时代，“无人驾驶汽车＋共享出行”的模式将有望解决城市交通问题。

（四）服务主导模式

随着自动驾驶技术逐渐弱化驾驶者在购车决策中的地位逐渐核心化，各大主机企业所强调的驾驶操控体验将变得不再重要。智能汽车市场所面临的目标客户群将成倍扩张，任何具有汽车出行服务需求的终端消费者都将成为自动驾驶时代购买汽车的决策者和营销对象。智能汽车产业将不再是单纯以产品销售为主导的传统制造业，而是向以乘坐体验为核心的服务导向型行业过渡。

在智能汽车全面来临的时代，终端消费者未必需要拥有汽车。因此，市场商业模式将转变为以每次出行服务的里程数以及在途中所使用的服务项目进行计费。对于消费者，在每一次用车中的服务体验将影响下一次的出行选择，智能汽车市场的收费模式将从过往的低频率、高单价消费转变为高频率、低单价消费。对于业内企业，其不再是仅以产品硬件的推陈出新来满足消费者的需求，而是要在既有的软件服务平台上进行内容优化，最大限度地提升用户出行的服务体验，围绕用户全旅程的体验来设计和改善服务内容，形成动态且可持续的业务闭环。

三　市场发展趋势

面对消费者群体以及商业模式的转变，自动驾驶时代汽车行业的整体竞争格局也将不断向外拓展。具体预测，到 2020 年，整个自动驾驶行业的生态系统将囊括主机企业、零部件企业、软件服务供应企业、车载服务系统开发企业、出行服务平台、汽车后市场零售企业等各大市场领域。这也意味着以往主导行业的主机企业将仅占据产业生态圈的一小部分，并将面临来自谷歌、百度、苹果等行业之外竞争对手的严峻挑战。

（一）中国智能驾驶汽车市场规模呈扩大趋势

智能驾驶汽车被认为不仅可以减少交通事故、降低环境污染和能源消耗，而且能够缓解交通拥堵，提高通行效率，这些强烈市场需求使得智能网联汽车极具发展潜力。随着智能网联汽车关键技术的突破、测试技术及标准的探索出台和相关政策法规的成型，中国智能驾驶汽车市场规模呈现持续扩大的趋势。截至 2015 年，市场规模已达 353 亿元，并保持每年 100 亿元以上的增量；2016～2017 年，中国智能驾驶市场处于白热化竞争状态，缺乏竞争力的企业逐渐面临被淘汰的局面；预计 2020 年，中国智能驾驶市场规模将达到 1214 亿元，智能网联汽车商业化产品进入市场。

（二）中国智能驾驶乘用车市场渗透率将继续提升

中国作为世界最大的汽车消费国之一，在购置税优惠政策的影响下，

2016 年乘用车销量首次突破 2400 万辆，2017 年销量继续保持稳步增长，预计到 2020 年乘用车的销量可能突破 3000 万辆。与此同时，截至 2015 年，智能驾驶乘用车渗透率达到 15%，其中大量乘用车还处于 1 ~ 2 等级水平；2017 年智能驾驶乘用车市场渗透率增加到 20% 以上，且拥有更高智能驾驶水平的汽车占比呈现大幅提升；预计到 2019 年智能驾驶乘用车渗透率将超过 50%，智能化等级也越高。

（三）运营车或将成为智能驾驶技术商业化落地首选

由于智能网联汽车搭载的传感器价格昂贵，国内外的智能驾驶技术初步应用于私人乘用车，其在大量乘用车市场的应用仍面临较大障碍，因此，营运车辆逐渐成为较高等级智能驾驶技术的落地首选。智能网联运营车在相对固定的道路环境中运行，安全风险较低。目前，中国智能驾驶商用车应用技术已经日趋成熟，并取得了初步成效。未来，随着智能驾驶技术的发展成熟，有望率先在互联网专车和货运等领域实现商业化应用，为智能网联技术的更广泛实际应用铺平道路。

四　总结

目前，中国智能汽车市场的发展正处于初级探索阶段，已经涌现出大量的互联网企业及新型创新企业，初步掌握了独具特色的智能汽车相关技术，研发出独特的产品，并快速尝试进行商业化落地，而传统的整车及零部件企业也在向汽车智能化方向快速转型与升级。在智能汽车产业庞大的市场环境中，各领域企业正在逐步寻求跨界合作，并全面贯彻“互联网 + 汽车”以及“面向用户、服务主导”的新型商业模式，同时逐步向共享出行领域进行渗透与发展。随着中国智能汽车市场逐步进入“洗牌”阶段，将比全球智能驾驶市场更早地迎来市场启动期，并有望在未来的国际竞争中占据优势地位，并向海外企业进行技术输出。

产 品 篇

Product Reports

B.10 智能汽车整车产品发展情况

王 羽 宋 瑞 杨晨光*

摘 要： 随着汽车智能化水平的逐步提升，车联网这一技术变革将给整车产品的体系架构带来颠覆性的巨大改变。本报告将分别介绍价值链、产业链和创新链，以及其在功能价值方面的转变；在整车和零件两个方面深入分析目前我国智能网联汽车的市场发展现状，总结我国的发展进程，并在法律法规和技术应用方面提出新的发展规划、迎接新的挑战，为自动驾驶和无人驾驶的推进和发展保驾护航。

关键词： 智能汽车 体系构架 功能价值 V2V 通信

* 王羽，中国汽车技术研究中心，智能汽车研究室暨汽车软件测评中心主任，硕士，研究方向为智能汽车与信息安全，华东交通大学客座教授；宋瑞，中国汽车技术研究中心，硕士，研究方向为智能汽车与智慧交通；杨晨光，中国汽车技术研究中心，助理工程师，硕士，研究方向为智能交通与共享出行。

随着互联网、通信、大数据和人工智能等技术在汽车领域的深入应用，汽车行业正面临着从产品到体验的多重变革，逐渐从传统的机械产品发展过渡为具备智能化及网联化功能的新一代智能移动产品。目前，智能化、网联化、电动化和共享化作为汽车产业发展的重要方向，四者的深度融合将会带来整车产品形态的全新变革，也将会促成智能汽车整车产品结构形态、价值重心以及商业模式的根本转变。

一　产品体系架构

智能汽车整车产品是一个集环境感知、规划决策、控制执行等功能于一体的高新技术综合体，其拥有相互依存的产品价值链、产业链和创新链，相比传统汽车而言均发生了较大改变。

第一，在产品价值链方面，传统的汽车价值链主要由设计研发、整车制造、整车销售及汽车后市场等方面构成，但是技术的进步、产业的发展以及消费者观念的改变，均带来了产品价值链的巨大变化，衍生出互联网造车企业、共享服务平台以及系统服务提供商等新型主体，使得传统整车企业对智能汽车产品品牌、定价以及销售渠道的控制力逐渐下降，需要跟随产品价值链的变化进行战略调整（见图 1）。

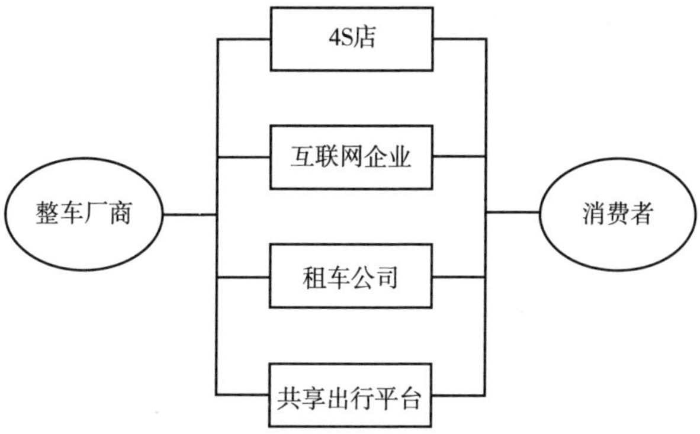

图 1　智能汽车整车产品价值链变化示意

第二，在产品产业链方面，传统的汽车产业链由配套企业、整车企业和经销企业三个环节共同构成，然而智能汽车产业链中的新型参与者通过其自身的制造方式及制造技术正在产生一定的影响，促使整车企业对原有的产品生产线进行更新换代，对生产方式进行智能升级。在智能汽车整车产品产业链中，传统整车企业将与新参与者展开竞争，将凭借自身技术、品牌和创新能力在竞争激烈的市场中生存或成为 OEM。

第三，在产品创新链方面，传统的汽车创新链主要由参与者、资源要素、对象以及运行机制等四部分组成，其发展已经较完善。但是，信息网络技术与传统汽车技术的深度融合，推动了全新智能汽车产品技术路线的形成，也使得信息化、网络化、数字化和平台化成为汽车产业创新的主要方向。新型的智能汽车产品创新链涵盖了学科的交叉融合、人才结构的调整以及知识结构的变化，无论对于传统整车企业还是互联网造车企业而言都面临一定挑战。

二　功能价值转变

随着智能汽车技术的快速发展与深入应用，自动驾驶系统基本能够完成部分或全部的驾驶操作，并可逐步将驾驶员从汽车行驶状态中需要完成的观察、决策和控制等行为中解放出来，使得娱乐、办公和休闲等活动成为人们在汽车行驶过程中的新选择，进而带来整车产品从简单的交通运输工具向移动生活空间载体的全新转变，由此对智能汽车的参与者及消费者产生了一定影响。

一方面，智能汽车整车产品功能定位的全新转变，使得与其相关的参与者角色不断丰富。随着智能汽车整车产品逐渐打开制造企业直面终端消费者的渠道，收集并挖掘出行体验数据将成为连接二者的重要纽带。因此，整车产品的参与者也不再仅仅是传统的汽车制造企业，同时还会融入系统平台及软硬件供应企业、互联网业务服务企业等竞争对手，软件开发与集成、个性化出行服务、消费数据收集分析将日益转化为智能汽车产品参与者之间的核心竞争力。

另一方面，智能汽车整车产品功能定位的全新转变，使得其所面向的消费者群体日益扩大。传统汽车整车产品对使用者提出了较高要求，其往往需要驾驶员具备一定的驾驶技能。然而，随着自动驾驶技术日益成熟，将不断弱化驾驶者在购车决策中的核心地位，任何具有汽车出行服务需求的终端消费者都将成为购买智能汽车整车产品的决策者和营销对象。此外，在无人驾驶时代来临时，终端消费者将未必需要拥有汽车产品，而是更关注于每一次的出行服务体验。因此，服务提供企业将不能再仅仅依赖于硬件产品的更新升级以满足消费者日益增长的需求，而是需要在既有软件服务平台上进行内容优化，最大限度地提升消费者的出行服务体验。

面对智能汽车整车产品在功能定位、价值重心、消费群体以及商业模式等方面的日益转变，自动驾驶时代汽车产业的整体竞争格局也将不断向外拓展，整个生态系统将囊括主机企业、出行服务平台、软件服务供应商、零部件企业和车载信息系统开发企业等，专业化与精细化分工也将成为行业发展的必然走向。未来的智能汽车产品制造企业将会较少关注整车的外观、性能及硬件等属性，而是通过自动化生产线、标准化汽车硬件规格及大规模生产降低成本。品牌服务供应企业的地位将日益凸显，以单次出行为收费基础的出行服务平台也将通过提供满足消费者需求的定制化出行服务获取竞争优势。

三　市场现状分析

纵观智能汽车市场发展进程，最早的智能化尝试起源于车联网领域，2014 年前后，真正意义的智能汽车的研发与设计开始正式进行。目前，已经发展到市场探索期，各大整车制造企业、互联网企业、通信企业、软硬件供应企业以及共享出行服务企业等纷纷发力，行业洗牌阶段已经拉开序幕。

（一）整车

在整车产品方面，市场上大部分智能汽车正处于 PA 向 CA（相当于 SAE 的 L2 向 L3）阶段过渡的关键时期，传统整车企业、互联网企业和造车新兴企业等的新车型先后亮相，逐步准备进入量产化阶段。

首先，以通用汽车和福特汽车等传统汽车企业为代表，采用从高级驾驶辅助系统 ADAS 切入，“渐进式”地由高级驾驶辅助逐步实现无人驾驶，典型代表有：奥迪正式发布的新款车型奥迪 A8，已经成为首款达到 CA 级别（相当于 SAE 的 L3 级）自动驾驶量产车型，并开始面向市场进行销售；通用汽车正式发布第四代自动驾驶汽车，并已经向美国 NHTSA 递交申请，计划在 2019 年将这款自动驾驶车型投入应用，该款车有望成为首款无须驾驶员、转向盘和踏板就能实现安全驾驶的 HA 级（相当于 SAE 的 L4 级）自动驾驶量产汽车产品。

其次，以 Google、百度公司等为代表的互联网企业，通过价格高昂的传感器“一步到位式”地实现完全无人驾驶，如谷歌公司旗下的 Waymo 宣布在亚利桑那州凤凰城已经完成了对 HA 级（相当于 SAE 的 L4 级）无人驾驶汽车的试运营，将在 2018 年 12 月 31 日之前再生产数千辆自动驾驶汽车并完成首批交货；百度公司作为中国无人驾驶领域的先驱者也相继发声，短短五个多月，Apollo 自动驾驶平台便已经从 1.0 迭代至 2.0 版本，同时还推出了面向中国复杂交通环境、可量产的 Apollo Pilot、小度 AI 车载系统等方案及产品。

最后，还有以 Telsa 为代表的造车新势力企业，在完成自行造车的同时也在不断研发互联网式自动驾驶技术。中国首批新兴造车量产实践者涵盖蔚来汽车、威马汽车和小鹏汽车等数十家企业，已经纷纷发布品牌车型，准备通过以自建工厂或代工造车的方式在一年内将量产车全面推向市场。

（二）零部件

智能汽车整车产品的市场发展进程，必然与关键零部件的市场现状密切相关，尤其是传感器、高精度地图以及 V2X 通信等领域，其相关技术及产品的研发速度将直接影响整车产品的量产化进程。

第一，在传感器方面，正处于三大传感器不断融合的市场阶段。首先，激光雷达作为自动驾驶汽车不可或缺的传感器之一，其产品在性能、指标和成本方面已经能够满足汽车企业的基本需求，而且价格也有所下降。其次，车载视觉系统相关硬件日趋成熟，且软件逐步升级，汽车零部件巨头所提供的摄像头传感器，都已经同整车企业达成合作并实现量产。

第二，在高精度地图方面，作为实现 CA、HA 等级自动驾驶的关键技术，其能够减少汽车对雷达等感知设备的依赖程度，有利于降低成本并提升可靠性，同时也是 V2X 与自动驾驶技术融合的重要载体。目前，能够实现 PA、CA 等级自动驾驶的高精度地图主要是 ADAS 级，随着 2018 年 5G 标准的确立以及人工智能的成熟，高精度地图会逐渐向 HAD 级发展，成为支撑智能汽车整车产品网联化功能的关键技术之一。

第三，在 V2X 通信方面，主要包括 DSRC 和 LTE-V 两大技术类型，基本处于标准制定、技术研发及产品测试阶段，尚未实现大规模市场化部署与应用。目前，以大唐电信、华为公司和高通公司等为代表的车联网通信企业，已经相继公开发布了最新研发产品。其中，大唐电信作为 LTE-V2X 标准的主要推动者，相关标准已经基本建立，并临近最终商用；高通公司的“9150 C-V2X”芯片将在 2018 年 12 月进行测试，并于 2019 年正式投入市场进行商业化应用。此外，中国以外的整车企业也不断进行 V2X 相关技术研发及产品应用，进行 V2V、V2I 等装置的网联化场景测试。其中，通用汽车作为较早开始进行 V2X 研究的汽车企业之一，已经实现利用标配 V2V 通信提供全速范围内的自适应巡航、前碰撞预警和车道保持等功能；上汽集团荣威品牌作为中国首家公开演示 V2X 技术的品牌，联手中国移动、华为公司合作开发并推进 C-V2X 技术及产业发展，计划到 2019 年研发出具备量产条件的智能汽车整车产品。

综合考虑智能汽车整车及其关键零部件产品市场发展现状，技术研发水平不断加强与提升，产品逐步研发，并进入测试阶段，对于近期市场发展均有一定规划。但是，与智能汽车 CA 级别（相当于 SAE 的 L3 级）及以上整车产品量产化阶段仍有较大差距。

四　未来发展进程

近两年，传统汽车集团都在发力自动驾驶，并制订了详细的智能汽车整车产品量产规划，如表1、表2所示。其中，中国整车企业计划在2020年达到智能汽车整车产品CA级别（相当于SAE的L3级）的发展水平，并于2025年跨入HA级别（相当于SAE的L4级）。而国外自动驾驶市场，由于投入早、规模大，且部分企业存在多级同时发展的情况，预计在2020年有望推出HA级别（相当于SAE的L4级）水平的智能汽车整车产品，时间规划进度比中国稍早。

表1　国外整车企业智能汽车整车产品量产计划

整车企业	2014年	2015年	2016年	2017年	2018年	2019年	2020年
大众－奥迪	Level 2		Level 3		Level 4		
宝马公司	Level 1	Level 2				Level 5（试点项目）	
戴姆勒－梅赛德斯－奔驰	Level 2			Level 3		Level 4	
福特汽车	Level 1	Level 2			Level 3	Level 4	
通用汽车	Level 1	Level 2		Level 3		Level 4	
沃尔沃汽车	Level 1	Level 2		Level 3		Level 4	

表2　中国整车企业智能汽车整车产品量产计划

整车企业	2010年	2018年	2019年	2020年	2022年	2025年	2030年
中国一汽	PA			CA	HA	FA	—
上汽集团	DA～PA			CA	HA		—
广汽集团	DA			PA～CA	HA		FA
北汽集团	DA			PA	CA		—
长安汽车	DA～PA			CA	HA		—
东风汽车	DA～PA			CA	HA		—
吉利汽车	DA	PA～CA		HA	FA		—

然而，即使未来几年智能汽车整车产品会逐步投入量产，并且以各种方式频繁出现在公众视野，但是并不意味着其能像传统汽车一样进入寻常百姓家庭，成为普通大众所能消费的产品。

目前，或许诸多企业正在直接研发较高水平的智能汽车整车产品，但在商业化应用方面，仅具备技术成熟的自动驾驶汽车还远远不够，仍需要法律法规、事故保险和道路基础设施等方面的协同发展。

为了加快推动智能汽车产品的量产及落地进程，在细分领域的应用场景吸引了传统汽车企业、互联网企业以及初创企业，无人驾驶商用车产品将先于乘用车产品率先实现在特定区域的完全自动驾驶。与乘用车相比，商用车具有相对固定的行驶路线，使得高精度地图可以一次投入并反复使用，同时固定的路线也能获得较好的安全性保障。此外，利用可靠的自动驾驶技术有助于规避驾驶员疲劳驾驶带来的危险，有助于提高车辆驾驶的安全性。因此，无人驾驶载货车、无人驾驶物流车、无人驾驶小型客车等商用车产品有望成为公共道路上率先实现无人驾驶的交通工具。目前，戴姆勒公司、谷歌公司、Uber 公司、特斯拉、百度—福田和图森科技等企业，均已完成无人驾驶商用车的上路实践，并已经取得了显著成果。

五　总结

智能网联技术被认为是汽车诞生百余年来最具革命性的技术变革，随着汽车智能化水平的逐步提升，整车产品的价值链、产业链和创新链等体系架构将发生巨大改变。同时，其功能价值也将逐步由传统的交通运输工具转变为移动生活空间载体，从仅具备单一的运输服务发展成为人们移动过程中的休闲场所。目前，尽管各大整车企业、互联网企业和新兴造车企业等纷纷发布了 HA 级别（相当于 SAE 的 L4 级）量产车型，但市场上已经量产的智能汽车大部分仍处于 PA 级别（相当于 SAE 的 L2 级）及 PA ~ CA（相当于 SAE 的 L2 ~ L3 级）过渡级别。因此，综合考虑标准法规、技术产品和市场条件等各方面因素，智能汽车整车产品的逐步升级与成熟应用仍面临严峻的挑战，需要产业内各相关行业统筹规划、协同推进。

B.11
智能汽车关键零部件产品发展情况

宋 瑞　杨晨光　王 博*

摘　要： 随着智能汽车产业化的推进，智能汽车关键零部件产业在汽车工业体系中的地位正在不断提高，智能汽车关键零部件的技术突破对于整个智能汽车行业的发展具有重要的决定意义。在汽车智能化的背景下，涌现出许多新的智能汽车零部件研发企业与生产机构，共同致力于加快智能汽车产业化的步伐，智能汽车的发展对其关键零部件的发展有重要的导向作用。

关键词： ADAS　关键零部件　传感器

随着智能汽车产业化的推进，智能汽车关键零部件产业在汽车工业体系中的地位正在不断提高，智能汽车关键零部件的技术突破对于整个智能汽车行业的发展具有重要的决定意义。在汽车智能化的背景下，涌现出许多新的智能汽车零部件研发企业与生产机构，共同致力于加快智能汽车产业化的步伐，智能汽车的发展对其关键零部件的发展有重要的导向作用。

一　概况

近几年，越来越多的企业开始投入更多的资本研发智能汽车及其相关零

* 宋瑞，中国汽车技术研究中心，硕士，研究方向为智能汽车与智慧交通；杨晨光，中国汽车技术研究中心，助理工程师，硕士，研究方向为智能交通与共享出行；王博，长安大学汽车学院车辆工程专业，硕士，研究方向为汽车电子。

部件产品。位于美国匹兹堡的 ArgoAI 人工智能企业被福特收购后，将开发一款人工智能的虚拟司机系统，以实现福特汽车 2021 年推出一款全自动无人驾驶汽车的承诺；百度公司重组智能驾驶群组事业部，决心将无人驾驶汽车从研究院阶段推至商业开发和变现阶段；英伟达正在与京东集团 X 事业部展开深度合作，共同探索人工智能产品在物流运输领域广泛深入的应用，推动京东集团智慧物流体系所涉及的各类终端设备全面智能化。全球领先的科技企业中，有 10 多家都专门设置了自动驾驶板块。智能汽车的热潮，将带动关键零部件产业发展。

本报告重点围绕智能汽车的传感感知、定位、ADAS 以及高精度地图等智能汽车关键零部件企业及产品，详细阐述其发展情况。

二　传感领域

1. 车载摄像头

车载摄像头主要分为单目摄像头、双目摄像头、后视摄像头、立体摄像头和环视摄像头等不同类型。当前，车载摄像头的生产企业主要为国际各大汽车零部件巨头，如博世集团、法雷奥、大陆集团、麦格纳、采埃孚、日立公司、天合等，同时这些企业还在继续加大研发投入，注重芯片和算法的提升。此外，近年来，Mobileye 公司作为全球领先的视觉处理系统供应商，已经成功占据全球视觉处理 90% 以上的市场份额。在我国，车载摄像头相关企业则主要有 Minieye、深圳前向启创、Maxieye、南京创来科技、纵目科技等，其中只有深圳前向启创和纵目科技等企业进入前装市场。

在车载摄像头中的双目摄像头，主要是基于视差的原理，可以在数据量不足的情况下，测定车辆前方环境（树木、行人、车辆和坑洞等），并且获得准确的距离数据，用以提供给自动驾驶系统进行车辆控制。中国双目 ADAS 生产企业及产品见表 1。

表 1　中国双目 ADAS 生产企业及产品

企业名称	成立时间	总部地点	主要产品
中科慧眼	2014 年 1 月	北京	前装/后装双目 ADAS 产品
双髻鲨	2014 年 9 月	北京	双目 ADAS 产品
智谋科技	2015 年 5 月	北京	双目相机/芯片，整体解决方案

在车载摄像头中的单目摄像头，主要基于机器学习原理，使用大量数据进行训练，进行环境识别。尽管需要大量数据支持，且在恶劣光线条件下的表现不如双目摄像头，但其相对便宜的价格以及成熟的技术也获得了一部分企业的青睐。中国单目 ADAS 生产企业及产品见表 2。

表 2　中国单目 ADAS 生产企业及产品

企业名称	成立时间	总部地点	主要产品
Mineye	2013 年 1 月	深圳	定制化 ADAS 解决方案
肇观电子	2016 年 5 月	上海	计算机视觉系统及产品
maxieye	2015 年 11 月	上海	车载视觉技术产品
纵目科技	2013 年 1 月	上海	ADAS 软硬件解决方案
极目智能	2011 年 8 月	武汉	基于图像技术的安全驾驶解决方案
智华驭新	2012 年 11 月	苏州	汽车配件，ADAS 配件
灵动飞扬	2003 年	深圳	前装 ADAS 配件
前向启创	2013 年 9 月	深圳	整体 ADAS 解决方案
中天安驰	2013 年 11 月	深圳	后装 ADAS 解决方案
北醒光子	2015 年 6 月	北京	包括单线、多线在内的多种激光雷达研发

总体而言，在单目摄像头领域，以色列企业 Mobileye 是世界较领先的高级驾驶辅助系统研发企业，中国企业与其依然存在一定的差距。

2. 激光雷达

激光雷达作为无人驾驶汽车的眼睛，通过准确测量视场中物体轮廓边沿与设备间的相对距离，利用轮廓信息组成点云并绘制 3D 高精度地图，进而帮助自动驾驶系统实现提前行驶路线规划。

目前，激光雷达的生产企业集中在国外，包括美国 Velodyne 公司、Quanegy 公司以及德国 Ibeo 公司等，造价均比较高，一个因素是激光雷达属于高精密仪器，另外一个因素是激光雷达单一型号需求量小，量产困难。激光雷达的高昂造价导致自动驾驶团队选择型号的时候会有所顾虑，如 Volvo 高端自动驾驶汽车 XC90 也只在前面配置了一个一线的激光雷达。在激光雷达领域受到关注的是 Quenergy，该公司计划直接研发固态激光雷达。国外主要激光雷达产品基本信息见表 3。

表 3　国外主要激光雷达产品

企业名称	所在地	成立时间	主要产品
Velodyne	硅谷	1983	HDL－64E,HDL－32E,VLP－16 Puck,the VLP－16 Puck lite,Puck Hi-Res
Quanergy	硅谷	2012	VI8,S3,S3－Qi,Q-Guard,The MarkVIII
IBEO	德国	1998	LUX－4L,LUX－8L
Trilumina	美国	2011	固态雷达
Innoviz Technologies	以色列	2016	固态激光雷达;LiDAR 系统—Innoviz One
Luminar	硅谷	2012	雷达传感器
LeddarTech inc	加拿大	2007	激光雷达
Phantom Intelligence	加拿大	2011	半导体激光雷达
Phoyonic Vision	英国	/	低成本激光雷达
Scanse	英国	2014	低成本扫描激光雷达
Wayno	硅谷	2016	低成本激光雷达
Oryx Vision	以色列	2010	雷达传感器
Princeton Lightware	美国	2000	Geiger-node 激光雷达

中国几家主要激光雷达初创企业也在尽力追赶，北醒光子于 2015 年发布了用于无人机避障的 ToF 激光雷达 DE1.0。2016 年 10 月，北醒量产的 3DFlash 固态激光雷达 CE30，获得奥迪品牌认可，并凭借这款产品在奥迪品牌的创新实验室大赛中获得人工智能的应用总冠军，产品开始向汽车领域进军。北醒选择 Flash LiDAR 作为产品发展方向，原因是激光雷达在激光发射端的产业链较成熟，有现成方案可用，而在接收端，使用的是高速 CMOS 而

不是复杂度更高的APD雪崩光电二极管。目前，已经出货的是CE30－A，主要用于自动导航汽车。

镭神智能量产了可用于AGV导航防撞，是机器人自主导航与定位的单线TOF激光雷达企业，也是中国唯一自主研发出激光雷达集成电路芯片的企业，还是中国唯一一家自主设计研发出激光雷达自动化、半自动化生产线的企业，使生产效率提高数十倍，提高了规模量产能力，提升了激光雷达产品的性能及稳定性，并降低了成本。

2017年11月，北科天绘推出了两款用于无人驾驶领域的激光雷达新产品，其中R-Fans－32号被称为史上最小的32线激光雷达，C-Rans则是一个高线数的局部视场激光雷达。

2017年9月，杭州激光雷达企业光珀智能在美国推出全固态面阵激光雷达，包括5款产品，分成短距、中距、长距3个平台。该公司称这次发布的新产品采用了深度相机或者被称为固态面阵激光雷达的技术。官方透露，在产品价格方面，短距离产品定价几百元，中距离产品定价约2000元，长距离产品定价1万元以内。

速腾聚创宣布量产16线激光雷达、公布普罗米修斯计划、免费开放RS-LiDAR-Algorithms激光雷达点云算法、展示多激光雷达耦合方案，再到推出32线激光雷达，在研发代表激光雷达未来发展趋势的产品方面，速腾聚创计划推出MEMS（微机电系统）固态激光雷达和OPA（相控阵）固态激光雷达。

多线激光雷达将可能是未来无人驾驶汽车的必备传感器，并且与高精度地图及驾驶系统核心算法紧密相关。

3. 毫米波雷达

毫米波车载雷达主要以24吉赫和77吉赫波段为主，分别用于中短距和中长距测量，现广泛应用于自适应巡航、前碰撞预警、盲点检测等ADAS系统。随着ADAS技术及功能的快速发展以及产品的成本降低，毫米波雷达则有望在无人驾驶领域得到广泛应用。

毫米波雷达的技术主要被大陆集团、博世集团、电装公司、奥托立夫公司、安波福等传统零部件国际企业所垄断。以77吉赫毫米波雷达为例，只有博世集团、大陆集团、安波福、电装公司、TRW、富士通天、日立公司等企业掌握该技术，其中博世集团及大陆集团的产品市场份额最高。目前市场上的毫米波雷达产品如表4所示。

表4　目前市场上的毫米波雷达产品

主要企业名称	主要产品	雷达频率(吉赫)	探测距离(米)
德国博世集团	中距离雷达 MRR	76～77	前向:160;后向:80
	长距离雷达 LRR4	76～77	前向:250
德国大陆集团	短距离雷达 SRR320	24～25	—
	长距离雷达 ARS410	76～77	前向:170
	长距离雷达 ARS430	76～77	前向:250
日本富士通天	—	76～77	—
美国安波福	中距离雷达 ESR2.5	76～77	前向:174
瑞典奥托立夫	短距离雷达	24～25	—
日本电装公司	长距离雷达	76～77	—
日本 Denso	—	76～77	—
德国 ZF-TRW	中距离雷达 AC100	24～25	前向:150

与国外企业相比，车载毫米波雷达在中国仍处于起步阶段。在24吉赫雷达方面，中国少数企业研发已有成果，市场化产品即将问世，但在77吉赫毫米波雷达方面仍处于初级阶段，中国只有极少数企业能达到77吉赫雷达的样机阶段，产业化进程仍待突破。中国毫米波雷达产品研发进展状况见表5。

表5　中国毫米波雷达产品

企业名称	雷达频率(吉赫)	市场化进度	主要优势
华域汽车	24	产品即将问世	研发已有多年经验,上市公司资源齐全
浙江智波	24 77	24吉赫雷达处于样机阶段,77吉赫雷达处于实验室阶段	开发人员在无人驾驶硬件领域具有多年经验;亚太股份入股10%

续表

企业名称	雷达频率(吉赫)	市场化进度	主要优势
芜湖森思泰克	24 77	24 吉赫雷达已有少量供货,77 吉赫雷达正在样机送测阶段,预计 2018 年第三季度完成	研发实力在中国属前沿,进度较快
深圳卓泰达	24 77	77 吉赫 RCC 雷达已在深圳九州展展出	开发人员从军用领域转往民用领域,经验丰富
沈阳承泰科技	77	2018 年 9 月推出外部测试	已在内部测试阶段
南京隼眼科技	77	仍处于实验室阶段,2016 年下半年推出样机,计划 18 ~24 个月后形成量产	背靠东南大学,东南大学拥有国家毫米波雷达重点实验室
北京行易道	77	在北京车展由北汽无人驾驶汽车实车展出	研究经验丰富

三　定位领域

1. 卫星定位

随着卫星定位技术的飞速发展，目前全球范围内的 GPS、glonass、北斗、galileo 等四大导航系统已经形成了全部或者局部的运行，预计未来 10 年内将全部开发投入运行。同时，随着新信号体系的投入，地基增强系统的完善，目前定位技术服务已经可以实现区域实时 1 米以内的定位精度，已经可以实现车道级别的识别。

定位系统的快速发展无论是辅助驾驶还是无人驾驶，都将具有重要意义。在辅助驾驶领域，定位系统被用来自动导航；在无人驾驶领域，定位系统更是关系到无人驾驶汽车的自主循迹。

上海的千寻位置以“互联网 + 位置（北斗）”为理念，通过北斗地基一张网的整合与建设，基于云计算和数据技术，构建位置服务云平台，以满足国家、行业、大众市场对精准位置服务的需求。除了国外的 GPS 定位产品之外，中国的很多企业也在开发北斗定位产品。

2. 惯性导航

惯性导航系统主要应用于在某些场景下（如隧道或室内），若智能汽车接收不到卫星信号，惯性导航便可凭借自身的特性轻松实现连续定位。

惯性导航系统根据陀螺仪的不同，可分为机电（包含液浮、气浮、静电、挠性等种类）陀螺仪、光学（包含激光、光纤等种类）陀螺仪、微机械（MEMS）陀螺仪等类型的惯性导航系统。惯性导航产品的发展情况见表6。

表6　惯性导航产品的发展情况

类型	主要应用级别	定位误差典型值	常用应用领域	技术水平
陀螺罗盘	初级导航级	—	—	第一代
液浮、气浮、磁悬浮陀螺系统	中高导航级	1nml/h	航海、陆用	第二代
挠性陀螺系统、静电行陀螺系统	中等导航级、稳定控制	2nml/h	航空导航	第三代
光纤陀螺系统	中低导航级、航姿仪、稳定控制	3nml/h	航空、航海、陆用	第三代
激光陀螺系统	中高导航级	1nml/h	航空、航海、陆用	第四代

四　ADAS企业及产品

伴随汽车安全标准、汽车电子化水平的不断提高以及人们对驾驶安全需求的不断增长，具备主动安全技术的ADAS系统呈现快速发展的趋势。

1. 大陆集团

大陆集团研发的ADAS产品包括传感器、控制策略以及执行机构，能提供整套的ADAS系统服务。具体而言，大陆集团具备摄像头、毫米波雷达和激光雷达的供应能力，其中，摄像头系统可实现 IHC、LDW、LKA、TSR、FCW 和 SVC 等功能；毫米波雷达系统则可实现 ACC、AEB、FCW 和 BSM 等功能；激光雷达系统主要可实现 BEA 等功能。大陆集团在摄像头及毫米波雷达产品方面均有较强实力。摄像头在白天和夜间的探测距离分别为 40 米和 80 米；长距离毫米波雷达的探测距离可达到 200 米；红外激光雷达主要作为 AEB 功能的低成本方案，配套小型汽车。大陆集团在全球 ADAS 市场占有率较高，丰田汽车、福特汽车和通用汽车等 OEM 都是其客户。中国自主品牌也有多家企业在使用大陆集团的 ADAS 产品，如广汽集团、东风汽车等。

2. 博世集团

博世集团是 ADAS 系统供应商，具备传感器、处理器及执行机构的供应能力，能提供整套 ADAS 系统服务。在传感器方面，博世集团拥有长距离毫米波雷达、中距离毫米波雷达、摄像头、夜视系统等产品。可实现 ACC、FCW、AEB、LDW、LKS、TSR、PDS、NVA 等几乎所有 ADAS 功能。众所周知，博世集团在长距离毫米波雷达方面技术较领先，探测距离可达到 250 米，产品已经发展到第三代。另外，博世集团还基于 77 吉赫推出中距离毫米波雷达产品，也是市场上技术较领先的产品。博世集团在全球 ADAS 市场占有率仅次于大陆集团，长距离毫米波雷达是博世集团的主要优势领域。奥迪品牌、奔驰汽车、宝马集团、大众汽车和本田汽车等 OEM 都是博世集团的客户。中国自主品牌也有多家在使用博世集团的 ADAS 产品，如吉利汽车、长安汽车等。

3. 奥托立夫

奥托立夫的 ADAS 相关产品涉及传感器、处理器以及部分执行机构，是全球知名的转向盘、安全带和安全气囊供应商。作为 ADAS 系统供应商，奥托立夫可以提供整套的 ADAS 系统服务方案，还可以提供视觉以及雷达两种 ADAS 传感器，可实现 AEB、ACC、IHC、LDW、TSR、PDS、NVA 等多项 ADAS 功能。奥托立夫最擅长的无疑是夜视系统，在该领域的市场占有率遥遥领先；在雷达方面，通过收购 MACOM 公司，提高了自身的研发设计能力。奥托立夫的主要 OEM 客户是宝马集团、奔驰汽车、沃尔沃汽车、奥迪品牌和本田汽车等企业，其中宝马集团、奔驰汽车、沃尔沃汽车的夜视系统用的都是奥托立夫的产品。奥托立夫也是多家中国自主品牌的 ADAS 系统供应商，如吉利汽车、长城汽车等。

4. 安波福

安波福是 ADAS 系统供应商，具备传感器、控制策略及执行机构的供应能力，能为客户提供整套 ADAS 系统服务。在 ADAS 传感器方面，安波福的产品覆盖摄像头、毫米波雷达及超声波雷达等产品，可实现 AEB、FCW、ACC、LDW、PDS、NVA 等多项 ADAS 功能。另外，2015 年，安波福投资了 Quanergy 公司，布局低价量产激光雷达产品。安波福的主要 OEM 客户是福特汽车、沃尔沃汽车、马自达汽车等企业。中国自主品牌中，长安汽车、吉利汽车等 OEM 也是安波福的 ADAS 系统客户。

5. 采埃孚天合

采埃孚天合具备传感器、处理器及执行机构的供应能力，是 ADAS 系统供应商，能提供一整套的 ADAS 系统服务。主要供应的 ADAS 传感器是摄像头、毫米波雷达等产品。可实现 ACC、FCW、AEB、LDW、BSM 等多项 ADAS 功能。其第三代单目摄像头采用 Mobileye 的 EyeQ3，2015 年已实现量产，标志雪铁龙是采埃孚天合的主要合作伙伴。采埃孚天合的主要 OEM 客户是标志雪铁龙、沃尔沃汽车、奔驰汽车、日产汽车等企业。中国自主品牌中采埃孚天合的客户相对较少。

6. 电装公司

电装公司是 ADAS 系统供应商，产品包括传感器、处理器和执行机构，能为客户提供整套 ADAS 系统服务。电装公司的 ADAS 传感器产品有毫米波雷达、激光雷达以及摄像头，能实现几乎所有 ADAS 功能。其 77 吉赫毫米波雷达产品的探测范围可以达到 ±18°，205 米。电装公司的摄像头产品有体积小、抗低温的特点。电装公司的主要 OEM 客户集中在日系企业，包括丰田汽车、本田汽车、马自达汽车、铃木汽车等。电装公司在中国自主品牌中的 ADAS 客户相对较少。

7. 法雷奥

法雷奥可以提供 ADAS 传感器、算法和执行机构及整套 ADAS 系统服务。传感器覆盖红外摄像、毫米波雷达、摄像头等多种产品，可实现 AP、SVC、ACC、AEB 等多种 ADAS 功能。法雷奥的主要 OEM 客户为日产汽车、福特汽车、通用汽车等企业。其超声波雷达以及环视摄像头的市场占有率较高。中国自主品牌中法雷奥的客户相对较少。

五　高精度地图

自动驾驶在未来的研发和应用需要具备完善的公路基础设施，包括车辆间通信、传感器的性能以及低成本等多种因素。要想将自动驾驶汽车投入使用，必须先让车辆能获取准确的位置信息。传统地图只需要做到米级精度即可实现 GPS 导航，但要想保证无人驾驶汽车行驶安全需要达到厘米级精度才可以。高精地图能满足这个要求，能很好地弥补传感器在测量和感知方面先天存在的缺陷，为自动驾驶提供即时定位，构建正确的地图。国外高精度地图的企业及产品的研发动态如下。

（1）在高精地图研发领域处于领先地位的 HERE，建立面向自动驾驶及 ADAS 用途的云地图数据库——HDLM（HD Live Map）。HERE 计划于 2017 年实现德国全地区高速公路覆盖，到 2019 年实现西欧和美国高速公路 100% 全覆盖，HERE 计划在全世界主要地区提供大部分自动驾驶道路的 HD Live 地图。

（2）与 HERE 地图赛道竞跑的有 TomTom。TomTom 的高清地图（包括 Road DNA）是一款基于数字地图的产品，可帮助自动驾驶汽车在高速行驶中精准定位，并帮助决定采用哪条行车路线。TomTom 的 Road DNA 技术配合高精度地图使用，可以将原本的 3D 地图 Point 数据转换成 2D 视图，在对地图数据进行压缩的同时，还能保留道路上的关键要素（计算传感器获得的实时数据与 Road DNA 之间的相关系数来判断实时的车辆位置）从而节省空间，并能使自动驾驶汽车对道路信息的处理速度加快。

（3）美国 Civil Maps 公布了一种能简单、直接使用的地图工具——Atlas DevKit。Atlas DevKit 能通过一系列传感器套件更快、更经济地定位车辆，实时生成自动驾驶汽车所需的高精度地图，并大大减少数据量降低处理难度。全新套件包含一组硬件和配套软件系统。其中硬件设备包括摄像头、光学探测设备以及激光雷达（LiDAR）等一系列传感器，组成一组独立的、即插即用的套装。值得一提的是 CivilMaps 研发的一种数据处理方法，能够将车辆传感器获取的海量数据转换成车辆可读的地图。使用人工智能技术集成车辆摄像头和激光雷达传感器收集的原始 3D 数据，在这个过程中不但生成了精细的、用于自动驾驶汽车的 3D 地图，还产生了海量数据。而软件系统便会帮助整合这些数据，并删除不必要的冗余数据，以节省存储空间。

（4）目前，中国有十几家地图供应商拥有导航电子地图甲级测绘资质。高德在 2014 年便开始了高精地图的研发，将以大数据能力和机器学习能力为基础的 AI 引擎嵌入其中；百度公司在前不久发布的 Apollo1.5 版本中，高精地图服务成为较大亮点之一。Apollo 高精地图已应用于低速自动驾驶作业车中。四维图新在前不久宣布与宝马合作，为其在中国销售的汽车提供导航电子地图产品，预计宝马集团在中国销售的 L4 级自动驾驶系统将使用四维图新的高精度地图。在 2017 年四维图新用户大会上呈现了该公司面向自动驾驶的战略布局，以及“打造智能汽车大脑”的战略愿景。

六　关键零部件企业汇总

智能车辆包括单车智能和车辆网两个方面，单车智能是实现智能交通的基础，车辆网技术是实现全方位智能交通的关键。在单车智能方面，根据智能汽车的感知、决策与执行，将这一领域的关键零部件企业进行了汇总，见表 7。

表7　单车智能关键零部件企业汇总

项目分类	关键环节	关键产品	关键技术	国外代表企业	中国代表企业
车辆/设施关键技术	环境感知	车载摄像头	CMOS 图像传感器	索尼、三星、美商半导体、松下、OV、OmniVision、Gentex、Melexis、On-Semi、ST、Hynix	格科微电子、比亚迪电子、晶方科技、长信科技、中芯国际、中科慧眼、安森美、武汉新芯
			数字信号处理器	德州仪器、Mobileye（英特尔收购）、ST、东芝、ADI、安森美、麦格纳、Morpho、CogniVue	华为海思、旷视科技、创来科技、中科慧眼、无锡维森、苏州智华、中科龙智、深圳佑驾、美好幸福生活、汉华安道、前向启创、清研微视、道可视、纵目科技、智驾电子、青岛慧眼、奇美车电、德赛西威、中天安驰、华创车电、澔鸿科技、灏泷、鹰瞰信息、知远电子、粤熙科技、经纬恒润、北京双髻鲨
			镜头组	日本电波、三星、LG	舜宇光学、大立光学（中国台湾）、玉晶集团（中国台湾）、亚洲光学（中国台湾）
			模组封装技术	松下、索尼、法雷奥、富士通、大陆、麦格纳、日立	欧菲光、舜宇光学、无锡凯尔、兴芯微、思比科
			夜视系统	奥托立夫（AUTOLIV）、德尔福、伟世通、博世、法雷奥	保千里、星宇股份、江苏精湛光电仪器、广州飒特
		毫米波雷达	—	BOSCH、Continental、Hella、Fujistu-ten、ZF-TRW、Denso、Delphi、Autoliv、Valeo、Hitachi、Rfbeam、ST、InnoSenT、Mitsubishi	苏州豪米波、华航无线电、迪恩杰、硕贝德、象德信息、卓泰达、雷博泰克、波速、奥迪威、成都西科、凌波微步、北京行易道、华域汽车、安必喜、智波科技、东方安高、森思泰克、承泰科、纳雷科技、晟泰克、南京米勒、厦门意行
		激光雷达	—	Velodyne、Quanergy、Delphi、Sick、IBEO、OMRON、Hokuyo、Riegl、Continental	华达科捷、巨星科技、思岚科技、大族激光、雷神智能、禾赛光电、速腾聚创、北醒光子、北科天绘、中海达、思岚、欧镭激光

续表

项目分类	关键环节	关键产品	关键技术	国外代表企业	中国代表企业
车辆/设施关键技术	环境感知	超声波雷达	—	BOSCH、Panasonic、Valeo、DENSO、Murata	同致电子科技、深圳航盛电子、厦门澳仕达电子、北京蓝天豪迪、辉创电子
	智能决策	芯片	芯片设计	英伟达、高通、英特尔、三星、恩智浦、英飞凌、德州仪器、意法半导体、瑞萨电子、安美森半导体、德芯科技、东芝、罗姆半导体	东软、海思、地平线、寒武纪、中科慧眼、森国科、熠知电子科技、深鉴科技、西井科技
			芯片封装	Amkor Technology、星科金朋、Unisem(韩国)、Nepes	日月光(中国台湾)、力威(中国台湾)、南茂(中国台湾)、京元电子(中国台湾)、长电科技、优特科技
			微处理单元	NXP、Renesas、TI、Infineon、STMicroelectronics、NVIDIA、Intel	—
		算法策略	—	Waymoo、Renesas、AdasWorks、Flyby	商汤科技、图漾科技、图森未来、清智科技、禾多科技、魔视智能、景驰科技、Pony AI、Roadstar AI、格灵深瞳、旷视科技、依图科技、飞搜科技
	控制执行	制动系统	制动器	Continental、Delphi、Mobis、BOSCH、Bethel、ADVICS、NISSIN、MANDO、ITT、Akebono、Hitachi、Brembo、Honeywell、Federal Mogul、TBK	京西重工、武汉元丰、上海汽车制动、天合富奥、亚太机电、浙江万安、东风电子科技、万向
			制动系统	采埃孚、博世、大陆、克诺尔、曼德克、布雷博、威伯科(WABCO)、目立、目信、曙光	京西重工、武汉住电、浙江亚太、上海汽车制动、浙江万向精工
			电子油门	HELLA、KSR、AISAN、Tsuda、Kefico	伯特利、联合电子

续表

项目分类	关键环节	关键产品	关键技术		国外代表企业	中国代表企业
车辆/设施关键技术	控制系统	动力系统	发动机		电装、博世、法雷奥、佩特来、雷米	博耐特、武起、贵航、华川电装
			新能源动力电池	电芯及电池	LG 化学、三星 SDI、松下、AESC、SK Innovation、日立汽车、东芝	比亚迪、力神、宁德时代、沃特马、北京国能、中航锂电
				电池管理系统	电装、博世、大陆、LG 伊诺特、海拉	德赛电池、中航锂电、深圳科列、国轩高科、宁德时代、惠州亿能、均胜电子、比亚迪、背景普莱德、天津捷威动力、西安冠通数源
				正极材料	日亚化学、卢田工业、三菱化学、清美化学、田中化学、Valence	天津巴莫、杉杉科技、青岛屹运、当升科技、北大先行、深圳聚华、厦门钨业、宁波金和、河南科隆
				隔膜	旭化威、Celgard、Exxon-Yonen、日本宇部、住友化学、SK	星湃材质、中科科技、金智高科、沧州明珠、河南义腾、南通天丰、东航光电、河北金力、天津东帛
		执行系统	执行器	—	Continental、ZF-TRW、BOSCH、Mando、Nexteer、Akebono、Nissin Kyogo、thyssenkrupp、Advics、Jtekt、NSK、Brembo、Haldex、Hitachi	京西重工、亚太机电、万安科技
信息交互关键技术	V2X 通信网络	车载操作系统	—		微软、Linux、黑莓、Wind River、特斯拉、奥迪、雪佛兰、宝马、通用 Onstar、丰田 G-book、福特 SYNC、宝马 Connected Drive、奔驰 my COMMAND、沃尔沃 Volvo On Call、菲亚特	阿里、腾讯、百度、蔚来汽车、安吉星、博泰、九五智驾、飞驰物美、远特科技、一汽启明、钛马、斯润天朗、迪纳科技、得润电子、威仕特
		汽车人机界面	中控显示屏		JDI、AUO、夏普、LG、三星	信利、天马、台湾中华映管(CPT)

续表

项目分类	关键环节	关键产品	关键技术	国外代表企业	中国代表企业
信息交互关键技术	V2X 通信网络	汽车人机界面	智能仪表盘	大陆、日本精机、电装、伟世通、马瑞利、博世、矢崎	比亚迪、浙江仪表厂、江苏新通达、成都天兴仪表、东风电子、武汉光庭、山东天海
			显示器	Nippon Seiki、DENSO、Continental、BOSCH、Visteon、Aisin、Panasonic、Navdy、Pioneer、CarPro、Halo	乐驾科技（车萝卜 – CarRobot）、WayRay及斑马科技联合研发AR-HUD和HUD-PLAY、水晶光电、小禾科技、怡利电子、异视科技、前海智云谷
			语音交互系统	Nuance、Siri、Google Assistant、亚马逊Alexa、Facebook、微软	云知声、科大讯飞、思必驰AISpeech、捷通华声、中科信利、乐乐语音、灵伴科技、有光科技
			手势识别系统	Leap Motion、Prime Sense、微软、SoftKinetic Systems SA、Mano Motion、EyeSight Technologies、Chirp Microsystems	商汤科技、极鱼科技、凌感科技、锋时互动、英梅吉科技（IMG）
		通信技术	—	Qualcomm、ST、DENSO、NXP、Broadcom、RENESAS、Continental、Autotalks	大唐、华为、中国移动/联通/电信、千方科技、飞驰镁物、车通云、中传股份、图麟科技
		通信芯片	—	Qualcomm、RENESAS、NXP、USI、Sierra、Wireless、Telit、U-blox、Gemalto、Simcom、Novatel、Option、Cohda、哈曼、松下、阿尔派、三菱电机、伟创力	华为、中兴、台积电、联电、中芯国际、华虹宏力、日月光、矽品、安靠、长电、京元电子、移远、先锋
	云平台与大数据	—	—	德尔福、罗森伯格、Valens、otonomo、英特尔、英伟达、福特、谷歌、丰田、爱立信、uber、lyft	百度、阿里巴巴、菜鸟物流、京东、中国移动、滴滴出行、优必爱科技、亚美科技

续表

项目分类	关键环节	关键产品	关键技术	国外代表企业	中国代表企业
信息交互关键技术	信息安全	—	—	特斯拉、通用汽车、大陆、英特佩斯、BlackBerry、Deep Instinct、WITZ、VisualThreat、OpenCar、TowerSec、Redbend、Cisco	百度、乐视、长安、北京现代、东风标致、长城、北汽股份、360、腾讯科恩、梆梆安全、中国联通、大唐电信
基础支撑技术	高精度地图	—	—	Google、HERE、TomTom、Civil Maps、IGO、Zenrin、GeoDigital、Mapscape、Incrementp、Applanix	高德、百度、四维图新、极奥科技、经纬智能、武大吉奥、立得空间、深圳凯立德
	高精度定位	—	—	Ttible、NovAtel、ESRI、U-blox	司南卫星导航、合众思壮、华测导航、南方测绘、中海达、千寻位置、华大北斗、超图软件、武汉中地数码、武汉依迅、广州超前科技、北斗星通、航天智科、深圳慧视通
	惯性导航	—	—	Bosch Sensortec、STMicroelctronics、InvenSense、Honeywell、NOVATEL、KVH	上海新纪元机器人

七 总结

当前的汽车产业变革给整车企业和零部件企业都带来了巨大机遇。目前，在智能汽车关键零部件领域中，摄像头、雷达、定位产品、ADAS 产品和高精度地图等领域虽然被国外企业占去很大的市场份额，但中国智能汽车关键零部件的市场占有率呈上升趋势。中国品牌零部件企业需加强与互联网企业的跨界融合，快速布局自动驾驶、车联网和智能交通等新兴领域市场。在智能汽车领域，应以传感器和高精度地图等重点领域为突破口，积极开展资本并购与跨界合作，充分吸收和利用互联网初创企业、地图厂商的技术和资源优势，弥补自身业务短板，积极围绕深度学习、大数据、云服务平台等关键技术开展创新研发，解决当前自动驾驶及车联网技术应用的瓶颈问题。各领域企业通过跨界合作建立统一的标准化规范，形成有效的产业融合，这对中国发展智能汽车将是强有力的支撑，最终实现中国由汽车制造业大国向强国转变。

B.12
智能汽车关联产品发展情况（车联网及相关领域）

——V2X 通信模块发展情况

徐景洋 *

摘　要： 现阶段，随着汽车产业的飞速发展，智能技术的深度开发，越来越多的汽车被赋予了智能化功能。汽车企业、互联网企业纷纷加入智能汽车的研发行列，生产一辆智能汽车 demo 车对于企业来说不再是一件难事。但对于汽车的网联化功能，各企业、高校的研发人员一直在探索研究，至今尚未有一家企业能拥有一套成熟、完整的车联网解决方案。车联网领域体系庞大，可分为车与车、车与基础设施、车与人等多种 V2X 连接方式，其所涉及的产品和行业也复杂多样，产业链巨大。本报告则是对车联网的技术、产品以及产业链的产业形态、竞争格局等多方面进行分析、研究，以期将车联网的样貌以及未来发展态势阐述清晰，全面预测。

关键词： V2X　信息交互　通信模块

随着汽车工业进入互联网时代，汽车不再是简单的代步工具，也不再只是汽车企业能生产的产品，越来越多的互联网企业开始加入造车行列中，例

---

* 徐景洋，中国汽车技术研究中心，助理工程师，研究方向为车联网全产业链技术。

如，Google、Uber、百度、蔚来等。但在突如其来的特斯拉自动驾驶事故后，人们回归了平静，自动驾驶汽车的安全问题重新被人们重视起来，人们开始怀疑，或许以传感器为主导的造车势力可能存在先天缺陷，摄像头、雷达等自主式感知设备无法对全天候、全路况的复杂环境做出准确图像分析识别，导致安全事故的发生。V2X 的协同式信息交流技术则可以规避图像识别不准确等问题，通过搭建车与外界事物的沟通桥梁，从而实现信息的及时感知和有效传递，使车和外界事物可以沟通，降低事故的发生概率。

一 概述

（一）V2X 介绍

V2X（Vehicle-To-Everything），是指车辆与外界一切事物的信息交互，是车联网、智能网联汽车、无人驾驶汽车、智能交通运输系统等众多新领域未来得以顺利发展的关键要素。当下，车与车之间的通信，即车—车，英文为 Vehicle to Vehicle，简写为 V2V；车与行人之间的通信，即车—人，英文为 Vehicle to Pedestrian，简写为 V2P；车与基础设施之间的通信，即车—基础设施，英文为 Vehicle to Infrastructure，简写为 V2I，这三种车与外界交互信息的基本形式构成了 V2X（见图 1）。V2X 得以实现以上三种模式的信息

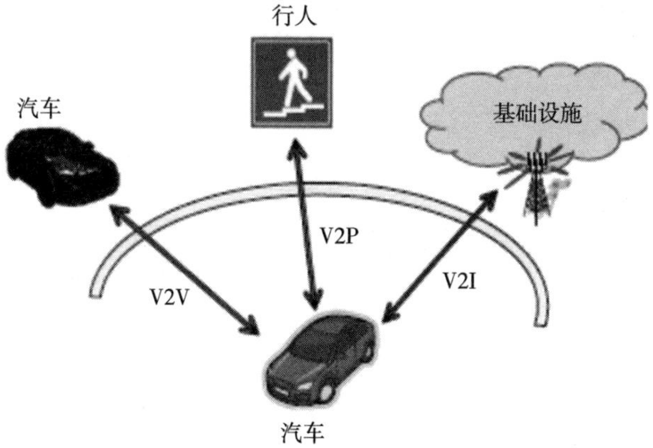

图 1　V2V、V2P、V2I 示意

交互功能主要是通过通信技术，车辆的通信技术就好比人脸部的耳朵和嘴巴，可以实现“听”和“说”的功能，因此车辆能够在复杂环境中感知信息、传递信息。该技术于短期来讲，是为自动驾驶或无人汽车完善功能，弥补单一传感器造车的功能欠缺，于长期来讲，是为人—车—路、智慧交通一体化提供全方位的安全保障。

（二）V2X与ADAS的关系

1. ADAS的现状分析

ADAS即高级驾驶辅助系统，英文全称为Advanced Driver Assistant System，该系统通过安装在车辆前后保险杠、侧视镜、驾驶杆内部以及挡风玻璃上形形色色的传感器，包括单目摄像头、双目摄像头、激光雷达、毫米波雷达等，实现对光、热、压力以及其他静态、动态物体的捕捉和辨识，从而实现对车辆是否处于危险环境的提前认知，增加汽车驾驶过程中的舒适度和安全程度。

ADAS具有以下几种主要功能。

（1）前碰撞预警FCW（Front Collision Warning）。FCW主要功能是在有潜在碰撞危险的情况下给予驾驶员更多的反应时间。一般该功能在5公里/小时速度时开始启动，在感应自动探测前方障碍物后，计算出与前车的相对距离并分析发生碰撞的可能性，在有潜在碰撞危险时发出警示信息（见图2）。

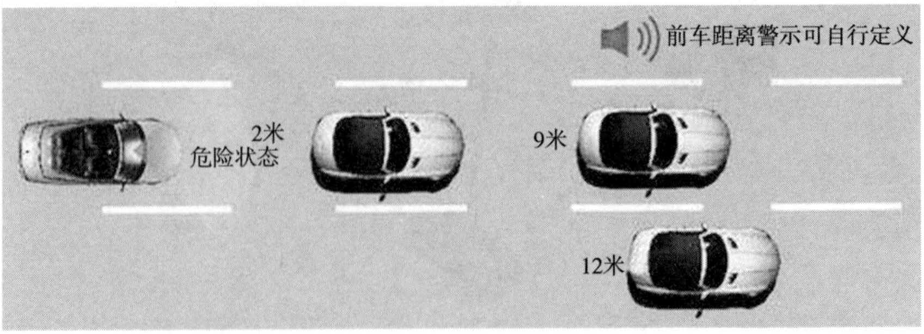

图2 前碰撞预警FCW（Front Collision Warning）示意

（2）车道偏离预警 LDW（Lane Departure Warning）。能够识别偏离车道的车辆并发出警示，即在未打转向灯且无意识偏离原车道时迅速发出警报，或以转向盘振动提醒驾驶员车辆已经偏离车道线，一般 LDW 功能在 60 公里/小时速度时开始启动（见图 3）。

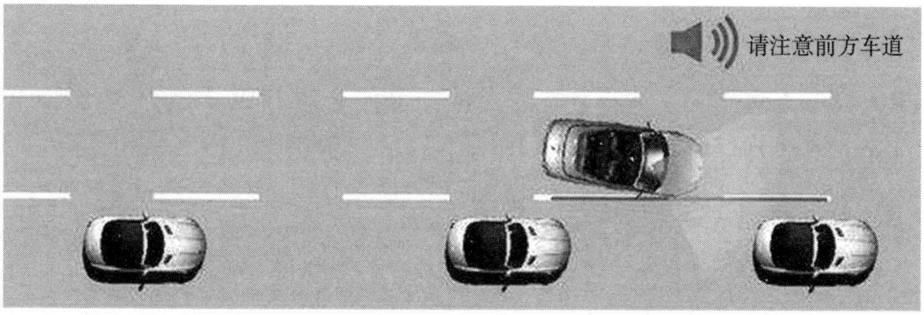

图 3　车道偏离预警 LDW（Lane Departure Warning）示意

（3）自动紧急制动 AEB（Autonomous Emergency Braking）。能够识别出车辆前方的物体，并在前方物体与本车存在潜在碰撞风险时发出警示并自行制动，避免或减少事故的发生（见图 4）。

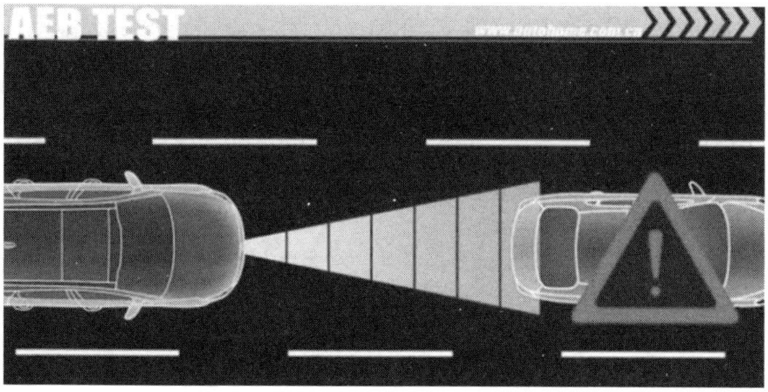

图 4　自动紧急制动 AEB（Autonomous Emergency Braking）示意

虽然 ADAS 看起来已经尽善尽美，但也存在技术问题和漏洞。例如 FCW 功能，该功能只能提供本车与前方车辆间直线距离的警示，很难准确判断与侧方行驶车辆之间的距离，并且在变道超车或存在侧面碰撞潜在危险时难以进行预警提醒。此外，由于此类功能的实现主要依靠摄像头、雷达的图像识别等感知技术，所以一旦传感器处于不能完全感知周边物体的状态下，如暴雨、雾霾、天色昏暗等极端气象环境，将对车辆以及车内人员的安全产生严重威胁。LDW 功能也有其局限性，由于该功能只对本车出现偏离车道的情况进行预警，而无法对周边车辆有变道超车风险的情况进行预警，并且由于该功能的实现需要依赖 GPS 和图像信息，导致在某些信号不佳或极端天气下无法使用，如行驶在隧道中，可能会使 LDW 功能无法实现自主预防和安全驾驶辅助。

2. V2X 对 ADAS 的辅助升级作用

现阶段 ADAS 系统还存在某些不完全、不完整性，例如 ADAS 对车身周围一定距离有效，但范围有限，不能覆盖大面积区域，如果可以将覆盖范围扩大到驾驶员的视野范围，并且车与车之间可以通信，车与车之间的情况和状态可以互通有无的话，那么驾驶员或车内人员的安全性将大幅提高。

应用 V2X 通信技术，可以提升智能汽车的安全性和效率。V2X 通信将在很大程度上实现车辆行驶过程中车与车的通信，传递包括位置、速度、方向、制动等车辆行驶信息。V2X 通信可以实现信息的相互传递功能，就像是车辆的嘴巴和耳朵，可以有效避免单一传感器判断下的极端天气图像识别模糊、视觉死角等问题，减少事故发生概率，实现最大限度的交通事故零伤亡。

配置 ADAS 系统的车辆，其本身搭载的毫米波雷达、摄像头可以收集车辆周边环境情况，另外通过 V2X 获取更加广泛的环境参数，例如，十字路口、斜坡信息等道路状况等，形成 360°无死角的计算机认知，提升了车辆的主动安全性。V2V 提供的防碰撞警示提醒，可以使车辆之间的安全距离进一步缩短；通过 V2I 获取的交通管制信号，可以控制通行的速度和选择加减速时机；V2P 保证路边行人的安全性。在三者作用下，可以使得道路的通行效率大大提高。

V2X 提供了收集数据的能力，ADAS 开发机构可以通过这些数据进行模拟和调优，不断提升自动驾驶的预测体验。V2X 与 ADAS 结合，可以实现汽车在行驶中的相互通信，大大拓宽驾驶员的视野，获取一些摄像头和传感器无法捕捉到的信息，随时随地了解周边汽车的车速、车距、行驶方向等情况，帮助驾驶员通过通信跨越 ADAS 的缺陷和限制。V2X 于 ADAS 上的应用如图 5 所示。

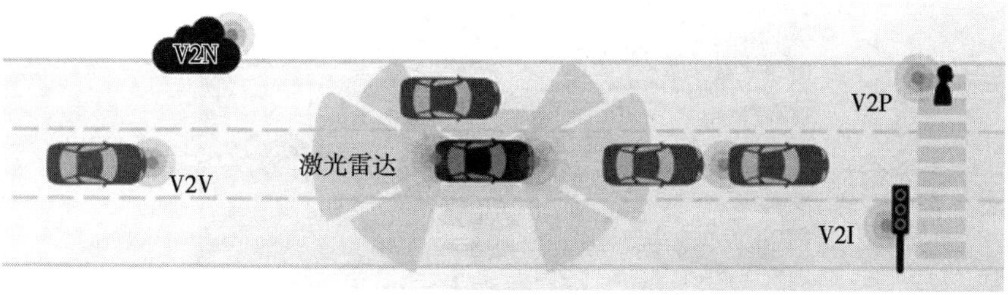

图 5　V2X 应用于 ADAS 上的示意

（三）V2X 功能的实现

目前，V2X 具有车与车、车与人、车与基础设施三类，共有多个主要功能。以某家汽车企业在 V2X 方面的研究进展和成果为例：近距离告警、超车告警、前车透视、十字路口预警、交通灯预警以及行人横穿预警。此外 V2X 还可实现的功能有故障车辆告警、紧急制动预警、道路施工提醒和远程遥控驾驶，还有更多正在开发中的其他功能。

1. V2V（车与车之间通信）

（1）近距离告警

当系统判定本车与同向行驶且处在前方车道上的其他车辆（处于停止状态或车速远远小于自身车辆）存在追尾风险时，系统会对驾驶者预警，提醒注意规避或减速。目前，该功能其实通过车载雷达和摄像头就能实现，而较常见的毫米波雷达探测距离最远可达 200 米。不过，V2X 系统的探测范围更大，基本可达到毫米波雷达探测范围的 500%。此外，基于雷达技术的近距离告警功能只能提醒本车驾驶员，而不能将同样的信息告知前车（见图 6）。

（2）超车告警

在行驶过程中，若探测到两侧后方盲区内存在同向行驶的其他车辆同速

图 6　近距离告警示意

行驶或超车，系统便会向驾驶员发出预警，提醒驾驶者暂时不可变道。其实以上两个功能与基于车载雷达的防碰撞预警和盲区监测实现的功能基本相同，不同的是 V2X 的这两个功能探测范围更大（1000 米）（见图 7）。

图 7　超车告警示意

（3）十字路口预警

进入十字路口前，当车辆发现前方横向道路侧方也有车辆接近路口，并且判断两车可能会在路口发生碰撞时，车载系统会分别向两车发送预警信息，提醒驾驶者注意，从而避免双车碰撞。该功能在狭窄且有盲区的路口使用能起到相当重要的作用（见图8）。

图8　十字路口预警示意

（4）前车透视

当后车视线受到前车遮挡时，后车可通过V2X系统调取前车的前置摄像头查看前方道路状况。由于V2X探测范围更大，驾驶员甚至可以提前约1000米得知前方道路的状况，较车载雷达系统更完善（见图9）。

2. V2I（车与基础设施通信）——交通灯预警/红绿灯车速引导

当车辆接近带倒计时功能的信号灯（同时必须安装可发送信号灯数据信息的V2X信号发射器）路口时，车载系统会调取行驶数据（车速等）和

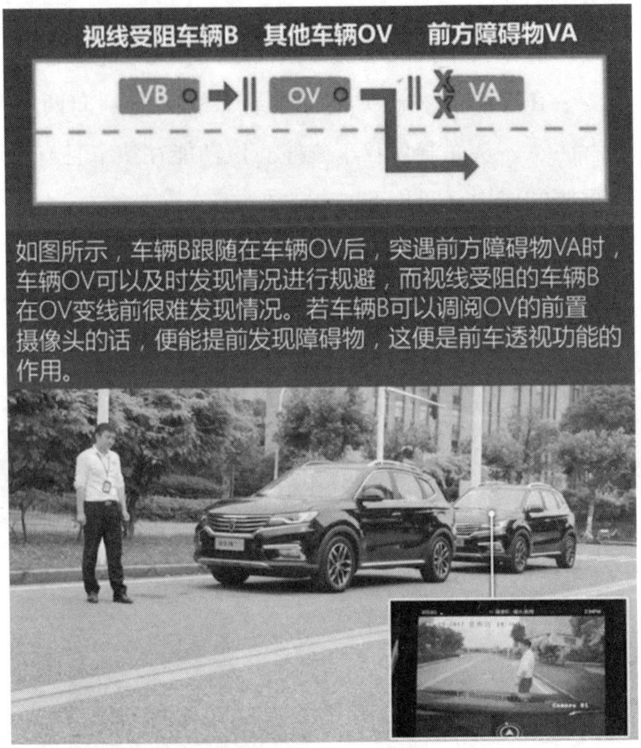

图9　前车透视示意

信号灯数据（红绿灯倒计时数据等）判断车辆能否按照既定速度通过路口。若不能，便计算需要以什么速度通过绿灯或等待红灯转绿。除了让行驶更平顺减少频繁启停外，对节油也能起到一定作用，毕竟启停少了也能减少燃油消耗（见图10）。

3. V2P（车辆与行人之间的通信）——行人横穿预警

当车载系统发现道路前方有行人横穿道路，且人与车存在碰撞危险时，车载系统即会向驾驶者发出告警。但需要注意的是，启动车载告警系统的前提是行人需要和车辆一样携带 V2X 相应的设备，例如携带有此功能的手机或电子设备，若无此设备，车载 V2X 系统不会发出警报，这种情况下驾驶员的注意力和雷达更有用（见图11）。

图 10　交通灯预警/红绿灯车速引导示意

图 11　行人横穿预警示意

二 V2X通信模块

(一) 两个关键技术——DSRC与LTE-V

V2X分为DSRC和C-V2X两个标准和产业阵营。一个是DSRC专用短程无线通信标准，以IEEE802.11p为基础，V2V为其主要的应用方式。目前，经过十余年的发展，形成了以恩智普、ST、Renesas等传统汽车电子企业为主导的产业链阵营。另一个是C-V2X。C-V2X是基于LTE技术，通过LTE-V-Direct和LTE-V-Cell两大技术作为支持，应用于V2I、V2V、V2P等。目前正处于标准制定的关键阶段，并于2017年9月完成了第一版的标准，形成以大唐、华为、高通等通信企业、电信运营商和汽车企业为主的产业链阵营。

1. DSRC技术

DSRC即Dedicated Short Range Communications，中文名称为专用短程通信技术，是一种高效的无线通信技术。该通信技术以IEEE802.11p标准为基础，可实现小范围内，一般在数十米内，车辆与车辆之间行驶信息的发送、接收、交换、分享，例如位置信息、行驶方向、速度信息等（见图12）。DSRC专用短程通信技术可通过车载显示屏、语音提示、振动车椅等方式实现车辆在运行轨迹中向有碰撞危险可能的双方驾驶员发出预警。

图12 DSRC技术示意

2. LTE-V 技术

LTE-V 是基于 LTE 协议，为车辆与人之间通信、车辆与车之间通信、车辆与基础设施之间通信而研发的新型特定通信技术，目前国家拟定规划 5905 – 5925 兆赫频段作为基于 LTE-V2X 技术的车联网直连通信的工作频段，并已发出征求意见稿。用于汽车通信的 LTE Direct 直连技术，未来将搭载 5G 技术，即蜂窝网络辅助的 LTE-V-Direct 技术和 LTE-V-Cell 技术。

LTE-V 技术主要是通过蜂窝网络辅助完成车载设备的发现，采用半分布式、半集中式的控制方式，基于车辆的优先级、相对与绝对速度，调整控制信道的资源占用。提供设备认证，快速发现周围具备相同功能的设备或用户，管理设备通信干扰，连接建立与控制网络拥塞，调节单点的带宽，从而提高通信的容量，为紧急消息预留控制信道资源，可以快速分发（见图 13）。

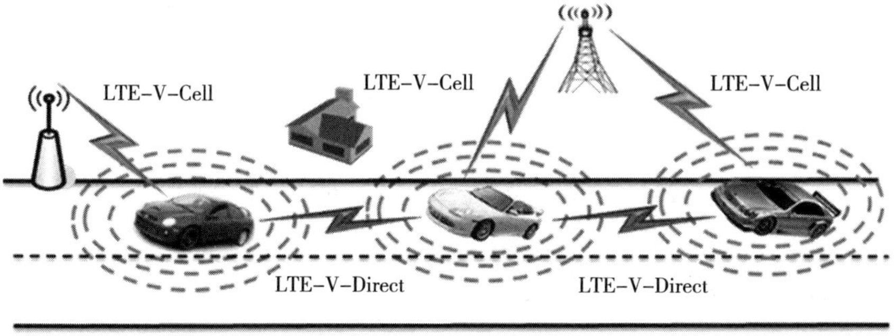

图 13　LTE-V 技术示意

（二）DSRC 与 LTE-V 比较

1. DSRC 的优劣势

（1）DSRC 的优势

①目前以汽车企业主导产品开发为主；

②控制方式采用分布式；

③可支持车速超过 192 公里/小时的高速移动；

④发射功率较低，工作时长较长，功耗较低，能源消耗较低；

⑤设备小巧便于维护更换；

⑥与车内总线和系统协同性好。

（2）DSRC 的劣势

①纯 AD HOC 点对点无式机制；

②收时延和抖动限制比较高；

③信道拥塞和发射功率的冲突，传输范围和干扰之间的冲突，在高密集的场景，同区域有大量车辆时，容易发生数据碰撞，数据包的碰撞丢失对其影响较大，网络性能降低；

④需要大量的控制消息，对各节点动态变化的路由信息进行维护；

⑤建网成本高。

2. LTE-V 的优劣势

（1）LTE-V 的优势

①控制方式采用半分布式——半集中式，网络性能好；

②系统架构可扩展；

③高速移动时可提供可靠度高、时延低、安全可信的信息传输；

④信道资源配置管理商用成熟；

⑤网络拥塞控制和抗干扰能力商用成熟；

⑥可支持大量业务、应用和用户数；

⑦频谱效率高；

⑧与现有通信技术兼容性好；

⑨通信容量大；

⑩覆盖范围广；

⑪LTE-V 技术支持在车辆密集的场合发挥作用；

⑫接入技术灵活，可实现与 DSRC 技术集成使用；

⑬支持迭代升级，可平滑演进至 5G。

（2）LTE-V 的劣势

①与汽车电子和车内总线的配合度低，汽车企业的支持度低；

②发射功率稍高，功耗较高，高能源消耗下不能实现长时间续航。

3. LTE-V 相较 DSRC 更具有优势

DSRC 与 LTE-V 的比较分析如表 1 所示。

表 1　DSRC 与 LTE-V 比较分析

发展路径	技术特点	关键指标	优点	缺点
DSRC	以 IEEE802.11p 为基础的标准。DSRC 物理层是 Wi-Fi 的扩展，其 MAC 层与 Wi-Fi 相同	支持车速 200 公里/小时，反应时间 100ms，数据传输速率平均 12Mbps（最大 27Mbps），传输范围 1 公里	技术较为成熟；欧美日均有相应构架	用户数较多时可靠性下降；需要路边设施（RCU）投入；未来技术演进不清晰
LTE-V	4G 针对车辆应用定义了两种通信方式：集中式（LTE-V-Cell）和分布式（LTE-V-Direct）。集中式也称为蜂窝式，需要基站作为控制中心。分布式也称为直通式，无须基站作为支撑	支持车速 500 公里/小时；LTE-V-Cell 传输带宽最高可扩展至 100 兆赫，峰值速率上行 500Mbps，下行 1Gbps，时延≤50ms，支持车速 500 公里/小时，覆盖范围类似 LTE	共用现有 4G 网络；信道宽；同步性好；传输距离远；可自然过渡到 5G	标准未定；市场验证不足

相比较 802.11p 的 DSRC，LTE-V 的优势更明显：

①基于蜂窝网络，与目前 4G 和未来 5G 网络可以复用，部署成本低；

②网络覆盖广，网络运营盈利模式清晰；

③基于 3GPP 标准制定，全球通用，使用单一的 LTE 芯片组，模块成本大幅降低；

④LTE-V 作为 5G 的重要组成部分持续演进。

从中国拥有全球最大的 LTE 网络现状和 LTE-V 演进的技术优势来看，LTE-V 应该是中国 V2X 技术标准的首选。

（三）V2X 亟待解决的问题

1. 网络覆盖问题

LTE-V 的实现可以基于有蜂窝网络和无蜂窝网络条件，在有蜂窝网络条件下，V2X 的通信为大带宽、大覆盖，服务质量较高，通信质量也较好，处于无蜂窝网络的条件下，虽然通过 PC5 接口的连接也可实现 V2X 的功能，但由于无网络覆盖，通信带宽、通信覆盖面积受到影响，导致通信质量下降，功能实现完整度大幅降低。

2. 频谱资源问题

频谱资源作为无线通信技术发展的基石，越来越受到人们的关注，而又由于频谱空间是有限的，如何提高频谱利用率是现今无线电通信技术发展过程中不得不面对的难题。在服务区域内，V2X 用户与 LTE 用户同时共享资源，在这一空间和时间内就会产生 V2X 用户与 LTE 用户分配相同的频谱资源和相互正交的频谱资源，而当分配相同的频谱资源时，Device-to-Device 通信将会对 LTE 网络造成干扰。因此，解决频谱资源问题将成为必然。

3. 多普勒效应和频率偏移问题

车辆间相对高速度导致明显的多普勒效应和频率偏移。LTE-V 在设计方面增加了 4 个 DMRS（Demodulation reference signal）信号。这些信号与 500 公里/小时以下的速度和 ITS（智能交通系统）频段相关联，提高了高速信号追踪能力。

4. 点碰撞和冲突问题

道路上车辆多，通信节点密度高，随机分配可能导致节点碰撞和冲突。LTE-V 一方面强化了传输结构，引入了采用半持续调度方式的分散型调度技术，在相同的子帧上传输控制信号和数据，减少了频内辐射，优化了信道的使用；另一方面导入了新调度分配功能，可在密度更高的环境下进行恰当的数据资源处理。

5. 缺少同步源

在时钟同步，网络不覆盖的情况下，缺少同步源。LTE-V 同时支持基站和全球导航卫星系统（GNSS），时间同步。

6. 车辆移动性问题

限制 V2X 发展的一大重要因素还包括了车辆的移动性问题，在车辆高速移动的 V2X 通信场景中，位置信息的精准度成为一个重要的待解决问题，且在车辆高速移动状态下，场景之间切换与服务小区之间切换地更加频繁，对通信服务质量提出了更高要求。不过这些问题相信会随着信息科技的发展，高精准、高时效的科技产品的出现迎刃而解。

三　通信模块产业链分析

目前，全球的智能汽车网联化通信模块发展战略正在围绕以 DSRC 和 LTE-V 两大核心技术研发生产。国外网联化通信模块侧重于依靠 DSRC 技术研发，因 DSRC 技术先在国外发展、研发生产较早，技术相对成熟，美国、日本等国普遍采用该技术。而中国 LTE-V 技术起步较晚，但在汽车网联化应用方面具有自主知识产权技术，可以充分利用 LTE 蜂窝网络的优势，实现系统容量大、覆盖范围广、低延时的技术特性，并可以平滑演进到 5G，相较 DSRC 具有后发优势。目前中国和欧洲等国家和地区正积极采用 LTE-V 技术进行研发。

纵观全球智能汽车网联化研发生产企业，依托 DSRC 技术研发产品的企业主要以国外企业为主，研发产品的类型也不一样，包括思科公司和日本电装公司推出的 DSRC 相关模组，NXP 恩智浦半导体公司推出的针对 V2X RoadLINK 的芯片组以及全球领先的集成式 V2X 芯片组供应商 Autotalks 公司、互联自动驾驶汽车（CAV）技术领导者 Cohda 公司推出的 DSRC VANET 的 V2V 通信模组。国内也有一部分企业依托 DSRC 研发相关产品，但趋于少数，只是借鉴和吸取 DSRC 的经验。LTE-V 虽起步较晚，但因其所具备的后发优势，国内绝大多数企业选择 LTE-V 技术进行研发，华为集团与大唐集团是 LTE-V 技术发展的推动者，于 2017 年 3 月共同完成了国际通信标准化组织 3GPP 有关 V2V、V2I、V2P 相关标准的制定。但因 LTE-V 技术正处于起步阶段，华为集团、大唐集团、高通公司等类型的企业均采用合作模式，共同为 LTE-V 的发展群策群力。预计到 2020 年，LTE-V 发展成熟时，该类型企业将会进入竞争态势，共同抢占市场份额。预计形成以华为集团、大唐集团、高通公司、恩智普等企业为主导，其他小型企业为辅的市场竞争格局。

在产业链的上、中、下游划分中，大唐集团和华为集团类型的企业可大致归于产业中游，属于车载设备和路侧设备生产研发企业；产业链的上游企业是以高通公司、恩智普、Autotalks 为代表的芯片企业，主要开发和生产 DSRC/LTE-V 芯片，为车载设备和路侧设备生产企业提供重要支持；产业链的下游，是以上汽集团、北汽集团、中国一汽、通用汽车、福特汽车为代表的整车企业，以及蔚来汽车、威马汽车为代表的新型造车企业，大唐集团和华为集团为该类型企业提供 V2X 相关的车载终端设备，前后装市场均可采用。

智能汽车网联化通信模块产业链中，中游为核心纽带，即车载设备和路侧设备企业，贯穿了全产业链，是推动产业链发展的中坚力量。

技 术 篇

Technology Reports

B.13

智能网联汽车前沿技术发展情况

贾广宏　赫 炎*

摘　要： 随着人工智能技术在汽车领域的广泛应用，汽车智能化逐渐成为各大汽车企业发展的重要方向。自动驾驶技术主要由感知、控制与输出等模块构成，是多行业的技术融合产品，各大汽车企业技术路线百花齐放。本报告将通过介绍与智能网联汽车相关的各种前沿技术，概括展示智能网联汽车技术框架。

关键词： 智能网联汽车　技术路线　雷达

* 贾广宏，北京汽车集团产业投资有限公司，研究总监，硕士，研究方向为智能网联汽车和新能源汽车的投资业态；赫炎，中国汽车技术研究中心，工程师，研究方向为智能汽车行业及理论。

一　概述

随着自动控制、传感器和机器视觉等技术的不断发展，世界各主要汽车产业国都在通过项目资助、共同开发和示范推广等手段尽享相关领域的布局，积极推动本国在自动驾驶技术与应用方面的发展。汽车智能化程度将成为衡量汽车性能的重要参数，是夺取未来汽车市场的关键因素。因此，各大汽车企业为在智能汽车领域占据一席之地，纷纷通过自主开发或与 IT 企业合作的方式将信息技术与汽车系统整合。很多 IT 企业结合自身的技术优势，也在进行相关的技术储备或推出各种智能化产品。

智能网联汽车技术根据技术应用和应用场景的不同，设立了“两横三纵”的技术架构。智能网联汽车电子技术拥有智能化和网联化两个维度，按照技术构架发展，逐步成熟。智能网联汽车技术构架见图 1。

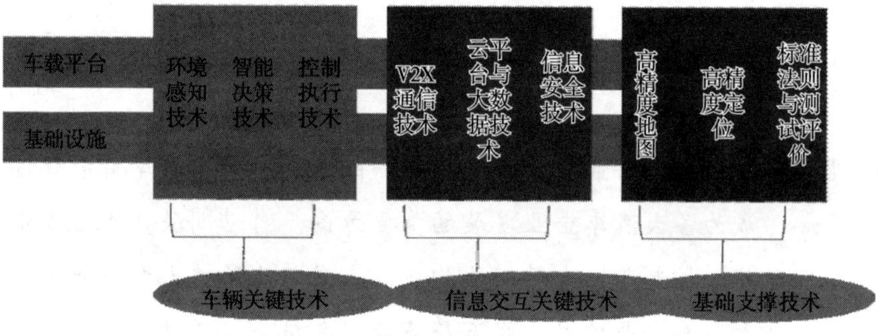

图 1　智能网联汽车技术构架

资料来源：智能网联汽车技术路线图。

二　发展特点

（一）智能化与网联化协同发展

根据已发布的智能网联汽车技术路线图，对各阶段实现的目标进行了分配。智能网联汽车技术路线进度时间见图 2。

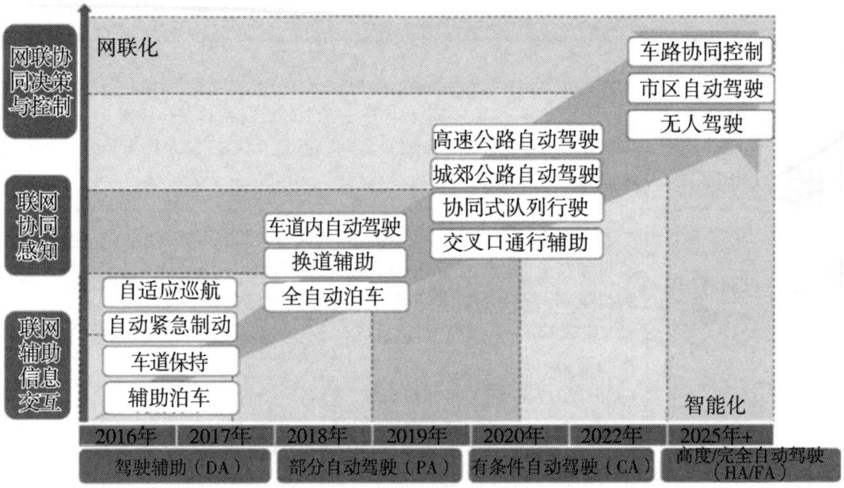

图 2 智能汽车技术路线进度时间

资料来源：智能汽车技术路线图、互联网和莫尼塔研究。

（二）各国为推动普及 ADAS，陆续出台政策

2017 年，欧盟委员会计划强制执行纳入新车标准配置的 19 项安全技术，标准配置包括车道偏离警告系统和自动紧急制动系统。中国 C-NCAP《中国新车评价规程》在加分要求中增加了车道偏离预警或车道偏离辅助系统、自动紧急制动系统和速度辅助系统 100% 装机量的要求。各汽车大国陆续推出政策，要求逐渐配置相关的汽车电子组件，相关政策成为推动汽车电子的发展最大动力。部分国家发布的 ADAS 方面相关政策见表 1。

表 1 部分国家和地区发布的 ADAS 方面相关政策

国家	管理当局	具体政策	强制指数
美国	美国高速公路安全管理局(NHTSA)	(1)从 2011 年起，汽车玻璃标签必须明确标明该车是否可以安装车道偏离警示系统(LDW)与前部碰撞警告系统(FCW) (2)可能于未来几年要求强制安装自动紧急制动系统(AEB) (3)未来两年豁免整个行业 2500 辆汽车遵循现行相关交通安全规定，允许它们在没有配备驾驶员的情况下上路测试	☆☆☆

续表

国家	管理当局	具体政策	强制指数
美国	美国公路安全保险协会(IIHS)	(1)对于安装 FCW 等碰撞规避系统的车型提高其安全评级 (2)2022 年 9 月 1 日,自动紧急制动系统(AEB)成为技术标准	☆☆☆
欧洲	欧洲新车安全评价程序(NCAP)	(1)2014 年起,主动安全系统的权重从 10% 上升至 20%,安装自动紧急制动系统(AEB)的汽车才能达到 5 星评级(表示乘员受到严重伤害的概率小于或等于 10%) (2)从 2016 年起,紧急制动系统(AEB)需具备防止与行人碰撞的能力 (3)从 2017 年起,4 星评级车辆需具备主动安全系统	☆☆☆☆
	欧盟委员会	2017 年,计划强制执行纳入新车标准配置的 19 项安全技术,标准配置包括车道偏离警告系统和自动紧急制动系统	
日本	日本国土交通省(MLIT)	2016 年,强制安装自动紧急制动系统(AEB)	☆☆☆☆
	日本内阁	2015 年,发表关于自动驾驶的战略革新创造研究计划,希望 2017 年前后实现复合辅助功能	
	日本警察厅	2016 年,公布公路自动驾驶实证试验准则草案,包括驾驶员的职责、车辆装备和事故对策等,明确了自动驾驶汽车公路试验规定	
澳大利亚	澳大利亚新车安全评价程序(ANCAP)	从 2012 年起,只有安装车道偏离警示系统(LDW)与自动紧急制动系统(AEB)才能达到 5 星评级	☆☆☆
加拿大	政府	2011 年强制要求全球范围内的新增乘用车安装车身电子稳定系统 ESC(ESP)	☆☆☆☆
中国	中国汽车技术研究中心(C-NCAP)	2015 年版《中国新车评价规程》给出了明确的车身电子稳定系统 ESC(ESP)加分项,在满分 61 分的安全测试中可加 1 分。2018 年版《中国新车评价规程》将速度辅助系统(SAS)、自动紧急制动系统(AEB)、车道偏离预警系统/车道偏离辅助系统(LDW/LKD)的加分要求设定为系统装机量达到 100%	☆☆☆
	中国汽车工业协会	2016 年 3 月,发布《"十三五"汽车工业发展规划意见》,明确了智能网联汽车发展设定的目标	—

资料来源：互联网和《中国新车评价规程》。

（三）国际汽车电子两种不同技术路线加速发展

2017 年 2 月，美国加利福尼亚州车辆管理局（DMV）公布了 11 家企业提交的自动驾驶“脱离报告”。在加利福尼亚州获得自动驾驶汽车测试资格的企业，根据相关法律法规，每年必须上报驾驶员控制汽车的次数。这些数据是衡量自动驾驶汽车实际运行性能的重要指标，被称为自动驾驶模式的“脱离”（Disengagement），是指车上驾驶员在必须接管车辆操纵的情况下，驾驶员手动接管驾驶的情况。DMV 对自动驾驶模式的“脱离”定义的场景是：在自动驾驶模式下，自动驾驶模式未能成功激活，需要驾驶员进行人工干预。此次 DMV 公布的这些自动驾驶项目脱离测试数据，基本反映了加利福尼亚州境内主要自动驾驶项目在不同路段和不同天气环境中进行测试的情况。谷歌公司车辆的性能比其他企业的车辆更加优异。DMV 公布的自动驾驶项目脱离测试数据见表 2。

表 2　DMV 公布的部分企业自动驾驶项目脱离测试数据

企业	测试里程（公里）	脱离次数（次）	测试里程/脱离次数	测试道路环境状况
谷歌/Waymo	1017388	124	5128.0	主要为近郊(Suburban)
宝马公司	1020	1	638.0	类似高速公路(Likely Highway)
福特汽车	944	3	196.7	高速公路
通用汽车/Cruise	15641	181	54.0	城区
特斯拉	880	182	3.0	高速公路,近郊
梅赛德斯－奔驰	1076	336	2.0	城区
博世公司	1572	1442	0.7	州际公路(Interstates),城市快车道(Freeways)

资料来源：加利福尼亚州车辆管理局和莫尼塔研究。

在智能网联汽车领域，有两种具有代表性的、不同的发展路径，代表企业分别是特斯拉和谷歌公司。特斯拉依托传统传感器的相互融合，完成数据的收集、识别和处理分析，最终实现自动驾驶功能；谷歌公司通过地图和深度学习相互融合，应用实时建模的方法完成自动驾驶功能。

在自动驾驶精度控制方面，特斯拉的算法及处理水平较高，与之相比，奔驰路测车辆应用的传感器比特斯拉多100%，但精度控制水平远低于特斯拉。谷歌公司没有公布确切的数据，其通过软件可以检测和识别手势等信号，并做出反应。Mobileye 配置的前向碰撞预警系统 FCW 的算法识别精度已经达到99.99%。谷歌和特斯拉智能网联汽车发展历史分别见表3 和表4。

表3　谷歌智能网联汽车发展历史

		第一代 Pribot	第二代	Waymo
时间		2008 年完成 25 分钟穿越美国大桥	2014 年在加利福尼亚州山景城电脑历史博物馆展出	2016 年成为独立事业部
原型		丰田油电混合轿车普锐斯改造	雷克萨斯 RX 450H 混合动力 SUV 改造	克莱斯勒小型载货车改造
工作原理		GPS、惯性装置和一组红外激光器，按照之前已经构建的环境驾驶	传感器收集车辆本身及四周的数据，通过处理器分析和运算控制行驶；借助 GPS 设备与传感器，精确定位车辆位置和前行速度，判断周围行人、车辆和信号灯等	基于人工智能，推动更高层次的自动驾驶（Level 4、Level 5）；保持软件和硬件同步开发
传感器配置	摄像头	无	有	视觉系统，光探测（Light Detection）
	毫米波雷达	无	4 个	有
	激光雷达	无	360°旋转的激光全息传感器，位于车身顶部	3 个不同探测距离的激光雷达，可判断行人面部朝向，成本降低90%
	超声波传感器	标配	标配	标配
高精度地图		无	GPS，车轮装有位置传感器，谷歌地图实时更新	高精度实时地图，软件算法优化
中控系统		无	新增 Kill 按钮，出现问题时可及时转换成人工驾驶	两种工作模式，其中一种作为备用系统
零件设备配置情况		和传统汽车基本相同	原型车没有制动、转向盘、油门，只有启动按键	和第二代基本相同

资料来源：谷歌和互联网。

表 4　特拉斯 Autopilot 数据平台发展历史

		Autopilot 1. 0	Autopilot 2. 0
应用时间		2012 年	2016 年
应用车型		Model 3、Model X	Model 3、Model X、Model S
自动驾驶硬件等级		部分自动化(CA)	完全自动化(FA)
传感器配置	摄像头	1 个前置摄像头	8 个,3 个前置前视、2 个侧视、2 个侧面后视、1 个后置后视
	毫米波雷达	1 个前置雷达	增强版前置雷达
	激光雷达	无	无
	超声波传感器	12 个	12 个(传感距离加倍)

（四）中国企业合作开发，精度提升速度快

清华大学、国防科技大学和北京理工大学以及院士团队、汽车企业依托国家“863”计划和国家自然科学基金委项目，取得了对环境感知、人的行为认知和决策、基于车载及“车—路”通信的驾驶辅助系统等方面的研发进展，而且研发出了演示智能驾驶的样车。清华大学等高校与企业联合研发出先进驾驶辅助系统（ADAS）功能样机，包含自适应巡航控制系统、行驶车道偏离预警系统和行驶前向预警系统等，而且逐步实现了产业化。中国部分科技企业和汽车企业合作布局情况见表 5。

表 5　中国部分科技企业和汽车企业合作布局情况

分类	科技企业	合作汽车企业	事件
智能化	华为	东风汽车	2014 年 10 月 17 日,华为与东风汽车合作布局车联网,并计划携手“三步走”
		长安汽车	2014 年 11 月 10 日,华为与长安汽车宣布计划在车联网、智能汽车业务拓展等领域展开合作
	中兴	中兴智能汽车	2016 年 7 月,中兴通讯收购珠海广通客车 70% 股权,成立中兴智能汽车有限公司,计划围绕新能源汽车研发、设计、生产制造、销售及汽车无线充电、智能驾驶、车联网进行研发

续表

分类	科技企业	合作汽车企业	事件
智能化	百度	宝马（截至2016年11月）	2014年9月，双方签署合作协议，涉及车辆使用、驾驶策略、高精度三维环境地图、配套基础设施、相关法律和产业标准六个维度；2015年12月，1辆基于宝马3系改装的百度智能汽车在国内完成首秀
		比亚迪汽车、奇瑞汽车、北汽集团	在乌镇举行的世界互联网大会上，百度亮相的18辆统一涂装的智能汽车涵盖的车型都是国内自主品牌，包括比亚迪秦、奇瑞EQ以及北汽集团EU260
		蔚来汽车	2017年月，百度投资蔚来汽车，成为技术方案提供商
	腾讯	和谐汽车	2015年，腾讯、富士康及和谐汽车合资成立Future Mobility，锁定中高级电动汽车市场
		上海国际汽车城	2016年12月，腾讯和上海国际汽车城签署战略合作协议，双方计划借助各自的优势，在自动驾驶、高清地图和汽车智能网联标准制定等战略性领域进行深层合作，共同推进自动驾驶技术发展和商业化推广应用
网联化	华为	奥迪汽车、宝马公司	2016年9月27日，奥迪汽车、宝马公司和戴姆勒与移动电信网络设备公司爱立信、华为、英特尔、诺基亚和高通组成5G汽车联盟，加快研发自动驾驶汽车所需的互联网设备
		博世公司	2017年2月22日，华为与博世公司、沃达丰联手合作，共同研发LTE-V2X技术，目前正在德国进行路测，旨在多车道高速公路上进行车道变换演示
	阿里巴巴	上汽集团	2016年7月，阿里巴巴与上汽集团历时两年共同研发的荣威RX5发布，共同开发互联网汽车平台，及操作系统YunOS for Car
	百度	奇瑞汽车	2016年5月16日，百度宣布与芜湖政府合作建设"全无人驾驶汽车运营区域"，百度和奇瑞汽车正在联合开发无人驾驶汽车
	乐视	北汽集团	乐视北汽车联网系统亮相

三　发展现状

（一）中国研发的毫米波雷达将量产

目前，24吉赫和77吉赫已经成为毫米波雷达的主流频段。其中，24吉赫波段的毫米波雷达主要用在汽车后方，77吉赫波段的毫米波雷达主要用在汽车的前方和侧面。毫米波雷达的波段未来将统一到77吉赫（76~81吉赫）频段，用于长距离探测的毫米波雷达将使用76~77吉赫频段，用于中短距离探测的毫米波雷达将使用77~81吉赫频段（欧盟、东盟、新加坡、美国FCC委员会、加拿大等已进行相关规划）。当前，随着配置毫米波雷达已经从高端车型向中低端车型延伸，其普及程度逐步扩大。目前毫米波雷达在应用中的配置分为几种情况：1长+2短，代表车型是别克威朗；1长+4短，代表车型是奥迪A4；1长+6短，代表车型是奔驰S级。24吉赫和77吉赫毫米波雷达应用比较见表6。

表6　24吉赫和77吉赫毫米波雷达应用范围比较

频段分类	24吉赫	77吉赫
开放范围	全球超过150个国家	全球超过97个国家
应用范围	BSD盲点监测系统 LCA辅助变道系统 RCTA后方穿越车辆报警系统 EAF开门辅助系统 PCR后防撞级预警系统 FCTA前向车辆报警系统	FCA前碰撞报警功能系统 ACC自动巡航系统 AEB自动制动系统

资料来源：互联网。

毫米波雷达的核心部分包括：前端单片微波集成电路MMIC和雷达天线高频PCB板。目前，MMIC技术掌握在国外企业手中，特别是仅有英飞凌、飞思卡尔和ST等极少数芯片企业掌握着77吉赫的MMIC技术。中国的毫米波雷达技术主要集中在24吉赫频段，华域汽车、芜湖森思泰克和杭州智波等企业已有所积累，还处于研发的初始阶段。同样，雷达天线高频PCB板技术也是由国外企业掌握，其中Schweizer在77吉赫毫米波雷达方面占有明显的优势，占全世界市场份额的30%。此外，PCB板的层压板材主要由Isola和Rogers等国外企业提供，中国相关企业还没有此类技术储备，元器件需从国外进口，仅能按照图纸进行代加工。沪电股份与Schweizer合作，采用其PCB产品生产24吉赫和77吉赫毫米波雷达。毫米波雷达零部件供应体系企业见表7。

表7　毫米波雷达零部件供应体系企业

部件分类	企业	
	国外	国内
雷达模块(整体)	博世、大陆、海拉、德尔福(Delphi)、电装、富士通天等	华域汽车、意行半导体、森思泰克、沈阳承泰、南京隼眼等
雷达天线 PCB 板	Schweizer、Rogers、Isola 等	沪电股份等
前段单片微博集成电路 MMIC	ADI、英飞凌、NXP、ST、飞思卡尔等	意行半导体、华域汽车

资料来源：互联网。

目前，中国的中高端汽车配置的毫米波雷达传感器全部依赖进口，华域汽车已经解决了相关产品导入问题，已经能够生产具有盲点侦测 BSD 和车道切换辅助 LCA 功能的 24 吉赫毫米波雷达。中国在毫米波雷达研发的第二阶段解决的主要问题是降低 24 吉赫毫米波雷达的成本。

（二）车载视觉系统的硬件成熟，软件逐步升级

车载视觉系统由车载光学镜头、车载图像感光芯片和专用图像处理 ISP 芯片组成。车载视觉系统的工作原理：镜头采集的图像由摄像头内的感光组件电路和控制组件进行处理，转化为计算机能够处理的数字信号，从而实现对行人的检测和车辆周边路况的感知。

在车载视觉系统的软件方面，以典型的 Mobileye 为例，芯片和处理平台均能实现升级，工作频率由 122 兆赫提升到了 332 兆赫，而改变的访问方式使速率提升了 100%，图像的彩色像素由 640×480 提升到了 2048×2048（Input）或者 4096×2048（output）。

在车载视觉系统的硬件方面，COOS 镜头（包括 lens 和光感芯片等）、芯片和内存、SIM 卡及外壳等其他物料组成了车载摄像头。

在市场的竞争格局方面，绝大部分企业将业务集中在产业的某一个或几个环节上，仅有极少数企业具备了垂直一体化的能力。目前，国内企业占有一定优势的是红外截止滤光片（又称红外滤光片或吸热过滤片）市场，欧美和韩国企业在图像传感器市场占主要地位，中国台湾企业主导了光学镜片市场，中国大陆、中国台湾、韩国和日本的企业在模组市场的份额名列前

茅。中国企业正在迅速成长。

目前，国际汽车零部件巨头企业正在与整车企业进行合作量产摄像头传感器，并加大了研发方面的投入，重点是算法和芯片的提升。未来，中国企业在摄像头方面的发展主要是突破专用的图像处理芯片和复杂图像处理技术，基本实现自主研发，从而最终实现车载视觉系统与其他感知系统融合产品的大规模应用。

（三）高精地图成为实现L3、L4阶段自动驾驶的关键技术

实现L3、L4级别自动驾驶的关键技术是成熟的高精地图技术。成熟的高精地图技术可以实现降低自动驾驶的成本，提高可靠性，降低对雷达等感知设备的依赖程度，是自动驾驶技术与V2X融合的载体，在统一标准的前提下，有利于技术的发展和应用。

高精地图与传统地图相比，具有绝对坐标精度更高的特点。例如，HERE的下一代绘图应用将可以精确到厘米级，高精地图将拥有更丰富和更细致的道路交通信息元素。高精地图包含分析层、活动层和动态层三个图层。

（1）高精地图的动态层能够收集实时更新的其他车辆传感器和道路传感器收集的交通数据，通过实时更新和补充实现协同感知，进入网联化的第二阶段。

（2）高精地图的分析层能够通过收集到的实时大数据分析驾驶记录，能够帮助车辆进行自动驾驶训练，实现协同决策和控制，进入网联化的第三阶段。

（3）高精地图的活动层与传统地图相比，增加了大量高精度目标数据（路边地标、树木、防护栏、道路边缘的类型和高价物体）、车道属性数据（车道的宽度和车道线的类型等）、道路数据（道路的方向、铺设、弯曲率、坡度和形状等）。

现阶段先进驾驶辅助系统ADAS配置的地图已经拥有了活动层信息，精度达到了1～5米。例如在宝马集团的Adaptive Speed Recommendation系统（ASR——通常称为牵引力控制系统Acceleration Slip Regulation）减速区，系统在距障碍物50～300米时提醒驾驶员进行减速操作，提前提醒的时间是根据当时车辆的行驶速度、制动速度和驾驶员的反应时间进行调整的。当车辆

在转弯路段行驶时，系统还会根据整体路况、道路宽度和车道数量等，按照计算出的合理的车速进行调整。高精地图与传统地图对比见表8。

表8 高精地图与传统地图对比

指标	HAD 高精度地图	ADAS 级高精度地图	传统地图
精度	厘米级	亚米级	10 米
服务对象	机器	机器 + 人	人
图层层次	活动层、动态层、分析层	活动层	二维、静态
信息采集	V2X 信息和云技术信息更新	众包采集，专业化采集	卫星影像和航空图像
应用领域	更高级的自动驾驶	ADAS、L2/L3 自动驾驶	测绘、GIS 等

四　未来展望

（一）激光雷达成本逐步下降

激光雷达是以发射激光束探测目标位置和速度等特征量的雷达系统，是激光技术与雷达技术相结合的产物，主要融合了激光、全球定位和惯性导航三种技术。激光雷达的工作原理：由发射装置向目标发射激光束，再由接收器接收从目标反射回来的激光束，并将反射回的信号与发射的信号进行比较，根据激光飞行时间原理，计算出目标位置和移动速度等数据，这些三维数据可以直接生成三维图像，不用通过大量计算和处理，而且精度极高。目前，激光三维成像雷达是获取大范围三维场景图像效率和精度最理想的传感器。

目前，激光雷达按照线目不同主要分为2D、2.5D（1、4、8 线）和3D（16、32、64 线）等几类。2D 和2.5D 激光雷达主要用于探测目标的位置和轮廓，3D 激光雷达主要用于环境的视觉感知。

中国激光雷达企业的技术水平与国外还有较大差距，主要表现在多线激光雷达技术方面。目前，中国的激光雷达主要应用于地形测绘、建筑测量和服务类机器人等领域，尚处于探索研发阶段，还没有用于 ADAS 系统和无人驾驶的3D 激光雷达产品。国外和中国激光雷达企业产品及参数分别见表9和表10。国外部分激光雷达企业发展现状见表11。

表 9　国外激光雷达企业产品价格及参数

供应商	型号	价格（美元）	特点	线目数线	水平视野角度	垂直视野角度	距离精度（厘米）	探测范围（米）	输出频率（万像素/秒）
Velodyne	HDL－64E	50 万～100 万	性能佳，价格昂贵	64	360°	26.8°	<2	50（路面） 120（汽车、树）	130
	HDL－32E	10 万～30 万	体积更小，更轻	32	360°	10°～30°	<2	70	70
	VLP－16	7 999	适用于无人机	16	360°	15°～45°	<3	100	30
	Ultra Puck－32	500	汽车专用	32	360°	28°	<2	200	70
Quanergy	S3	250	性价比高	8	120°	—	—	—	50
IBEO	LUX 4L	—	两倍输出，三次回波，智能角度分辨率	4	2 层：110° 4 层：85°	3.2°	<10	200	—
	LUX 8L	—	—	8	110°	6.4°	<10	200	—
Innoviz	HD－SSL	100	尺寸小，价格低	—	100°	25°	<2	200	25
Leddar Tech	Vu8		目前该公司性能最好的产品	8	100°	0.3°～3°	<5	215	—
	M16	—	适用于车载雷达	16	95°	0.3°～3°	<5	100	—
	Leddar	—	为单点测量设计	1	3°	—	<5	40	—
	IS16	—	专业为工业用途设计	16	45°	—	<5	50	—
Leia	SPL100	—	适用于大面积地形勘探	—	60°	—	<5	—	40

资料来源：Velodyne、IBEO 等企业公开资料，互联网和莫尼塔研究。

表 10　中国主要激光雷达企业产品价格及参数

供应商	型号	价格（元）	特点	水平视野角度	垂直视野角度	距离精度（毫米）	探测范围（米）	输出频率（万像素/秒）
思岚科技	PRLidar	2 399	2D 激光雷达，适用于扫地机器人等	360°	—	<0.5	6	—
镭神智能	LS01	2280	2D 激光雷达，适用于 AGV 导航 360°	—	<35	6	—	
	LS02	—	非旋转扫描激光雷达，适用于无人机定高等	360°	—	<2	6	—
	N101	—	基于 TOF（飞行时间）原理的二维扫描探测传感器，适用于直升机定位导航	270°	—	<35	30	—
	N301	—		360°	—	<35	200	—
巨星科技	Toucan	—	3D 激光雷达	—	—	—	6	—
大族激光	LiDAR C0602	—	2D 激光雷达	360°	—	—	6	—
镭神智能	LiAir Pro	—	无人机激光雷达系统	330°	—	<10	920	50
	LiAir Pro	—		360°	—	<20	100	70
	LiAir Base	—		360°	—	<20	100	30
	LiBackpack	—	室内一体化激光雷达扫描系统	360°	30°	<30	100	30
	Li-Eagle400	—	轻小型机载激光雷达	80°	—	<5	600	—
	Li-Eagle1000	—		80°	—	<8	1400	—
	Li－Eagle2000	—		80°	—	<5	2050	—
	—	—	—	330°	—	<5	920	50

资料来源：各企业公布的数据、互联网。

表 11　国外部分雷达激光企业发展现状

供应商	简介
Innoviz	2016 年 8 月,完成 900 万美元 A 轮融资,用来研发能够满足自动驾驶汽车的高性能、低成本固态激光雷达。Innoviz 计划推出增强版后,专为自动驾驶汽车设计 100 美元级的固态激光雷达
Leddar Tech	2007 年,在加拿大魁北克市成立,剥离自加拿大国家光学研究所,是全球唯一一家基于专利、前沿技术的高级探测与测距系统供应商。主要为 OEM 整车企业、Tir 1 供应商、零部件 & 子系统供应商、系统集成商提供 LeddarCore IC 传感器技术,用于开发 ADAS/AD 解决方案中的激光雷达。2016 年 6 月,对外公布了针对无人驾驶汽车的固态激光雷达 IC 路线图。目前,LeddarTech 与法雷奥合作研发 1 款"最便宜的激光雷达传感器"
Phant om Intelligence	欧司朗光电半导体事业部在合作开发 1 款"可用于城市驾驶中低速障碍,场探测的集成式、低成本激光雷达"。其中 1 款概念产品是半导体激光雷达,拥有 16 个二极管阵列,可探测距离达 30 米。整个阵列按照一个宽度大于高度的扁矩形形状排列,因为其设计的场景更强调水平方向的分辨率:避免车辆前方的剐蹭和撞击
Tri Lumina	2013 年成立的半导体激光照明公司,致力于开发芯片产品,同时降低了激光雷达的尺寸和成本。该公司合作研发的固态 Lidar 传感器即将投产
Photonic Vision	英国小型创业企业,主要业务是开发面向汽车、工业及防卫安全市场的低成本激光雷达和视觉传感器技术

资料来源：互联网、莫尼塔研究。

（二）高精地图技术将逐步成熟

高精地图是支撑汽车实现智能网联化的关键技术之一。目前，ADAS 系统应用的高精地图能够实现 L2、L3 级别自动驾驶技术的需求。随着 5G 通信技术和人工智能的发展，高精地图将逐渐成熟。高精地图的成熟将促进计算机视觉、3D 建模和车联网数据快速处理等技术的成熟发展，随着云端闭环实时更新技术和基于深度学习的环境感知技术不断发展，使高精地图逐渐向 HAD 级发展。

目前，高精地图采用多种技术方案进行数据的采集和处理。传统汽车企业和 ADAS 解决方案提供企业采用 UGC 实时更新和众包等方式进行数据的采集；而以谷歌公司和百度公司为代表的高科技企业和主流的地图企业，利用摄像头和激光雷达采集城区的全区域覆盖数据和高精度数据。采用不同的数据采集方式，对于覆盖的区域、数据的精度、实时更新和成本控制等方面的影响不同，且特点不尽相同，传统汽车企业、ADAS 解决方案提供企业和地图企业进行的战略合作将成为主要的发展趋势，而科技企业的产品实现商业化将会促进采集方式的整合，从而推动产业的发展。高精地图数据采集和解决方案对比见表 12。

表 12　高精地图数据采集和解决方案对比

采集方式	数据来源	适用路况	传感器	算法和云技术	应用企业	优点	缺点
专业化采集	专业采集车	全路况	激光雷达+摄像头	专业采集系统软件+离线编辑处理平台	谷歌、百度、HERE、四维图新	构成 3D 建模，地图精度高和覆盖率有保障	成本较高，缺乏实时更新
众包	量产运营车辆	高速公路（目前）	摄像头+雷达视觉方案	基于深度学习的环境感知技术+端闭环解决方案	Uber(otto)、Mobileye	以众包方式大量收集道路数据，持续完善地图数据库，实时更新快	亚米级，只采集对 ADAS 有帮助的信息，如路标、交通指示牌、信号灯等
UGC（用户生产内容）	移动智能网联终端(手机+车载)	全区域	摄像头+雷达视觉方案	基于深度学习的环境感知技术+端闭环解决方案	特斯拉(autopilot)、传统汽车企业	数据量庞大、完整，流量入口定制化需求，实时更新快	信息安全

高精地图的主要提供企业包括：传统汽车企业、ADAS 解决方案提供企业、智能驾驶科技企业和地图企业。这些企业提供高精地图的方案和方式各不相同，各有优势：传统汽车企业和 ADAS 解决方案提供企业主要采用众包方式，具有掌握大量数据和能够实时更新的特点；而地图企业拥有技术积累充足、地图的精度和覆盖率高、绘图基础深厚等先天优势。高精地图除了能

够提供道路信息之外还被赋予了更多的功能：提供实时路况信息、3D 建模、参与路径规划、参与 ADAS 系统的交互与决策。高精地图在 ADAS 系统中和交互与决策的关系见图 3，高精地图绘制参与企业对比见表 13。

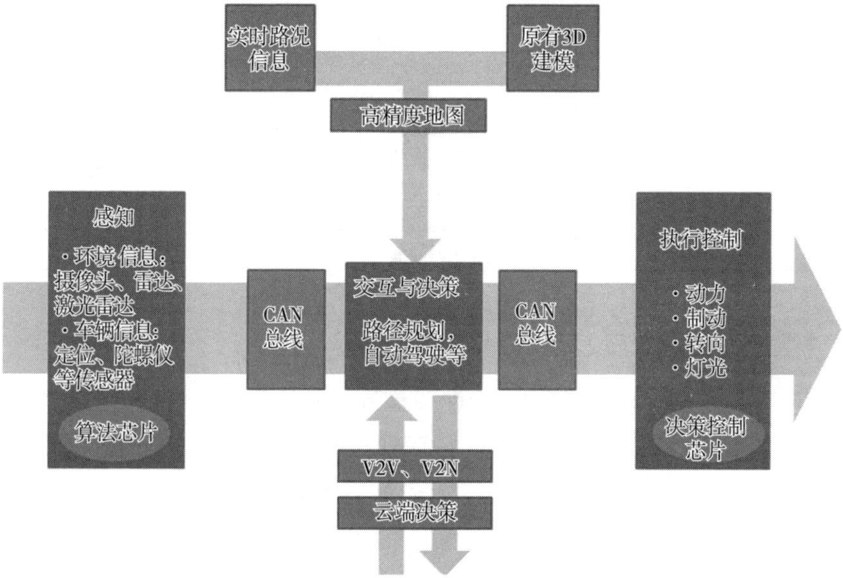

图 3　高精地图在 ADAS 系统中和交互与决策的关系

表 13　绘制高精地图参与企业对比

企业分类	方案与布局	优势	劣势	代表企业
地图企业	采用激光雷达绘图车辆，3D 配合 2D 方式绘图，通过与汽车企业合作，传感器融合地图，获取地图更新数据，逐步向标准化发展	易形成通用标准，有助于产业普及；绘图基础深厚，地图精度和覆盖率有保障	前期投入较大；初期标准统一前，定制化需求较多	四维图新、高德、HERE
科技企业	为实现完全无人驾驶汽车，进行高精度地图绘制	在部分地区实现较高精度，制作方式一般是全 3D 数据，满足现阶段测试要求	地图主要是各自无人驾驶项目内部使用，不具备通用性	谷歌、百度、Uber、特斯拉

续表

企业分类	方案与布局	优势	劣势	代表企业
ADAS 方案供应商	独立制作高精度地图,与汽车企业合作,将具备采集能力的 ADAS 摄像头和雷达部署在量产车上	以众包方式收集道路数据,持续完善地图数据库,协助 ADAS 系统进行感知和决策	通常只采集部分对 ADAS 系统有帮助的信息,例如 Mobileye Roadbook 重点采集交通指示牌、信号灯等	Mobileye、纵目科技、得润电子、前向起创(亚太股份)
传统汽车企业	以投资地图制作公司或自主研发的方式掌握高精度地图技术	具备数据压缩优势,减小传输和更新压力;拥有数量庞大的量产车资源,通过众包方式快速积累数据	不使用激光雷达,在精度方面存在差异;属于初创企业,绘图成本大,存在经营压力	福特汽车、通用汽车、大众汽车

1. 国外高精地图领域软硬件融合

近几年，国际地图企业通过不断与传统汽车企业、科技企业和传感器企业（数据信息的入口）开展合作，将产业链的生态布局不断向算法芯片和数据输入端的传感器等领域渗透，希冀成为自动驾驶技术的方案提供企业。地图企业之外的参与者频繁布局高精地图领域，使数据的采集更精准、覆盖面更广泛、更容易直接实现实时更新。

典型的国际地图企业 HERE 的核心业务已经转化为通过依托其丰富的地图数据和核心位置平台，为企业、汽车和消费者提供位置服务和解决方案。目前，HERE 的地图数据覆盖约 200 个国家，超过 4600 万千米，其战略布局就是要实现汽车电子的软硬件融合，这也成为汽车电子行业在自动驾驶领域的发展趋势。

在其他高精地图参与者中，谷歌公司、苹果公司、特斯拉和 Uber 也成为行业的典范。谷歌公司在车辆周边环境数据的计算和处理方面始终走在最前沿，其高精地图在算法优化和实时建模方面处于领先地位，依赖其城市规划和路径优化规划的算法解决方案，谷歌公司在提供地图技术方面领先的优势较大。而在自动驾驶领域庞大的数据需求方面，特斯拉凭借其 OTA 空中更新，Uber 凭借开展的 Otter 和沃尔沃载货车的运营，使这类企业在高精地图和自动驾驶测试等方面具有更容易延伸和拓展的优势。在高精地图领域布局的主要国外企业见表 14。

表 14　在高精地图领域布局的主要国外企业

企业类型	企业名称	时间	事件	数据采集模式
科技企业	谷歌	2005 年	推出地图服务，后续推出街景、室内、三维地图等服务	基于消费者数据反馈 + 无人驾驶车测绘
		2012 年	应用于其第二代无人驾驶汽车，实时更新完成无人测试	
		2016 年	宣布收购城市规划位置数据分析服务商 Urban Engines，加强谷歌地图的位置分析功能，Urban Engines 团队直接并入谷歌地图团队	
	Uber	2016 年	斥资 6.8 亿美元收购无人驾驶载货车公司 Otter	载货车城市无人驾驶测绘 + 卫星定位分析
		2016 年	与沃尔沃汽车达成伙伴关系，互相协助开发自动驾驶技术，并计划将 100 辆沃尔沃 XC90 SUV 自动驾驶汽车投放到美国宾夕法尼亚州	
		2017 年	开始制作新加坡的 3D 地图，Uber 会将摄像头以及地图制作相关设备搭载到已经在共享出行平台投入运营的车辆上	
	苹果	2016 年	FAA 批准苹果"操作无人驾驶飞机系统进行数据收集、摄影和摄像"，计划用无人机和新的室内导航功能改进其地图服务	智能终端移动产生的 UGC 数据
	特斯拉	2015 年	用 Model S 收集数据，建立实时地图数据更新库	OTA 空中更新
ADAS 方案提供商	Mobileye	2016 年	Mobileye 的 REM 系统，与地图企业 HERE，传统汽车企业如宝马公司、大众汽车展开合作，使用众包数据完成高精度地图的绘制和更新	传感器产生的众包数据
传统汽车企业	通用汽车	2016 年	10 亿美元收购自动驾驶初创企业 Cruise Automation	无人驾驶汽车测试 + 众包数据
	福特汽车	2017 年	10 亿美元投资初创企业 Argo AI	—

2. 中国高精地图企业加大力度进行布局

随着自动驾驶技术的不断发展，中国地图企业及相关企业已经充分认识到高精地图在自动驾驶领域的关键支撑作用，均在高精地图领域进行战略布局。

四图维新作为中国地图行业的领先企业，在地图数据和实时采集更新方面已经有了15年的积累，从2016年开始在ADAS高精地图领域进行布局，对上下游产业链加快进行一体化整合。通过与东软战略联合强化在车联网平台软件方面的实力，收购杰发科技芯片商完成在软硬件方面的综合布局，高级驾驶辅助地图率先实现商业化，入股HERE设立子公司等，四图维新正在从传统的地图企业转型为完整解决方案提供企业。

在高精地图其他相关企业中，腾讯公司在2013年全资收购了甲级测绘企业科菱航睿，在2014年向四图维新投资近12亿元成为第二大股东；百度公司在2014年全资收购了甲级测绘企业长地万方；阿里巴巴在2014年全资收购高德软件。中国各大互联网企业均已间接获得了国家测绘局甲级地图测绘资质，为即将进行的产业链整合及在智能汽车领域的布局奠定了基础。

3. 高精地图逐步成熟

根据发布的《中国制造2025》技术发展路线图，明确了智能网联汽车各阶段发展的目标，同时也指明了相关领域在各阶段的发展目标。在高精地图领域，2020年前，为了实现PA级智能网联汽车，需要提供适用的亚米级高精地图；2025年，为实现CA级智能网联汽车，需要提供适用的覆盖全国高速公路的高精地图；2030年，为实现自动驾驶的需求，要实现生产自动化和标准化、覆盖全国主要公路的高精地图。随着智能化和网联化的不断发展，以及5G通信技术标准建立和人工智能化的发展，高精地图在自动驾驶领域的应用将逐步成熟。高精度地图发展成熟时间见表15。

表15　高精度地图发展成熟时间

时间	2017~2018年	2018~2020年	2020~2025年
阶段	ADAS级高精度地图		HAD级高精度地图
图层	活动层(道路级别的数据,车道属性相关数据)	动态层(V2X联网数据)	分析层(协同决策和控制)
技术方案	3D建模环境感知+端闭环解决方案	3D环境感知+云技术/V2X技术	V2X技术+深度学习+人工智能
支撑技术	计算机视觉和云技术,算法芯片	V2X、5G高速率车载通信模块,道路基础设施建设	执行控制零件的软件化、人工智能芯片

（三）2019～2022年车载通信模块逐步成熟

作为未来智能交通运输系统关键技术的 V2X 具体包括：V2P（车—行人）、V2V（车—车）、V2I（车—基础设施）等。V2X 技术的主要作用是降低交通事故发生率和大幅提高交通安全，同时为自动驾驶提供了大幅降低成本、实施容易的技术路线和基础平台。

目前，被广泛认可的 V2X 技术有两类：美国主导的基于 IEEE 802.11p 的专用短距离通信（DSRC）和 3GPP 主导的基于 3GPP 的长期演进项目（LTE）。其中，美国主导的 DSRC 技术是基于 IEEE 802.11p 演进扩充的无线局域网，可实现小范围内图像、语音和数据的实时、准确和可靠的双向传输，是欧美等国家和地区在车联网领域应用的主流技术，但也存在最大传输时延及可靠性不可控、道路相关设施建设投入大、车辆离开道路后难以获得服务的应用场景、未来的商业模式不清晰等缺陷，大规模应用难以实现。而 3GPP 主导的基于 3GPP 的长期演进项目（LTE）中，以中国大唐通信集团和华为为主导的 LTE-V 技术，基于 4.5G 或 5G 网络能够使车联网更优化，能够解决 DSRC 技术难以解决的容量、商业模式和离路覆盖等问题。中国通信标准化协会（Chinese Communication Standards Association，CCSA）已经针对国内 LTE V2X 推出了工作项目，由大唐通信集团和华为负责相关标准的制定。LTE-V 技术在车联网领域应用的优势见表 16。

表 16　LTE-V 技术在车联网领域应用的优势

低延时	基于 DSRC 标准的 802.11p 在 5.9 吉赫频率短距离通信的系统时延超过 100ms，而 LTE-V 的系统时延为 50ms
频谱带宽	分配灵活，可根据实际情况增减
高可靠性	传输更可靠，集中式资源分配协调技术，降低了竞争冲突丢包
组网成本低	覆盖面广，网络运营及盈利模式清晰
演进路线明确	3GPP 持续演进，可支持未来 ITS 业务的需求

LTE-V 技术为了满足车辆的主动安全、行车效率和车载娱乐等多种场景的业务需求可分为两类：LTE-V-Direct（短程直通式通信）和 LTE-V-Cell

(广域蜂窝式)。其中，LTE-V-Direct（短程直通式通信）引入了 LTE D2D (Device-to-Device)，具备寻找 150 米内数以千计设备及服务能力，通过网络终端实现了车车之间的通信，具有低时延的高性能，适用于安全类业务；LTE-V-Cell（广域蜂窝式）对现有蜂窝技术进行了扩展，通过 LTE 拥有的公共网络实现回传，并利用相关的安全管理体系实现功能，适用于信息娱乐业务。

（四）国内外车联网企业提前布局车联网市场

车联网作为未来智能交通的重要支撑领域之一，汽车企业和半导体企业该领域积极布局。有专家预测，车载通信模块将在 2019～2022 年发展成熟，市场将快速增长。

车联网在自动驾驶领域的应用已成为行业公认的趋势，半导体企业纷纷推出 V2X 解决方案，希冀在车联网市场抢占先机。目前，意法半导体、恩智浦、高通、博通、大唐电信和华为等国内外半导体企业均推出了相关解决方案。例如大唐电信推出了世界第一台 LTE-V 车联网设备，拥有核心自主知识产权。半导体企业在车联网领域的新进展见表 17，汽车企业在车联网领域的新进展见表 18。

表 17　半导体企业在车联网领域的新进展

企业	动态
瑞萨	推出首款 V2X 系统单晶片——R-Car W2R、智能汽车运算系统 SoC 的新型视频处理电路模块
意法半导体	与 Autotalks 合作，第二代 V2X 镜片组导入设计、合作研发面向大众市场的 V2X 芯片组
U-Blox	与 Cohda Wireless 合作，推出嵌入式 V2X 收发顺达模组——THEO-P1
恩智浦	向德尔福汽车公司提供可实现 V2X 通信的 RoadLINK 芯片，实现 B2X 芯片量产
Autotalks	与奥迪合作进行一体化 V2X 屋顶天线系列产品开发，与意法半导体合作开发出一款世界领先的 V2X 芯片组，并继续合作开发 V2X 增强型全球导航卫星系统
高通	推出骁龙 820A 汽车处理器
大唐电信	推出全球第一台 LTE-V 车联网设备，可支持车联网 V2X 自组织通信，并具有核心自主知识产权

表 18　汽车企业在车联网领域的新进展

企业	动态
奔驰汽车	推出全球第一款搭载 Car2X 智能云端交互系统的量产车型，具备该功能的车辆之间、车辆与基础设施之间可以交换信息
通用汽车	计划凯迪拉克 CT6 采用 V2V 通信模块
丰田汽车	已在美国密歇根州 Mcity 无人驾驶示范区投放 5 000 辆智能网联汽车进行 V2X 测试
奥迪汽车	2012 年，与恩智浦签署的战略创新合作协议中就包括了 V2V 通信，2016 年在德国对恩智浦和 Cohda Wireless 的 V2V 通信技术进行了大量现场测试

（五）2022 ~ 2025年算法和决策芯片逐步成熟

1. 算法逐步成熟

目前，深度学习在智能汽车领域正在逐步取代原传统算法。被广泛用于自动驾驶、传感器融合、目标识别、自然语言处理和计算机视觉等汽车领域的人工智能，正是基于深度学习，智能驾驶技术相关企业已经开始探索如何基于 GPU 组建神经网络，从而实现自动驾驶。在自动驾驶领域，实现自动驾驶的难点是十分复杂和很难预测的程式环境下的驾驶场景，需要多种传感器进行融合才能实现对数据进行定位、规划和决策。现有主流人工智能算法种类见表 19。

表 19　现有主流人工智能算法种类

算法分类	种类
深度学习	深度玻尔兹曼机（DBM）、深度信念网络（DBM）、卷积神经网络（CNN）、堆栈式自动编码器
神经网络	自组织映射、感知机、反向传播算法、霍普菲尔德神经网络、径向基函数网络（RBFN）、反转算法、自编码器（Autoencoders）、玻尔兹曼机、Spiking 神经网络、学习质量量化（LVQ）
机器学习	回归算法、神经网络、SVM（支持向量机）、聚类算法、降维算法、推荐算法、豪斯判别、朴素贝叶斯、决策树
径规划算法	Dijkstra 算法、Lee 算法、Fioyd 算法、双向搜索算法、蚁群算法、administration

深度学习和传统算法相比较，最大的不同点是：在给定模型后，深度学习能自动完成学习完成被分配给的任务，而这些任务包括自动驾驶、无人机、语音和图像等多种任务。国外算法企业及产品对比见表20，国内算法企业及产品对比见表21。

表20　国外算法企业及产品对比

企业名称	产品	性能
英伟达	特斯位 P100	集成1500亿个晶体管,拥有每秒超过20万亿次的FP16浮点运算性能
英特尔	Nervana	该芯片可以加速各类神经网络,如谷歌 TensorFlow 框架
IBM	TrueNorth	True North 的每个内核均有256个神经元,每个神经又分别与内外部的256个神经元连接
谷歌	TPU	通过降低芯片的计算精度,减少实现每个计算操作所需的晶体管数量,使芯片单位时间内运行的操作数量更高
微软	Project Catapult	该系统的硬件成本只占服务器所有其他配件总成本的30%,需要的运行能量也只有不到10%,但处理速度是原来的200%

资料来源：互联网、莫尼塔研究。

表21　国内算法企业及产品对比

企业名称	产品	性能
Mobileye	EyeQ5	EyeQ5 最多支持20个外部传感器(摄像头、雷达或激光雷达),完全可编程加速程器,芯片内置的4种类型加速器均经过其系列算法优化
英伟达	Drive PX2	具备高性能的平台计算和深度学习能力
英特尔	Nervana	该芯片可以加速各类神经网络,如谷歌 TensorFlow 框架
IBM	TrueNorth	True North 的每个内核均有256个神经元,每个神经又分别与内外部的256个神经元连接
谷歌	TPU	通过降低芯片的计算精度,减少实现每个计算操作所需的晶体管数量,使芯片单位时间内运行的操作数量更高
微软	Project Catapult	该系统的硬件成本只占服务器所有其他配件总成本的30%,需要的运行能量也只有不到10%,但处理速度是原来的200%

2. 决策芯片的软硬件逐步融合

一般情况下，为业务提供解决方案部署的平台包括 CPU、GPU、FPGA 和 ASIC。其中，CPU 和 GPU 需要软件支持，而 FPGA 和 ASIC 是软硬件一体构架，即软件就是硬件，这些也是处理器芯片分类的特点。由于 CPU 和 GPU 领域存在大量开源软件和应用软件，各种新技术首先会用 CPU 实现算法，其编程资源丰富易得，开发成本低、周期短；FPGA 高并行性能使业务性能得到量级提升，而且是动态可重配，部署在数据中心可根据业务形态配置不同逻辑实现不同的硬件加速功能；ASIC 芯片可以获得最优性能，面积利用率高、速度快、功耗低，但开发风险极大、成本高、开发周期长，不适合深度学习算法快速迭代的领域。未来的算法和芯片将协同发展，软硬件的融合设计将成为发展趋势。主流芯片构架见表 22。

表 22　主流芯片构架对比

	CPU	GPU	FGPA	ASIC
软件和硬件	需要软件支持，指令系统		软硬件一体结构，使用硬件语言	
开发周期	较短		较长	
能耗比	最低	较低	较高	最高
易用性和晶体管效率	指令系统将高级语言翻译成机器语言，更易用		算法直接用晶体专门电路实现，建筑在物理结构之上，晶体管效率更高	
结构	70% 晶体管用来构建 CACHE，适用复杂的逻辑运算和通用性数据运算	晶体管大部分构建计算单元，适用大量数据、逻辑不复杂的并行计算	灵活，可部署高性能通用可编程芯片，计算效率高，更接近底层 IO	体积小、功耗低、计算性能高、计算效率高、量产成本大幅降低，适用算法固定的专用领域
性能提升方案	增加 CPU 核数、提高 CPU 频率、修改 CPU 架构增加计算单元 FMA 数量	处理的算法本身复杂度低，处理的数据之间相互独立	工艺技术	
应用领域	串行运算和逻辑控制，文字处理、运行交易数据库、网络应用等场景	图像像素处理等大规模、逻辑简单的并行运算，通用计算领域	企业军工	消费电子
发展趋势	第一阶段，CPU 和 GPU 起步，算法根据芯片设计优化；第二阶段，FGPA 逐步成熟开始和 CPU 和 GPU 组成协同处理器架构，软件和硬件开始融合；第三阶段，未来大规模技术突破和成本降低经济化，ASIC 成为主流架构，算法和芯片协同发展，软件和硬件融合加速			

B.14
智能汽车典型技术应用案例

韩 毅　方海洋*

摘 要： 近几年，依靠计算机控制和传感器技术的飞速发展，智能汽车已经成为各国车辆工程领域研究的热点和汽车工业增长的新动力。智能汽车是传统汽车和新兴计算机控制技术相结合的复合体，一方面利用各种各样复杂的道路环境来提升计算机处理的水平；另一方面又将先进的计算机控制技术不断应用到传统汽车上。本报告将结合几个智能汽车典型技术应用案例来详细介绍一下计算机控制技术在传统汽车上的应用。

关键词： 自适应巡航控制系统　车道保持系统　智慧交通

所谓"智能汽车"是指在普通车辆上加装传感器、控制器等部件实现环境感知和信息交互，从而取代人的操作使车辆自动控制前往目的地。近几年，依靠计算机控制和传感器技术的飞速发展，智能汽车已经成为各国车辆工程领域研究的热点和汽车工业增长的新动力。智能汽车是传统汽车和新兴计算机控制技术相结合的复合体，一方面利用各种各样复杂的道路环境提升计算机处理的水平；另一方面又将先进的计算机控制技术不断应用到传统汽车上。本报告将结合几个智能汽车典型技术应用案例来详细介绍计算机控制技术在传统汽车上的应用。

---

* 韩毅，长安大学汽车学院，副教授、博士生导师，研究方向为无人驾驶车辆；方海洋，长安大学汽车学院，硕士，研究方向为智能车辆。

一　自适应巡航控制系统（ACC）

自适应巡航控制系统的前身被称为定速巡航控制系统，两者的区别在于自适应巡航系统在巡航状态下可以根据配置该系统的车辆与前方车辆的车距主动调节车速，而定速巡航在巡航状态下无法主动调节车速，只能依靠驾驶员介入控制。巡航系统发展示意见图 1。

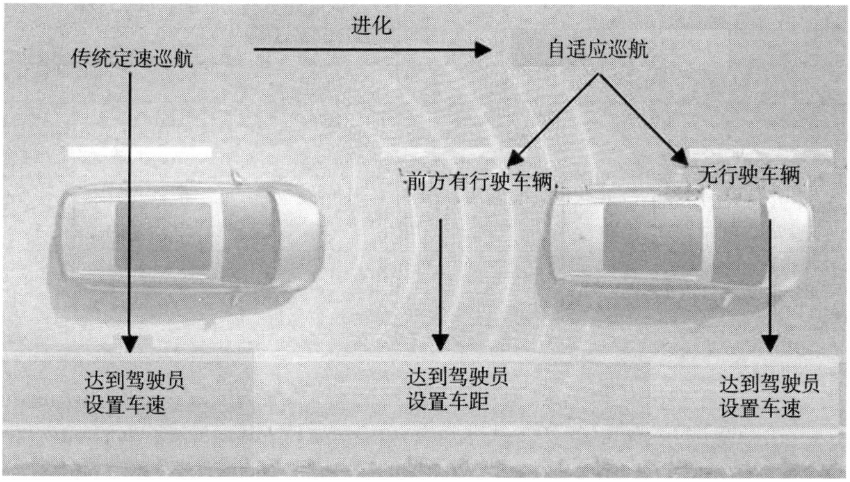

图 1　巡航系统发展示意

在智能车辆行驶过程中，通常在某一路段都是按照预定好的车速行驶，所以在行驶的过程中必然会遇到前方车辆，这个时候就需要一种可以根据车距来主动调节车速的自适应巡航系统。该系统主要由感知模块、控制模块、执行模块三大模块组成，其中，感知模块由雷达、方向传感器、车速传感器构成。方向传感器和车速传感器用于提取车辆转向盘的转向角度和车辆速度信息，然后通过 CAN 总线传输至行车电脑 ECU 供计算判断使用。雷达一般安装在汽车前部，用来探测前方车辆。目前，各国使用的 ACC 雷达主要以 77 吉赫频段的毫米波雷达为主，该类型雷达具有价格低廉、探测距离远（可达 100 ~ 200 米）、受雨雪雾等恶劣天气影响较小等特点。控制器包括车速设定器、车距设定器、巡航控制开关、退出开关和ECU，ECU 的主要作用是接收传感器的信息，通过分析计算判断通过 CAN 总线向执行器发送命令。执行器包括状态显示器、制动控制器、节气门控制器和报警器，主要作用是自主控制车速和警示驾驶员。各国汽车自适应巡航雷达性能参数见表 1。

表 1　各国汽车自适应巡航雷达性能参数

性能参数	德国（大众）	瑞典（CELSIES TECH）	美国（VORAD）	日本（Eaton VORAD）	英国
发射频率	77 吉赫	77 吉赫	77 吉赫	60.5 吉赫	77 吉赫
方式	FMCW	FMCW	FMCW	FMCW	FMCW
作用距离	150 米	200 米	100 米	120 米	100 米
相对距离精度	1 米	0.3 米	0.2 米	±0.3 米	0.5 米
相对速度	-80 ~ 240 公里/小时	-360 ~ 360 公里/小时	—	0.4 ~ 180 公里/小时	±
相对速度精度	2.5 公里/小时	—	—	1%	1.5 公里/小时
扫描速率	33 赫兹	10 赫兹	—	—	20 赫兹

当驾驶员通过控制模块设定好车速和车距时就可以启动 ACC 自适应巡航系统，毫米波雷达按照发射频率向前方不断发射毫米波，探测出前方车辆的三维立体形状，然后 ECU 根据前方车辆的位置计算出本车与前车的车距、方位角和车速（得出相对速度和相对加速度）。当车辆前方畅通时，汽车 ECU 将车主设定的车速与车速传感器实际测得的车速比较，采用 PID 控制策略向节气门控制器发送指令，不断修正速度，以保证车辆在上下坡和拐弯工况中使车速最大限度地接近设定车速。当前方有行驶车辆时，在雷达测得两车车距大于设定车距时，仍按照上述控制策略控制车速；当两车车距小于设定车距时，ECU 计算实际车距和安全车距之比，以及两车的相对速度和相对加速度大小，综合这些数据计算两车发生追尾的可能性。当该可能性低于阈值时，采取控制节气门开度这一稍微舒适的减速方式；当该可能性超过阈值时，在控制节气门开度的基础上还要施加制动力协助减速。但是为了安

全起见，制动减速度被限定在0.3g（现在配备行人防撞系统的制动减速度略大）。当车辆减速至车距大于设定车距时，继续按照上述策略对车辆进行自适应巡航控制。自适应巡航系统工作原理见图2。

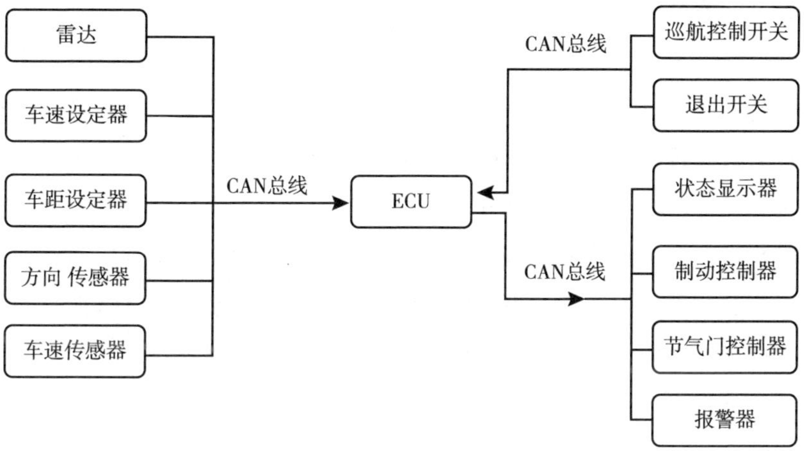

图2　自适应巡航系统工作原理

自适应巡航系统对于汽车，不仅在一定程度上解放了驾驶员，也是保障行车安全的一项重要配置，该项配置正在以逐年增长的速度应用于汽车上。2014年1~12月中国新售车辆ACC总预装量及渗透率见图3。

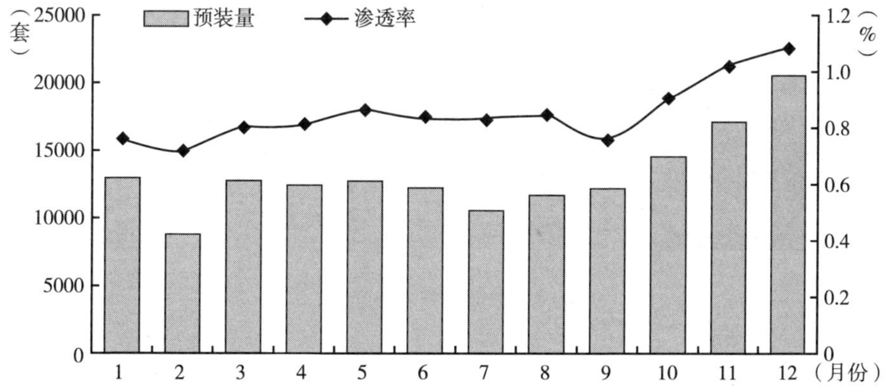

图3　2014年1~12月中国新售车辆ACC总预装量及渗透率

二　车道保持系统（LKA）

车道保持系统（LKA）是由车道偏离警示系统（LDW）进化衍变而来。车道偏离警示系统在车辆的行驶轨迹偏离当前车道时会提醒驾驶员，车道保持系统在车辆的行驶轨迹偏离当前车道时不仅会提醒驾驶员，还会在一定程度上自动转动转向盘使车辆回归原车道。车道保持系统同样由感知模块、控制模块和执行模块组成。感知模块采用摄像头，一般安装在车辆的前方或前挡风玻璃附近，主要用来获取前方道路图像信息。控制模块包括系统开关、转向灯开关和 ECU，行车电脑 ECU 的作用就是对摄像头的道路视频图像进行计算处理，并向电子助力转向装置发送转向指令。执行模块包括电子助力转向装置（EPS）和警示装置，由它们提醒驾驶员汽车即将偏离车道和主动调整汽车的行驶方向。车道保持系统示意见图 4。

图 4　车道保持系统示意

当车辆的速度达到一定值后，可以开启车道保持系统，然后摄像头将前方道路视频图像信息传输给行车电脑 ECU。ECU 对前方道路图像首先分割提取感兴趣的区域，然后再对该区域进行降噪和二值化处理，得到二值化图像。二值化处理后的车道图像见图 5。

图 5　二值化处理后的车道图像

在二值化图像中对车道线在图 5 中的位置进行分析计算，车道线在图 5 中发生了位置偏移就代表汽车相对车道线发生了横向偏移，亦即汽车有发生偏离车道的危险。当偏移位置量超过阈值时，首先通过声音或振动的方式提醒驾驶员，如果驾驶员仍然不采取主动干预措施，系统会向电动助力转向系统发送反方向的转向信号，使汽车回归原车道的中间位置。如果在系统工作过程中驾驶员试图变道，只需要将转向灯打开，ECU 通过 CAN 线接收到转向灯打开的信息后，会允许此时车道偏离，而不采取警告和主动修正措施，可以保证车辆正常超车变道。

由于 LKA 是一套基于图像信息处理判断的系统，所以能见度会对 LKA 系统会产生很大影响，雨雪等极端天气情况下会对系统的正常工作产生干扰。即使这样，LKA 系统仍不失为一项保障安全的配置，欧洲 E-NCAP 汽车碰撞机构最新调查结果显示，搭载 LKA 系统的汽车死亡事故率可降低 9%。

三　自动泊车系统

顾名思义，自动泊车系统就是简化人的操作，甚至不需要人的操作，自动将车辆停入指定的停车位。该系统需要依靠超声波雷达和摄像头，采集停车位附近环境和位置信息，然后由 ECU 根据车库和障碍物的位置设计一条泊车路线，再由 ECU 对车辆的制动器和电子助力转向系统施加控制信号，自主控制车辆的转向盘和制动器将车辆停入车位，在整个过程中大部分车型的换挡操作仍然需要驾驶员完成。自动泊车系统工作示意见图 6。

图 6　自动泊车系统工作示意

当开启自动泊车系统后，在车辆向前行驶的过程中，车身周围布置的超声波雷达不断向外发射超声波，超声波遇到障碍物反射后又被接收，根据超声波返回的时间可以计算出每个障碍点的距离，由此构建出障碍物的三维轮廓。结合摄像头所拍摄的图像，由 ECU 处理后可以计算出车库的形状和位置。ECU 根据雷达和摄像头的信息，首先计算出车辆是否可能完成停车入库，如果存在可能性，便立即生成一条泊车入库的路线。当驾驶员挂入倒挡后，行车电脑 ECU 根据生成的方案，向电子助力转向系统发送转向信号，后方雷达将与后车的距离实时传输给 ECU。当车距小于安全距离时，ECU 向电子助力制动系统发送制动信号停车；当驾驶员把车挂入前进挡后，助力转向系统（EPS）按照预定轨迹实施转向，前方雷达实时监测与前车的距离；当该距离小于安全距离时，立即停车，按照这样反复前进后退的策略将车泊入车库。

四　基于车联网的智慧交通系统

无人驾驶汽车如果单纯依靠摄像头、雷达和 GPS 实现与外界环境的信息交互，就必然存在很多较难克服的弊端，例如，利用摄像头识别交通信号灯和部分复杂的交通标志很容易受到天气能见度的影响。尤其在背光、逆光时这种影响更突出，这个问题现在仍是世界性难题。再例如拐弯路口无人驾驶汽车的相互避让问题，由于不同的无人驾驶汽车所采取的避障策略不同，很容易发生剐蹭事故。如果要从根本上解决这些问题，就必须采用车辆网实现车与车（V2V）、车与基础设施（V2I）、车与人（V2H）、车与路（V2R）之间的互联互通。

目前，国内的车联网发展较快，依然是在车与基础设施（V2I）、车与人（V2H）这两方面发展。车与人通信（V2H）主要体现在车辆与人所持的移动中端设备的信息交互，这个技术的发展也是分为低端和高端两个层次。低端层次就是人可以通过手持移动终端，与车辆进行简单信息交互和简单控制，例如车辆传感器测得的车辆温度、位置和剩余油量等信息通过无线模块传输至移动终端，同时人可以通过移动终端对车辆进行发动机启动、空调调节、灯光控制等简单操作。高端层次就是指直接通过移动终端向车辆发

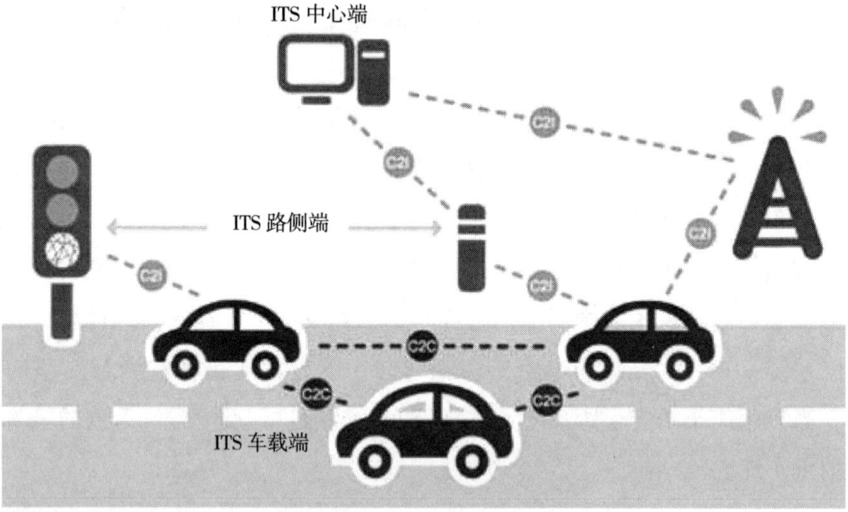

图 7　自动泊车系统工作示意

送前进、后退、左转、右转的指令，车辆的控制模块根据该指令实现车辆的遥控驾驶。

车与基础设施通信（V2I）当前仍然处于试验阶段，因为该技术发展的瓶颈不仅要提升汽车本身的技术，还需要提升交通道路设施技术。所以，即使有些无人驾驶汽车装备了这项配置，也只能在有限的道路场合可以实现车与基础设施的通信，例如上海嘉定的智能网联车试验场、长安大学的智能网联汽车试验场。当车辆靠近交通信号灯时，由交通信号灯的无线通信模块将信号灯信息发送给车辆的无线模块，行车电脑再根据无线模块的信息确定车辆是继续前进还是立即停止。

车联网虽然就目前来说在汽车领域的应用不够广泛，也不够深入。但在不久的将来，车联网一定会成为智能交通领域解决“人、车、路协同发展”的一个发力点。

B.15
智能网联汽车测试技术的发展

高 利　郑碧琪*

摘　要： 汽车经过100余年的发展，在给人类带来方便、舒适以及对经济社会发展起到重大推动的同时，也给人类及经济社会发展带来了交通安全、交通拥堵、能源危机及大气污染等问题。近几年，人类力图通过汽车智能化来保障安全、提高效率、节约能源和保护环境，人类已开始探究汽车智能化发展过程中这些综合目标实现的程度。因此，进行智能网联汽车测试已成为汽车智能化技术发展的关键。

关键词： 智能汽车　测试技术　辅助驾驶系统

一　高级辅助驾驶系统测试技术

近期，为配合国务院安全生产委员会“商用车辆主（被）动安全产品和技术方案一体化方案研究”项目，北京理工大学作为工作组成员，对汽车智能化技术开展调查研究，调查方案的技术见表1，分别按成熟技术、近期（5年内）成熟技术和远期（5年以上）成熟技术展开调查。高级辅助驾驶系统ADAS技术较多，这里主要对系统测试技术进行分析。

---

* 高利，北京理工大学车辆工程专业，教授、博士生导师，研究方向为智能交通系统与车辆智能化；郑碧琪，中国汽车技术研究中心，助理工程师，本科双学位，研究方向为智能科技与测试评价。

表 1　汽车智能化技术调查

(序号)汽车智能化技术	(序号)汽车智能化技术
(01)安全带	(02)安全气囊
(03)安全车身结构	(04)车身防撞梁及防撞护栏
(05)运输管理技术	(06)交通管理技术
(07)保险产品及技术	(08)标准体系
(09)测试评价技术及技术路线图	(10)政策、法规
(11)防抱死制动系统 ABS	(12)驱动防滑系统 ASR
(13)定位导航系统 GNSS(含 BDS 和 GPS 等)	(14)车距检测预警 HMW
(15)智能远光控制 IHC	(16)限速提示 SLI
(17)交通标志识别 TSR	(18)行车记录仪
(19)电子制动力分配装置 EBD	(20)E-Call 系统
(21)制动力辅助系统 BAS	(22)电子控制制动辅助系统 EBA
(23)牵引力控制系统 TCS	(24)车身/电子稳定控制 ESP
(25)胎压监测系统 TPMS	(26)车辆动力学控制系统 VDC
(27)自适应照明系统 AFS	(28)碰撞预警系统 FCW
(29)抬头显示系统 HUD	(30)自动泊车系统 AP
(31)车辆事故救援系统	(32)夜视系统 NV
(33)定速巡航系统 CCS	(34)交通事故伤员急救系统
(35)车道偏离预警系统 LDW	(36)自适应巡航控制系统 ACC
(37)盲点监测系统 BSM	(38)电动助力转向系统 EPS
(39)动力稳定性控制 DSC	(40)自动紧急制动系统 AEB
(41)换道辅助系统 LCA	(42)坡道起车控制系统 HAC
(43)行人避撞预警 PCW	(44)车道保持系统 LKA
(45)车队管理系统 FMS	(46)驾驶疲劳监测系统 DFM
(47)LTE-V 技术	(48)SDRC 技术
(49)车联网:车—路系统 V2I	(50)车联网:车—车系统 V2V
(51)车联网:车—人系统 V2P	(52)车联网:人—车—路系统 V2X
(53)数据中心及大数据挖掘技术	(54)5G 通信技术
(55)自主自动驾驶	(56)网联自动驾驶

(一)电子稳定控制 ESC 系统测试技术

电子稳定控制 ESC（Electronic Stability Controllor）也称电子稳定程序 ESP（Electronic Stability Program），是一种牵引力的控制系统。该系统是防

抱死制动系统ABS和驱动防滑转系统ASR在功能方面的延伸扩展。该系统是在上述两种系统的基础上，增加了转向盘的转角传感器、纵向加速度传感器、横向加速度传感器和横摆角速度传感器等。相比较其他的牵引力控制系统，ESC系统不但能控制驱动轮，还可以控制从动轮。ESC系统不仅能够探测和分析车况，还能纠正驾驶错误，防患于未然。其对于过度转向或者不足转向现象特别敏感，如汽车在路滑时向左过度转向（转弯太急）会产生向右侧甩尾现象，传感器在探测到滑动时就会迅速制动右前轮，使其恢复附着力，并产生相反的转矩，使汽车保持在原车道上。

1998年2月，梅赛德斯-奔驰（Mercedes-Benz）公司首次在A级微型基本型乘用车上批量搭载了博世公司的ESP系统，使车辆能够保持在其应在的道路上行驶，使车辆在恶劣行车环境时保持行驶的稳定性。汽车电子稳定控制系统ESC及电子稳定控制系统ESP是在ABS及ASR基础上发展的，结合了ABS及ASR的主要功能，能够最大限度地保障车辆的操纵稳定性。在欧洲和日本，所有新生产的基本型乘用车必须强制安装ESC系统；在美国和加拿大4.5吨以下的基本型乘用车必须强制安装ESC系统。欧美已经有多家成熟的ESC系统供应商，其产品性能处于国际领先水平。

由于历史的原因，中国在汽车电子稳定系统方面的研究和应用起步较晚，基本没有研发能力或者说不掌握核心技术，与发达国家相比还有较大差距。2017年3月7日，交通运输部发布《关于贯彻落实交通运输行业标准〈营运客车安全技术条件〉（JT/T 1094-2016）的通知》，标志着这项有关营运客车安全技术条件的行业标准正式发布，并于2017年4月1日实施。该标准4.1.4条要求营运客车应装备电子稳定性控制系统ESC（车高大于3.7米的营运客车和总质量不大于3500千克的营运客车装备电子稳定性控制系统自该标准实施之日起第13个月开始对新生产车实施，车高不大于3.7米的营运客车和总质量大于3500千克的营运客车装备电子稳定性控制系统自本标准实施之日起第25个月开始对新生产车实施），总质量不大于3500千克的营运客车装备的ESC应符合GB/T 30677的要求，其他营运客车装备的 ESC 系符合附录 A 的要求。ESC 的电磁兼容性应符合 GB/T 18655 及 GB/T 17619 的规定。

测试试验主要是为了验证 ESP 系统控制策略的有效性与适应性，可以在低附着系数路面上进行大角度转向、紧急双移线仿真试验或者在湿滑路面及高速行驶两种极限工况条件下，通过硬件的在环试验研究进行验证。

世界各大整车测评机构如 NHTSA、Euro-NCAP、J-NCAP 普遍采用正弦停滞方法（Sine with Dwell）对 ESC 进行符合性测试。对大型商用汽车的 ESC 系统的测试尚需进一步探讨，美国 NHTSA 提出了鱼钩试验。作为评定 ESP 系统的测试还应该具有另外的试验强度、有效性和可操作性 3 个特征。中国具体试验规程可参照 GB/T 30677—2014《轻型汽车电子稳定性控制系统性能要求及试验方法》，标准中也提出用“J－转向测试路线”。

美国 NHTSA 提出了正弦停滞方法（Sine with Dwell），并应用于 FMVSS126 法规《轻型汽车电子稳定性控制系统性能要求及试验方法》的正弦停滞方法测试方法；UNECE 在 2008 年的 GTR 8 及 2009 年 13H Amendment2 中明确指定正弦停滞方法；E-NCAP 规定从 2009 年起五星级车辆必须安装电子稳定系统，从 2011 年起统一采用正弦停滞方法测评；JNCAP、韩国及其他组织也采用 GTR 8 或北美 FMVSS126，并使用正弦停滞方法对电子稳定系统进行测评。

1. 美国 ESP 系统性能评价试验方法

2005 年，美国高速公路交通安全局（NHTSA）全面开展了 ESP 系统性能评价试验研究。该研究项目主要分为两个阶段进行，包括了几乎所有可能评价 ESP 系统性能的试验方法，并分三组对这些试验方法进行评价研究。

第一阶段，由少量车辆通过 NHTSA 鱼钩试验、正弦停滞试验、调幅正弦转向试验、脉冲转向试验、调幅横摆角加速度反向转向试验、横摆角加速度反向转向试验和闭环圆周转向试验等，对 ESP 系统测试对过度转向趋势的干预能力，对干预能力进行定量化评价，并根据评价能力对所有试验进行筛选。NHTSA 认为，能够很好评价 ESP 系统性能的试验，必须要有足够的强度去激发 ESP 系统对过度转向趋势的干预能力，而且评价试验要有高度的可重复性，并能对 ESP 系统的侧向稳定性和响应性能进行评价。

第二阶段，将筛选后的评价试验方法应用于不同车辆。对 ESP 系统进行评价的试验，除具有第一阶段特征之外，还要拥有可操作性、有效性和试验强度。NHTSA 认为，通过试验分析，并结合美国汽车工业联盟的试验分析数据，较适合评价 ESP 系统性能的试验是频率为 0.7 赫兹的正弦延迟试验。

在频率为 0.7 赫兹的正弦延迟试验中，试验车辆以最高档、车速为 80 ± 2 公里/小时沿着直线方向滑行，当车速稳定时，由转向机器人向车辆输入频率 0.7 赫兹的正弦停滞模式（停滞时间 500 毫秒）信号进行转向操作。当进行初次正弦停滞试验时，转向盘的转角峰值达 1.5A；当再以 0.5A 峰值逐次梯度增加试验次数，直至转向盘转角峰值达 6.5A 或 270°。当 6.5A > 300° 时，转向盘转角最大峰值取 300°。

2. E-NCAP 的 ESP 系统性能评价试验方法

2011 年，E-NCAP 引入标准的正弦停滞测试方法，使不同车辆的 ESP 使用效果对比成为可能。正弦停滞方法中，“正弦”是指正弦波形。这个正弦波形的横轴表示时间，纵轴表示转向盘转角；“停滞”是指转向盘在负转角极限值时保持转向盘转角 500 毫秒（见图 1）。

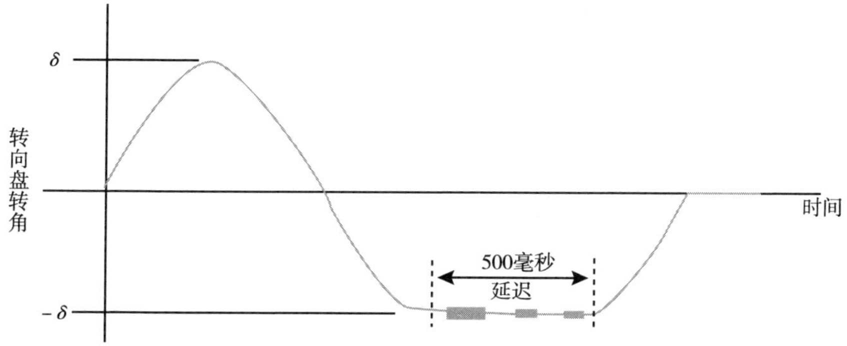

图 1　NHTSA 的 FMVSS126 法规的 ESC 正弦停滞方法

E-NCAP 规定 ESP 测试的车速为 80 ±2 公里/小时。使用电动转向盘对车辆施加正弦波转向盘转角。测试 ESC 是否介入及介入的效果。测试时，逐步加大转向盘转角（最大 270°）进行多次试验，直至侧向稳定性和转向响应指标超出限定值。在车辆满足侧向稳定性和转向响应指标的情况下，转向盘转角越大，ESP 性能越好。

于衡量侧向稳定性和转向响应的三个参数包括：①在正弦延迟试验中，输入完成后 1s 时的车辆横摆角速度，此参数不能超过转向盘转角换向后的第一个横摆角速度峰值的 35%；②在正弦延迟试验中，输入完成后的 1.75 秒时的车辆横摆角速度，此参数不能超过转向盘转角换向后的第一个横摆角速度峰值的 20%；③在转向开始后的 1.07 秒时车辆重心位置与初始直线路径的侧向位移量，对于整备质量小于 3.5 吨的车辆，此参数应至少为 1.83 米。

E-NCAP 规定 ESP 测试使用的是自动执行转向的转向机器人，这套转向机器人设备是 Anthony Best Dynamics 公司生产的 SR60 转向机器人。SR60 直接驱动无刷直流电机产生 70 牛·米的转矩转动转向盘。在 SR60 的驱动下，车辆转向盘的转角及角速度都能被精确控制。使用 SR60 转向机器人能够使得侧翻和回形滑行测试中驾驶员转向输入差别最小化。

3. 中国 ESC 系统性能评价试验方法

中国对电子稳定性控制系统具有以下性能要求：方向稳定性和响应特性、自我系统故障监测功能、系统关闭及其他系统控制功能。该系统的试验分为正常道路试验和冰雪道路试验。其中，正常道路试验条件为环境温度为 0℃ ~45℃，风速对不同的车辆要求有所不同，道路应尽可能水平，并且整个试验过程中汽车应在电子稳定性控制系统正常工作状态下进行，具体试验规程可参照 GB/T 30677 -2014，试验规程包括试验前对车辆的处理、慢增量转向试验、正弦停滞转向试验和 ESC 故障检测。

试验前对车辆的处理除了对系统部件进行处理外，还对制动相关的汽车部件进行处理。主要包括：轮胎气压检测、信号装置检测、电子稳定性控制系统关闭检测、制动器预处理以及轮胎磨合处理，其中制动器磨合过程可以参照 GB/T 21670 -2008 进行处理。

ESC 故障检测是在车辆动力系统关闭状态下，通过切断任意一个 ESC 部件的电源或断开任意 ESC 部件间的电路连接，模拟一个或多个 ESC 故障。但在模拟任何 ESC 故障时，都不应断开信号装置或 ESC 控制装置的电路连接。起动发动机，最迟在发动机起动后 30 秒驾驶车辆前行，在其行驶速度达到（48 ±8）公里/小时后 2 分钟内，进行至少一次左转向、一次右转向操作和一次制动操作，转向操作应平顺，不应导致车辆丧失稳定性。在完成上述操作后，确认 ESC 故障信号装置点亮。停车并将点火系统开关置于“OFF”或“LOCK”位置。5 分钟后，将点火系统开关置于“Start”位置，起动发动机。确认 ESC 故障信号装置再次点亮、提示故障存在并在发动机停止运转或故障消除前始终保持点亮。将点火系统开关置于“OFF”或“LOCK”位置。恢复 ESC 至正常状态，将点火系统开关置于“Start”位置，起动发动机，确认信号装置熄灭。车辆的 ESP 系统在车辆上市前都需要经过 ESP 生产厂进行参数匹配与校正，侧向稳定性和转向响应已达到一定的技术标准（GTR 8 或北美 FMVSS126）。所以现今参加 Euro-NCAP ESP 测试的车辆都及格并获得 3 分满分的辅助安全分数。但从 2011 年开始，Euro-NCAP 引入了标准的正弦停滞测试方法，使得不同车辆的 ESP 使用效果对比成为可能。从视频中可以很方便地对车辆动态、转向盘转角等可视性测试结果进行分析，从而获得一个相对客观的评价结果。

（二）LDW 系统测试技术

车道偏离预警系统 LDW（Lane Departure Warning）是一种采用报警方式以辅助驾驶员减少汽车因偏离车道而发生交通事故的系统。LDW 提供智能化的车道偏离预警，当驾驶员在无意识（未打转向灯）偏离原来车道时，通过车载前置对外摄像头的计算机视觉算法监测车辆在车道中的位置，能在偏离车道 0.5 秒之前发出警报，或转向盘开始振动以提醒驾驶员当时车辆的偏离状况，可为驾驶员提供更多的反应时间，极大减少了由于车道偏离引起的交通事故。LDW 通过先进的计算机视觉技术检测路面的车道线位置，当行驶车辆偏离目前车道行驶或者长时间压线行驶时向驾驶员给出有效的预警信号，避免由于不正常的变换车道造成的交通事故。

美国已将该系统纳入其星级评定标准 NCAP，欧盟也已经将其纳入 Euro - NCAP 星级评定体系，但未给出测试标准，需由 OEM 提供相应数据让其判定是否达标。目前实现该技术的主流方案是基于车辆视觉系统，采用图像处理识别车道线的方式实现，以色列 Mobileye 拥有较成熟技术。一些国外企业还将 LDW 与电动助力转向系统 EPS 结合形成车道保持系统 LKA，并已批量应用。

车道偏离预警系统 LDW 主要设计用于高速公路、主干道和养护良好的城间公路行驶情况。在欧洲车速超过 70 公里/小时（国际标准 60 公里/小时）时，LDW 才会进入准备发出警告的状态。欧盟规定自 2013 年 11 月起新款商用车强制装安装 LDW，而从 2014 年起 LDW 则纳入新车安全评价项目，从 2015 年起新出厂的商用车强制装设 LDW；美国 2012 年规定把 LDW 列入新车安全评价项目；日本规定从 2013 年起大于 3.5 吨的新款载货车需安装 LDW，从 2015 年起陆续研究相关法规，规定车辆安装 LDW。

目前，业界积极投入开发相关产品，国内外均有成熟的集成相关功能产品，市场价格在 300～1000 元。2017 年 3 月 7 日，交通运输部发布《关于贯彻落实交通运输行业标准〈营运客车安全技术条件〉（JT/T 1094 -2016）的通知》，标志着这项有关营运客车安全技术条件的行业标准正式发布并于 2017 年 4 月 1 日实施。该标准的 4.1.5 条要求车长大于 9 米的营运客车应装备符合 JT/T 883 规定的车道偏离预警系统（LDW）。

车道偏离预警系统 LDW 主要结构包括 HUD 抬头显示器、摄像机、控制器和传感器。当 LDW 开启时，位于车身侧面或者后视镜位置的摄像机会不间断地采集行驶车道的标线，该摄像机通过一根数据将摄像机图像发送给控制单元 ECU，ECU 内的计算机视觉算法根据摄像机图像确定车辆在车道上的位置参数，传感器会不间断地随时收集车辆的数据及驾驶员的操作状态，ECU 接收汽车转向灯信号，如果系统识别出在一定时间内保持当前行驶状态就会越过车道边线且驾驶员未开启转向灯时，则由控制器发出报警信号，这个过程约在 0.5 秒内完成，为驾驶员提供了更多的反应时间。如果当驾驶员打开转向灯，进行正常变线行驶，则车道偏离预警系统不会发出任何提示。车道偏离预警系统 LDW 是基于计算机视觉和数字图像处理相关技术，主要有鸟瞰车道检测、基于特征的车道检测、车道线边缘特征为基础的辨识和基于模型的车道检测等方法。

鸟瞰车道检测方法是基于道路路面平坦的假设，将安装在车辆前挡风玻璃后面后视镜部位的对外摄像机采集到的图像先进行俯视变换，然后检测图像中的平行车道线，该种方法计算非常复杂。基于特征的车道检测包括以车道颜色特征为基础的辨识方法，该方法计算简单，但是常常会因为阴影和背景噪声的干扰，导致分割失败以至于无法辨识车道线。以车道线边缘特征为基础的辨识方法利用车道线亮度与道路高反差的特性，透过边缘获取运算子和车道线特征，但是很多物体在接近消失点位置的地方以及影响两侧，很有可能出现边缘特征明显但不是车道线的物体，容易误判。基于模型的车道检测方法通过构造道路模型，假设车道线在此模型下为一个曲线方程式，该方法的优点是相对于基于特征的车道线辨识技术更加强大，能检测弯曲的车道线，并且可以透过车道线方程，预测车道线的位置，缺点是解车道线方程式的计算复杂。

车道偏离预警系统 LDW 主要包括图像预处理技术、车道检测技术和车道偏移计算决策等技术要点。图像预处理技术获取安装在车辆前挡风玻璃后方后视镜处的对外摄像头所采集到的图像数据，对获取的图像进行色彩转换，采用亮度通道影像，还通过设定感兴趣区域（ROI），降低运算复杂度和干扰。车道检测技术利用车道高亮度特性及 PAT 方法进行动态阈值二值化，利用车道高反差特性进行边缘获取，利用车道有固定宽度的特征筛选宽度中点，按两点选取来降低运算量和干扰，使用概率霍夫转换找出直线。车道偏移计算决策分别计算影响车道正中心的坐标和车辆中心位置的坐标，计算两者之间的偏移差值，当偏移差值大于规定阈值时，发出车道偏离警示。

基于上述技术要点，目前的车道偏离预警系统 LDW 具有测试方法和技术标准化、支持视频分辨率较高、支持实线及虚线等多种车道线类型检测、支持晴天和雨雾天及夜间不同天气及低能见度检测、车道检测正确率高、车道偏离预警误判率低等特点。

目前，车道偏离警告系统将警告标准约分为4种：基于车辆在车道上的即时位置（Cars Current Position，CCP）、基于未来偏离量的不同（Future Offset Difference，FOD）、基于车辆即将横越车道边界的时间（Time to Lane Crossing，TLC）、基于道路场景的感知（Knowledge-Based Interpretation of Road Scenes，KBIRS）。这些警告标准中，使用最广泛的是TLC标准。

国际标准化组织ISO制定了LDW系统标准。标准规定的两项关键参数为警告阈值、速度阈值和道路曲率，标准包括ISO17361：2007 I类和ISO 17361：2007II类；FMCSA-MCRR－05－005。

依据ISO制定的LDW系统标准测试方法，可进行车道偏离检测的有效性试验。车辆行驶在各种各样的道路上，捕获视频数据的驾驶环境范围包括城市、郊区、农村、双行车道和高速公路。ISO17361：2007为LDW系统描述了一个测试程序：曲线上的LDW系统测试、直道上的重复性测试和误报警测试。第一轮测试：车道边界追踪没有启动，检测错误被定义为车道边界存在却没有检测到或车道边界本来不存在却被错误地检测到。第二轮测试：车道边界跟踪被启用。在每一轮中分析系统在车道边界检测和车道偏离检测方面的性能。

测试方法可参照国家标准GBT 26773－2011《智能运输系统　车道偏离报警系统　性能要求与检测方法》。

（三）AEB系统测试技术

自动紧急制动系统AEB是一种汽车主动安全系统，旨在减少碰撞的严重程度。汽车的主动避撞技术应用现代信息技术和传感技术扩展驾驶员的感知能力，将外界的信息（例如车速、障碍物距离）传递给驾驶员。同时，根据路况及车况等综合信息，确认构成安全隐患的程度，当发生紧急情况时，该系统可以自动干涉驾驶中的操纵、辅助驾驶员实现应急处理，使汽车能主动避开危险，防止汽车发生碰撞事故，保证安全行驶。该系统使用雷达

（全天候）和激光（LIDAR）和相机（采用图像识别）来检测即将发生的碰撞。GPS 传感器可以通过位置数据库检测固定危险，例如接近停止标志。

欧盟要求在 2014 年后出产的新车全部配备自动紧急制动系统 AEB，没有配备该系统的汽车都不会被 E-NCAP 评价为五星级的安全认证。

美国福特汽车的防撞辅助系统可主动探测行人、车辆等目标，让“油门当制动”的悲剧不再上演。该系统由安装在挡风玻璃上的摄像机和保险杠附近的雷达组成，摄像机和雷达相互配合探测车前的状况。如果有危险目标出现，系统首先报警，一旦驾驶员没有反应，甚至做出相反举动，该系统将主动接管驾驶，对车辆进行制动。

中国与世界先进国家同步开展了自动紧急制动系统 AEB 的研究开发，多家企业已经进行了实车测试工作，中国 C-NCAP 管理中心于 2016 年 8 月正式向外界公布了《中国新车评价规程》（2018 年版）使用 AEB 系统测试规程的草案。

自动紧急制动系统 AEB 由探测系统和执行系统两部分组成。探测系统一般采用毫米波雷达或视觉系统或者雷达与视觉融合的系统；而执行部分一般由 ESC 系统进行。在欧洲，该技术正处于初步应用阶段，一些高端车型安装了该系统。2014 年，欧洲将 AEB 列入新车评价规程 E-NCAP（Euro-NCAP），而且不断更新试验评价规程。欧美均于 2013 ~ 2014 年将该功能纳入星级评价体系内，并使其占有较大分值；日本则规定 20 吨以上的商用车强制安装该系统。

自动紧急制动系统 AEB 的测试方法主要有欧盟的 E-NCAP（Euro-NCAP）测试方法、美国公路安全保险协会 IIHS 的测试方法、日本新车安全评鉴协会 J-NCAP 的测试方法和中国 C-NCAP 测试方法（草案）等。

1. 欧盟 E-NCAP 的测试方法

E-NCAP 对 AEB 系统的测试评价包括：城市工况（AEB City）、城际工况（AEB Inter Urban）及行人工况（AEB Pedestrian），按交通场景的不同，试验方法分为车对车和车对人两种工况，分别归入成人乘员保护、安全辅助和行人保护（从 2016 年开始）。根据 Euro-NCAP 的发展路线图，该测试方法可能于2018年纳入AEB Bicyclist测试规程。

E-NCAP规定的AEB City测试工况只针对静态的目标靶车，设定的测试车速为10~50公里/小时，设定的车速范围涵盖了市区工况的大多数情况。研究表明，在市区工况中，当跟车距离较近时，驾驶员没有时间根据报警做出反应。因此，AEB City测试工况不包括前撞预警FCW功能测试，仅测试自动制动功能。

E-NCAP规定的AEB Inter-Urban测试工况包括接近静态（CCRs）、低匀速运动（CCRm）及同速制动（CCRb）。其中，CCRs接近静态工况仅测试前碰撞预警FCW功能，设定的测试车速为30~80公里/小时；CCRm低匀速运动工况时，设定目标靶车以车速20公里/小时匀速行驶，分别测试车速30~70公里/小时时的AEB功能和车速50~80公里/小时时的FCW功能；CCRb同速制动工况，设定测试车辆和靶车的初始车速均为50公里/小时，进行远距离轻制动（两车的间隔40米，靶车制动的减速度2米/二次方秒）、远距离重制动（两车的间隔40米，靶车制动减速度为6米/二次方秒）、近距离轻制动（两车间隔12米，靶车制动减速度为2米/二次方秒）和近距离重制动（两车间隔12米，靶车制动减速度6米/二次方秒）等试验。

E-NCAP中的AEB Pedestrian工况模拟了城市道路行人横穿马路的状况，包括：成人远端50%碰撞工况（CVFA－50）、成人近端25%碰撞工况（CVNA－25）、成人近端75%碰撞工况（CVNA－75）和儿童近端遮挡50%碰撞工况（CVNC）共4种测试工况。

2. 美国公路安全保险协会IIHS的测试方法

2013年，美国IIHS发布了AEB系统测试规程，与E-NCAP测试规程相比，IIHS测试方法仅设定CCRs工况，并且将车辆的测试车速固定为20公里/小时和40公里/小时两种速度，将碰撞速度的减少量作为评价参数。

3. 日本新车安全评鉴协会J-NCAP的测试方法

2014年，J-NCAP将AEB系统纳入其新车测试评价规程，归属于主动安全类版块，测试工况包括CCRs和CCRm。与Euro-NCAP相比较，J-NCAP在制定过程中分析了日本交通事故数据，发现因前车突然制动导致的追尾碰撞较少在日本和中国发生，因此在评价规程中没有加入 CCRb 工况。在 CCRs 工况中，分别测试设定车速 10～50 公里/小时时的 AEB 功能和车速 10～60 公里/小时时的 FCW 功能；在 CCRm 工况中，测试设定车速 35～60 公里/小时时的 AEB 和 FCW 功能。以速度减少的百分比作为评价参数，并在单一车速时重复测试 3 次，取算术平均值。

4. 中国 C-NCAP 测试方法（草案）

2016 年 8 月，中国 C-NCAP 管理中心（设在天津汽车技术研究中心）正式向外界宣布即将于《中国新车评价规程》（2018 年版）中使用 AEB 系统测试规程草案。研究中国道路交通事故数据基础上，参考已实施的相关国外测试规程，《中国新车评价规程》（2018 年版）将 AEB 系统测试纳入主动安全版块进行评价。《中国新车评价规程》（2018 年版）中的测试工况包括车—车工况（AEB－CCR）和车—人工况（AEBVRU－Ped）。其中，AEB－CCR 包括 CCRs、CCRm 和 CCRb；AEBVRU－Ped 包括 CVFA－50、CVFA－25、CVNA－25 和 CVNA－75。相较于 E-NCAP，《中国新车评价规程》（2018 年版）对 AEB 系统的测试包括 3 项不同的部分：①CCRs、CCRm 设定的车速和 CCRb 设定的靶车减速度不同；②车与人工况包括成人远端25%碰撞工况（CVFA－25），但不包括儿童近端遮挡 50% 碰撞工况（CVNC）；③AEB－CCR 人机交互性（HMI）评价部分纳入了交通设备误作用和驾驶行为误作用两项测试。

根据中国新车评价规程（C-NCAP）发展中长期规划的制定研究，将车辆追尾和行人、两轮车等弱势交通群体有关的 AEB 技术引入其研究范围。2017 年 3 月 7 日，交通运输部发布《关于贯彻落实交通运输行业标准〈营运客车安全技术条件〉（JT/T 1094－2016）的通知》，标志着这项有关营运客车安全技术条件的行业标准正式发布，从 2017 年 4 月 1 日开始实施。该标准的 4. 1. 5 条要求车长大于 9 米的营运客车应装备符合 JT/T 883 规定的车道偏离预警系统（LDWS），还应装备自动紧急制动系统 AEBS（自标准实施之日起第 13 个月开始对新生产车实施，车长大于 9 米的营运客车装备自动紧急制动系统 AEBS 自标准实施之日起第 25 个月开始对新生产车实施）。AEBS 前撞预警功能应该符合 JT/T 883 规定，其他功能应该符合相关标准的规定。

按 C-NCAP 研究的测试方法车与车工况和车与行人工况如下。

车与车工况 CCR：CCR 包括车与车后方接近静态试验 CCRs、车与车后方接近移动试验 CCRm 和车与车后方接近制动试验 CCRb。

CCRs 是在前方目际车辆（EVT）静态下后方测试车辆（UVT）接近状况。根据系统分类和工作形式分类，可以定义测试流程和方法。CCRs 试验见图 2。

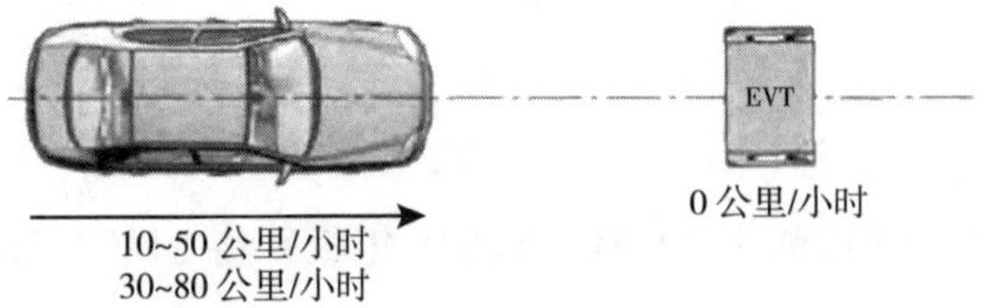

图 2　CCRs 试验示意

CCRm 是指前方 EVT 匀速移动状态下后方 UVT 接近状况。根据系统及工作形式的分类，定义了相应的测试流程及方法。CCRm 试验见图 3。

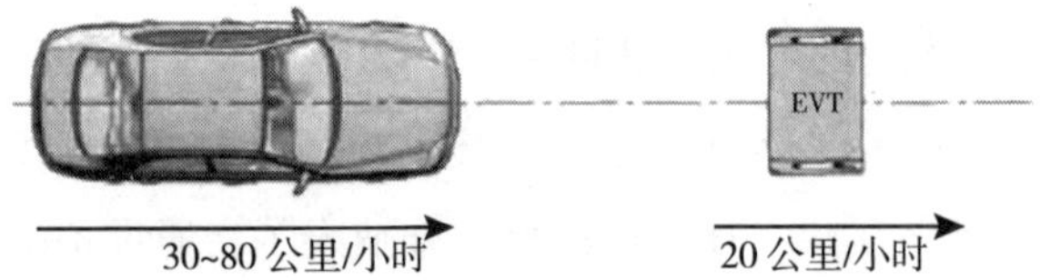

图 3　CCRm 试验示意

CCRb 是指前方 EVT 在移动中突然制动时后方 UVT 接近状况。根据系统及工作形式的分类，定义了相应的测试流程和方法。CCRb 试验见图 4。

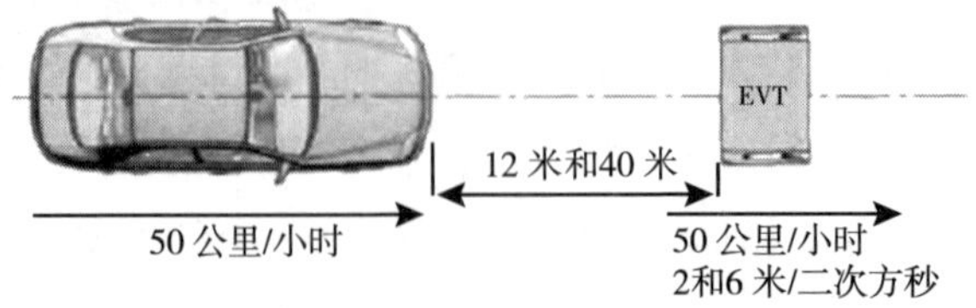

图 4　CCRb 试验示意

车与行人工况 CP 主要包括 3 种情况。CP1：清晰状态时，行人从左侧的人行道进入车道。CP2：隐蔽状态时，行人从左侧的人行道进入车道。CP3：清晰状态时，行人从右侧的人行道快步进入车道。目前，测试规范还没有纳入车与行人工况，正在研究试验方法及规范，现行试验方法还不能完全表达实际路况中的事故状况。

二 中国智能网联汽车测试方法研究

2009 年，北京理工大学承担了国家自然科学基金“视听觉信息的认知计算”重大研究计划中的“无人驾驶车辆智能行为综合测试环境设计与测评体系研究（90920304）”重点项目。根据重大研究计划的总体目标和研究要求，对无人驾驶车辆在未知环境下的智能行为进行测评体系的研究与综合测试环境设计。

2011 年，北京理工大学再次承担了国家自然科学基金的“视听觉信息的认知计算”重大研究计划中的培育项目“无人驾驶车辆认知能力测试及验证环境设计与实现”（91120010）。项目围绕“视听觉信息的认知计算”重大研究计划，有针对性地拟定并开展无人驾驶车辆认知能力的测试内容、测试环境、测试方法、测试标准的研究。基于信息加工理论研究了认知行为产生过程和无人驾驶车辆认知能力的层次关系。为了使测试变得有标准可依、有规律可循，而不过多地依赖于特定的环境，提出了无人驾驶车辆分阶段、分层次测试内容以及测试内容的模块化、标准化。在所述测试模块中，通过设计不同详细内容及信息的任务文件可使同一个测试模块适应环境的复杂程度能够逐步提高，进而可以应对同一测试内容的各种难易程度。基于测试环境要素解析模型和多层次设计方法，提出了未知、多层次测试环境的具体实现方法。测试环境的多层次性体现在各测试赛段的测试环境复杂度层次递增以及某项测试模块对应不同层次的测试环境。多层次测试环境的设计通过设计不同详细信息的任务文件、不同难度的路网文件、动态交互环境等予以实现。从静态和动态两个方面对城市交通环境进行归类，开展了有人驾驶行为与无人驾驶智能行为刺激感知研究。根据图形一阶熵理论建立城市交通环境的复杂度计算模型，结合典型工况设计了多复杂度测试环境。综合利用跟驰无人驾驶车辆的测试车辆、惯导系统、毫米波雷达、摄像机等装置提出了非接触式无人驾驶车辆行驶状态测试系统和应答式交互测试系统，实现采集无人驾驶车辆全过程数据和中间输出结果，对无人驾驶车辆的认知能力进行测试不单局限于其外在的行为，还可以探索无人驾驶车辆内部，从而为科学准确的评价提供了重要依据。协助完成了2012 年和2013 年“中国智能车未来挑战赛”设计及评测任务。项目组在已结题的重点项目基础上，对无人驾驶车辆认知能力标准化测试内容的设计方法和认知能力的环境设计标准等进行了大量研究，并在两届比赛测评工作中进行了实践探索。通过课题研究，综合提出12 大类驾驶行为，每类行为都要经历刺激感知、判断决策和刺激解释等。基于驾驶行为的刺激库与知识库的层次归类示意图见图 5。

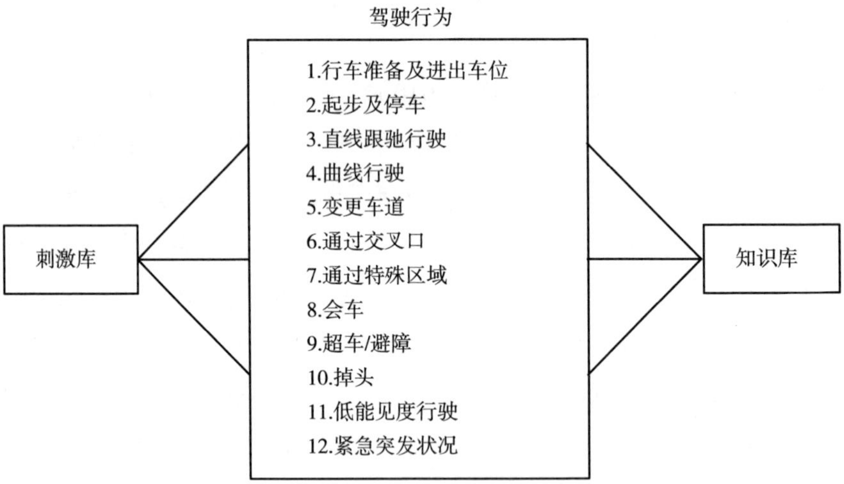

图 5　基于驾驶行为的刺激库与知识库的层次归类

北京理工大学建立了驾驶行为测试平台，该系统可在虚拟现实环境下通过驾驶员及硬件循环进行人—车—路（环境）相互作用的模拟试验，通过记录车辆行驶状态及驾驶参数进行不同场景下的驾驶行为分析。

近几年，结合汽车智能化发展，北京理工大学等开展了线控电动轮车辆驱动转向技术研究、汽车自适应巡航控制系统模糊控制策略研究、交叉口驾驶行为及工作负荷的特性分析、复杂动态城市环境下无人驾驶车辆仿生换道决策模型研究、宏观及微观路径规划条件下的换道驾驶行为分析及评价。

三　智能网联汽车测试技术发展中存在的问题

随着智能网联汽车技术的快速发展，为了促进产业迅速落地，更是为了使产品能够安全运行，发展与之相关的测试技术变得十分重要，中国已经发布了多项政策，明确要求大力加强智能网联汽车测试评价的技术研究。但是在智能网联汽车测试技术的发展中还存在问题。

虽然中国已经初步建立起智能网联汽车的测试评价体系，但是具体的测试技术及测试方法还处于概念性阶段，还需要进一步明确和深入研究。在智能网联汽车测试与示范区建设方面，已基本形成了全国范围的战略布局，但是已建成或正在建设的示范区功能相对简单，重点放在了道路情景方面，测试功能较弱。虽然国家已经出台了智能网联汽车测试技术发展的相关政策，但是全产业链还缺乏相互配合，缺乏测试理论技术、体系框架、基础数据库和服务平台等方面的建设，还不能将测试工作贯穿智能网联汽车产品的全生命周期，还没有为智能网联汽车技术的研发和产品开发水平的提升提供更多的技术支持，还不能为智能网联汽车的功能、性能安全和信息安全提供更可靠的保证。

政　策　篇

Policy Reports

B.16 智能网联汽车政策环境发展情况

吴松泉　刘 宇　宋梦轩*

摘　要： 2017年是智能汽车发展的重要一年，美国出台了《自动驾驶系统2.0：安全展望》，替代1.0版本——《美国联邦自动驾驶汽车政策指南》，为自动驾驶汽车的发展进一步指明了方向。2017年我国出台《汽车产业中长期发展规划》，明确将智能汽车作为汽车产业转型升级和赶超发展的突破口，抢占未来产业的制高点。目前，我国智能汽车尚处于产业化和市场化初期，面临诸多问题，但随着产业化和市场化的进一步推进，在政府的大力支持下，ADAS系统快速普及，车载互联的应用将更加广泛。本文以智能汽车发展与政策环境的关

* 吴松泉，中国汽车技术研究中心，教授级高级工程师，研究方向为汽车产业政策和法规；刘宇，中国汽车技术研究中心，高级工程师，硕士，研究方向为智能汽车；宋梦轩，中国汽车技术研究中心，工程师，研究方向为智能汽车。

系作为切入点，对国内智能汽车的发展战略、政策框架，以及产业发展、示范测试、信息安全、配套设施、法律法规、技术标准等方面内容进行了梳理，重点分析了智能汽车产业发展的政策环境，并给出相关建议。

关键词： 智能网联汽车　政策　车载互联技术

2016年是智能网联汽车发展的重要一年，美国出台了《联邦自动驾驶汽车政策指南》，明确了自动驾驶汽车发展方向。中国发布了《智能网联汽车技术路线图》，明确了智能网联汽车的技术发展路线，智能网联汽车的发展已经成为中国汽车产业，乃至汽车制造业发展战略的重要组成部分。目前，中国智能网联汽车尚处于产业化和市场化初期，面临诸多问题，但随着产业化和市场化的进一步推进，在政府大力支持下，ADAS系统将快速普及，车载互联技术的应用将更加广泛。

一　智能网联汽车发展需要良好的政策法规环境

智能化已经成为汽车产业发展的必然方向。制定和实施产业政策及法规是国家规范和引导产业发展的有效措施，也是国家推进新兴产业发展的重要途径。加快政策法规环境的完善，是发展智能网联汽车的重要保障，也是中国抢占产业制高点，加快推进产业发展的重要措施。

（一）智能网联汽车发展与政策法规密切相关

首先，智能网联汽车作为新兴产业迫切需要国家政策法规支持。目前，中国智能网联汽车产业尚处于发展的初级阶段，与国外发达国家相比还存在较大差距，必要的扶持政策必不可少。

其次，政策法规环境对智能网联汽车发展会产生重要影响。智能网联汽车产业涉及汽车、卫星、互联网、和计算机等产业领域，以及智慧交通与智慧城市等应用领域，需要政府在不同领域出台相关的政策法规，综合加以推进。

最后，中国现行汽车相关政策、法规和标准主要是基于传统汽车制定的，在引导和规范智能网联汽车发展时存在明显的问题和不足。迫切需要有关部门加强对智能网联汽车政策环境的研究、分析和把握，全面开展重大政策研究，加快推进相关制度的调整和完善，尽快构建系统的、科学的智能网联汽车政策法规体系，为产业的持续快速发展创造良好的政策法规环境。

（二）智能网联汽车发展涉及多个政策法规领域

智能网联汽车是智慧城市和智能交通的重要组成部分。智能网联汽车的发展政策环境是由智能网联汽车、智慧城市和智能交通构成的三层政策体系，其中直接与智能网联汽车产业发展相关的是智能网联汽车政策体系。目前，智能网联汽车正处于产业化和市场化初期，需要政府加快对产业推动、技术标准、法律法规、信息安全和配套设施等方面的推动。中国智能网联汽车政策体系见图1。

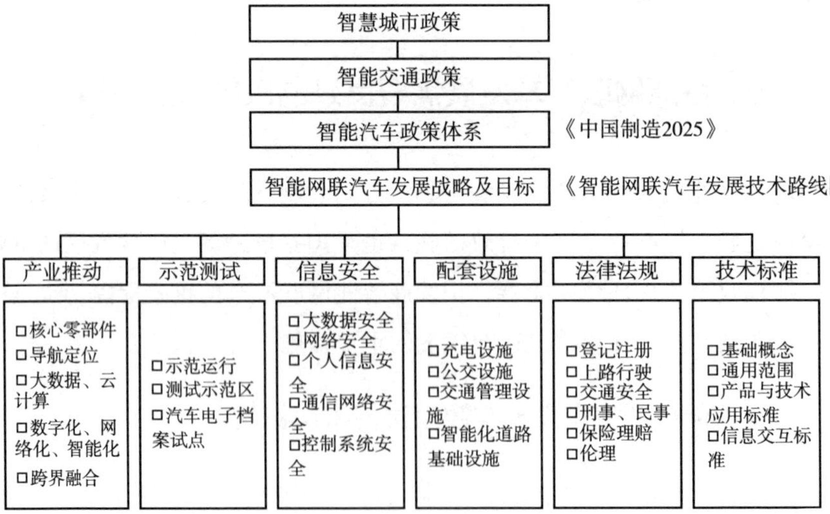

图1　中国智能网联汽车政策体系

资料来源：根据《中国制造2025》《智能网联汽车发展技术路线图》及相关政府文件整理。

二　政策环境现状

现阶段，中国现行汽车政策法规基本都没有考虑智能网联汽车产业的发展，针对智能网联汽车发展的不足，甚至还存在阻碍智能网联汽车发展的条款。为推动智能网联汽车产业发展，国家及相关行业组织已经出台了一系列文件，智能网联汽车发展的政策环境正在不断改善。

（一）智慧城市和智能交通

随着中国汽车社会来临，主要大中城市的交通安全、拥堵、机动车尾气污染和停车难等问题日益突出。建设智慧城市和发展智能交通可以缓解或解决汽车普及带来的上述问题，以智慧城市与智能交通为代表的新型发展理念已经成为21世纪城市发展的重要特征。智能网联汽车是发展智能交通的核心，建设智慧城市正在为中国智能网联汽车发展提供重要机遇。国家已经出台的有关推进智慧城市建设和智能交通发展的主要政策文件见表1。

表1　中国已经出台的有关推进智慧城市建设和智能交通发展的主要政策

政策分类	文件名称	政策要点
智能交通	《交通运输行业智能交通发展战略(2012～2020年)》	至2020年，适应现代交通运输业发展要求的智能交通体系基本形成，实现跨区域、大规模的智能交通集成应用和协同运行，物流服务提供了便利的出行服务和高效，为21世纪中叶实现交通运输现代化奠定了坚实的基础
	《交通运输信息化十三五发展规划》（交规划发〔2016〕74号）	至2020年，大幅度提升部省两级信息共享和数据的开放水平，显著提高行业主要业务领域运用大数据的能力，取得“互联网＋”促进行业转型升级的新突破，基本形成交通运输信息服务的政企合作模式，显著增强行业网络信息安全保障能力，进一步优化信息化发展环境，发挥信息化在引领综合交通运输发展方面的重要作用

续表

政策分类	文件名称	政策要点
智能交通	《推进“互联网+”便捷交通 促进智能交通发展的实施方案》(发改基础〔2016〕1681号)	提出了逐步构建“三系统、两支撑、一环境”的体系框架。“三系统”包括由用户和提高服务质量方面提出“完善智能运输服务系统”,由企业和提高运行效率方面提出“构建智能运行管理系统”,由政府和提升决策监管水平方面提出“健全智能决策支持系统”;“两支撑”是指针对硬件的“加强智能交通基础设施支撑”和针对软件的“全面强化标准和技术支撑”;此外还包括为新业态、新模式“营造宽松有序发展环境”
		综合考虑国家战略、市场需求和区域条件等因素,形成“互联网+”便捷交通重点示范项目。针对基础设施、功能应用、新业态、线上线下对接、政企合作、典型城市等方面予以支持。主要的车联网与自动驾驶示范项目侧重在基础设施和功能应用两部分
智慧城市	《关于促进智慧城市健康发展的指导意见》(发改高技〔2014〕1770号)	至2020年,建成一批特色鲜明的智慧城市,大幅增强聚集和辐射带动作用,明显提高综合竞争优势,在保障和改善民生服务、维护网络安全、创新社会管理等方面取得显著的成效
		实现公共服务便捷化、基础设施智能化、网络安全长效化、城市管理精细化、生活环境宜居化等目标
	《国家智慧城市试点暂行管理办法》(建办科〔2012〕42号)	推进智慧试点城市申报和建设,其中国家智慧城市(区、镇)试点指标体系中一级指标包括保障体系与基础设施、智慧建设与宜居、智慧管理与服务、智慧产业与经济等指标
	《关于加强城市通信基础设施规划的通知》(建规〔2015〕132号)	大力推进城市的通信基础设施建设,支持信息通信业健康快速的发展,加快推进“互联网+”的发展,推动工业化、信息化和城镇化的协调发展

(二)智能网联汽车的发展现状

1. 智能网联汽车发展战略

智能网联汽车及相关产业的发展受到中国政府的重视。自2015年起,国务院及各部委发布了《中国制造2025》及系列文件,将发展智能网联汽车提升到国家战略层面。2016年,工业和信息化部组织有关单位制定了《智能网联汽车发展技术路线图》,并由国家制造强国建设战略咨询委员会发布，明确了智能网联汽车技术路线和阶段性的发展目标。中国智能网联汽车发展战略目标见表2。

表2 中国智能网联汽车发展战略目标

文件名称	发展目标
《中国制造2025》	继续支持发展智能化的核心技术，提升智能控制等核心技术的工程化和产业化能力，形成由关键零部件到整车制造的完整工业体系及创新体系
《〈中国制造2025〉重点领域技术路线图》	2020年，由企业为主体、市场为导向、紧密结合政产学研用、跨产业协同发展构成的智能网联汽车自主创新体系初步形成。汽车信息化产品的自主份额达50%，DA、PA整车的自主份额超过40%，掌握控制器和传感器关键技术，供应能力满足自主产业规模的需求，产品质量能够达到国际先进水平。智慧交通城市建设启动，自主设施的占有率达80%以上 2025年，自主的智能网联汽车产业链和智慧交通体系基本建成。汽车信息化产品的自主份额达60%，DA、PA、HA整车的自主份额达50%以上；传感器和控制器技术达到国际先进水平，掌握执行器的关键技术，拥有供应量世界排名前十位的供应商企业1家；自主智能载货车开始大规模出口；实现汽车全生命周期的数字化、网络化和智能化，汽车产业转型升级初步完成
《智能网联汽车发展技术路线图》	起步期(2016～2020年) (1)顶层设计。企业为主题、市场为导向、紧密结合政产学研用、跨产业协同发展的智能网联汽车自主创新体系初步形成 (2)标准体系和能力。智能网联汽车标准法规体系、自主研发体系、生产配套体系初步建立，制定安全技术标准，缩小与发达国家的差距 (3)市场应用。汽车DA、PA、CA的新车装配率超过50%，网联式驾驶辅助系统的装配率达10%，能够满足智能交通城市建设的需求 (4)社会效益。汽车交通事故减少30%，交通效率提升10%，油耗和排放分别降低5% 发展期(2021～2030年) (1)顶层设计。面向乘用车与商用车的自主智能网联汽车产业链与智能交通体系基本建成 (2)标准体系和能力。建立较完善的智能网联汽车标准法规体系、自主研发体系、生产配套体系及产业群，完成智能网联汽车国家信息安全的强制认证，在智能网联汽车领域具备竞争优势 (3)市场应用。汽车DA、PA、CA新车的装配率超过80%，其中PA、CA新车的装配率达25%，HA、FA自动驾驶汽车开始进入市场 (4)社会效益。汽车交通事故减少80%，普通道路交通效率提升30%，油耗和排放分别降低20%
《中国智能汽车创新发展战略(公开征求意见)》	顶层设计智能汽车创新发展，提出构建技术创新、产业生态、路网设施、法规标准、产品监管、信息安全六大体系等重点工作任务，推动智能汽车创新发展

2. 主要规范和扶持政策

自2015年起，工业和信息化部、交通运输部、科技部、国家发改委和财政部等部门从各自管理职能角度出发，在产业政策、法律法规、技术标准、信息安全、示范测试和配套设施等方面有针对性地制定了一系列产业支持和规范政策。

（1）产业推动方面。主要包括产业推动、关键零部件发展、出行商业模式创新鼓励、技术发展路径引导和产业融合等方面内容。中国推进智能网联汽车发展的主要政策见表3。

表3　中国推进智能网联汽车发展的主要政策

政策名称	发布部门和状态	主要内容
《中国智能网联汽车发展总体推进方案》	工业和信息化部制定中	顶层设计智能网联汽车产业发展，明确总体发展目标、主要任务和保障措施
《智能硬件产业创新发展专项行动(2016～2018年)》	工业和信息化部已发布	主要在提高智能车载设备的供给、加强智能硬件核心关键技术的创新等方面推进相关关键零部件和技术发展
《关于深化改革推进出租汽车行业健康发展的指导意见》	交通运输部已发布	在政策层面规范发展网约出租车服务。随着智能网联汽车发展，交通运输部及相关部门可能将进一步出台政策，规范发展汽车出行共享服务及推进智能交通体系建设
《关于积极推进“互联网+”行动的指导意见》	国务院已发布	①动互联网和制造业的整合。制造业数字化、网络化、智能化水平得到提升，加强产业链的协作，发展基于互联网的协同制造新模式。②加快互联网和交通运输领域的深度融合。通过基础设施、运输工具和运行信息等互联网化，推进基于互联网平台的便捷化交通运输服务发展
《“互联网+”人工智能三年行动方案》	国家发改委已发布	推动智能网联汽车研发和产业化工程。支持骨干汽车企业和互联网企业开展深度合作，设立跨界交叉融合创新平台。加快智能辅助驾驶、车载智能设备、复杂环境感知等软硬件产品的研发及应用。推进无人驾驶汽车的技术研发，以及应用与生态建设，发展智能网联汽车芯片级车载智能操作系统、高精度地图及定位、智能感知、智能决策级控制等重点技术，实现无人驾驶汽车技术与产品逐步成熟

（2）示范测试方面。目前，中国智能网联汽车仍处于研发测试阶段。推进示范测试是智能网联汽车产业化和市场化的关键步骤，也是现阶段中国发展智能网联汽车的最主要工作部分。中国推进智能网联汽车示范测试相关政策见表4。

表4 中国推进智能网联汽车示范测试相关政策

政策名称	发布部门和状态	简介
《无人驾驶（智能网联汽车）公共道路测试规范》	工业和信息化部制定中	公共道路测试是推进智能网联汽车研发测试的最重要的手段之一。“无人驾驶（智能网联汽车）公共道路测试规范”是现阶段最重要的政策之一。该政策由工业和信息化部组织制定，公安部和交通运输部等部委参与
《智能网联汽车示范运行》	工业和信息化部已发布	工业和信息化部已经相继批准7个地区作为智能网联汽车示范运行区，交通运输部、公安部等部委也有可能会推出相关示范运行区

在工信部、公安部等部委的支持下，已有8个省市设立了7个国家级试点示范区，为智能网联汽车上路运行探索经验，未来相关试点示范还将进一步扩大。中国智能网联汽车试点示范区的情况见图2。

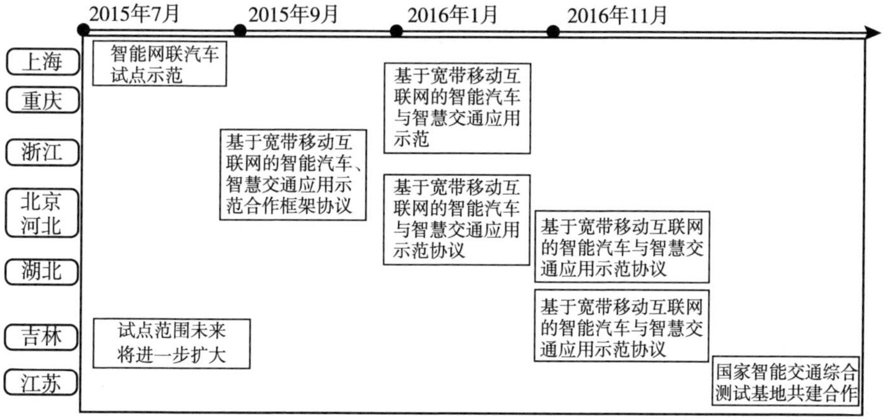

图2 中国智能网联汽车试点示范区情况

(3) 信息安全方面。中国政府高度重视有关信息安全的相关保障工作，不断推出有关政策，在政策方面为信息安全建立了保障体系。中国规范和保护智能网联汽车信息安全的相关政策见表5。

表5　中国规范和保护智能网联汽车信息安全的相关政策

政策分类	简介
网络信息服务安全保障	《推进"互联网+"便捷交通　促进智能交通发展的实施方案》规定:提供交通服务的互联网平台的企业数据服务器必须设置在中国境内
地理信息采集	《测绘法》规定:国外的组织或个人在中华人民共和国领域进行测绘活动,应该经过国务院测绘地理信息主管部门会同军队测绘部门批准;应该与中华人民共和国有关部门或者单位进行合作,并不可以涉及国家秘密和危害国家安全。地理信息的生产、利用单位和互联网地图服务的提供者收集、使用用户个人信息是,应该遵守法律和行政法规有关个人信息保护的规定
	《地图管理条例》规定:互联网地图服务单位应该将存放地图数据的服务器设在中华人民共和国境内,并制定互联网地图数据安全管理制度和保障措施。互联网地图服务单位在收集和使用用户个人信息时,应该明示收集和使用信息的目的、方式和范围,并且经过用户同意。互联网地图服务单位需要收集、使用用户个人信息时,应该公开收集和使用规则,不允许泄露、篡改、出售或者非法向他人提供用户的个人信息。互联网地图服务单位用于提供服务的地图数据库及其他数据库不允许存储、记录含有按照国家有关规定在地图上不允许表示的内容
	《公开地图内容表示补充规定(试行)》:公开地图位置的精度不允许高于50米,等高距不允许小于50米,数字高程模型格网不允许小于100米

(4) 配套设施方面。智能网联汽车信息安全息领域需要政策支持的相关领域包括：网络信息基础设施、道路交通基础设施和充电基础设施。

在充电基础设施领域，主要通过建立充电智能服务平台、构建充电基础设施信息平台、发展车网协同智能充放电模式等进行支持；在道路交通基础设施领域，主要通过实施"互联网+"便捷交通、推进公共数据资源共享开放、统筹推进综合交通运输运行协调和应急指挥平台建设等进行支持；在网络基础设施领域，主要通过发展宽带、推进下一代互联网规模商用和前沿性布局、加快推进三网融合等进行支持。中国推进智能网联汽车基础设新建设相关政策见表6。

表6　中国推进智能网联汽车基础设施建设相关政策

政策分类	简介
充电基础设施	《关于加快电动汽车充电基础设施建设的指导意见》规定:建设充电智能服务平台,大力推进“互联网+充电基础设施”,促进电动汽车和智能电网之间的能量和信息的双向互动
	建立互联互通的促进机制,构建充电基础设施信息服务平台,统一信息交换协议
道路交通基础设施	《交通运输信息化十三五发展规划》规定: 1. 实施“互联网+”便捷交通。推进客运联网售票系统、公交智能化、汽车出租监管平台、洗车租赁管理服务信息平台、汽车电子健康档案和重点汽车维修配件信息系统等建设 2. 推进公共数据资源共享开放。制定交通运输数据资源的共享管理办法,明确交通运输数据管理与共享的要求 3. 统筹推进综合交通运输运行协调和应急指挥平台的建设 4. 开展信息化示范工程
网络信息基础设施	《关于大力推进信息化发展和切实保障信息安全的若干意见》规定: 1. 加快发展宽带网络。支持具有自主知识产权的3G技术TD-SCDMA和其后续演进技术TD-LTE产业链的发展 2. 推进下一代互联网的规模商用和前沿性布局。加快部署下一代互联网,抓紧开展IPv6的商用试点,适时推动IPv6的大规模部署和商用 3. 加快推进三网融合。推动广电、电信业务双向进入

（5）法律法规方面。法律法规是国家规范管理智能网联汽车发展的重要方式。主要包括登记注册、上路行驶、交通安全、刑事民事、保险理赔、伦理等内容。法律法规对智能网联汽车和传统汽车管理的最大区别是汽车的驾驶控制已经从驾驶员—机械控制体系向人工智能的电子信息—机械体系转变。智能网联汽车属于新兴领域，现有相关法律法规都是针对传统汽车制定的，对智能网联汽车相关问题没有专门规定。

（6）技术标准方面。技术标准是推动智能网联汽车发展的最重要技术基础，对智能网联汽车的研发和产业化起到了重要保证作用。同时，技术发展路线图是快速推动智能网联汽车技术发展的重要支撑。中国智能网联汽车技术标准制定进展情况见表7。

表7 中国智能网联汽车技术标准制定进展情况

政策名称	发布机构和状态	简介
《国家车联网产业标准体系建设指南（智能网联汽车）》	工业和信息化部、国家标准化管理委员会	我国刚刚完成智能网联汽车技术标准框架体系的搭建。但大部分智能网联汽车技术标准尚未起草，这在一定程度上阻碍了智能网联汽车产业发展
《智能网联汽车技术路线图》	国家制造强国建设战略咨询委员会已发布	2016年，中国发布《智能网联汽车技术路线图》，描绘了智能网联汽车发展所需的关键核心技术及发展路径，智能网联汽车技术路线图是路标而非强制规定

三 政策法规的缺失制约了智能网联汽车发展

（一）产业推动方面

首先，中国还缺乏智能网联汽车及相关产业协同发展的总体发展战略。智能网联汽车的发展涉及广泛、极其复杂的系统工程，不仅仅需要汽车、交通、信息、通信、电子和城建等进行跨行业、跨领域的多方协作，还需要国家、行业、企业甚至社会各方面的合理分工、有效互动和通力协作，国家政策法规的顶层设计至关重要。其次，智能网联汽车涉及面比较广，相关产业呈融合发展趋势，涉及政府部门比较多，亟须在国家层面成立推进智能网联汽车产业发展的协调机构。

（二）示范测试方面

首先，中国智能网联汽车示范区的数量不足。在工业和信息化部的支持下，中国已有8个省市设立了国家级的智能网联汽车示范区域，但这些示范区的数量还远不能满足智能网联汽车的测试示范需求。其次，已有智能网联汽车示范区设置的路况相对简单，还无法完全满足智能网联汽车的研发测试需求，很多自动驾驶技术和功能需要在公共道路上进行测试。目前，中国智能网联汽车公共道路测试还有法律障碍亟待破除，如《道路安全法实施条例》规定进行路试的车辆不允许在高速公路行驶，北京和上海等地区依据《道路交通安全法》制定的地方法规也禁止在城市快速路、高架桥上试车。

（三）信息安全方面

中国政府在互联网、大数据和卫星通信等众多领域发布了大量智能网联汽车信息安全相关政策，主要包括网络接入服务方面的安全管理、工业和交通运输领域信息安全、个人信息等方面的立法，以及营运车辆安装卫星定位系统、互联网地图数据服务器和数据管理、电信安全试点、大数据安全管理等内容。目前，国家颁布的相关信息安全政策主要集中在国家信息安全保护领域，对高精度地理信息测量以及高精度电子地图的绘制有严格的限制。同时，智能网联汽车作为新生事物，相关的产品信息（含 OBD 在线诊断、车载娱乐、RFID 射频识别等）和个人隐私信息等信息安全立法保护还不完善。

（四）配套设施方面

智能网联汽车配套设施涵盖公路、互联网、通信和高精度地图等众多领域，涉及公安部、交通运输部、国家能源局、住建部、工业和信息化部、国家测绘局等多个政府职能部门，由于缺乏统一协调，导致各部门出台的政策协调性差。

（五）法律法规方面

目前，智能网联汽车上路行驶受到有关法律法规的限制。第一，现有交通法规要求驾驶员必须为人类，智能网联汽车的自动驾驶系统在中国还未被认定为驾驶人，且并未明确如何评判自动驾驶系统为合格驾驶人或自动驾驶汽车的驾驶主体。第二，智能网联汽车不能注册登记，尚不能作为商品车上路行驶。第三，部分地区法规禁止悬挂试验牌照的机动车辆在快速路、高架桥行驶，阻碍了智能网联汽车的试验测试和产业化发展。第四，现有对驾驶人的发证和违章扣分处罚等管理政策并不适合自动驾驶系统。第五，保险、刑事和民事责任认定、创新商业模式的市场准入（如网约车）等其他相关方面的法规还不配套和不匹配。

（六）技术标准方面

中国智能网联汽车技术标准体系滞后于产业发展。目前，安全技术标准是在公安部门注册登记和检验机动车辆的依据。现行机动车安全技术标准适用于传统机动车辆，而没有根据智能网联汽车所拥有的特点，在转向、安全距离和速度、装载量、载客和停让等方面单独提出相关的技术要求。

四　完善智能网联汽车政策法规环境的建议

中国智能网联汽车产业发展仍处于初级阶段，下一步应重点加强智能网联汽车领域的政策顶层设计，加强与智慧城市、智能交通相关政策的连接和协同，推动各职能部门进行统筹协调。同时，突破法律方面的壁垒，修订和完善相关标准，进行道路测试和示范。

（一）加强智能网联汽车发展的顶层设计

要厘清产业发展和推广应用相关的各个方面，就要根据中国的国情构建明确的智能网联汽车总体发展战略和相应的政策体系，全面统筹和规划智能网联汽车及相关产业协同发展。在构建智能网联汽车的总体发展战略和政策体系时，应充分考虑中国的技术基础及潜力、法规政策环境、基础设施建设、道路交通环境、产业安全、信息安全、关键技术突破范围、产业化目标、使用和消费环境等实际情况。

（二）建立协调推进机制

在中央政府领导下，建立各主管部门间的协调机制，全面统筹和规划智能网联汽车及相关产业协同发展的关键问题。

（三）推进在封闭区域和公共道路的示范运行

①鼓励各级政府出台智能网联汽车在公共道路进行道路测试的相关政策；②指导相关企业进行示范和测试的同时，积极研发下一代交通控制路网技术，实际考察验证智能网联汽车在实际道路环境中运行的情况；③将封闭式、半开放式示范区的范围和功能进行拓展；④在尚未大规模建设开发的国家级重点新区，例如雄安新区，统筹规划和建设适应智能网联汽车运行的配套基础设施，并开展智能网联汽车和智慧小镇相关的试点示范。

（四）修订相关法律法规，消除法律法规障碍

针对相关法律法规进行深入研究，消除在智能网联汽车发展过程中，车辆及驾驶员登记注册、上路行驶、保险、刑事、民事、信息安全和高精地图等方面的法律法规的阻碍。

（五）加快建立和完善智能网联汽车技术标准体系

①要加快制定智能网联汽车技术标准和相关标准，侧重智能驾驶技术及配套设施方面的标准建设，主要包括传感系统、车载终端、V2V/V2I 和智能驾驶辅助系统的关键技术；②加快修订在智能网联汽车发展中，现有技术标准对其发展有阻碍的部分；③及时修订和完善相关法律法规修订、制定中需要依据的相关技术标准。

（六）加强研发创新，突破关键技术

科技专项资金需要加强引导，关键核心技术需要突破。加强研发和集中攻关智能网联汽车关键共性核心技术。支持基于市场化运作模式建立的、跨行业的智能网联汽车领域的联合创新技术联盟体系，建立由智能网联汽车相关领域的企业和机构均参与的协同创新网络。推动智能网联汽车与多领域的协同，包括通信、信息、电子和交通等，构建基础数据交换和产业化服务平台，以推动产业链的协同发展。

（七）加快智能交通与智慧城市建设

全面规划智能网联汽车与智能交通和智慧城市的发展，将智能交通、智慧城市建设与发展智能网联汽车进行联动。①加快完善与智能网联汽车发展息息相关的智能交通配套环境，要全面推动智慧公路基础设施的建设，重点推进包括路面感知、车路交互协同、交通控制、交通信息发布和车联网信息接入等方面的建设；②推动智慧城市网络与交通网络之间的无缝连接和协同运行。

B.17
智能汽车法律环境发展现状

张广秀　王 羽*

摘　要： 随着智能汽车的迅速发展与广泛应用，由此产生的安全与监管问题也开始引起人们的重视。智能驾驶技术方兴未艾，各大汽车企业技术路线各有不同。由此产生的监管空白，凸显智能汽车标准与法规层面的发展滞后。为了保障汽车智能化技术研发有序进行，促进智能汽车产业健康发展，本报告将详细介绍智能汽车法律的发展现状，并思考如何建立相应的法律体系。

关键词： 智能汽车　法律环境　法规体系

一　背景

随着新兴技术在汽车领域的广泛应用，汽车正加速由机械产品向智能产品转变，智能汽车已成为产业技术发展的战略制高点。当前世界范围内，智能汽车领域的国家战略、技术产品、市场环境等方面正在快速发展并逐步完善，然而在标准法规层面的发展速度却略显滞后，在一定程度上影响着智能汽车的产业化进程。因此，加快为智能汽车技术研发提供可靠的法律保障，使得相关企业及监管部门能够做到有法可依，对于进一步促进智能汽车产业快速、健康、有序的发展具有重要意义。

---

* 张广秀，中国汽车技术研究中心，高级工程师，硕士，研究方向为智能网联汽车标准法规；王羽，中国汽车技术研究中心，智能汽车研究室暨汽车软件测评中心主任，硕士，研究方向为智能汽车与信息安全，华东交通大学客座教授。

总体而言，智能汽车的发展将经历两个大阶段，即辅助驾驶和无人驾驶。关于其具体分级标准，美国高速研究所（BASt）、美国国家公路交通安全管理局（NHTSA）和国际自动机械工程师学会（SAE）等不同组织的标准大体相同，但具体级别稍有差别。其中，美国智能汽车具体分级见图 1 所示。

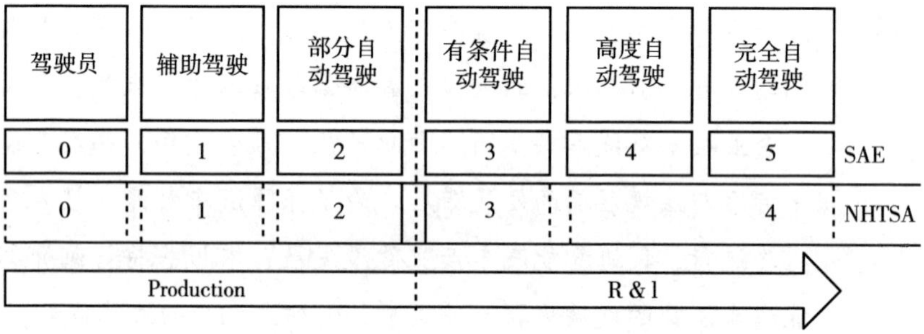

图 1　美国各机构智能汽车的分级

可以看到，随着 IT 技术与传统汽车相结合，将使汽车智能化程度不断升高，使驾驶越来越容易。智能汽车的“辅助驾驶技术”和“半自动驾驶技术”两个层次的技术已经得到广泛应用，并成为汽车企业提升产品档次和市场竞争力的重要手段。当前，业界正致力于第三个层次“高度自动驾驶技术”的实用化研发和产业化。沃尔沃汽车推出的堵车辅助系统，奥迪汽车等企业推出的自动转向系统、加减速系统、车道引导系统、自动停车系统和自适应巡航控制系统等技术均属于第三层次的智能汽车技术。

中国政府也高度重视智能汽车技术及相关产业集群的发展。2015 年 5 月，国务院发布了《中国制造 2025》，将智能汽车与节能汽车、新能源汽车并列作为中国汽车产业未来发展的三大战略方向。

智能汽车发展不仅是汽车功能完善和性能提高的技术问题，而且是涉及政府职责、市场秩序、法律法规和社会伦理等更深层次的社会问题。推动、支持和保障智能汽车的发展，不仅需要汽车及相关产业在技术、资源方面的整合，还需要从政府管理、市场规范、法律环境和社会氛围等各方面系统地采取措施，消除制约智能汽车技术发展和应用的障碍，逐步适应、最终形成智能汽车条件下新的经济、社会和法律法规环境。

二 法律环境基本现状

目前，各国在智能汽车发展方面面临的最大困难，主要集中于法规标准的顶层设计缺失。具体表现为：第一，智能汽车相关标准体系尚未形成；第二，智能汽车上路面临现有法律法规的制约；第三，对于无人驾驶汽车出现交通事故如何进行责任认定，对现行的道路安全法规也提出了相应要求。总体而言，各国近几年在智能汽车法律方面的进展均比较迟缓。

近几年，美国多个州相继出台了关于智能汽车监管的法规，涉及的关键问题包括责任认定和测试规范，加利福尼亚州、新泽西州和佛罗里达州等 7 个州已允许智能汽车进行路测。因谷歌、特斯拉、奔驰汽车和宝马汽车等汽车企业均在加利福尼亚州设立了智能汽车技术研究中心，引起业界对于加利福尼亚州智能汽车法规的关注。参照加利福尼亚州机动车法规 SB 1298 法案，加利福尼亚州机动车管理局（DMV）制订了智能汽车测试者计划（Autonomous Vehicle Tester Program），该计划主要将测试工作分为测试阶段和试用阶段。2014 年 9 月生效的测试阶段法规（The Autonomous Vehicle Testing Regulations）要求计划在加利福尼亚州公共道路开展自动驾驶测试的所有制造企业均应向 DMV 提交申请，并获得许可后方可进行测试。该阶段法规主要要求包括测试驾驶员资质和道路测试车辆安全技术。2015 年 12 月公布试用阶段规范草案（Summary of Draft Autonomous Vehicle Deployment Regulations），加利福尼亚州允许制造企业从测试阶段进入试用阶段。在测试阶段，DMV 要求制造企业通过第三方机构的安全测试认证、申请 3 年临时试用许可。制造企业必须先对汽车的安全性和性能进行认证（包括功能安全和行为能力的要求），然后由第三方测试机构对智能汽车的关键驾驶技能给予独立认证，确认智能汽车是否具备应对实际道路驾驶场景的能力。智能汽车驾驶员必须经过制造企业提供的专业技能培训，持有相应的驾驶执照，具备任何时刻观察道路情况、在自动驾驶模式失灵或紧急情况下接管控制的能力。同时，驾驶员对自动驾驶过程中可能发生的任何违反交通规则的行为承担责任。制造企业应当明确告知驾驶员，并获得驾驶员同意，系统将自动采集驾驶员在驾驶过程中的所有行为信息。此外，智能汽车还应具备自我诊断功能，实现对网络攻击和非法入侵的检测和警示，确保车载电脑的安全。当车载计算机受到病毒攻击时，人类驾驶员应当具备接管汽车操控的能力。截至 2016 年 8 月，包括百度在内已有 15 家企业获得加利福尼亚州智能汽车路试许可。

除美国之外，德国联邦政府也开始着手制定智能汽车的相关法律条款，2017 年 6 月，德国联邦参议院率先颁布了《道路交通法》（第八修订案），德国交通运输与数字基础建设部道德委员会还公布了全球首个针对自动驾驶的道德准则，为自动驾驶技术的真正落地应用与产业化发展奠定了坚实基础。

瑞典国会已经开始进行智能汽车相关法律的分析工作，确保 2020 年前智能汽车能够合法销售和使用。其中，有关智能汽车路试的规范初稿已经在 2016 年 3 月完成，正在进行政府审议和议会审议，于 2017 年生效。该规范涵盖各水平等级的智能汽车，具体规范主要涉及测试许可、监管归属、责任划分、事故赔偿以及道路基础设施等方面。瑞典现行法律仍然适用于智能汽车路试，测试单位应确保相关人员具有足够的技能与知识进行智能汽车的路试工作。

此外，由于欧盟涉及众多国家，ECE 法规的内容受到特别关注。ECE R79《汽车转向机构认证的统一规定》中，明确禁止智能转向功能在车速 10 公里/小时以上使用，主要原因是如果发生事故，将无法判定是由车辆还是驾驶员负责。目前，欧盟经济委员会（ECE）正在对该标准的修订进行讨论。

日本原《道路运送车辆法》的安全标准不允许智能汽车（驾驶汽车时）驾驶员的手离开转向盘等；日本国土交通省发布的先进安全汽车指南也没有考虑完全自动驾驶。但是随着日本政府开始修订法规，将逐渐放宽智能汽车与无人机的相关法律法规，在 2017 年允许纯智能汽车进行路试。

中国已将智能汽车作为重点突破领域，国家有关部门已加强智能汽车顶层设计，明确总体发展目标、主要任务和保障措施。一方面推动完善智能汽车标准法规的制定和法律体系建设，加强研究建立智能汽车标准体系，目前已经形成初步标准体系的框架；另一方面，根据国内各汽车企业已经开始在路上进行智能汽车的实地测试情况，以及关于安全性、稳定性、出现事故后的责任认定和赔偿规则等一系列问题尚没有相关法律支撑的现状，为促进智能汽车的技术和产业的发展，国家相关部门已经开始进行智能汽车路试规范的制定。

三　智能汽车法律体系建设中存在的问题

中国发展智能汽车面临的法律法规问题多种多样。在制度类型方面，包括国际公约，如《维也纳道路安全公约》；在法律法规方面，如《道路交通安全法》《公路法》《测绘法》《网络安全法》以及道路安全条例等；在技术标准方面，如 ECE R79 和 GB 17675—1999《汽车转向系基本要求》等；以及机动车保险制度等。在汽车产品化方面，可分为车辆研发阶段和测试阶段所面临的法律法规问题，以及车辆作为商品所面临的法律法规问题。

1968 年欧洲经济委员会运输司签署的《维也纳道路安全公约》规定，任何移动车辆都应该拥有一名驾驶员，驾驶员应该随时能够控制其车辆。该规定与目前自动驾驶，特别是高度自动驾驶定义中系统可以取代驾驶员对车辆进行监督的理念冲突。而在该公约各缔约国进行智能汽车相关研发及销售活动均受到该公约制约，因此对该公约相关条款进行修改，尤其是对自动驾驶中有关驾驶员限定相关内容的修订尤为重要。

目前，国际上已经对现行汽车标准在自动驾驶方面可能会产生的冲突展开讨论，例如 ECE R79 转向相关标准中不允许车辆在 10 公里/小时以下的车速行驶时进行全力伺服转向，因自动泊车技术要求与该规定冲突，所以应对相关涉及条款进行修订。GB 176765—1999《汽车转向系基本要求》也规定，不得安装全动力转向机构，该内容也与自动泊车技术规范相违背。由于中国标准体系参考 ECE 较多，因此应根据 ECE 制修订情况以及中国国情进行相应制定和修订。

由于目前智能汽车的自动驾驶技术尚未成熟，实现商品化尚需时日，因此各国制定和修订的相关法律法规多集中在车辆路试方面。为保证自动驾驶技术的完善，需要对研发结果进行大量路试和信息收集工作，中国在相关法律中针对路试规范以及信息收集管控等方面进行了明确规定。根据智能汽车技术发展情况，高速公路和快速道路因结构简单，是率先实现的场景，在该类道路上进行路试必不可少。然而，中国现行法律规定使用临时牌照或试验牌照的车辆不得在高速公路和城市特定道路上行驶，不能跨省使用，对于自动驾驶技术路试目前也尚未有相关的规范要求。现行相关规定无法满足自动驾驶技术，尤其是路试工作的需要。因此，应根据实际智能车辆进行实际路试的需求，结合实际情况进行相应的制定和修订工作。根据现行中国《交通强制险总则》以及保险公司机动车商业保险条款，中国目前并有针对路试车辆以及试验车驾驶员的相应保险条款。而试验车辆，尤其是应用自动驾驶技术的试验车辆，在路试过程中发生事故的概率很大，现行保险涵盖范围有限，很难保证试验车辆及其驾驶员的权益。因此，有必要针对汽车的路试需求，结合实际情况完善相应的保险制度。

现行《道路交通安全法》没有对智能汽车进行相关的规定。一旦该类车辆在测试过程中发生交通事故，事故责任该如何认定尚未明确。因此，要推动自动技术发展，相关法律法规也需要跟上科技的步伐。但从另一个角度看，这些可以实现无人驾驶的汽车是否属于合法上路的车辆，是否应该合法上路，目前仍是灰色地带。

四　智能汽车法律环境的基本特点

智能汽车作为汽车与信息通信产业交融的产物，涉及电子、信息、通信、交通和地理测绘等多个领域。在智能汽车自身技术方面，需要满足汽车、电子信息和通信等领域产品制造的法律法规要求；在行驶环境方面，必须要符合国家道路交通安全的法律法规规定；在管理方面，也同样要满足政府行政管理的相关法规要求。因此，智能汽车相关的法律法规及规章涉及范围广、跨度大、各政府机构职责交叉多。其中，法律条款包括车辆许可和运营，涉及民法、公法、相关规范和标准等，以及关于责任归属和驾驶员行为的相关法律条款。要促进智能汽车技术的发展，必须对相关的法律法规进行相应的修改，以适应产业结构的变化。

中国法律体系由宪法、法律、法规和规章四个层次构成，具体见图 2 所示。

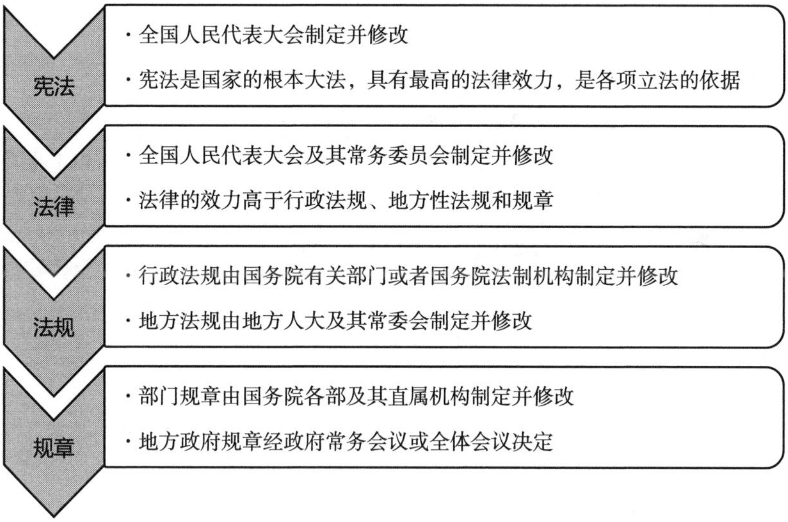

图 2　中国法律体系构成及立法机构

中国智能汽车的发展涉及 23 部法律、行政法规及部门规章，与 6 个部委的主要职责相关，详细见表 1。

表 1　中国智能汽车行业发展相关法律法规

序号	领域	层级	名称	主要负责部门
1	信息	法律	《网络安全法》	工业和信息化部
2	通信	法规	《电信条例》	
3			《无线电管理条例》	
4			《无线电管制规定》	
5		规章	《互联网信息服务管理办法》	

续表

<table>
<tr><th>序号</th><th>领域</th><th>层级</th><th>名称</th><th>主要负责部门</th></tr>
<tr><td>6</td><td>交通</td><td>法律</td><td>《道路交通安全法》</td><td rowspan="3">公安部</td></tr>
<tr><td>7</td><td rowspan="2">管理</td><td>法规</td><td>《道路交通安全法实施条例》</td></tr>
<tr><td>8</td><td>规章</td><td>《道路交通事故处理程序规定》</td></tr>
<tr><td>9</td><td>交通</td><td>法律</td><td>《公路法》</td><td rowspan="6">交通运输部</td></tr>
<tr><td>10</td><td rowspan="5">运输</td><td rowspan="3">法规</td><td>《公路安全保护条例》</td></tr>
<tr><td>11</td><td>《道路运输条例》</td></tr>
<tr><td>12</td><td>《公路管理条例》</td></tr>
<tr><td>13</td><td rowspan="2">规章</td><td>《公路管理条例实施细则》</td></tr>
<tr><td>14</td><td>《道路运输车辆动态监督管理办法》</td></tr>
<tr><td>15</td><td rowspan="4">质量监察
标准化</td><td>法律</td><td>《产品质量法》</td><td>国家市场监督管理总局</td></tr>
<tr><td>16</td><td>法规</td><td>《缺陷汽车产品召回管理条例》</td><td>国家认证认可监督管理委员会</td></tr>
<tr><td>17</td><td>法律</td><td>《标准化法》</td><td rowspan="2">国家标准化管理委员会</td></tr>
<tr><td>18</td><td>法规</td><td>《标准化法实施条例》</td></tr>
<tr><td>19</td><td rowspan="5">测绘</td><td>法律</td><td>《测绘法》</td><td rowspan="5">国土资源部</td></tr>
<tr><td>20</td><td rowspan="3">法规</td><td>《基础测绘条例》</td></tr>
<tr><td>21</td><td>《测绘成果管理条例》</td></tr>
<tr><td>22</td><td>《地图管理条例》</td></tr>
<tr><td>23</td><td>规章</td><td>《外国的组织或个人来华测绘管理暂行办法》</td></tr>
<tr><td>24</td><td rowspan="2">其他</td><td>法律</td><td>《城乡规划法》</td><td>住建部</td></tr>
<tr><td>25</td><td>法律</td><td>《行政处罚法》</td><td></td></tr>
</table>

智能汽车不同于传统汽车，其决策处理完全交由传感器以及中央处理器，本质上不会和驾驶员有必然联系。现行的道路交通安全法律法规尚没有明确的条款去界定类似情况。

五　智能汽车法律体系建设规划

（一）消除现行法律对智能汽车的约束

智能汽车部分结构（例如前置摄像头）、功能（例如自动转向）并不符合主要针对传统的非智能化、网联化车辆制定的强制性标准。《中华人民共和国标准化法》第 14 条有关“强制性标准，必须执行。不符合强制性标准的产品，禁止生产、销售和进口”的要求对不符合强制性标准要求的智能汽车构成一定的禁止性约束。《中华人民共和国标准化法》及其《实施条例》对智能汽车所产生的制约作用并非直接约束，其根本在于智能汽车不符合现行强制性国家标准。因此，消除《中华人民共和国标准化法》及其《实施条例》对智能汽车的间接约束，尤其是现行强制性标准中不适应智能汽车技术、功能和结构的条款和要求应是未来修改的重点。

（二）完善智能汽车评价体系、批准机制和责任主体认定体系

《中华人民共和国道路交通安全法》以及《实施条例》都是以人为核心，对包括车辆在内的道路交通参与者提出了要求：驾驶车辆的对象理所当然的是人，并且是取得驾驶证的人；其驾驶的车辆也必须符合技术标准要求。这实际从驾驶员和车辆两个层面限制了智能汽车的自动驾驶或无人驾驶的发展，未来法律修订应结合智能汽车技术的特点，修改不适应智能汽车技术、功能和结构的条款和要求。考虑到车辆自动驾驶系统或机器人可能由不同企业生产，其配置、版本、批次的功能和性能可能存在一定程度的差别。因此，还应参照中国及欧洲国家普遍采用的车辆型式批准制度，综合考虑自动驾驶系统软件、硬件、适用车辆及其功能、性能等建立“自动驾驶系统”型式批准体系，制定“自动驾驶系统”功能和性能评价体系、型式批准制度等。可采取分步实施的方案，一揽子解决“自动驾驶系统”从辅助、替代驾驶员执行部分或全部驾驶任务，乃至最终实现无人驾驶的法律问题。

（三）在保证国家安全的情况下，分级管理智能汽车的相关测绘活动

测绘事业是经济建设、国防建设和社会发展的基础性事业，是事关国计民生乃至国家安全的重大事项，对自然地理要素或者地表人工设施的测绘活动严格管理是世界各国的普遍做法。因此，较实际的方案是在当前法律体系

框架下，通过修订《中华人民共和国测绘法》及其《实施条例》具体实施文件，对智能汽车测试及运行中涉及的环境感知、信息采集等行为进行梳理；确定涉及《中华人民共和国测绘法》及其《实施条例》和相关文件“测绘”范畴的行为；根据智能汽车涉及“测绘”活动可能产生的影响进行分级；针对智能汽车可能涉及的“测绘活动”采取分类管理的方法。对智能汽车所必需但又涉及或影响国家安全的“测绘活动”由相关部门统筹安排，委托国家授权、具有测绘资质的单位统一进行，其成果通过相应程序提供给智能汽车企业使用。对智能汽车必需，但不涉及或影响国家安全的“测绘活动”由国家制定统一的标准和规范（例如数据不得离境等），允许智能汽车企业在规范指导下进行；对智能汽车必需，但不属于“测绘活动”范畴的，应予明确，并允许智能汽车企业自行开展。

（四）随着智能汽车技术的发展，不断修改和完善相关法律法规顶层设计

智能汽车的测试、生产、进口、销售和使用被《中华人民共和国道路交通安全法》《中华人民共和国标准化法》《中华人民共和国测绘法》及其相关法规禁止或受其制约，根据其法律层级、影响范围等的不同，建议分别采取不同措施和方法逐步消除其对智能汽车的制约。对于智能汽车以及智能汽车社会的立法工作也需要摸索的过程，不能一蹴而就，也不能激进，同时要有利于促进创新。智能汽车的运行必然导致整个现有交通架构发生变化，更重要的是智能汽车社会所主导的自动化驾驶技术将不可避免地出现相关的道德问题。在产业方面，目前的自动驾驶技术以及未来的智能汽车社会也需要相关的法律法规来支持。通过对现有的法律法规进行修改和完善，以满足现有的自动驾驶测试条件，然后再在此基础上随着技术的发展进一步深化。国家对智能汽车的研发和产业化应用做好顶层设计和科学规划，并制定和完善无人驾驶相关的法律法规和技术标准，通过顶层设计为智能汽车创造良好的发展环境。

标 准 篇

Standard Report

B.18
智能网联汽车标准法规发展现状

邓湘鸿*

摘 要： 作为新兴技术，汽车智能化发展迅猛且开始广泛地投入应用。然而，目前尚无完善的标准法规对日新月异的前沿技术成果与风格各异的技术路线进行规范。滞后的标准开始制约智能网联汽车的发展。为此，本报告将对目前国内外的智能网联汽车标准法规进行研究，并提出完善思路。

关键词： 智能网联汽车　标准法规　中国特色

一　概况

随着新兴技术在汽车领域的广泛应用，汽车正加速由机械产品向智能产

* 邓湘鸿，中国汽车技术研究中心，高级工程师，硕士，研究方向智能网联汽车标准法规。

品转变，智能汽车已成为产业技术发展的战略制高点。然而，目前智能汽车领域相关标准法规等工作略显滞后，已逐渐引起国内外政府及行业的广泛关注。

（一）国际

在规划和战略层面，20 世纪 90 年代初，美国通过实施“智能交通系统（ITS）”项目，支持智能网联汽车相关技术和产业发展，2009 年以网联化为重点，2014 年以自动驾驶为重点，分别发布了战略研究计划，并于 2016 年发布自动驾驶汽车政策指南。欧盟议会早在 1984 年即通过了关于道路安全的决议，并于 1988 年正式启动“欧洲车辆安全专用道路基础设施（DRIVE）计划”项目，持续资助智能网联汽车相关技术的研发和应用。2015 年，欧盟发布“GEAR 2030 战略”，聚集汽车、IT、通信、保险和政府等方面，重点关注高度自动化和网联化驾驶领域等的推进及合作。日本政府也将自动驾驶和车—车通信作为重要方向和目标，通过车辆信息与通信系统（VICS）、先进安全汽车（ASV）等项目支持技术研发与应用。2014 年，日本发布《战略性创新创造项目（SIP）》，将自动驾驶作为十大战略领域之一。

在技术和产品层面，欧、美、日等国家和地区的整车企业，如奔驰汽车、宝马汽车、沃尔沃汽车、通用汽车、福特汽车、特斯拉公司、丰田汽车和日产汽车等，已经实现先进驾驶辅助系统的研发，正在普及推动 PA 级自动驾驶产品的商业化进程，甚至部分高端品牌已计划推出 CA 级自动驾驶产品；各国在整个产业链上的合作日益加强，相互持股与并购的情况纷纷发生，通信、信息、电子和整车等行业逐渐深度融合发展。具体而言，美国在网联化技术、智能控制技术和芯片技术等方面处于优势地位，上、中、下游产业的实力均衡，欧洲拥有强大的汽车整车及零部件企业，日本则在智能安全技术应用方面较为领先。

（二）中国

中国政府高度重视智能网联汽车相关技术及产业的发展，工业和信息化部、国家发改委和科技部等相关政府部门，先后安排专项资金组织实施了多项国家科技重大专项、产业化专项及“国政府计划”项目等，大力支持智能网联汽车关键技术的研发、应用和示范推广。

目前，我国汽车、电子、信息和通信等领域的相关产业，分别依托各自产业基础和优势，在车载信息服务、车辆自动控制与智能驾驶、车路通信等不同方向，进行深入探索并取得一定进展。例如，中国一汽、长安汽车、广汽集团和吉利汽车等汽车企业已开始装备先进辅助驾驶系统（ADAS）产品；众多互联网企业也纷纷进军汽车行业，阿里巴巴与上汽集团在“互联网汽车”领域开展合作，共同打造面向未来的互联网汽车及生态圈，百度公司和乐视超级汽车等企业均推出了智能自动驾驶系统或互联网概念汽车等。

（三）中国发展智能网联汽车的战略意义

秉承“创新、协调、绿色、开放、共享”的理念，发展智能网联汽车不仅能有效解决道路安全、交通拥堵、能源短缺和环境污染等问题，而且有利于汽车产业的转型升级，同时对电子、通信、软件、互联网和交通等产业集群都具有重要意义。

（1）是贯彻落实《中国制造 2025》战略的重要举措。智能网联汽车是汽车和信息技术实现跨界融合的重要载体和典范应用，代表了国际汽车技术和产业未来发展的趋势，是实施制造强国战略的重要组成部分。

（2）促进中国汽车产业转型升级和提升国际竞争力。智能网联汽车采用先进的探测、控制和通信技术，使车辆的电子化、自动化和智能化程度不断提高，促使行业技术水平和核心竞争力不断提升，推动中国汽车产业转型升级。

（3）带动电子、通信和互联网等相关产业集群发展。智能网联汽车将是信息、通信和互联网等技术应用的新渠道和新平台，涉及电子、通信、互联网、交通等多个行业和产业，有利于相关产业的协同创新发展。

（4）提高汽车乃至大交通范畴的安全、运输效率、节能和环保效能。智能网联汽车发展不仅提升车辆自身的安全水平、运行效率和节能减排，还将促进实现整个大交通系统的安全、有序、高效和节能运行。

二　标准法规发展现状

（一）主要国家和地区

2013 年 5 月，美国道路交通安全管理局（NHTSA）发布《关于自动驾驶车辆的政策初步声明》，明确美国智能网联汽车技术及标准法规研究制定的重点内容，并于 2016 年 12 月发布车—车（V2V）通信技术立法征求意见稿，拟推动轻型汽车强制装备车—车（V2V）通信设备。

欧盟先后制定发布关于人机界面原则、车载信息与通信系统原则等声明以及 ADAS 开发、试验操作规范（Code）等重要文件，并于 2009 年 10 月授权欧洲标准化委员会（CEN）、欧洲电子技术标准化委员会（CENELEC）和欧洲电信标准研究所（ETSI）针对协作式 ITS 服务制定评价符合性的试验方法等欧洲标准（EN）。

日本从先进安全汽车（ASV）项目一直到《战略性创新创造项目（SIP）》，都极力推动先进驾驶辅助系统、V2X 协同通信和自动驾驶等一系列标准和技术法规的研究制定，同时促进国际相关技术标准法规的协调与兼容性。

（二）国际

在联合国（UN）框架范围内，道路安全论坛（WP1①）对《维也纳道路交通公约》中有关限制自动驾驶技术发展的条款进行修订，明确将驾驶车辆的职责交给自动驾驶技术可以被允许应用到交通运输中。

联合国世界车辆法规协调论坛（UN/WP29）设立了 ITS/AD 非正式工作组，统筹智能交通系统及自动驾驶技术的共性问题和法规协调。在汽车信息安全方面，UN/WP29 成立了专门的汽车信息安全工作组（TFSC）统筹推

① WP1 是道路交通安全工作组的简称。

进相关工作，与国际电信联盟（ITU）就业务范畴达成一致，即联合国汽车信息安全工作组（TFSC）以车辆或车内信息安全为主，避免车辆受外部侵扰，但不涉及车辆外部的网络安全。

国际标准化组织道路车辆技术委员会（ISO/TC 22）、智能运输系统技术委员会（ISO/TC 204）等组织，对智能网联汽车相关技术标准的研究和制定加强了协调：ISO/TC 22 侧重基于车辆自身装置进行信息采集、处理、决策和行为等相关的车辆技术领域；ISO/TC 204 则侧重基于道路交通设施的信息传递以及交通管理信息化方面；关于车辆与道路交通设施的通信及信息共享方面，则由上述两个技术委员会共同进行沟通与协调。

此外，国际电信联盟（ITU）、美国汽车工程师协会（SAE）、美国电气及电子工程师学会（IEEE）和欧洲标准化委员会（CEN）等国际、区域标准化组织也在进行与智能网联汽车相关的标准研究、制定与协调。

（三）中国

全国汽车标准化技术委员会（SAC/TC 114）负责中国汽车整车及零部件标准化技术归口和标准制定和修订的组织、管理工作，其下属分委会先后制定出台了《轻型汽车电子稳定性控制系统性能要求及试验方法》《道路车辆 3. 5t 以上的商用车报警系统》《汽车泊车测距警示装置》《汽车用自适应前照明系统》等智能网联汽车领域的一系列国家标准，并成立了先进驾驶辅助系统（ADAS）标准工作组，近期以 ADAS 为重点推进智能网联汽车标准体系建设。

全国智能运输系统标准化技术委员会（SAC/TC 268）作为归口管理智能运输系统领域标准的部门，也组织制定了《智能运输系统　车道偏离报警系统性能要求与检测方法》《智能运输系统自适应巡航控制系统性能要求与检测方法》等标准。

此外，全国信息技术标准化技术委员会（SAC/TC 28）、全国通信标准化技术委员会（SAC/TC 485）、全国信息安全标准化技术委员会（SAC/TC 260）等也从各自专业的角度制定了部分和智能网联汽车相关的、不同层级的标准。

为科学规划、统筹安排、协同实施、有序推进智能网联汽车标准体系建设，全国汽车标准化技术委员会（SAC/TC114）已正式提出筹建“智能网联汽车分技术委员会”，统一归口管理和协调中国智能网联汽车领域的国家标准和行业标准。目前已完成公示，将于近期批准筹建。

三　中国在智能网联汽车标准法规制定方面存在的问题

尽管国内各个标准化组织依托各自产业基础和优势在各种不同方向进行了有益的标准化工作探索，并在某些方面取得了积极的进展，但客观上中国智能网联汽车领域标准化工作还有较大的改进空间，主要体现在几个方面。

（一）智能化汽车标准法规建设方面

2013 年 5 月，NHTSA 发布了《关于自动驾驶车辆的政策初步声明》，对车辆自动化等级进行定义，明确了自动驾驶车辆研究计划，并就各州自动驾驶车辆驾驶员和相关活动提出建议，对各州规范自动驾驶车辆试验法规及其基本原则提出建议。相较于国外，中国在智能汽车标准法规建设方面推进较晚，但近几年对于智能网联汽车重要性的认识不断加深，标准研究制定也呈现出系统化、协同化推进的趋势。目前，全国汽车标准化技术委员会已开展先进驾驶辅助系统（ADAS）以及自动驾驶相关的系列标准研究制定工作，如乘用车自动紧急制动系统（AEB）、盲区监视系统（BSD）、车道保持系统（LKA）等 20 余项标准的研究制定。

（二）网联化汽车标准法规建设方面

欧盟先后制定并发布了关于人机界面原则的声明、关于安全高效车载信息通信系统的建议、关于车载信息与通信系统原则的声明以及 ADAS 开发、试验操作规范（Code）等重要文件。美国基于 802.11p 的标准提出多年，但一直未正式商用化。2014 年 8 月，美国政府针对 V2V 技术发布了立法预通知，希望推动轻型汽车装备 V2V 通信设备，以实现改善道路交通安全、提高出行效率、最大化经济和社会效益的目的。

国内在相关 802.11p 系列技术和产业方面尚无核心知识产权、产业基础及优势，大唐电信、华为等国内通信企业，基于中国 4G 移动通信标准 TD-LTE 技术，提出了拥有自主知识产权，具有低时延、高可靠特点的 LTE-V 技术，并在 2015 年牵头完成在国际 3GPP 标准中的立项，将 LTE-V 纳入国际标准。

同时，国内在人机界面、信息安全（与功能安全的接口）等其他方面关于网联汽车的标准法规建设也已全面启动。

（三）相关行业标准法规配套建设方面

2009 年 10 月，欧盟就信息通信技术领域支持欧盟范围内智能交通协作系统兼容性的标准化向欧洲标准化委员会（CEN）、欧洲电工标准化委员会（CENELEC）和欧洲电信联盟（ETSI）授权，要求其根据欧盟标准化组织内有关协作式 ITS 服务的标准化路线图，分析需要开展的标准化活动，按进度安排制定明确统一的欧洲标准（EN），制定评价最低限度标准符合性的试验方法以及协作式 ITS 的其他标准和技术要求。

国内由于专业背景、技术关注点和利益趋向判断不同，不同行业对智能网联汽车的定义、功能、构成的理解存在一定的差异，对智能网联汽车发展路径的判断也不相同，缺乏顶层设计及完善的信息共享平台。例如，道路基础设施建设与智能网联汽车协同发展之间的矛盾，目前国内智能网联汽车相关技术及产品发展迅速，然而道路基础设施智能化发展却尚未进行统筹规划。

四　中国智能网联汽车标准体系构建基本设想

（一）面向未来技术，避免制约技术创新和产业发展

智能网联汽车作为新兴产业集群，融合了汽车、电子、信息和通信等不

同行业的新理念和新技术，技术和产业尚处于快速发展中，其范畴也随着技术发展和应用不断扩展和完善。智能网联汽车标准体系建设应采取开放和融合的态度，以共性基础、关键技术和较成熟的产品与技术应用为重点，同时兼顾未来技术发展和应用的多样性特征，为未来技术发展预留一定的空间和接口，避免标准体系方案制约智能网联汽车技术和产业的发展。

（二）以智能化为主，同时采用智能化和网联化两条路径

智能化和网联化代表了智能网联汽车发展的两种不同路径，其发展方向是“智能化+网联化”相融合，最终实现替代人类执行全部驾驶任务。智能网联汽车标准体系的构建中：在智能化方面，前期以先进驾驶辅助系统（ADAS）技术和应用为重点，逐步扩展到自动驾驶（AD）；在网联化方面，以车内硬件、软件接口和车内通信协议为重点，逐步扩展到车辆与外界进行信息交互的通信协议及界面接口。

（三）立足基本国情，适应中国道路交通特点与产业需求

智能网联汽车标准体系的建设应密切结合中国道路交通的特点、典型驾驶行为、事故形态、用车方式和商业模式等实际情况，充分考虑智能网联汽车相关产业及技术发展现状，对智能网联汽车关键技术、产品的适用性进行研究和对比分析，确定适合中国的技术发展路线和应用场景，提出适用于中国国情和产业需求的智能网联汽车标准项目。

（四）科学进行分类，合理确定层级、定位和适用范围

智能网联汽车标准体系的建设根据内容和适用性划分为基础、通用规范、产品和技术应用及相关标准，按照特定系统或技术的工作原理和功能等进行归类。根据性质和层级不同，制定国家标准（包括强制性国家标准）、行业标准和团体标准，实现国家标准、行业标准和团体标准的良好配合与衔接，并对电子、通信、互联网及智能交通等相关标准提出要求，为体系间相互协调兼容预留接口。

（五）确定工作进度，加快急需标准项目的研究与制定

智能网联汽车标准体系的建设聚焦了技术和产业发展的方向和目标，以基础共性、关键技术和较成熟的产品与技术应用标准为重点，研究制定适用不同产品类别和应用领域要求的标准，依据智能网联汽车在各种不同场景下相关技术应用前景分析，确定体系建设短、中、长期计划及优先开展项目，有步骤、有计划地协同推进具体标准的制定。

（六）强化体系协调，实现与其他相关行业标准兼容

智能网联汽车标准体系的建设应强化与电子、信息和通信等相关领域的技术标准体系相协调，在满足电子、信息和通信等通用技术要求的基础上，结合汽车独特的使用条件和技术特征制定车载电子、信息、通信装置及系统的整车级技术标准，并加强与道路设施、交通控制信号等协调，兼容和支撑智能交通及智慧城市标准体系的建设。

（七）坚持开放态度，积极参与国际标准法规的制定与协调

智能网联汽车标准体系的建设应秉承开放合作态度，加强与世界主要汽车生产国、联合国（UN）、国际标准化组织（ISO）、国际电工委员会（IEC）等国家国际组织和机构的交流与合作，充分吸收和借鉴国际经验和成果，加大与国际标准法规的协调力度，积极参与相关国际标准法规制定与协调，为中国汽车产业“走出去”战略创造有利环境。

企业篇

Company Reports

B.19
东风智能汽车产业发展综述

东风汽车集团有限公司技术中心

摘　要： 近年来，由于计算机互联网技术的高速发展，各行各业都在发生剧烈的变革。国内各传统车企或基于企业自身的发展需要，或响应国家互联网+的发展战略，都开始加大在智能网联汽车领域的投入。基于此背景下，东风汽车集团有限公司技术中心是国内较早开始智能网联汽车研究的企业之一。因此，对东风汽车集团有限公司技术中心进行研究具有非常重要的现实意义。

关键词： 东风汽车集团有限公司技术中心　智能网联汽车　产业发展

一　简介

东风汽车集团有限公司技术中心（简称“东风公司技术中心”）成立于

1983年4月，前身是1972年7月成立的第二汽车制造厂产品设计处，是东风汽车的产品开发中心、技术研究中心和技术管理中心；是国家发改委、财政部、国家税务总局和海关总署确认的国家级“企业技术中心”；是科技部认定的国家一类科研院所、国内汽车行业第一批国家级“海外高层次人才创新创业基地”。东风公司技术中心业务领域涵盖自主乘用车、军用越野车、新能源汽车、动力总成产品的开发，以及基础和先行技术研究、行业检验检测、汽车技术标准制定等。现有研发人员2500余人，其中国务院津贴专家13人、国家“千人计划”专家9人、海归高层次人才13人、博士30人、硕士708人、高级工程师以上职称399人，博士后流动站1个、院士工作站1个。

二　现状

技术中心一直致力于开展智能网联汽车的研究。2013年完成了第一代基于东风风神A60自动驾驶原型样车开发，实现了自动泊车等相关产品的预研；2014～2015年启动基于东风风神AX7智能化概念样车的研发，实现了后续AEB、T服务（远程遥控）等相关产品的量产；2016年新一代风神AX7智能网联汽车起步研发，同步开展第3、第4、第5阶段智能网联预研工作，涉及项目包括基于高速路况、基于越野路况、基于网联的城市路况等，提出多种解决方案，实现单车自主自动驾驶以及多车协同自动驾驶的功能，支持动态障碍避让、隧道穿行、电子交通标志识别、十字路口协作通行、动态编队行车等十多种场景的操作。预研样车也先后参加了各类比赛并取得了一定的成绩，例如，“跨越险阻2016”地面无人系统挑战赛、“2016中国智能汽车大赛（CIVC）”。研究成果在国内行业内处于先进水平。

2017年，东风公司技术中心在符合国家智能网联汽车发展技术路线发展方向、满足东风汽车“十三五”智能战略的前提下，采用“以应用场景驱动技术”，开展乘用车、商用车、越野汽车等三大方向的预设应用场景的研发工作。同时，积极参加国家与省市科技重大专项课题研究，通过区域示范应用，快速迭代，推动新技术快速落地。

（一）乘用车

在乘用车领域，以自主式自动驾驶技术预研为主，从高速路况和复杂路况两种应用场景开展预研，2017 年完成基于高速公路自动驾驶（V2.0）第三轮功能样车的测试开发，整车采用低成本国产化传感器部件，实现在结构化道路的高速自动驾驶功能开发，第三轮样车累计测试里程数据近 1 万公里，封闭测试环境中单次无人工干预最长里程 150 公里。同时，该项目采用了东风自主研发的自动驾驶控制器（见图 1），支持自动起动、自适应巡航 + 连续弯道、车辆 Cut In（Out）、变道超车、人工切换退出等十余种功能，测试最高车速为 100 公里/小时。2017 年在复杂路况自动驾驶样车（V1.0）上，基于原 AX7 半自动泊车系统，完成了垂直、水平全自动泊车功能的自主开发，在研发人员的精准设计优化和测试验证下，可实现的最小侧方位泊车车位长度为车长加 1 米。2017 年 4 月，东风汽车基于 AX7 的复杂路况自动驾驶样车也首次在上海车展上亮相（见图 2）。

图 1　东风汽车自主自动驾驶控制器

图 2 东风风神 AX7 自动驾驶功能样车（V1.0 和 V2.0）

（二）商用车

在商用车领域，以网联化自动驾驶技术预研为主。2017 年先后启动了基于 LTE-V/5G 网联共享无人微公交和网联式无人驾驶智慧物流车项目。其中，基于 LTE-V/5G 网联共享无人微公交项目是东风汽车联合华为集团、交通运输部公路科学研究院共同开展，将网联技术与自动驾驶技术相结合，瞄准未来共享汽车应用市场，实现固定园区内低速的无人驾驶功能，预计 2019 年在武汉进行小区域示范应用。网联式无人驾驶智慧物流车项目为东风汽车联合智行者科技、京东物流共同打造的京东智慧无人物流载货车，旨在提升京东用户体验，提高物流车安全性和运输效率。东风汽车 LTE-V/5G 网联编队无人驾驶汽车见图 3。京东无人物流车见图 4。

另外，在 2017 年同时启动了车辆编队行驶和矿区无人驾驶汽车项目，车辆编队行驶为东风公司技术中心联合东风商用车开展的项目，其主要目标是完成营运载货车编队 2022 年在中国的首次示范运营，车辆燃油消耗降低 10%。矿区无人驾驶汽车为东风特种专用汽车联合开展的项目，其主要目标为采用无人驾驶矿用载货车代替人工驾驶矿用载货车，实现装矿地与集散区之间的运输，计划 2018 年完成功能样车开发。

在越野车领域，基于复杂工况自动驾驶技术的研究，针对越野车应用场

图3　东风汽车 LTE-V/5G 网联编队无人驾驶汽车

图4　京东无人物流车

景的特殊性，东风公司技术中心于 2017 年将该部分技术逐步向越野车项目移植，开展相关无人驾驶汽车技术研究。

东风公司技术中心在以项目为主导的推行制度下，同步开展智能网联关键技术的储备，包括多源感知信息融合技术、信息安全与智能故障诊断技术、车辆与用户行为数据挖掘与智能控制技术、智能网联测试与评价技术等。

三　发展中存在的问题

（一）环境感知与多源融合

自动驾驶汽车需要实时检测周边交通环境、地图和天气信息、汽车内外的人员情况等各种数据，如何准确无误地检测这些信息是关键因素，如何有效地将这些数据进行合理的挖掘和分析，为汽车自动驾驶控制器提供判断依据，这是亟待解决的关键技术问题。

（二）智能决策与规划

在获取到传感器、路况以及车辆自身状态等信息后，智能规划最优路径、选择驾驶员最舒适的控制策略也是关键技术难点。

（三）智能网联法律法规

智能网联汽车是跨界融合的产物，涉及汽车、电子、互联网、通信和交通等行业，关于政策、法规的制定将作为该项技术的研发指导思路。同时，测试环境和标准的要求也是该项技术成熟度评估的重要手段之一。

四　行业预测

近几年，智能网联汽车无疑是汽车行业乃至整个制造领域最火的概念之一。目前，大陆集团、博世集团、特斯拉、谷歌公司、百度公司等国内外企业都早已布局智能网联汽车领域，纷纷提出了自动驾驶控制系统及方案。大陆集团的产品处于功能样件阶段，预计2019年可以进入工程样件阶段；博世集团预计2021年给奔驰汽车提供商用化产品配套。实现全工况无人驾驶的长路漫漫，即使是走在技术发展最前列的企业也在不停地测试和验证。2017年10月，谷歌无人驾驶汽车的总里程数已经突破200万英里（约合

322 万公里）。

相比之下，中国智能联网汽车行业才刚刚起步，但汽车企业、互联网企业、软件企业和硬件企业都已纷纷推出各自的智能网联产品，或与其他企业合作进入车联网领域。目前，中国智能汽车测试示范区也处于起步阶段，首批示范区刚建成运营不久。中国自主品牌在技术方面的突破得益于中国巨大的市场规模，促使智能网联汽车全价值链的优胜劣汰。未来几年，中国智能网联汽车产品将集中上市，这或许是自主品牌反攻的最佳转折点。

根据目前智能网联汽车的发展态势，未来的汽车行业将是以自动驾驶为核心，以共享出行为主要商业模式，以纯电动、增程式汽车为主要交通工具的行业。随着自动驾驶技术的不断发展，首批可商用的半无人驾驶汽车将有望在1～2年上路。由于不同的场景对自动驾驶能力的需求不同，因此智能网联技术的发展不一定会按照等级划分逐步发展，而是针对不同的场景采用不同等级的技术方案。比如，乘用车可能重点突破单调工况下减轻驾驶员的驾驶疲劳的问题，商用车可能重点解决物流过程中的高能耗及高人员配比问题。所以，自动驾驶技术未来的商业化应用一定是多元化的，各企业也将针对不同需求推出相应产品。2017 年，东风公司技术中心提出了“五化”（轻量化、电动化、智能化、网联化、共享化）概念，并聚焦发展。在智能网联汽车方面，东风汽车目前将以固定线路、封闭园区低速载物、载人路线逐步转向结构化道路高速载物、载人路线推进项目的技术研究和实施应用。

B.20
广汽智能汽车产业发展综述

徐　伟*

摘　要： 成立于2005年的广汽集团与国内其他车企相比显得有些年轻，但在前沿技术产业发展方面却毫不逊色。得益于广汽集团的全产业链布局，广汽的智能网联汽车围绕三大领域搭建了六大平台。其产品研发现状和技术发展潜力在国内众多车企中都有非常大的竞争力。

关键词： 广州汽车集团有限公司　智能网联汽车　产业发展

一　简介

2005年6月28日，广州汽车集团股份有限公司（简称广汽集团）成立，总部设在广州市天河区珠江新城。现有员工8.4万余人，是大型国有控股股份制汽车企业。广汽集团的前身是于1997年6月成立的广州汽车集团有限公司。

广汽集团坚持合资合作与自主创新共同发展，业务包括整车（汽车和摩托车）及零部件的研发、制造、汽车商贸和汽车金融服务等，是国内产业链较完整的汽车集团之一，也是国内汽车行业首家拥有保险、保险经纪、汽车金融、资本、财务、融资租赁等多块非银行业金融牌照的

---

* 徐伟，广州汽车集团股份有限公司汽车工程研究院，部长助理，硕士，研究方向为智能网联电子电器架构。

企业集团。目前，广汽集团旗下包括广汽乘用车、广汽研究院、广汽丰田、广汽三菱、广汽本田、广汽菲亚特克莱斯勒等几十家企业和研发机构。

2017年，广汽集团拥有的自主品牌、日系合资和欧美系合资三大整车核心业务板块实现全面增长，汽车产销量均达到200万辆，同比增长超过20%，创下历史新高。

二 技术发展现状

（一）技术路线

目前，广汽研究院将智能驾驶划分为四个阶段，Smart Drive 1.0～2.0都是智能化状态，Smart Drive 3.0和4.0才能融合大数据，实现复杂工况的自动驾驶，甚至是由云端控制的无人驾驶：

①Smart Drive 1.0（ADAS驾驶辅助系统，自动泊车）

全景泊车与超声波自动泊车数据交互、智能行车独立控制；

②Smart Drive 2.0（有条件的自动驾驶系统，一键泊车）

结合摄像头和毫米波雷达信息，采用智驾域控制器，多传感器融合；

③Smart Drive 3.0（综合式数据融合，复杂工况自动驾驶系统）

结合激光雷达、高精度地图、V2X等多源信息，应用人工智能技术，面向复杂工况；

④Smart Drive 4.0（无人驾驶、云端控制、智慧交通、共享出行）。

通过5G技术，实现车与万物互联，通过云端大数据、人工智能、高性能计算，实现智慧交通、共享出行。

Smart Drive的4个阶段见图1。

目前，广汽集团在关键技术的把握方面，主要包括车联网技术、一体式数字座舱和新一代的语音系统。

①广汽集团已经度过了车联网的初始阶段，目前正处于中级阶段，不久

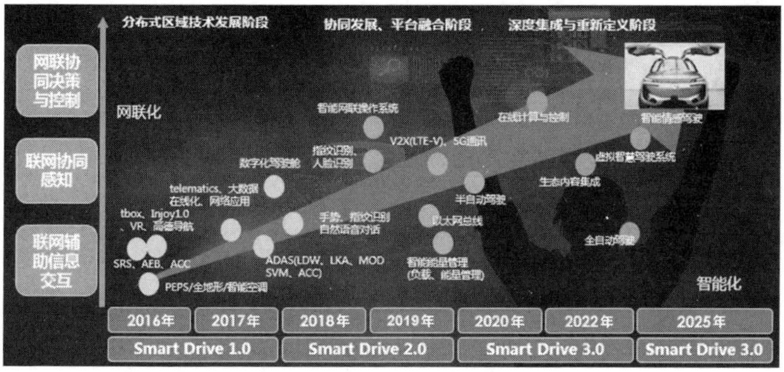

图 1　Smart Drive 的 4 个阶段

的未来将步入高级阶段。

信息服务（初始阶段），车辆防盗、定位导航、娱乐资讯；

智能服务（中级阶段），出行诱导服务、安全行驶预警、节能驾驶服务；

协同控制（高级阶段），车—车和车—路的通信及安全控制。

②一体式数字座舱

一个控制器连接多个显示屏；

多操作系统 Hypervisor 集成设计；

支持 3D/AR 显示；

支持用户人机界面个性化定制；

支持语音/手势/指纹等智能交互；

支持以太网通信和 OTA 远程升级。

一体式数字座舱见图 2。

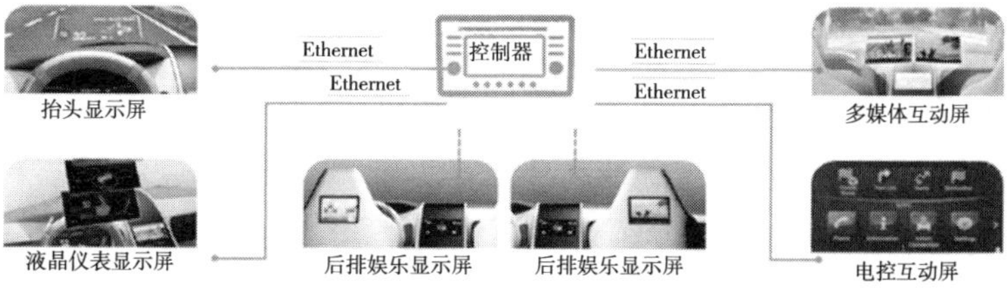

图 2　一体式数字座舱

③新一代语音系统

2017年9月，广汽集团上线了智慧传祺4.0及智慧传祺新一代语音系统，能够更好地解放用户的双手，可操控范围扩大至座椅位置调整、空调开关、模式、温度调整、灯光开闭、车窗和天窗的开闭，同时车内显示屏由8寸提升至10.1寸，全贴合的高清1280×720分辨率，CPU单核升级为多核，拥有更快的运算处理速度。

（二）产品技术现状

自2013年以来，广汽集团在智能汽车领域已有5年的发展历史。在这几年内，完成了第1代祺技Wit Star的研发，并完成了后续升级换代的Wit Star II的前期研发阶段。整个自动驾驶系统主要由广汽研究院自主进行研发，其中结合了传统控制与深度学习功能，并且将边缘计算与人工智能摆在了同等重要的位置。

主要研发的车载零部件包括：①前、后毫米波雷达，识别前后方障碍物和跟踪；②8线激光雷达，识别动态障碍物；③16线激光雷达，识别障碍物；④64线环景激光雷达，可以构建车辆四周环境深度地图、识别道路边界、检测障碍物；⑤超声波雷达，检测车身周边障碍物；⑥摄像头，识别车道线、交通标志和交通灯；⑦工控机，能够处理数据；⑧组合惯导，能高精度定位，测量航向角和速度；⑨V2X，通过应用DSRC和LTE-V技术，实现V2V、V2I、V2P。

截至2017年12月，广汽集团实现基于V2X技术的自动跟车、自动泊车和自动驾驶算法三方面多项关键技术的突破，同时扩展了多个自动驾驶可应对的特殊场景。

（1）基于V2X的自动泊车功能

①可实现平行泊入、垂直泊入、斜列泊入、平行泊出、垂直泊出和遇障停车功能；

②自动泊车软件的实时性高、计算资源占用少；

③能实现低成本高精度的环境感知算法。

自动泊车见图3。

（2）自动跟车功能

①可实现车车通信功能、后车跟随前车启动、后车跟随前车停止、后车跟随

图3　自动泊车

前车移动、后车跟随前车过程中的防碰撞、后车跟随前车过程中的绕障等功能；

②自动跟车软件的实时性高、丢包率小；

③自动跟车算法基于前后车位置信息、速度信息、航向信息和激光雷达等，实现自动跟车功能。

自动跟车见图4。

图4　自动跟车

（3）感知算法

①可实现获取环境道路轮廓趋势，提取左右边界进行道路边界识别；

②采用多种尺度的匹配滤波器，对不同的车道线区域进行特定的增强，实现车道线的有效检测。

（4）自动驾驶场景的拓展功能

①可实现汇入车流，如无交通灯十字路口通行、高速场景汇入车流（见图5）；

图5　汇入车流

②道路封闭重新规划，如识别施工围挡、标志牌等，进行场景辨识；放弃原有导航路线，根据实时位置、目的地和地图重新规划一条可行驶路线（见图6）；

图6　道路封闭重新规划

③隧道行驶，如场景辨识，进入隧道行驶模式，禁止变道、倒车等（见图7）；

图7　隧道行驶

④乡村道路，如实时路面类型辨识，判断进入砂石、泥泞道路，限制车速，增加动力（见图8）。

图8　乡村道路

基于上述研发成果，参加了2017年中国智能车未来挑战赛，获得了团体第一、第二名（见图9）；同年，在2017世界智能驾驶挑战赛中获得“领先奖”和“最佳跟驰奖”（见图10）。

图 9　2017 年中国智能车未来挑战赛

图 10　2017 世界智能驾驶挑战赛

三　产品研发

广汽集团历经十余年的发展，已建成了以广汽研究院为核心，广汽乘用车技术中心和全球优势供应企业及研发机构为支撑的广汽集团全球研发网络，创建了跨平台的模块化架构 CPMA，能够实现同平台、可开发和生产多款车型，既降低了研发和制造成本，还可快速布局产品谱系。

2017年，虽然国内汽车市场整体增速放缓，广汽传祺品牌逆势而上，全系产品销量累计50.86万辆，同比大幅增长37%。同时，根据J. D POWER中国新车质量研究报告，广汽传祺品牌连续5年蝉联中国汽车品牌榜首。

2017年是广汽集团产品投放较密集的一年，从GE3到GS3、GS7，再到GM8，广汽乘用车的产品矩阵实现了全面突破。在战略布局、技术研发、产品制造、市场开拓、营销服务等方面都呈现齐头并进的良好状态，广汽集团智联新能源汽车产业园也于同期开工建设。

（一）GM8

传祺GM8经过多年研发，目标人群是“追求优越生活、自信在握的新一代商务精英”，向消费者展示了“威严大气恢宏外观、全维感官奢享座舱、无微不至舒享科技、无忧安享智能安全”等四大核心特征，全面满足消费者商务与家用的多样化需求。

GM8配置了制动防抱死系统ABS、电子制动力分配系统EBD、制动力辅助系统HBA、上坡辅助系统HAC、陡坡缓降控制系统HDC、智能手机互联系统、北斗/GPS双模式3D语音导航系统、T-BOX智能手机远程监控安防系统、ACC自适应巡航、FCW前方碰撞预警系统、AEB自动紧急制动系统、LDW车道偏离预警系统、自动泊车辅助系统等。

（二）GS7

传祺GS7是基于广汽集团自主研发的C级平台推出的“硬派5座SUV”，传承了广汽的传祺品牌的前沿设计元素、舒适的宽大空间、强劲的动力操控和智能的科技配置，其硬派彰显力量感的外观与年轻运动的色彩搭配与“旗舰豪华大7座SUV”GS8车型组成高端的SUV产品矩阵，能够满足消费者对中高端SUV市场的多元需求。

传祺GS7配置了智慧传祺3.0T-BOX系统、远程启动发动机、开启空调和开启后备厢等17项功能，驾驶者还能体验到碰撞自动求助、紧急救援求助服务（SOS）和路边救援，用车过程中一直有 T-BOX 不中断的辅助。

（三）GS3

传祺 GS3 是广汽集团推出的一款小型 SUV，其目标人群是年轻新生代。该车型外观延续了家族化设计，并加入了 Low-Poly 的外观设计理念。

传祺 GS3 全系标配车身电子稳定系统、上坡辅助系统和陡坡缓降系统。高配版车型增加了智能设备：北斗或 GPS 双模导航、智慧传祺 T-BOX 手机监防系统和智能车载伴侣广小祺。其中，广汽传祺 T-BOX 系统除了基于智能手机操作能够实现远程自动诊断、车辆定位等普通功能之外，同时还拥有远程启停发动机、车辆状态查询和异常信息自动上传等功能。用户仅需通过 App 软件完成对传祺汽车的相关的远程操作，更能够实时掌握车辆信息。智能车载伴侣广小祺作为传祺 INJOY 系统的新成员，拥有拟人化的情景提示和问候功能，可以讲故事的方式进行活泼的演绎，满足年轻消费者对智能互动体验的追求。

（四）GE3

传祺 GE3 是广汽集团基于纯电动专属平台研发的首款电动小型 SUV。该车型设计采用了 Low-Poly 的外观设计理念，前置前驱的纯电动系统驱动，前电机最大功率 132 千瓦，最大转矩 290 牛·米，最大续驶里程 310 公里。

传祺 GE3 配置了制动防抱死系统 ABS、制动力分配系统、制动辅助系统、牵引力控制系统、车身稳定控制系统等 ADAS 驾驶辅助功能。此外，还配置了手机互联系统和智能车载伴侣广小祺。

四　企业“十三五”规划

根据广汽集团“十三五”规划，将继续做强做实五大板块，全集团将聚集合力发展自主品牌，使自主品牌实现跨越式发展，全面在电动化、国际化和网联化等方面实现重大突破。至2020年，广汽集团的主要指标相比“十二五”期末力争增长100%，完成240万辆的汽车产销量，创造超过4000亿元的营业收入，利税总额将超过500亿元。

2017年4月，广汽集团启用全新的“匠于心　品于行”品牌口号，全面推行品牌全新战略规划。未来，广汽集团将秉持至精至广的品牌核心，不忘匠心，追求卓越，致力于成为移动生活价值创造者以及具有国际影响力的一流汽车品牌。

五　中长期发展规划

汽车的发展经历了从机械到电器化的变革，汽车电子是汽车未来发展的基石，在未来汽车发展中的作用将至关重要。基于《中国制造2025》、《汽车产业中长期发展规划》、《新一代人工智能发展规划》、广汽集团1513战略和广汽集团的品牌定位，广汽集团的智能网联未来将以用户体验为核心，构建智能网联系统，营造互联生态。

广汽研究院提出了两个“四化”，即产品领域的“电动化、智联化、轻量化、情感化”和信息领域的“信息化、数字化、互联化、在线化”。第一个“四化”是技术研发的硬实力，第二个“四化”是支撑。为了实现上述目标，广汽研究院创新性地提出“两个先行”，既“平台开发先行”和“技术开发先行”。为了更好地规划智能网联中心将来的发展，在2017年完成了智能网联“2510”技术创新路线图，明确了中长期发展规划。

未来，智能网联中心坚持自主开发的开发理念不动摇，围绕三大领域、打造六大技术平台，建立五大核心能力。

三大领域：

①智驾，智能驾驶保障行驶安全，提升驾驶体验；

②智联，汽车+互联网构建生态系统，提升出行体验；

③智享，数字座舱、温馨空间，提升用车体验。

六大技术平台：

①电子电气平台；

②智驾技术平台；

③大数据平台；

④智联终端平台；

⑤数字座舱平台；

⑥G-OS 系统平台。

五大核心能力：

①深度体验设计能力；

②电控自主开发能力；

③测试验证能力；

④生态拓展能力；

⑤系统设计能力。

广汽集团技术发展路线见图 11。

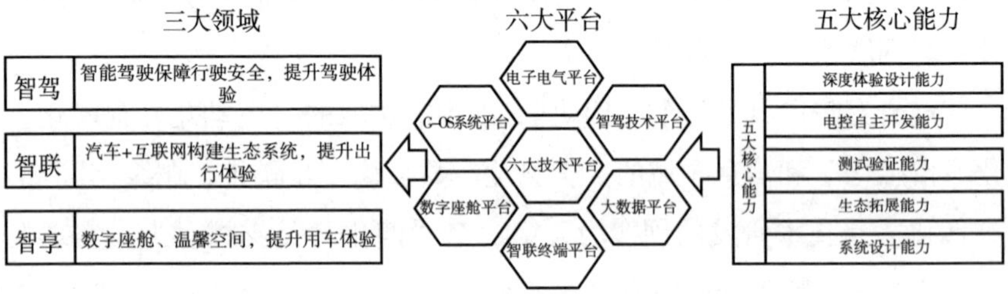

图 11　广汽集团的技术发展路线

B.21
奇瑞智能汽车产业发展综述

奇瑞汽车股份有限公司

摘　要： 在互联网浪潮的席卷之下，各个传统汽车企业都感受到了变革的必要性与紧迫性。作为国内的最大汽车出口厂商，奇瑞汽车股份有限公司在市场拼杀多年而立于不败之地，凭借的正是敏锐的商业嗅觉。在国内传统车企均加大在智能网联汽车投入的背景之下，奇瑞不甘人后，在汽车智能化技术方面进行了大量的研究，取得了一系列阶段性成果。

关键词： 奇瑞汽车股份有限公司　智能网联汽车　产业发展

一　企业现状

奇瑞汽车股份有限公司（简称奇瑞汽车）成立于1997年1月8日。已经逐步建立起较完整的技术和产品研发体系，产品出口到80余个国家和地区，打造了艾瑞泽、瑞虎、QQ和风云等品牌。此外，奇瑞汽车的两家合资企业拥有捷豹、路虎和观致等品牌。目前，奇瑞汽车累计销量超过600万辆，累计出口超过130万辆，连续15年位列中国乘用车出口第一位。

向技术型企业转变是奇瑞汽车一直努力的发展方向。基于自主创新，奇瑞汽车突破了TGDI涡轮增压缸内直喷技术、DVVT双可变气门正时技术、CVT无级变速器、智能互联以及新能源技术等核心技术，使全系产品在技术方面得到全面升级。截至2017年12月，奇瑞汽车已经累计申请专利15612件、授权专利9835件。奇瑞汽车被评为中国首批“创新型企业”。

二　智能网联汽车领域的发展现状

2015 年，以实现 500 万辆汽车下线为标志，奇瑞汽车正式进入“战略转型 2.0”发展阶段，其中“技术 2.0”是核心之一。汽车智能化是“技术 2.0”中最重要的核心技术之一。奇瑞汽车已从战略层面布局了智能网联汽车详细的发展规划（见图 1），该规划逐步以产业化为目的，将技术逐步转化为产品。已完成两代智能汽车研发工作，正在开展第三代智能汽车研发工作。第一代（2010～2013 年），奇瑞汽车小蚂蚁概念车，对智能驾驶功能进行了预研；第二代（2014～2015 年），艾瑞泽 7 平台半自动驾驶汽车，具有自动识别车道线、自动识别前方车辆障碍物、自动紧急制动、自主式车道保持、自动跟车、主动避障等功能；第三代（2016 年），奇瑞 EQ 电动汽车平台高度自动驾驶汽车，计划 3 年内开发出具有产业化能力的智能驾驶汽车，将具有环境感知功能、决策控制功能、导航定位功能、路径规划功能、车路协同功能和车车协同功能等。2016 年 5 月，奇瑞汽车与百度公司共同开发的

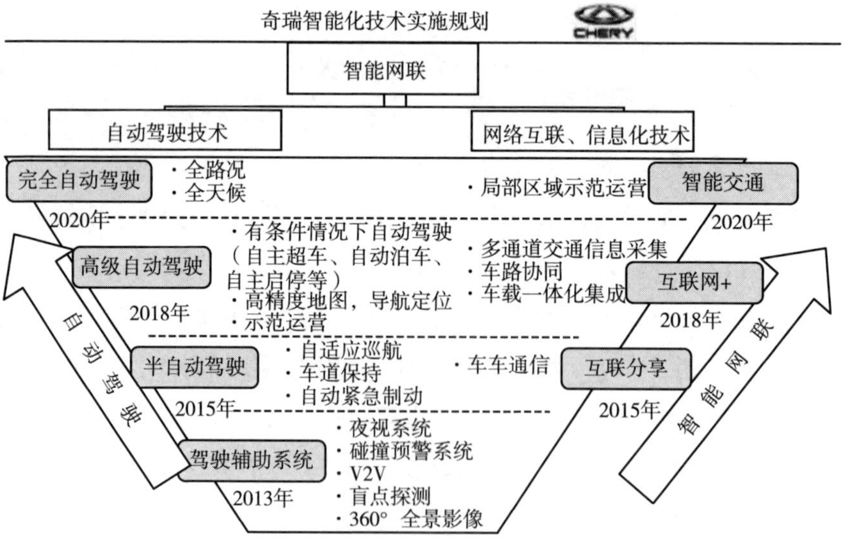

图 1　奇瑞智能网联汽车发展规划

智能驾驶汽车亮相国家“十二五”科技创新成就展，并在2016年11月的世界互联网大会期间进行了示范运行。此外，2016年5月，芜湖市人民政府与百度公司在北京正式签订合作协议，宣布在芜湖高新区建立全球首例“全无人驾驶运营基地”，为奇瑞智能汽车的运营奠定了基础。

奇瑞汽车从2010年开始研发智能汽车。早期以主动安全技术为基础研发，例如前方车辆碰撞预警和车道偏离预警等。从2012年开始进行V2X相关研究，目前已开发出3套功能样机，实现了追尾预警、路口碰撞预警、紧急电子制动灯、变道预警等V2V场景示范。2014年，奇瑞汽车搭建自动驾驶平台，并研发出基于艾瑞泽7平台的自动驾驶汽车，该车具有自动跟车、主动避障和车道保持等功能。2015年，奇瑞汽车智能汽车团队与百度公司合作，联合开发智能驾驶技术，经过半年多的努力，奇瑞百度智能汽车亮相2016年5月的全国“十二五”科技创新成就展。目前，奇瑞汽车正在开展第三代自动驾驶汽车的研发，该车基于前期的基础增添了点到点的行驶能力，实现了真正意义的无人驾驶。

奇瑞汽车与中科院合肥物质科学研究院开展长期合作，共建“智能汽车技术联合实验室”，在车辆的智能化和主动安全领域取得了成果，共同合作研发的自主泊车系统以及辅助泊车系列化产品已进行了匹配性试验，并在2013年10月进行了成果鉴定。共同合作承担了国家基金委重点项目“面向真实交通环境的无人驾驶车辆关键技术与验证平台”，该项目已顺利完成课题，并形成多项技术成果和自主知识产权。

三　主要技术研发情况

2016年，奇瑞汽车依托安徽省科技重大专项攻关项目——安徽省电动汽车智能网联关键技术研发与应用，在智能网联汽车的关键技术领域展开了研究，具体包括五个方面。

（一）通过环境感知技术的集成与应用，实现对车辆、行人和周边环境的识别

此项目的开展打破了国际汽车零部件巨头在智能汽车产品的技术封

锁，项目实施方案核心部件都采用国内自主企业产品，具体产业链布局见图2。

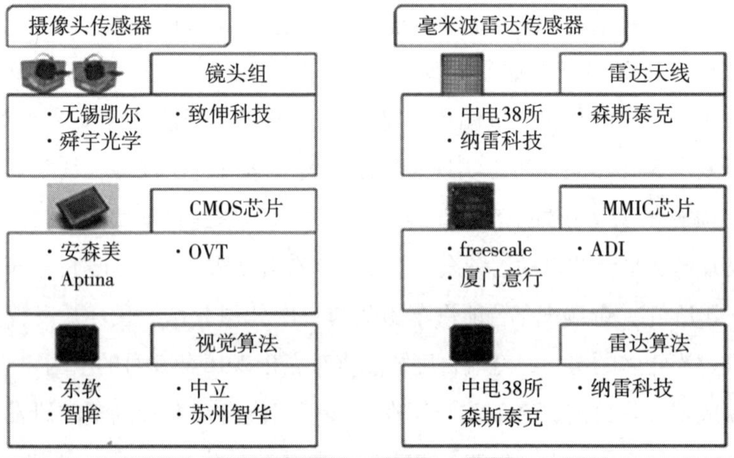

图2　传感器产业链布局

（1）视觉与24吉赫、77吉赫毫米波雷达基本选用国内自主企业产品，所列企业都有多年车载设备开发经验的积累。

（2）依托奇瑞汽车拥有多年传感器融合技术经验的核心团队，实现雷达与摄像头传感器的融合。

（3）奇瑞汽车拥有成熟的智能汽车开发平台，所有智能汽车衍生产品都基于平台化、高可靠性和模块化设计，最大限度地减少了从系统研究到产品化的风险，在国内实现商用。

（4）产品测试和验证：产品测试和验证将借助于一些辅助设备或辅助工具软件，分别在实验室环境下静态测试雷达和视觉系统，以及室外动态测试雷达和视觉系统。

（二）通过车路协同一体化集成与应用，提高车辆定位的精确性，获得更加丰富的交通信息，有效避免大部分汽车事故的发生

采用理论与实践相结合的方法进行研究。深入研究GNSS、CCD、雷达、

超声波和红外等车辆定位技术的理论，将理论研究成果应用于车路协同的实践中，解决车路协同场景应用中的车辆位置误差难题。从车载试验中发现新问题、总结经验，并将这些问题和经验上升到理论高度进行研究，推进理论研究的发展，具体的技术路线如图 3 所示。

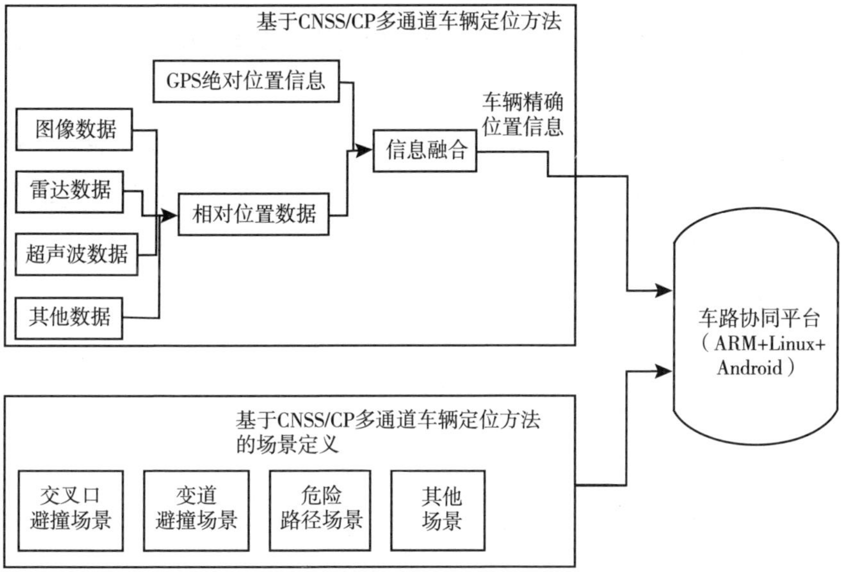

图 3　车路协同一体化集成与应用技术路线

（三）通过对智能决策控制策略的研究，优化车道保持、避撞等控制算法

在电动汽车架构分析的基础上进行动力学性能分析，构建面向智能驾驶辅助功能的电动汽车动力学模型结构。采用分层控制策略，建立不同状态下的目标函数及控制算法，设计智能汽车多系统性能耦合的协同解耦控制器，实现电动汽车动力学协同控制。采用机器学习的方法结合电动汽车动力学设计控制策略，结合导航信息设计全局路径规划与局部路径规划的逻辑程序，通过仿真分析，测试控制策略的稳定性。

（四）通过对车辆底层控制器优化设计，降低硬件成本、增加系统可靠性

（1）硬件方案采用飞思卡尔 32 位单片机，制动电机采用 BLDC－直流无刷电机，采用 ON 专用控制芯片设计制动电机的控制驱动电路，电磁铁的驱动控制电路采用继电器进行控制，其他各模块电路均为成熟电路，设计前进行电路功能仿真验证。

（2）系统机械结构方案所选用的部件为滚珠丝杠、减速齿轮箱、棘轮棘爪、电磁铁等成熟的零部件，设计的机构集成方案经过了 CAE 专家仿真分析，验证其可行性。

（五）通过对电动智能网联汽车整车集成工艺的研究，提升智能汽车的整体性能及可靠性，并制定出相关标准

对设备之间的 EMI 电磁干扰进行分析，针对智能网联的需求，对传感器布局及安装进行设计，并对布线工艺进行研究设计。对安装后的传感器性能进行 Fmea 失效问题分析，对改装后的制动及转向进行性能测试，对智能网联功能进行功能验证。在以上测试过程中，还整理了问题清单，起草了企业标准。通过整车集成实现智能驾驶与网联功能，并在此项目完成之后实现智能网联汽车示范运营，整车集成工艺技术路线见图 4。

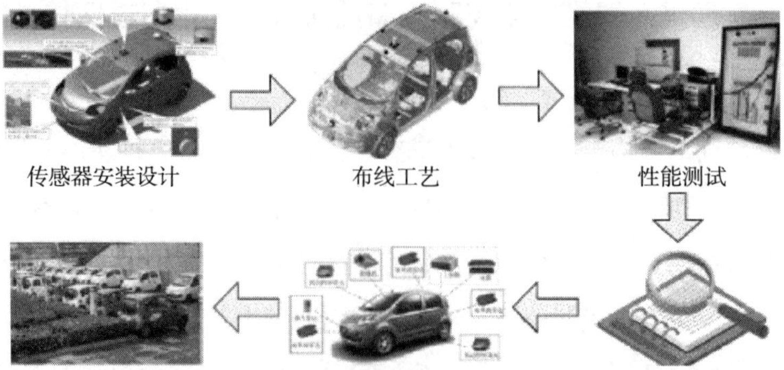

图 4　电动智能网联汽车整车集成工艺技术路线

四　产品研发情况

（1）为了适应新形势，奇瑞汽车在现有系列车型的基础上，开发生产符合全球市场需求的A级基本型乘用车，完善奇瑞汽车在中级车领域的产品系列，参与细分市场的竞争，对企业市场的推广、营销战略的组合以及利润目标的实现具有重要意义。同时为了提升奇瑞汽车的品牌效应，抢占国内中级基本型乘用车市场，奇瑞汽车决定面向国内、国际两个市场开发性能达到国际水平的中级基本型乘用车平台。

（2）为了实施企业战略转型，奇瑞汽车在M平台的基础上，通过建立标准体系，集中优势资源打造精品，分批、分重点开发系列产品。

（3）SUV产品为多功能用途乘用车，不仅能在城市中自由穿行，而且兼有一定的越野功能，较大的载物空间和通过能力满足了人们的乘坐及载物需求。为应对日益激烈的细分市场竞争，巩固瑞虎系列产品的市场份额，奇瑞汽车立项开发新一代紧凑型SUV升级产品。

（4）为了满足奇瑞汽车整车发展及发动机市场的需求，以及国家油耗法规的要求，同时强化奇瑞汽车在市场的地位，建立完整的开发能力及数据积累，启动了奇瑞汽车第三代发动机项目。

五　中长期目标

（1）以奇瑞汽车的电动汽车为平台，开发可用于产业化的智能化、网联化功能的高度自动驾驶汽车，为未来大批量智能网联汽车示范运营提供基石。

（2）智能网联汽车具有车道线识别、前方车辆检测、交通信号识别、精确定位、车车协同、车路协同、车道保持、自动紧急制动和避障超车等功能。

（3）智能网联汽车可在两种道路环境下实现高度自动驾驶：①高速公路上；②局部城市路况点到点行驶。

（4）创建智能网联技术的相关标准及规范。

（5）联合大专院校、零部件供应商、信息电子技术企业等单位，形成安徽省智能网联技术联盟，共同推进电动汽车智能化、网联化发展。

B.22

AAI公司智能汽车产业发展综述

Automotive Artificial Intelligence (AAI) GmbH

摘　要： 工业化、电气化、信息化分别被称为人类的三次工业革命。而对于智能化，普遍的观点认为将会引领人类的第四次工业革命。Automotive Artificial Intelligence (AAI) GmbH 作为一家脱胎于互联网信息化时代的科技企业，将人工智能作为主要发展方向。它研发的 AAI 仿真平台，对于智能汽车技术的发展具有显著的促进作用。

关键词： 智能汽车　虚拟测试　仿真平台

一　企业简介

Automotive Artificial Intelligence (AAI) GmbH 成立于 2017 年初，总部位于德国柏林，致力于为汽车行业提供基于人工智能（Artificial Intelligence, AI）的解决方案，核心产品是为自动驾驶软硬件提供审核、验证和测试的综合平台，为实现快速和安全的自动驾驶提供助力。AAI 以仿真为基础，基于高精度地图、AAI 智能交通流以及 AAI 场景数据库，为自动驾驶开发、验证提供产品和服务。AAI 的人员专业背景深厚，大部分为资深的人工智能专家和计算机科学家，其很快将在中国设立研发中心。

2017 年 12 月，AAI 作为中国汽车技术研究中心的合作伙伴，为在上海举办的“2017 中国智能汽车大赛 CIVC”提供了线下竞赛模拟器支持。来自高校的师生和业内伙伴企业组成的挑战团队，带来他们的自动驾驶软件，接受AAI仿真平台的验证和测试。竞赛方式：在AAI仿真环境中，各团队的自动驾驶汽车能够成功地在指定道路上行驶，并且经受由AAI模拟器自动生成的多样天气条件和各种突发的交通场景的挑战，完成比赛后对其驾驶行为进行全方位的评估。

AAI为中国汽车技术研究中心于2018年5月举办的“世界智能汽车大赛”中提供线下竞赛模拟器和技术支持。

二 市场现状

传统的模拟器解决方案，以验证和测试汽车驾驶或者驾驶行为为目的，在自动驾驶领域主要是验证和测试高级辅助驾驶系统（ADAS）的表现。这些模拟器的解决方案仅能测试在某一个专门的特定交通场景下的车辆动力边界，例如测试自动紧急制动系统（AEB）等。这些现有模拟器的解决方案不具备支持自动驾驶软件审批、验证和测试的突出特征：覆盖各个级别道路的真实环境，特别是扩展到真实城市的要求；更多测试场景的要求；在自然真实的交通流中触发的交通场景的要求。

AAI产品已经全面支持自动驾驶软件的突出需求，能够为自主驾驶软件的审批、验证和测试提供全面完整的解决方案，能够实现的功能包括：智能的交通流和在智能交通流的中的交通场景；自动交通场景生成，在验证和测试的过程中不断拓展交通场景数据库；基于高精度地图建立真实且逼真的三维城市环境（完整的街区和城市）。

三 研发现状

AAI的目标是帮助自动驾驶技术更快地进入市场，同时兼顾降低成本。为了高效率低成本地验证和测试自动驾驶技术，AAI开发了实现接近真实的虚拟仿真环境。AAI虚拟仿真环境中的道路使用者运用人工智能算法，通过监督学习和无监督学习方法进行训练，创造出AAI智能交通流，使自动驾驶汽车行驶在与人类世界类似的交通环境中，并同时接触海量的交通场景。

（一）高精度地图

AAI的虚拟仿真环境基于高清地图创建。高精度地图是发展自动驾驶车辆的一个重要的助推因素，其精准度可达到相对定位误差20cm和绝对定位误差50cm，凭借这一技术，车辆可以准确定位自身以及周围存在的静止物体。因此，AAI也以高精度地图为基础来打造仿真环境。

AAI的目标是创建一个高质量的自动化流程，延伸道路地形、车道标识以及高精度地图上的所有其他元素，以接近照片的真实度还原建筑物和景观。AAI搭建起了一条稳定运作的工具链，以使地图覆盖面积能够快速增长。

为了与已建成的模拟器实现兼容，AAI同时也支持以OpenDRIVE ©为标准开发的地图。

（二）传感器模型

在AAI的虚拟仿真环境中，摄像头、激光雷达和雷达的传感器模型会不间断地扫描生成虚拟环境，实时将传感器信号传送给被测试的自动驾驶车辆。

AAI已经能比较好地支持摄像头和激光雷达的模型。为了与真实使用的物理传感器接近，AAI虚拟环境中的摄像头和激光雷达的规格参数均可按照传感器制造商的规格进行适配。

利用软件虚拟雷达的复杂程度很高，在计算能力方面也非常具有挑战性。例如，当雷达信号到达一个有效目标时，由于地面、大气分子或电离层反射或折射会造成多径回波，从而产生杂波，这一现象被称为重影，需要在生成雷达信号时加以考虑。AAI的雷达传感器模型计划于2019年发布。

（三）历史交通状况信息

AAI的虚拟仿真环境充分考虑了基于位置的历史交通信息。AAI通过分析某个区域实际的历史交通状况信息，实现基于位置的真实交通密度。可以想象，在学校区域会出现高密度的“行人流量”；而在拥堵的热点地区，上下班高峰期的交通会非常繁忙。

（四）天气条件

AAI 的虚拟仿真环境能够模拟各种天气条件。由于自动驾驶车辆需要应对各种天气条件，模拟器创建了多种天气情况，通过简单的配置实现情境中晴朗的艳阳天、灰蒙蒙的雾霭天或是强降雪天气，而且所有的这些天气条件都会直接影响道路使用者和被测车辆的道路表现及其环境感知。

（五）AAI 智能交通

AAI 的虚拟仿真环境构造了自然真实的交通。AAI 通过使用无监督和监督学习领域的多种人工智能算法，使交通流参与者拟人化，接近真实。AAI 智能交通流最显著的优势就是，被测试车辆可以在接近真实的交通流方面轻易地积累数百万公里的行驶里程。

一方面，AAI 的交通参与者是通过强化学习，使参与者既能够学会在简单笔直的道路上行驶，也能够处理非常复杂的交通状况，例如通过拥挤的环岛。具体实现的方法包括：设置各类参数（例如车身周围的安全网、转向角、速度、与其他道路使用者之间的距离）；设计一些复杂的回报函数，通过激励这些回报函数，AAI 激发出特定的驾驶风格，例如普通式、路怒式、运动式、温和式或焦躁式等。

另一方面，根据人类驾驶者的实际驾驶行为，借助人类驾驶者的行车记录仪、行车电脑等数据进行监督学习，模仿驾驶经验丰富者的驾驶决策，并和上述强化学习的驾驶者结合，无限接近真实交通参与者的行为能力，从而确保虚拟环境的逼真程度。这一混合学习方法让 AAI 的交通参与者经验更加丰富，也更聪明。

AAI 交通流的交通参与者在本车周围的数量和类型，可以根据验证和测试的需求进行调整，也促使海量的各式 AAI 交通主体将出现在本车周围，并在长达数星期乃至数月的耐力测试中发现缺陷。

（六）AAI 交通场景

在 AAI 的交通流中，被测试的车辆将会触发各种场景，以系统化的方式测试。例如美国国家公路交通安全管理局（NHTSA）就规定了自动驾驶车辆应掌握的行为能力，其中包括车辆应该能够在高速行驶时实现并线，并且在道路上与行人互动。这些能力将接受系统化的测试。在系统化的测试过程中，每例交通场景都独一无二且变化无穷，可随所涉及的周边交通流状况以及环境条件（例如道路类型、道路地形或天气条件）改变。

AAI 交通场景可为自动驾驶软件开发过程提供数据，以供其进行系统化测试、分析、回放、调试和回归测试等开发行为。AAI 交通场景同时也可以捕捉每个缺陷场景的事件，并储存至 AAI 交通场景数据库中，这个缺陷数据库将随着交通主体的驾驶里程增加不断扩大，提高自动驾驶软件的测试覆盖度，增强自动驾驶软件的自信心。

AAI 交通场景功能可以为公开组织和研究机构提供审核和验证的平台，例如 AAI 裁判工具可以在竞赛模式中给自动驾驶软件的行为评分，以此审核和评估它们的表现。可配置的指标和可选的交通场景让 AAI 可以客观评价自动驾驶软件的成熟度和质量。

四　机遇与挑战

自动驾驶有望成为自汽车发明以来对交通领域影响最深远的技术。在封闭式道路上，自动驾驶已经取得了巨大进展，下一个挑战是将其扩展至城市中。在城市中实现自动驾驶最有可能给人们的生活、工作和出行方式带来深刻变革。

在相当长的一段时间内，城市交通的驾驶行为会处于人类驾驶者和自动驾驶共存的混合交通的状态。在这种环境中，自动驾驶车辆会遇到复杂的交通场景，例如行为不确定，甚至不守规则的道路使用者，自动驾驶车辆必须学会在如此复杂的场景中预测其驾驶行为并应对人类的驾驶行为。如何审批、验证和测试自动驾驶软件是否具备这种能力是行业的一个巨大挑战。

可以预见的是，自动驾驶汽车的审批、验证和顾客服务费用将会极其高昂。实现让事故率降至社会能接受的水平意味着要安全行驶 10 亿小时，相当于行驶长度约为 480 亿公里的路测。

使用虚拟化仿真技术进行验证和测试的第一大优势是能提高效率，且极大地降低成本。目前普遍运用的两种相互补充的测试方法为：

①在实际交通环境中审批、验证和测试。自动驾驶软件以“影子模式”运行，自动驾驶软件不会干预人类驾驶员的控制和决策。自动驾驶软件感知环境，进行传感器融合，并做出行为决策，但不会控制车辆的执行部分。这种传统的验证和测试方式效率不高，场景很难复制重现，且成本很高。

②在虚拟仿真交通环境中审批、验证和测试。在虚拟仿真环境中可以并行验证和测试，场景容易复制重现，可以加速测试进程提高测试效率且大幅降低测试成本。使用模拟器的另外一大优势是能提升被测车辆接触全新的危险交通状况的频率。很多具有挑战性的危险交通状况在实际交通环境测试中很难遇到，而模拟器甚至可以创造出最坏状况的场景，挑战自动驾驶软件的极限，并能为达到验证目的不断重复。

AAI 认为，只要虚拟仿真环境高度接近现实，大约 70% 的测试均可以在仿真环境中进行。这一过程能够减少需要进行实际道路测试的原型车辆数量。虽然最终的实际道路测试对于车辆的最终审批和准入仍必不可少，但是使用模拟器仿真能够通过重现验证危险的交通场景，能够显著提高测试的效率，降低测试的代价。

五　研发规划

（1）AAI 将继续完善模拟环境中智能交通流参与者的细节，提供更拟人化的交通参与者和自然真实的交通流，以丰富和完善交通场景环境。

（2）为了扩展人工智能方面的研发成果，AAI 计划将人工智能应用到产品的多个领域中，例如交通场景分类、传感器融合的验证算法以及操纵虚拟世界的环境语义表达等。

（3）由于传感器融合的时间是决策和自动驾驶车辆预测算法的关键，最重要的是及时提供同步的传感器数据流。由于提供实时传感器输入在计算方面的要求极高，AAI 需要不断提升所开发软件的效果。同时，AAI 将扩展支持的传感器的类别、数量以及 V2X 的模拟。

（4）从 2018 年开始，AAI 将积极投身于寻找将模拟平台放上云端的解决方案，这一解决方案意味着构建出一个完全虚拟化的自动驾驶软件站。这一完整的软件在环（SiL）做法也得到了很多客户的高度关注，使 AAI 能够借此在多个地点平行地使用虚拟测试服务，并将所需的大量数据储存至中央云端。

热 点 篇

Hot Issue Reports

B.23 智能汽车安全形势发展情况

赫 炎*

摘　要： 智能汽车是融合了智能化、网联化的新一代汽车，智能汽车与传统汽车在安全方面的不同之处在于，除了拥有传统汽车已有的被动安全技术和主动安全技术，还有网联化技术应用而产生的信息安全问题。本报告通过阐述传统汽车的被动安全及主动安全两部分内容，并介绍了智能汽车信息安全的重要性。通过论述分析阐明推动智能汽车信息安全的研究，智能汽车的信息安全将成为智能汽车发展的重中之重。

关键词： 智能汽车　信息安全　被动安全　主动安全

* 赫炎，中国汽车技术研究中心，工程师，研究方向为智能汽车行业及理论。

汽车作为现代交通运输的主要方式之一，其安全性与人类生命和财产密切相关，一直受到重视。智能汽车作为汽车未来发展的趋势，已经受到世界各国汽车产业的重视。智能汽车的安全性随着汽车智能化、网联化的发展，更是受到世界汽车行业的重视和消费者的广泛关注。

一 概述

近几年，随着世界各国汽车企业在智能汽车领域发力，应该用各种智能化、网联化技术推出智能驾驶解决方案，不断进行测试，以推动智能汽车技术的发展。但是，这期间发生的一些智能汽车测试事故引起了汽车行业、消费者乃至各国政府的重视。例如 2016 年 1 月 20 日特斯拉撞道路清扫车致人死亡，2016 年 2 月谷歌公司自动驾驶模式的雷克萨斯 RX 变线时撞公交车，2016 年 5 月特斯拉 Model S 车主使用 Autopilot 模式时发生事故死亡，2017 年 8 月 26 日 Wayom 公司自动驾驶模式行驶的汽车剐蹭奥德赛前挡泥板，2018 年 3 月 19 日 Uber 自动驾驶汽车交通事故致行人死亡等。这些事故的发生，导致人们对智能汽车的安全性产生了疑问。

汽车智能化、网联化是实现提高安全性、经济性和驾驶舒适性的重要技术手段。传统汽车安全技术包括被动安全技术和主动安全技术，而智能汽车是融合了智能化、网联化的新一代汽车，智能汽车与传统汽车在安全方面的不同之处在于，除了拥有传统汽车已有的被动安全技术和主动安全技术，由于网联化技术的应用，还产生了信息安全问题。

二 传统汽车安全技术

传统汽车安全技术包括被动安全技术和主动安全技术。被动安全技术是指汽车在发生意外事故时对车内人员进行有效保护的相关技术。主动安全技术是指汽车能够主动采取措施，避免各种行车时发生事故的技术。

（一）被动安全技术

汽车被动安全技术是出于保护车内人员和行人的目的，以交通事故再现的方法分析车辆在碰撞前后车内人员、行人和车辆的运动状态、受损情况，以此为根据对车辆结构的安全性设计进行改进，增加或者提高车内人员及行人保护的能力。同时，汽车被动安全技术的研究内容还包括汽车实车的碰撞、滑车模拟的碰撞和计算机模拟计算等，研究的目的是在无法避免的交通事故中，如何尽量减轻驾驶员、乘客及行人直接受到的伤害程度，包括车身安全结构和乘员约束系统等。典型的汽车被动安全装置包括安全带、安全气囊、防撞钢梁、保险杠、缓冲装置和头颈保护装置等。

目前，中国汽车行业已经采用软件仿真技术对被动安全技术进行研究，通过结合计算机技术、力学原理等仿真车辆在碰撞时的情况，以缩短车辆研发的时间，大幅度降低了车辆的开发成本。近几年，中国的汽车行业和科研院所在汽车碰撞试验中大量采用计算机仿真技术进行研究，已经具备了较强的 CA 建模分析能力，能够对约束匹配和车身结构进行研究。另外，在对行人伤害的研究仿真中，被动安全技术有了新发展，研究人员利用 PC－C 软件建立了碰撞虚拟试验场，进行人体、自行车等不同情况的模拟研究，通过头部加速曲线计算 HIC 值来评价头部受伤程度。

随着汽车技术的快速发展，汽车被动安全技术将逐步覆盖汽车行业的很多方面。汽车安全技术设计的范围十分广泛，任何单一技术很难大幅提升汽车的整体安全性能，如何将单一技术集成是汽车安全技术领域研究的重点和热点。随着汽车向智能化和网联化发展，如何将汽车被动安全技术与智能技术和网联技术融合是汽车安全领域发展的新课题。如何将“人、车、路”作为一个整体进行相互协调，是未来汽车安全技术发展的主要方向。目前，智能化技术已经在汽车上得到了广泛应用，智能驾驶辅助系统、智能安全气囊和主动弹起式发动机舱盖等的应用将在提升汽车安全性方面起到巨大的作用。近几年，随着先进传感技术和计算机技术的应用，使汽车具有了一定的识别和判断能力，已经可以在各种工况时自动协助或自动控制实现汽车安全性的提升。另外，近几年先进驾驶辅助系统（ADAS）的出现，是将主动安全技术中的制动辅助系统与被动安全技术的安全带的预张紧功能和安全气囊集成，实现了联动，提升了汽车的安全性。由此，汽车主动安全技术和被动安全技术实现一体化也是汽车安全技术的发展趋势之一。

（二）主动安全技术

减少甚至避免发生交通事故是所有汽车企业共同追求的目标，由此也就产生了汽车主动安全技术。汽车主动安全技术是应用传感器来监测驾驶员和车辆周围的行驶环境，对驾驶员进行提醒或者对车辆控制进行干预，避免车辆发生交通事故。汽车主动安全技术主要包括：防抱死制动系统（ABS）、自动紧急制动系统（AEB）、电子稳定控制系统（ESC）、车道偏离预警系统（LDW）、盲点监测系统（BSD）、车道保持辅助系统（LKA）、自适应巡航系统（ACC）等。汽车主动安全技术与被动技术相比，是较新的汽车技术领域，同时汽车主动安全技术还伴随着电子技术和信息技术的发展而发展。目前，世界各国汽车企业都在对主动安全技术进行持续研发。

近几年，随着汽车在智能化和网联化方面的发展，车辆上配置的传感器越来越丰富，同时电子技术的发展，传统的主动安全技术不断集成融合，形成了先进驾驶辅助系统（ADAS），使车辆在行驶过程中增强了随时探测、感知和识别能力，实现了收集数据信息，能够对动态、静态物体进行探测、辨识和追踪，再结合导航软件与地图数据，进行运算分析和技术处理，使驾驶员能提前感知可能发生的危险，在第一时间采取相应的措施，从而有效地提升汽车驾驶的安全性、舒适性和效率。先进驾驶辅助系统（ADAS）主要包括：自动紧急制动系统（AEB）、车道偏离预警系统（LDW）、车道保持辅助系统（LKA）、自适应巡航系统（ACC）和前碰撞预警系统（FCW）等。随着技术的不断发展，未来还将有更多的系统被陆续研发出来。

随着近几年智能化和网联化的快速发展，以及网络技术、集成技术和电子技术的不断进步，汽车主动安全技术已成为更有效的汽车安全技术之一，并成为汽车企业和科研院所的研究重点领域。智能化、集成化和网络化将成为未来汽车主动安全技术的发展趋势。

汽车主动安全技术的智能化。近几年，汽车电子技术快速发展，新型智能化安全系统将不断涌现并应用，而这些新型智能化安全系统将使驾驶员及乘员的驾乘舒适性不断提升，同时降低了驾驶员的疲劳强度。

汽车主动安全技术的集成化。随着技术的不断发展，各主动安全技术将实现功能集成，在一个平台上即可实现多个主动安全功能。功能集成化可以大幅降低成本，节省车内的空间。此外，汽车主被动安全技术逐步集成将提高车辆的安全性，能更好地保护车辆、驾乘人员和行人，集成后的效果将远大于各独立的系统。

汽车主动安全及似乎的网络化。随着网络化技术在汽车上不断得到应用，特别是 V2X 技术和云平台技术的快速发展，车辆可以通过共享道路和车辆信息等预防事故的发生。V2X 技术可以实现车辆间的通信，将存在的潜在危险提前通知驾驶员，同时能弥补车载传感器探测距离不足的缺陷，实现远距离预测，使车辆的安全性和燃油性得到提升，并保证了道路畅通。云平台技术可收集大量的车辆及周边环境信息，经过大量的数据分析后，可将新的路径规划传输给车辆，使车辆按照重新规划的路径行驶。

三　信息安全

随着汽车智能化和网联化程度不断提高，车载应用功能日益丰富。智能汽车与传统汽车相比拥有更广泛的外延，能够带来更好的应用体验，但同时也产生更多的被攻击的方面。近几年已发生多起智能汽车被攻击事件，主要原因是：汽车连接互联网后，出现新的安全风险；汽车的 ECU 逐渐增多，导致被攻击点增多；在设计汽车网络时，对信息安全问题考虑不充分；大量传感器的应用，使自动驾驶更容易受到干扰。此外，大部分汽车企业还不具备监测信息安全攻击的能力，汽车信息安全保障措施尚未标准化，还没有或正在建立专业的信息安全研究团队。在汽车智能化和网联化程度不断提升的同时，汽车信息安全已经成为汽车的新安全隐患，对智能汽车的发展提出了挑战，更引起了世界各国汽车产业的重视。

智能汽车外延的技术构架可以划分为三层：“端、管、云”。其中，“端”是指汽车端的部件和系统，包括传感器、车载总线、手机移动软件、嵌入式控制软件、车载操作系统和车载应用软件等，“管”是指汽车端到服务端的接口和通信媒介，包括基于 PBD 的服务终端、T-Box、V2X、4G/5G、GPS 和 RFID 等，“云”是指汽车的远程服务系统，包括远程信息服务系统、大数据平台和云计算平台等。智能汽车的信息安全主要分为内部安全和外部安全。其中，内部安全是指汽车内部被入侵后可能造成的安全危害，主要来源包括 ECU/MCU、总线、网关和车载操作系统、嵌入式控制软件、车载应用软件等；外部安全是指汽车受到外部攻击者入侵可能造成的危害，又按照接触方式可分为接触式和非接触式。接触式包括 OBD-Ⅱ诊断端口、手机－车机连接部件、后装组件、CD/DVD 娱乐系统和充电接口等；非接触式包括传感设备（高清摄像头、激光雷达、毫米波雷达、GPS 等）、近距离无线通信设备（DSRC/LTE－V、TPMS 胎压监测系统、无线车钥、车载蓝牙等）、远距离无线通信设备（Telematics、收音机、手机 App 和远程更新等）。上述内外部安全的来源都存在多种漏洞。

为了能使智能汽车的信息系统有效运行，需要建立安全保障措施和相关信息安全测试评估规范。但是，由于目前针对智能汽车信息安全的相关标准还未建立，相应的测评工作也无据可依。因而，为了保障智能汽车的信息安全，首先要推进智能汽车信息安全的标准和规范的制定，规范智能汽车行业安全管理，加快智能汽车信息安全标准的研究，强化风险管理；借鉴工控网络与系统信息安全标准 ICE 62443；根据中国汽车行业的具体情况，转化和吸收国际汽车电子系统功能安全标准 ISO 26262 和汽车网络安全指南 SAE J3061。其次，促进智能汽车行业信息的监管，建立相关多方参与、多模式融合的协同防范机制。促进智能汽车产业上下游通力合作，实现优势互补，完善信息安全发展环境；加强学会和联盟等组织的行业服务职能，形成协同创新机制；适时成立汽车网络安全检查机构，整体推进信息安全的服务能力。最后，加强智能汽车信息安全技术的研究和平台建设，加大技术支持和保障，提高市场服务能力。搭建信息安全试验、验证和测试平台，建立信息安全实验室；强化面向单车和多车系统的全生命周期的安全可靠性保障能力；促进系统的质量、功能安全、信息安全一体化的研究与测试。

智能汽车已经成为世界汽车工程领域的研究重点，更是中国汽车产业转型升级的主要途径。智能汽车安全作为其发展的重要领域，已经引起行业和社会的广泛关注。推动智能汽车安全的研究工作，特别是推动智能汽车信息安全的研究，将成为智能汽车发展中的头等大事，影响智能汽车行业发展。

B.24

智慧城市与智能交通系统的发展

高　利*

摘　要： 智慧交通作为智慧城市的组成重要部分，是解决城市交通问题的重要手段。目前，各国在智慧城市的建设方面已经取得了一系列成果，国内的成果主要有智慧上海、智慧双流等；国外成果则包括新加坡“智慧国计划”、韩国“U-City 计划”等。然而受限于技术发展水平，现阶段智慧交通和智慧城市相互融合得并不多，相对来说还处于独立发展和探索阶段。近 30 年来，中国交通基础设施建设快速发展，但经济迅猛发展带来交通量持续增加，交通阻塞状况严峻。因此，大力发展智能交通系统是解决交通出行问题的关键。

关键词： 智慧交通　智慧城市　融合发展

智慧城市是通过综合运用现代科学技术、整合信息资源、统筹业务应用系统，加强城市规划、建设和管理的新模式。其核心是以一种更智慧的方法，通过利用新一代信息技术来改变城市范围内的政府、企业和人们相互交互的方式，提高交互的明确性、效率、灵活性和响应速度，从而实现城市信息技术架构与城市高度整合的基础设施的完美结合，使得城市政府、企业和市民可以做出更明智的决策。

智能交通系统也被称为智能运输系统（简称 ITS），作为一个概念性名

* 高利，北京理工大学车辆工程专业，教授、博士生导师，研究方向为智能交通系统与车辆智能化。

词出现于20世纪90年代初。20世纪80年代中期，智能交通系统开始以惊人的速度发展，许多发达国家争先恐后地在ITS的研究与开发方面投入巨资。

智慧交通作为智慧城市组成重要部分，是解决城市交通问题的重要手段。目前，国内外在智慧城市的建设方面已经取得了一系列成果，国内主要包括智慧上海、智慧双流等，国外则包括新加坡“智慧国计划”、韩国“U-City计划”等。然而，目前智慧交通和智慧城市受限于技术发展水平，二者之间相互融合的内容并不多，相对来说还处于独立发展和探索阶段。

一 20世纪国外的发展情况

在交通问题日益严峻和寻求新的解决途径、经济竞争日益激烈和寻求新的经济增长点以及冷战结束促进军用高新技术民用化的大背景下，美国、欧洲和日本经过30余年的发展，已经成为世界智能交通系统研究的三大基地。此外，澳大利亚、韩国、新加坡和中国香港等国家和地区的智能交通系统研究也已经具有相当规模。总体而言，全球范围内正在逐步形成一个全新的智能交通产业，各类大小项目正在全面开展，而且发展规模及速度较为惊人。智能交通系统对于减少交通事故、解决交通拥堵、节约能源、降低环境污染具有重要作用，以“保障安全、提高效率、改善环境、节约能源”为目标的ITS概念和产业正逐步在全球形成。

1. 美国

1967年，美国ITS研究建设起步于电子路径诱导系统，该系统由联邦公路管理局负责研究，按照驾驶员在车上设定的目的地，在车载机的显示屏上显示前进方向，取代了以往的路侧道路引导标识的方法，是一种车载动态路径诱导系统。

20世纪70年代以来，车载电子元件发展很快。1978年，美国发射了第一颗全球定位系统卫星，德国开展了驾驶员引导和信息系统项目工作，1973年日本通产省项目汽车交通综合控制系统开始实施。

20世纪80年代以来，国际上开展了交通信息采集和车辆定位及导航控制研究。1980年，美国便携式摄像机出现，为交通信息采集提供了工具，红外成像传感器技术方面取得了同样的进展，这种传感器能够显示黑暗中的图像，同时在乘用车和商用车上使用的移动电话增多，具备了车辆与交通控制中心传输交通信息的能力。1984年，一些财团资助重型车辆电子牌照项目开始启动与试验，同时开发了第一台数字地图汽车导航器。从1986年开始实行公路先进技术研究计划的综合性研究计划。1987年，美国各地一些对智能车辆和道路研究工作感兴趣的人员自发成立了非正式团体“Mobility 2000”。1988年，美国科学系统会议组织来自政府、大学、研究机构以及包括汽车、电子、信息、交通等企业的有关部门，共同制订名为“Mobility 2000”的ITS发展计划。在Mobility 2000的推动下，1989年促成智能车路系统计划全国工作小组的成立，并得到美国政府高度重视，而且被列入了美国未来公路计划框架（1987年开始组织起草）。20世纪80年代后期，美国、欧洲和日本等国家和地区都相继开始研究智能车路系统IVHS。

美国交通部根据1991年的ISTEA实施了美国优先通道工程，指定休斯敦ITS优先通道、I-95东北通道、中西部（葛里—芝加哥—密尔瓦基）ITS优先通道、南加利福尼亚通道四条干道为优先通道进行ITS示范建设，计划6年完成，投资5亿美元。1993年夏天，美国开始制订自动公路系统的研究开发计划，同年12月联邦运输局和联邦政府批准了这一计划。1994年10月，相关团体全美自动公路系统协会成立。

1996年1月10日，美国运输部部长Federico Pena公布了ITS目标，计划十年内，在美国75个最大城市加强智能运输系统基础设施建设，实现将旅行时间缩短15%。Pena曾在华盛顿特区举行的运输研究年会上提出了“时间节约战略”的“缩短运营时间计划”，在这个战略中提出了智能运输基础设施的新概念。1997年，上述目标被新上任的运输部部长Slater再次认可，并且扩大至78个大都市。

1998年，美国在ISTEA法案到期后，对ITS的开发与应用进行了全面评估，结果是积极的。1998年6月9日，美国总统克林顿签署了面向21世纪的运输权益法案。该法案和1991年的ISTEA（即冰茶法案）这两部道路交通建设法案对ITS发展具有划时代意义，两部法案从立法层面统一规划了IVHS/ITS的发展，并制订了投资计划。

2. 欧洲

20世纪80年代初，德、英、法等国先后各自研究了路径诱导系统。1986年，欧洲19个国家的政府和企业界开始了一项名为EUREKA的联合研究计划，拟投资50亿美元来建立贯通欧洲的智能化道路网。1986年，奔驰汽车公司联合另外11家欧洲汽车制造商，发起了欧洲汽车产业界的高效率和高安全的交通计划项目，主要研究交通安全及拥堵问题，其特点是把汽车的控制作为全部交通系统的一环综合考虑问题。

1988年，欧盟委员会批准了欧洲道路交通安全设施计划，该计划以提高服务质量为主，共安排了72个项目，共有12个国家的700多个单位参加，经费达5亿欧元。DRIVE计划后来成为DRIVE-I计划，并作为欧盟“第二骨干计划”的一部分；1991年，实施被称为ATT（远程通信在交通中的应用）的DRIVE-II计划，使DRIVE计划得以持续下去，并成为欧盟“第三骨干计划”的一部分；1994～1998年，欧盟EC实施交通运输远程通信应用计划T-TAP，该计划实际是DRIVE-III计划，是欧盟“第四骨干计划”的一部分。

1991年，欧洲道路运输通信信息实施协调组织ERTICO成立。该组织是一个基于比利时条约的联合公司，其成员包括公共机构、公共/私有基础设施经营者、产业、用户和其他五个不同类别，在管理委员会中，成员作为股东施加影响。

3. 日本

20世纪80年代，日本开展了IVHS研究工作。日本交通管理技术协会开展了先进的车辆交通信息与通信系统AMTICS研究，1986年日本建设省公共研究厅联合25家私人企业开始了有关道路和通信系统的研究，开始研究路车通信系统RACS。

20世纪90年代，美国和欧洲热衷于地面运输现代化，日本也在从事一系列革新，以期带来车辆与道路系统相互作用方式的极大改变。Mobility

2000也促成了1990年8月美国智能车路系统协会IVHS America的诞生。1991年，美国提出“综合陆上运输效率化法”（即冰茶法案），该法案被美国交通运输界誉为一部划时代的交通运输建设新法案，其对于确立美国交通运输新政策具有重要价值。依据法案制订了研究开发IVHS的巨大投资计划，使得联邦政府被授权出资6亿美元支持IVHS计划的实施，后来这笔资金增加到9亿美元。

1990年，日本通产省制定了新的试验项目，即超级智能车辆系统。同年，日本警察厅、邮政省、建设省集成RACS和AMTICS两个研究项目合并成一个项目，即车辆信息与通信系统（VICS），该项目将合并快速道路和地面交通数据，将其经过统一处理后的信息提供给车载系统。1991年，日本警察厅、邮政省、建设省和运输省主导的UTMS开始运行，形成了SSVS、ASV、ARTS一齐推进的局面。之后，UTMS又被升级为21世纪交通管理系统，新系统主要致力于实现“安全、舒适、有利环境的交通社会”。1991年，由日本运输省、学者和汽车制造企业组成的推进研讨会发起了先进的安全汽车ASV联合项目。

1994年，借助召开ITS世界大会，将各种系统纳入ITS体系。日本由政府部门倡导成立了全国统一的车辆、道路、交通智能化推进协会，该协会由建设省、运输省、通产省、邮政省、警察厅、大学和科研机构以及民间企业等共同组成。该协会类似于欧洲ERTICO和美国IVHS America组织所发挥的作用，主要工作是推动和协调ITS各组织的开发、研究和标准制定。与美国和欧洲相呼应，成立了官民一体的国际性ITS推进组织ERTICO，1995年11月在横滨召开了第二次ITS世界大会。从1994年开始，日本建设省组织以丰田汽车为首的25家企业进行了自动高速公路AHS（无人驾驶系统）的研究与开发。

20世纪末，日本开始研究自动化公路运输系统AHS。该运输系统是通过车辆与道路之间连续的信息通信以保证车辆的自动驾驶。AHS是ITS技术上难度较大的系统。该系统由公路信息设施与车辆上的电信设备之间的“路车通信”以及车辆之间的“车车通信”支持。美国和日本在AHS方面做了大量的研究工作。美国当时修建了11千米的AHS试验路，初步实现车辆的自动驾驶。

1999年11月，日本组织了自动公路系统AHS公开试验。2000年，车辆信息与通信系统的开发覆盖日本全国，先进的巡行辅助公路系统和电子收费系统基本进入实用阶段。

4. 其他国家

1994年11月，在法国巴黎召开了第一次ITS世界会议（当时称ATT&IVHS世界会议）。近几年，ITS年会每年按照欧洲、亚洲及大洋洲、北美洲的顺序改变会场举办，ITS开始进入快速发展时期，从欧、美、日三极扩展到全世界，有力地推动了世界各国智能运输系统的发展，至今已举行了二十一次ITS世界会议。中国至今已先后召开过多次ITS多国会议或ITS世界研讨会。为了加强国际的交流与合作，1993年IVHS年会上，美国提出将在下一年召开IVHS世界大会，该提议得到了欧洲等国家的积极支持，同时还将大会名称改为ATT&IVHS世界大会。1994年春，为了筹备在日本横滨召开的第二次智能运输系统世界大会，日本道路交通车辆智能化推进协会提出采用更加简洁和准确的名称"ITS"的建议，并得到了欧美的赞成。美国IVHS组织也于1994年9月更名为ITS America，组织了大量专家进行国家智能交通系统框架结构体系的研究。

二 21世纪国外的发展情况

1. 美国

20世纪末，美国TEA-21确定，但其有效实施主要在21世纪。TEA-21生效期间是加速实施ITS的时期，美国是在ITS开发领域发展最快的国家，美国根据ITS开发的经验与技术支撑的展望，将ITS发展划分为出行信息管理时代（1997～1999年）、运输管理时代（2000～2005年）、增强型车辆时代（2006～2010年）三个阶段。

下面重点从城市ITS基础设施实施、乡村（州际）ITS基础设施实施、商用车辆 ITS 基础设施实施和智能车辆行动计划 IVI 研发状况这四个方面概述 21 世纪美国 ITS 的发展。

（1）城市 ITS 基础设施实施方面，主要由美国交通部 ITS 联合项目办公室 JPO 开发了一套都市 ITS 设施调查方法，并在美国 78 个大都市调查城市 ITS 基础设施实施综合目标的完成情况，跟踪调查包括高速路管理、事件管理、主干道管理、电子收费、电子售票、公共交通管理、铁路—公路平交道口、紧急事件管理和区域多方式出行者信息等九个关键部分的实施状况。

（2）乡村/州际 ITS 基础设施实施方面，主要集中于出行者信息、公共安全、天气与冬季行车、交通事故预防和公交协作等方面。

（3）商用车辆 ITS 基础设施实施的重点在于商用车辆信息系统和网络 CVISN 的实施，包括安全信息交换、电子认证管理和电子检查三种，CVISN 项目的宗旨在于：在减少商用车辆运营和管理费用的同时，提高商用车辆及其驾驶员的安全和生产率，其提供了一套标准化的通信设施来保证商用车辆信息收集和管理的有效性。

（4）智能车辆行动 IVI 研发是指美国 1998 年开始组织实施的 IVI（Intelligent Vehicle Initiative）计划，而且 TEA－21 批准智能车辆先导计划 IVI 为美国交通部 ITS 项目的一部分。

2. 欧洲

2003 年，欧洲 ITS 组织 ERTICO 在第 10 届 ITS 世界大会上最先提出 eSafety 的基本概念。2003 年 9 月，得到欧盟委员会 EC（European Commission）的认可并列入欧盟计划。欧盟在其第 6 框架计划（FP6）中，准备启动 77 项与 eSafety 相关的研究开发项目，核心在于研究安全问题，目的在于加快推动综合交通运输系统与安全技术的实用化应用，内容将更加重视体系框架和标准、交通通信标准化、综合运输协同等技术的研究。

2006 年，欧盟提出了车路协同系统（CVIS），该系统的主要目的是基于无线通信和传感探测等技术获取车路信息，通过车—车、车—路信息交互和共享，实现车辆和基础设施之间的智能协同与配合。

2007 年，欧洲开始了 EasyWay 计划对交通道路系统进行整合。EasyWay

计划持续至2013年结束，旨在促进欧洲交通物联网产业发展，主要应用服务包括旅行者信息服务、交通管理服务以及货运和物流服务等。

3. 日本

21世纪，日本ITS的发展可分为2000年前后综合集成阶段、2005年前后的用户服务阶段、2010年前后的高级功能开发阶段和2010年之后的成熟发展阶段。

首先，2000年前后，日本ITS发展进入综合集成阶段。综合集成阶段作为ITS的初始发展阶段，其主要内容是将交通信息提供给已经运行的VICS和相关系统，将交通拥堵信息和最佳路线信息提供给车载导航系统，从而使得驾驶员能够减少出行时间并提高旅行的舒适性。

其次，2005年前后，日本ITS发展进入用户服务阶段。该阶段主要考虑逐步引入用户服务的思想，致力于将有关目的地的服务信息和公共交通信息直接提供给用户，通过驾驶员安全驾驶系统和行人安全保护系统以减少交通事故的发生。

再次，2010年前后，日本ITS发展进入高级功能开发阶段。该阶段将ITS推进到更高水平，逐步搭建出涵盖基础设施、车载装置、法规标准和出行服务等方面的稳固社会系统。随着自动驾驶技术的快速发展与落地，将促进ITS全方位地发挥作用，使得汽车出行成为人们生活的全新体验。

最后，2010年之后，日本ITS发展进入成熟发展阶段。该阶段主要促进ITS的所有系统投入使用。由于ITS布设的大量光纤网和建立的各个服务系统，整个社会将进入高度信息和通信的时代。自动驾驶的需求在这一阶段将会大大增加，ITS作为基本系统将会被整个社会所接受，使人、车、路变得更加和谐。

三　智能运输系统ITS技术发展现状

在智能运输系统ITS内涵方面，其核心是利用新技术和新手段，确定新思路，实现新目标。所用的新技术是高新技术基础，包括电子、通信和计算机等信息技术，自动化、传感器和人工智能等控制技术，运筹学和管理学等系统工程技术；新手段体现为用信息技术将驾驶员、车辆和道路基础设施有机集成；确定的新思路是采用先进技术对交通进行有效的控制与管理，而不是单纯依靠修建道路基础设施；新目标是最大限度地发挥现有道路系统的交通效率。

智能运输系统是“智能系统”和“运输系统”的结合。“智能系统”是智能运输系统区别于传统运输系统的最重要特征。“智能的”是“有推理能力的”“有理解力的”意思。“智能”具有几个特征：①在人工智能学方面，其原理基于知识的系统；②智能运输系统最终目的是要通过模拟出人的智能，使运输系统变得更加有效率、更有人性，即要模拟出人的一些重要能力，如记忆与思维能力、感知能力、自适应能力和表达与决策能力等，因此其功能应具有感知、判断、推理和学习能力；③结构应具有智能核心，其中输入来自过程的各种有用信息，输出为提供给决策和评价等的知识。

在智能运输系统中，通过以人、车、路间通信的人—车—路（环境）系统相互作用，实现车辆在道路上安全、高效、有序的运行，全部交通信息都可以实时、准确地提供给驾驶员和出行者，构建一个良性、主动、可持续的交通生态环境，如图1所示。

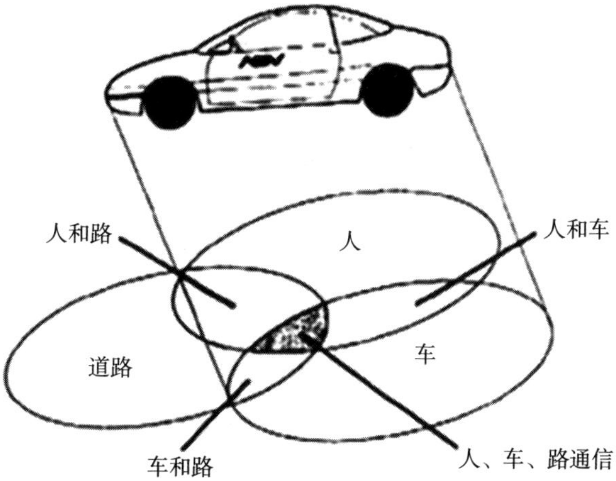

图1　人—车—路（环境）系统相互作用关系

ITS 的成功对人类的生活起着不可估量的重要作用，其发展已经影响到世界上的每个人。ITS 是一个开放的复杂巨型系统，是新兴的交叉学科研究领域。ITS 研究框架比较认同的是六个方面的系统，如图 2 所示。

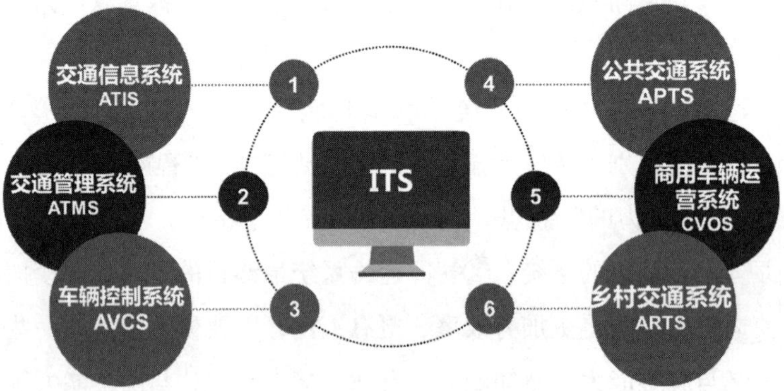

图 2　智能交通体系研究框架

对于 ITS 这样的复杂巨系统，必须通过标准化实现，发达国家在智能交通的建设中，普遍重视对行业规范与标准的制定。1992 年 9 月，ISO 理事会正式批准成立 ISO/TC204 工作组。1993 年，国际标准化组织成立了 TC204 智能运输系统技术委员会，负责制定交通信息与控制系统标准，ISO/TC204 共分 16 个工作组。

20 世纪 60 年代末期，美国便开始从事智能运输系统方面的相关研究。20 世纪 70 年代，欧洲、日本等也相继加入这一行列。20 世纪 70 年代以前，主要是 ITS 的孕育期，主要体现为世界上发达国家应用计算机技术实施交通信息自动控制等；20 世纪 80 年代前后，美国的电子路径诱导系统、欧洲开发的路线诱导系统、日本的汽车综合控制系统等项目推动 ITS 进入初创期；20 世纪 90 年代在全世界的广泛关注及参与引导下 ITS 进入发展期，澳大利亚、韩国、新加坡、中国香港等一些国家和地区的 ITS 研究也有相当规模。

进入 21 世纪，ITS 逐步成为现代运输管理体系的模式和发展方向。通过不断发展，逐步实现由智能车辆、智能道路、驾驶员/乘客、交通管理者所构成的和谐系统，使得智能车辆能在道路上自由行驶，智能公路能使交通流运转达到最佳状态，两者结合能使驾驶员对其周围环境了如指掌，使管理人员对交通状况和所有车辆的行踪一清二楚。另外，还尝试了很多新方法解决问题，包括改进道路信号控制、采用道路可变信号、在交通高峰期通过道路改线增加进出车道、在城市建立交通控制中心来监控与显示公路网络的全部交通情况。

四 展望

进入 21 世纪，智能运输系统得到稳步发展，其主要研究方向包括交通控制与管理、车辆安全和控制、旅行信息服务、交通中人为因素、交通模型开发、行政和组织问题、通信与广播技术、系统研究框架、通信协议等。

近 30 余年，中国交通基础设施建设快速发展，已具有较大规模，且逐步突破了交通在经济建设中的瓶颈，提高了道路通行能力，减少了交通事故，控制了交通污染。由于经济迅猛发展，交通量持续增加，交通拥挤阻塞状况仍十分严重，特别是大中城市交通拥堵及污染问题非常严重，也是“城市病”的主要内容之一，发展智能交通系统将是中国解决交通出行问题的关键。

B.25

互联网企业发展智能网联汽车风起云涌

谷明琴　徐景洋*

摘　要： 随着人工智能技术的深入发展，智能网联汽车作为人工智能技术落地应用的标准化入口，成为互联网企业、传统企业和创业公司竞相投资发展的新兴技术和风口。经过对百度、腾讯、京东等新兴互联网造车企业的发展现状调查发现，互联网企业在关键技术的探索创新与应用，对汽车制造的各个领域都有深远的影响。在人才梯队、资金技术和资源等方面，互联网企业正以最强状态变革推动汽车产业的发展，推动更深刻的出行革命。

关键词： 智能网联汽车　互联网企业　产业革新升级

一　现状

（一）典型互联网造车企业

汽车工业史发展上百年来，一直经历着新局势、新理念、新技术的冲击，例如传统汽车内燃机技术的不断完善、安全保障的不断升级。在多年以前，新能源车对于人们来说还是一个新鲜词，甚至很多世界级汽车大企

* 谷明琴，百度，工程师，博士，研究方向为自动驾驶；徐景洋，中国汽车技术研究中心，助理工程师，研究方向为车联网全产业链技术。

业对于新能源汽车的发展也没有形成明确的思路，而如今发展新能源汽车已经成为全汽车行业的共识，甚至上升到了国家战略层面。然而这几年，汽车圈又出现了一个新词——智能网联汽车，这个名词一出现就对传统汽车人的思维造成了巨大的冲击和改变，几乎所有的汽车企业都意识到了这个新型汽车形态的重要性，渴望在这一新领域与世界级企业的竞争中打开一个全新的窗口。而互联网企业希望通过与汽车产业的融合获取进军和创新汽车行业的机会，这也是互联网行业试图进军智能网联汽车领域的原因和契机所在。

1. 百度公司

在中国智能网联汽车的发展过程中，百度公司是典型的互联网造车企业。近年来，百度公司投入了非常多的资源，但是没有形成规模化体系和成熟的商业模式，绝大部分没有成为新的营收增长点。

百度公司的无人驾驶汽车项目开始于 2013 年，由百度研究院发起，该项目的技术核心是“百度汽车大脑”。“百度汽车大脑”包括高精度地图、感知、定位、控制、智能决策五大基本模块。由百度研发的高精度地图能够完整地采集和记录道路的三维信息，实现厘米级车辆定位。百度的无人驾驶汽车研发依靠环境感知技术和物体识别技术，对车辆的速度、位置等基础信息进行探测识别，为无人驾驶汽车的智能决策提供了强有力的保障。2015 年 12 月，百度无人驾驶汽车于北京第一次完成公开道路实地测试，2016 年 11 月，百度无人驾驶汽车在乌镇试运营，至此，完成了无人驾驶汽车项目的初级阶段，接下来百度团队进入下一阶段——Apollo 平台。

2017 年 4 月，百度公司宣布开放自己的自动驾驶平台——Apollo 平台。该平台几乎倾注了百度自动驾驶事业部的全部心血，目的是向全汽车行业开放一个安全、开放、完整的平台，帮助全行业的企业或个人搭建一套属于自己的自动驾驶系统。接下来，2017 年 7 月，Apollo 推出 1.0 平台，开放封闭场地的自动驾驶能力。2018 年 1 月，Apollo 推出了 2.0 平台。目前，百度有国内较大的无人驾驶汽车队，包含数十辆无人驾驶汽车。经过大规模上路测试，积累了大量的自动驾驶数据和技术开发经验，并建立起了包含感知、定位、高精度地图、规划决策与控制、仿真、后台数据处理等各个方面的能力。Apollo 合作的企业见表 1 所示。

表 1　Apollo 合作伙伴

汽车企业	一汽 FAW、北汽集团、北汽新能源、长安汽车、长城汽车、车和家、奇瑞汽车、北汽福田、福特汽车、东风汽车、蔚来汽车、戴姆勒、江淮汽车、金龙客车、首汽租车、力帆汽车、现代汽车、威马汽车
Tire1	博世集团、大陆集团、德尔福、ZF 采埃弗
Tier2(和自动驾驶高度相关)	英伟达、Velodyne、Intel、微软、速腾聚创、禾赛科技、Vires、地平线、MOMENTA、中兴、紫光展锐、德赛西威、NovAtel
地图企业	TomTom
政府机构	保定、芜湖、北京亦庄、重庆两江新区
院校	北京航空航天大学、清华大学、上海交通大学、同济大学
创业企业及其他	智行者、神州优车、博泰、联合汽车电子、飞歌、fortemedia、Grab、HSAE、路畅科技、中科创达、盼达用车、open robotics、Neousys、CSDN、中科慧眼、远特科技、远峰科技、优达学城、ESD、一嗨租车、先锋、同行者、极客邦、北斗星通、华阳集团、AutonomouStuff

目前，百度希望通过搭建更新型的技术平台和研发模式，来推动整个行业发展，并将其技术更进一步推动到实际场景中使用。此外，百度公司的行动给其他互联网企业带来了焦虑感。2017 年，其他互联网企业在百度 AI-ALL-IN 之后，大举进入人工智能领域，计划投入大量资源和人力来拓展技术发展。在智能驾驶方面，各企业纷纷组建了相应的团队，投入技术研发，同时研究技术变现的可能性。如腾讯、滴滴出行、美团、京东、阿里也已建立了无人驾驶团队。

2. 腾讯公司

2015 年，腾讯公司开始组建自己的智能驾驶团队，但是一直没有对外发布其自动驾驶的状态和规划。2017 年，腾讯公司推出车联“AI in Car”系统的 iSPACE 智联电动概念车。腾讯公司与国家发改委综合运输研究所、四维图新等共同成立了“位置 + 联合开放实验室”，在人与车交互的智能应用中，可感知不同场景，包括接送、停车等，未来还将包含车况场景和车边场景。在2017全球合作伙伴大会上，腾讯公司与广汽集团、长安汽车、吉利汽车、比亚迪汽车、东风柳汽等主机企业达成战略合作，发布了腾讯车联“AI in car生态系统”。腾讯公司希望为合作伙伴提供前沿的汽车智联网服务，共同构建AI in Car生态平台，形成为整体服务赋能的开放体系，成为合作伙伴智慧车联的重要技术与服务支撑。

腾讯希望在车辆网的交互方面取得领先地位，以保证未来在更广泛的应用场景中，使用户对该公司保持更强的依赖性。为此，腾讯公司集中投资了蔚来汽车和威马汽车，致力于开拓更加广阔的智能驾驶市场。在汽车服务领域，腾讯公司也是广泛布局，不仅投资了易车等汽车电商，优信拍和人人车等二手车企业，还有修车易、宽途汽车、亿车科技等汽车后市场（维修保养等领域）企业，加强了其在人们社交生活各方面的优势。期望腾讯公司旗下产业能更快速和稳定地发展。

3. 京东集团

近年来，京东集团凭借自建仓储和物流保持了在电商方面稳定发展的优势。但是随着阿里菜鸟网络、顺丰配送的优势不断增大，其自身的优势是否可以在未来智能交通变革中依然保持优势还未可知。因此，京东集团计划大规模投入研发力度在物流配送车上，并且已与东风汽车、上汽大通等车企达成商业合作，共同研发新能源无人驾驶载货车，运输配送站和配送中心之间的货物，通过搭载摄像头、雷达等传感器、定位系统以及高精地图，能够独立完成路线规划、主动换道、避障等功能。

4. 阿里巴巴集团

自从阿里巴巴集团的云服务成为强劲增长点后，该集团对基础技术和应用的投入一直在加码。上汽集团和阿里巴巴集团联合成立了斑马汽车，以推进其在互联网汽车方向的技术落地。目前，上汽集团陆续推出了荣威RX5、荣威eRX5、荣威ERX5、荣威e950、荣威i6、荣威ei6、名爵ZS、名爵3、名爵6、大通D90等多款搭载阿里巴巴操作系统的互联网汽车。其中，仅荣威RX5单款车型上市1年累计销售23万辆，使互联网汽车逐渐成为出行新潮流。这些使阿里巴巴集团更增强了自信，更加积极地提升在这个方面的优势。目前，已和东风汽车、福特汽车等签订了合作协议，未来可能会有更多汽车企业加入到这个阵营中。

（二）创业企业发展现状

目前，智能网联汽车发展迅猛，但智能驾驶技术尚未完全成熟，因其需要的技术能力和技术方向繁多复杂，涵盖了很多之前未纳入汽车产业链中的技术。因此，这也给创业企业提供了良好的技术输出平台和成功的可能性。众多创业企业正在如火如荼地进军智能网联汽车领域，围绕智能驾驶的产业链进行布局。从车辆改装、传感器、数据处理、地图、规划决策、定位、数据后处理等各个环节入手，整体推动智能网联汽车技术更好的发展。

1. 地平线公司

地平线成立于2015年，目前已与美国、德国、日本以及中国这四大汽车市场内的OEM和Tier1展开了合作。在2017年1月的全球消费电子展（CES）上，展出了基于地平线BPU架构的高级驾驶辅助系统。2017年9月，推出了征程1.0处理器，具备同时对机动车、非机动车、行人、交通标志牌、车道线、红绿灯等多类目标进行准确实时检测与识别处理的能力，可支持L2级的驾驶辅助系统。

2. 景驰科技

2017年3月，景驰科技创立，落户在广州。依托其创始人在百度公司积累的丰富的自动驾驶经验，以及在硅谷招揽的一部分技术人才，完成在百度公司时期未完成的计划，同时开始向供应链就大额订单进行接触，建立国内首个无人驾驶汽车大规模产业化企业，计划在2018年量产500~1000辆无人驾驶汽车。

3. 禾多科技

禾多科技主攻L 3.5级的自动驾驶技术方案。L 3.5级自动驾驶技术方案需要把准L 4系统降为L 3级使用。禾多科技宣称该方案拥有更高的安全标准，同时又适合量产。2017年10月，该公司完成了千万美元级别天使轮融资，但其方案还需要更长时间的测试验证和市场检验。

二　互联网企业的优势

当前，一场前所未有的变革正发生在全球汽车产业。一方面，汽车智能化趋势日益显现，智能网联汽车飞速发展，城市交通智能化已成必然；另一方面，随着网络强国战略的推进，以网络信息技术产业为重要内容的互联网企业正在日益壮大。从整体宏观层面来看当今汽车产业，智能化、网联化这两大主题正成为汽车产业的重要转型升级方向。

（一）市场环境良好

中国经济已经开始转型，发展模式已由粗放式的规模速度型增长转化为集约式的质量效率型。在扩大总需求的同时，去杠杆、去库存、去产能、降成本、补短板，坚持优质供给，降低无效供给。国家大力淘汰“僵尸企业”，但依然通过转型、升级、改革、创新培育更多的新增长点，增强中国经济新动力。

在国家改革发展的重要时期，“人工智能”带给中国全产业链一个弯道超车的机会，互联网企业也不例外，在本次浪潮中如果互联网企业可以抓住信息技术变革的机会，在新环境下成长，将使其获得更高的价值回报。同时，互联网企业可以利用在人工智能技术领域研发的优势，将互联网技术、人工智能技术与车辆技术进行融合，发挥互联网企业的造车优势。

（二）独特优势

目前，汽车技术日趋成熟，在现有环境下取得技术突破和进步愈加困难，大多数传统汽车企业从既得利益出发，缺少采用全新技术的决心。相比之下，互联网企业则更容易接纳和转型，作为汽车行业的新军，没有固有模式、没有传统思想、没有条条框框，完全可以迅速吸纳新元素从而取得成功。互联网企业专注于从用户需求出发，寻求用户痛点，根据用户需求对智能网联汽车的设计重新定义，正向开发产品。

互联网企业具有与生俱来的创新性与活跃性思维，将大力拓宽智能网联汽车的发展道路，无论是技术研发还是市场开拓，将带动传统的汽车企业打开造车思路，为传统汽车企业提供新的思考模式。此外，由于互联网企业一贯注重以客户感受为第一要义，从消费者层面考虑，互联网企业造车可能更受消费者青睐，从而打开互联网造车的市场格局。在获取了更多消费者的数据后，互联网企业又利用自身数据分析的优势，将数据进一步分析，得出消费者在用户体验层面的感知结果，从而将感受度不高的方面进行调整，更好地服务于消费者。在融资方面，互联网企业一般拥有众多事业部，能够建立分公司出让更多股份，有更灵活的融资方式。

（三）互联网造车推动产业革新升级

互联网企业进入智能网联汽车领域将在很大程度上改变整个汽车产业环境。如果说传统的技术创新是对汽车产业的修修补补，那么发展智能网联技术将会是一次彻底的革命。与传统的技术进行升级不同，智能互联汽车改变的不仅仅是产品本身，而是汽车的全产业链，甚至是汽车产业的全环境。智能网联汽车不是针对一般性能和功能方面的改善，而是将实现整个产品形态的转变，智能技术和网联技术会将汽车从传统意义上的运输工具转变成综合性的移动终端。在智能网联汽车里，用户可以工作、娱乐、消费、社交等等，汽车不只作为代步工具。同时，在产业竞争层面，互联网企业的强势进入，必将对传统汽车企业造成冲击，如果传统汽车企业不在智能互联汽车领域做出根本性改变，那么在新一轮竞争中必将处于被动地位，可以说互联网企业的倒逼将推动整个汽车产业向全新的方向升级。

总之，从智能网联汽车的整体生态来说，各互联网企业不断地探索技术的爆发点，并深刻地向汽车产业的各个环节渗透，对汽车制造的各个领域，都有越来越深远的影响，无论在人才梯队、资金和技术，还是资源方面，互联网企业都以最强状态变革该产业，同时也推动汽车企业向更强的方向发展，也会带来更深刻的出行革命。

专 项 篇

Special Project Reports

B.26
智能网联汽车信息安全发展概述

张 楠*

摘 要： 随着汽车"四化"（智能化、网联化、电动化、轻量化）程度的提高，智能网联汽车信息安全问题越来越突出。智能网联汽车的信息安全危害包括隐私泄露、黑客攻击等带来的财产损失和人身伤害，已经发展成为国家公共安全问题。本报告从信息安全标准、威胁分析、核心系统安全、车辆防护技术及解决办法等其他层面系统阐述了我国智能网联汽车信息安全的现状。

关键词： 智能网联汽车 信息安全标准 威胁分析 防护技术

---

* 张楠，中国汽车技术研究中心，助理工程师，研究方向为车联网与汽车信息安全。

汽车的属性是安全高速行驶的交通工具，最基本的是安全，而不是丰富的功能。随着汽车“四化”（智能化、网联化、电动化、轻量化）程度的提高，智能网联汽车信息安全问题越来越突出，信息篡改、病毒入侵、木马植入等手段已被应用于对汽车的攻击当中，汽车信息安全召回事件频发，引起汽车行业的高度关注。智能网联汽车的信息安全危害，往往造成隐私泄露、经济损失，甚至车毁人亡的严重后果，已经发展成为国家公共安全问题。尽管当前智能网联汽车的安全漏洞尚未被广泛利用。但是，根据统计结果，超过50%的消费者将把信息安全和隐私保护作为购买车辆时考虑的主要因素。由此可见，智能网联汽车信息安全已经成为汽车产业和社会关注的焦点。

一　概述

智能网联汽车不等同于“车＋互联网”，真正意义上的智能网联汽车是“智能汽车＋车联网”。其中智能汽车是通过传感器的感知来执行和实现车辆纵向和横向移动，从而达到自动驾驶的目的；车联网是与公共移动互联网相对的局域网，是一个较封闭的技术体系。车联网体系示意见图1。

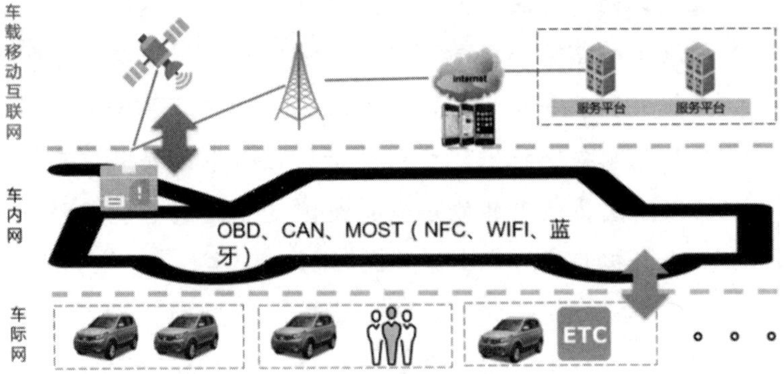

图1　车联网体系示意

信息安全问题是汽车智能化和网联化发展的必然产物，各汽车产业强国在发展智能汽车过程中，都不同程度地意识到信息安全的潜在危害，特别是整车企业和零部件企业均在研发不同的应对策略。

欧美日等国家和地区在汽车电子系统基础芯片和各零部件的技术研发方面有着多年的积累和资源优势。其中，美国在汽车网联化技术、智能化技术和芯片技术方面优势明显，提倡汽车从全生命周期的各个流程考虑信息安全因素，主张标准和技术规范先行；欧洲拥有强大的整车及零部件企业，侧重于交通一体化建设，在信息安全方面更多关注于车内关键零部件安全、智能交通安全和 V2X 通信安全，并已完成相关产品研发和技术推广应用；日本在汽车智能化发展方面较领先，信息安全方面更多侧重于自动驾驶汽车。

2015 年 2 月，美国马萨诸塞州参议员爱德华·马基针对智能网联技术的普及程度、汽车企业现阶段的黑客安防措施、个人数据收集储存和管理、数据防恶意攻击安全措施等问题，调研了包括宝马汽车、克莱斯勒、大众汽车、本田汽车、现代汽车、奔驰集团、丰田汽车和沃尔沃等在内的 16 家汽车企业。调研结果发现：大多数汽车企业尚未意识到信息安全威胁，现有的安全保护措施未标准化且较随意，大多数汽车企业不能实时或者主动应对安全入侵，汽车企业目前收集的用户数据没有保护措施，且用途不明。近年来，特斯拉、宝马汽车、克莱斯勒、丰田汽车等国外众多汽车品牌的信息安全漏洞频频曝光，这也凸显了国外汽车行业信息安全防护能力依然不足的严峻问题。

在中国，汽车信息安全问题近两年才逐渐受到关注，但是行业普遍缺乏系统认知，安全技术参差不齐。为此，2016 年工业和信息化部委托车载信息服务产业联盟网络安全委员会对中国自主及在华外资汽车企业、终端、零部件企业等 15 家单位展开调研。通过调研发现，存在中国整车企业基本没有专门的信息安全管理机构，现有 TSP 供应商在服务平台信息安全建设方面较初级且缺乏系统性解决方案，车主用户的数据管理体系缺失，车辆系统安全漏洞修复机制匮乏，网联车辆用户实名认证无法保证等问题。

二　国内外标准规范现状

欧美日等世界汽车强国和地区都在积极推动智能网联汽车信息安全标准

和技术规范制定工作。美国在谷歌、苹果、微软等互联网巨头以及福特汽车、通用汽车和特斯拉等汽车制造商的大力支持下，政府和行业对汽车信息安全关注较早。

2016 年 1 月，美国汽车工程师学会（SAE）率先推出了全球首部汽车信息安全指南 SAEJ3061，为汽车产业提供了参考和建议。2016 年 10 月，美国 NHTSA 发布的《现代汽车信息安全最佳实践》中提到，将“针对快速发展的智能网联汽车信息安全及隐私保护等问题推出最佳实践框架结构”。欧洲依托强大的汽车制造企业和零部件企业，专注于汽车零部件及网络通信安全。

2008 年，欧盟委员会分别开展了 EVITA、OVERSEE、PRESERVE 等项目，在汽车硬件安全、车辆通信系统架构和 V2X 通信安全等方面提出了解决方案和技术规范，部分技术成果已实现产业化应用。另外，欧洲电信标准协会（ETSI）针对智能网联汽车与智能交通系统（ITS）制定了系列信息安全标准，涉及 ITS 安全服务架构、ITS 通信安全架构与安全管理、可信与隐私管理、访问控制和保密服务等方面。

日本作为全球网联车辆的先行者，其政府很早就开始重视智能网联汽车的信息安全问题，并且制定了相关对策和管理方针。2013 年，日本信息处理推进机构（IPA）根据其汽车行业调研情况，推出《汽车信息安全指南》(*Approaches for Vehicle Information Security*)，该指南从汽车可靠性角度出发，通过对汽车安全的攻击方式和途径进行分析，定义了一种汽车信息安全模型“IPA Car”，并提出了汽车生命周期安全保护措施。

国际上，世界车辆法规协调论坛（UN/WP. 29）于 2014 年 12 月成立了智能交通与自动驾驶非正式工作组 ITS/AD，将汽车信息安全标准纳入协调范围，并于 2016 年 12 月组建了信息安全标准制定任务组，围绕汽车网络安全、数据保护及软件升级三部分内容开展相关国际法规及标准制定工作。2016 年 10 月，ISO/TC22 道路车辆技术委员会与美国 SAE 以联合工作组的形式成立了 ISO/SAE/JWG Automotive Security 信息安全工作组，正式启动了 ISO 层面的国际标准法规制定工作。

近年来，中国也开始重视智能网联汽车的信息安全问题，在以政府引导、产业联盟推动、标准委员会执行的模式下，积极开展汽车信息安全系列标准制定工作。国务院在2015年推出的《中国制造2025》中提出“建立智能制造标准体系和信息安全保障体系，首次将汽车信息安全纳入国家重大发展战略中”。2016年11月7日，国家发布了《中华人民共和国网络安全法》，明确要求“包括汽车企业、车联网运营企业在内的网络运营者需履行网络安全保护义务，应当依照法律、行政法规的规定和国家标准的强制性要求，采取技术措施和其他必要措施，保障网络安全、稳定运行，有效应对网络安全事件，防范网络违法犯罪活动，维护网络数据的完整性、保密性和可用性”。该法于2017年6月1日起正式施行，客观上对网联车辆的运营者提升网络安全意识、积极采取网络安全防护措施具有重要意义。

2016年7月，由中国一汽和北京航空航天大学发起，依托于中国汽车工程学会成立了中国首个汽车信息安全委员会，主要致力于推动行业资源融合、标准立项和技术推广等内容。2016年11月，由车载信息服务产业应用联盟（TIAA）发起，国家互联网应急中心、工业和信息化部情报研究所和中国电科第30研究所等成员单位组织，成立了车载信息服务产业应用联盟网络安全委员会，主要立足于推动网络安全技术体系和核心技术标准形成，构建安全、和谐的车载信息服务应用环境。2017年2月，TIAA在第六届车载信息服务产业年会期间发布了《车联网网络安全防护指南细则》和《2016年车联网网络安全白皮书》，介绍了中国当前车联网网络安全政策、法规、标准、产品和应用等方面的实际情况与现实需求，总结了当前中国车联网的网络信息安全实际情况。

全国汽车标准化技术委员会（简称“汽标委”）于2016年推出了《智能网联汽车标准体系建设方案》（第1版），信息安全标准体系（204）作为其重要组成部分，支撑着智能网联汽车标准体系的整体架构。2016年，汽标委ADAS标准工作组组织行业内外汽车信息安全相关技术机构、企事业单位专家组成了汽车信息安全标准任务组，开展了中国汽车信息安全标准制定及联合国、ISO等层面国际汽车信息安全标准法规协调的工作。

智能网联汽车在信息安全方面缺乏绝对保障，从诞生就一直没有被消费者信赖。在智能网联汽车还未普及的现阶段，只有在更多用户使用之后，它的数据积累才能达到人们期待的效果。

设想一下，如果智能网联汽车成为未来汽车市场的主流产品，它的信息安全问题恐怕会更频繁爆发。相关企业也一直通过各种技术实现产品的安全维护和升级，所谓道高一尺魔高一丈，永远不会有绝对安全的汽车产品，用户肯定不希望自己驾驶的车辆被他人不知不觉地接管，毕竟车辆的安全关乎乘客的生命。因此，信息安全才是智能网联汽车发展的重中之重。不应只看到高效便捷的一面，而忽视它带来的风险。

三　威胁分析

智能网联汽车是在广泛运用各类传感器、网络应用、云加载服务和资源数据库的基础上发展起来的，网络信息安全问题早已被重视，必须做到防止信息失真，智能网联汽车也不可避免地存在相应的安全问题。数据感知、数据传输、自主决策是智能网联汽车的最大特点，同时也是智能网联汽车从车载端、云端、移动端和通信链路这几个关键层面安全风险的主要来源。大数据、云空间等新技术和业务模式以及互联网的开放特性，决定了智能网联汽车的安全威胁要超过传统互联网。

首先，汽车车内网自身存在先天的安全隐患。由于设计之初，汽车作为单独的运行个体，其自身存在的安全隐患无法显现。但是，随着智能化，特别是网联化之后，由于存在与外界数据的交互，汽车自身存在的安全问题将会爆发。

其次，随着人工智能、互联网、通信网络、云计算、大数据等的应用，智能网联汽车沿袭了既有的互联网和大数据构架，也继承了这些安全缺陷。

最后，智能化、网联化使汽车结构越来越复杂，车身使用的传感器、ECU 的数量成倍增长，汽车车身软件代码将超过 2 亿行，汽车自身存在的安全隐患也将越来越凸显。

智能网联汽车信息交互构架如图 2 所示。

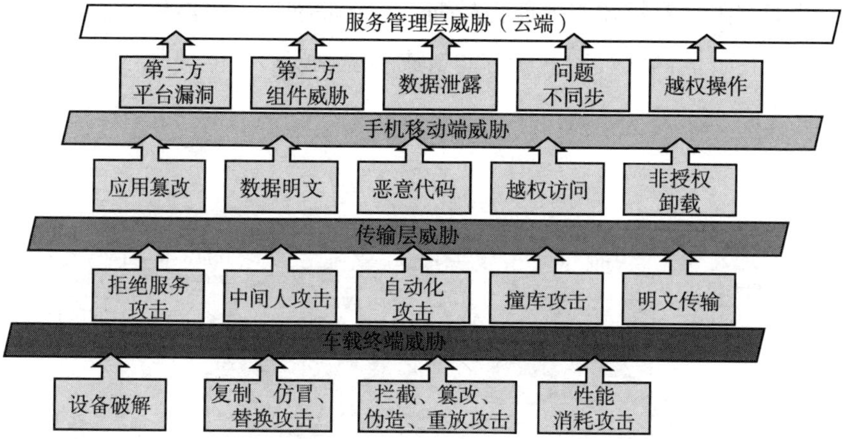

图 2　智能网联汽车信息交互构架

（一）车载终端信息安全隐患

智能网联汽车存在多个风险源，每个风险源又与其相关的技术和深层次支撑系统有关，整个风险体系是一个发散系统，包括硬件、软件、算法、云计算和大数据等。

车载终端的任务是全面感知车内外信息，该层的典型设备包括射频、传感器（超声波、红外、雷达、摄像头、卫星定位），可能遇到的问题包括以下几个方面。

（1）车载终端设备被劫持或者暴力攻破。设备制造企业对于设备的安全机制还停留在设备自身运行状态的控制防护，没有基于互联网防范的安全意识对设备进行认证授权等访问的保护措施，弱口令与漏洞频出。

（2）通信数据易被黑客截获和破解。数据通过无线网络平台传输，信息未加密保护，信息潜在价值和安全将受安全影响。

（3）车载终端很难抵抗来自网络的各种攻击。汽车电子设备和车载 App 的使用离不开互联网的支持，这就使得汽车很容易受到来自互联网的恶意攻击，主要攻击包括非法访问、篡改服务指令、泛洪等攻击。车载设备的性能有限，对抗攻击的能力较弱，在互联网环境里能够防御的一些攻击行为，在智能网联汽车上就可能造成系统瘫痪。智能网联汽车风险界面见图3。

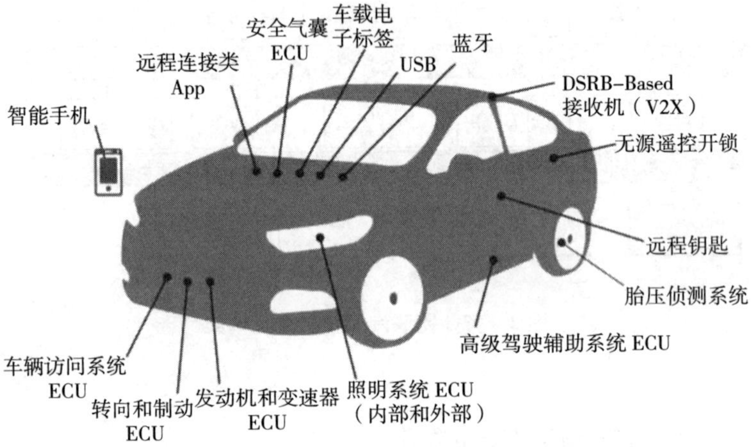

图3　智能网联汽车风险界面

（二）服务管理层安全风险

由于智能网联汽车系统中需要服务的车辆终端数量庞大，部署位置广泛，人工更新车载终端上的软件比较困难，那么远程配置和更新就显得格外重要，管理端对于远程配置和更新时的安全保护能力和异常事件处理能力需求尤为突出。而根据相关部门的调查，车联网信息安全的现实威胁主要来自服务内部，而非网络病毒和外来攻击。因此，无人值守、规模庞大的车载终端设备配置、升级等管理将成为新问题。具体包括几个方面：

（1）管理人员越权操作，内部人员窃取价值数据；

（2）第三方接入平台缺乏监管，数据泄露造成企业价值受损；

（3）开源组建暗藏漏洞或者后门，被动防御无法及时防护；

（4）海量终端进行管理与配置，升级或异常事件处理负载，流程不可控。

（三）传输层安全风险

智能网联汽车终端的各种信息都是通过传输层传送到远程信息处理端的。在信息传递的过程中，数据交互的方式很可能是不同的，有可能是一个，也有可能是多个不同的协议或者网络通信构架，互联网的安全问题就有机会传递到智能网联汽车的传输层，产生严重的安全问题，传输层的安全问题包括以下几个方面。

（1）智能网联汽车体系中节点数量巨大，会产生大量的数据流，而海量的数据拥塞网络，从而产生拒绝服务式攻击。

（2）假冒攻击和中间人攻击：智能网联汽车的数字终端设备差异很大，其性能和认证等方面的构架和交互方式没有统一的办法。

（3）智能网联汽车涉及的蓝牙通信、无线通信、移动通信等，很容易出现不安全的网络攻击问题。

（四）应用安全风险

作为在智能交通应用中具有典型性和先进性的车联网，因其应用环境的特殊性和组网的复杂性，安全问题更加突出。从网络拓扑来看，车联网中节点之间的连接方式更加灵活，车辆之间可以组成无中心的移动自组织网络，车辆与道路基础设施之间还可以组成有固定接入点的基础结构型网络。具体包括如下几个方面。

（1）对移动应用存在的安全风险漏洞无法主动进行检测，没有有效的安全风险检测测试评价体系；

（2）无法确保移动应用本身的机密性（包括程序中的 DEX 文件、SO 文件、SDK 文件、H5 文件）；

（3）无法确保移动应用本身的完整性（包括程序中的签名文件、清单配置文件、资源文件、DEX 文件、SO 库文件、H5 文件）；

（4）无法有效防护移动应用被二次打包；

（5）无法确保移动应用本身的应用安全（包括调试、内存代码注入、存取数据读取、内存数据修改、内存 dump、模拟器运行、应用页面截屏、应用页面劫持）；

（6）无法确保移动应用在运行过程中的数据安全（包括数据的输入、存储和输出）。

（五）核心系统安全

1. TSP 安全

TSP 是 Telematics Service Provider 的简写，它属于服务提供者，在汽车、车载设备制造商、网络运营商与内容提供商中间起连接作用。TSP 在 Telematics（应用了无线通信技术的车载电脑系统）产业链中居于核心地位。据了解，TSP 运营所需物资有：ICP（Internet Content Provider）互联网经营许可、跨地区增值电信业务经营许可——信息服务业务、跨地区增值电信业务经营许可——呼叫中心业务、互联网地图服务资质。

2. App 安全

作为智能汽车的一大卖点，目前，许多汽车的制造商都提供了可以通过手机开启车门甚至启动汽车的 App，这在一定程度上的确便捷了人们的生活。但是 App 软件，甚至承载它们的 Android 和 iOS 系统从诞生之日起，就一直被各种安全漏洞所困扰。如果 App 只是在传统手机场景中使用，这些漏洞可能只是一些经济损失，一旦用在汽车上导致的后果不堪设想。而事实上，各大汽车制造商还很少顾及一个 App 是否安全。一是这场智能化的“革命”来得太快，很多车企的人才和技术储备根本跟不上步伐；二是标准和评价方法的缺失为众多车企提供了可乘之机；三是大多数消费者恐怕还没有从这场汽车智能化的“大宴”中觉醒。

3. T-Box 安全

T-Box 系统是通过集成在汽车上的定位、射频识别、传感器、摄像头和图像处理等电子设备，按照通信协议和数据交互的标准，进行信息传输和交换的网络单元，也是实现智能交通、动态信息服务和车辆智能化的基础网络化系统。

不同于以往的软件漏洞和无线攻击等传统的互联网安全思路，2016 年，研究人员对 T-Box 进行了全面的安全分析并成功破解了其中的协议，实现了车辆的本地操控和远程操控。另外，用户还可以通过手机端 App 控制命令实现对 TSP 后台和车载 T-box 的信息传递，CAN 总线最终把对车辆的控制和操作结果反馈到用户手机 App 上。在信息传输的过程中，包含多个构架和协议层，其中很可能有信息泄露的安全隐患。

4. IVI 安全

IVI（In-Vehicle Infotainment，IVI），即车载信息娱乐系统。IVI 的主要功能是三维导航、移动办公、无线通信、故障检测、车辆信息、车身控制和基于在线的娱乐功能及 TSP 服务等一系列应用，极大地提升了车辆的智能化水平。IVI 构架示意见图 4。

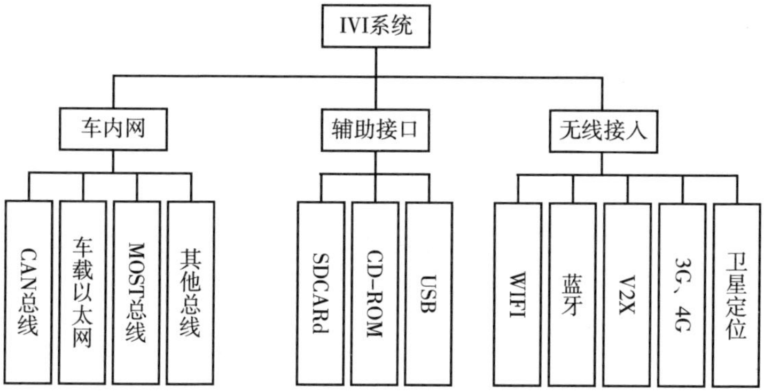

图 4　IVI 构架示意

2016 年，Vulnerability 实验室的安全研究人员公布了宝马汽车车载娱乐系统的两个漏洞。VIN 漏洞可以进行会话劫持，恶意用户可以借此获取另一车辆匹配用户的 ID，且可以设置备份。之后，在登录网站时，系统可以绕过用户授权和 VIN 授权直接访问用户汽车数据和信息。

5. CAN-BUS 总线安全

汽车内部各电子元器件的连接是通过车内网数据总线 CAN-BUS 的数据传送完成的。车内 CAN 数据包承载着各 ECU 单元的通信数据，外端设备通过汽车提供的 OBD 接口连接到 CAN-BUS 总线中并提供车内各 ECU 单元和传感器的信息传递，最后再把分析出的相关信息反馈到 OBD 和信息库，汽车用户通过手机 App 终端就能实时查看车内信息了。

不同的汽车在 CAN 总线应用层的定义是不同的。在应用层，CAN 数据帧主要有两个部分值得关注：一方面是 ID 字段的意义，对于某一个 ID 的数据包，其发送者和接收者是未知的；另一方面是数据段的含义，数据段不同部分代表的含义也不清楚。想要“黑”掉汽车并且获取其控制权，就得掌握汽车的通信矩阵和 CAN-BUS 总线协议，因此车辆数据逆向工程和模糊测试等方法就成为攻击者狂热追求和研究的方向。汽车 CAN 总线结构见图 5。

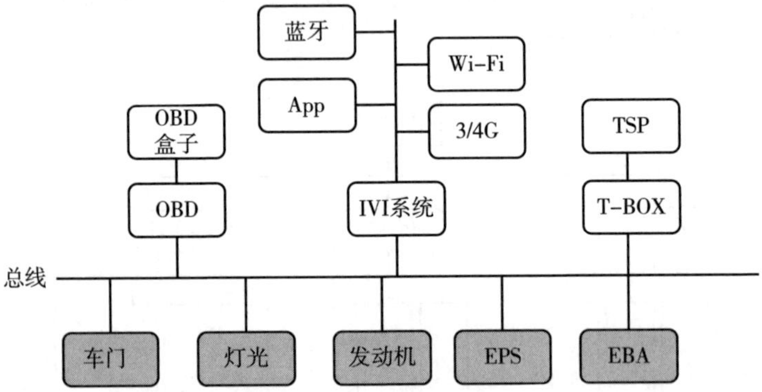

图 5　汽车 CAN 总线结构

6. ECU 安全

ECU（Electronic Control Unit）电子控制单元，是汽车专用微机控制器，和普通的单片机一样，由输入/输出接口、存储器、微处理器、模数转换器以及整形、驱动等大规模集成电路组成。电控单元的功能是根据其内存的程序和数据对空气流量及各种传感器输入的信息进行运算、处理和判断，然后输出指令。一辆汽车通常有几十个甚至更多的电子控制器，其中许多被连成网络，相互通信。大多数汽车的电子控制模块具备一些防止其代码和操作遭到篡改的措施，这些措施的保护力度强弱不一。

ECU 攻击也可分为这样三种不同的类别。

（1）前门（Front Door）攻击：劫持原始设备制造商（OEM）的访问机制。第二代车载诊断系统标准规定，车辆可以通过 OBD 连接器进行重新编程，因此对原厂编程方法进行逆向工程是一种有保障的攻击方式。

（2）后门（Back Door）攻击：使用更为传统的硬件黑客手段。汽车的电子控制模块也是嵌入式系统，因此可以对其运用常规硬件攻击手段。

（3）漏洞利用：检测并发现非预期访问机制。通常而言，漏洞利用的代码是基于 Bug 或问题构建。Bug 极有可能导致系统崩溃、重启或执行驾驶人员非预期的功能，其中一些 Bug 提供了缓冲溢出攻击的机会，通过非预期输入为控制受 Bug 影响的设备打开一扇大门。构造巧妙的输入能够触发 Bug，导致设备执行攻击者提供的恶意代码，而不是触发常规故障状态。ECU 被攻击示意见图 6。

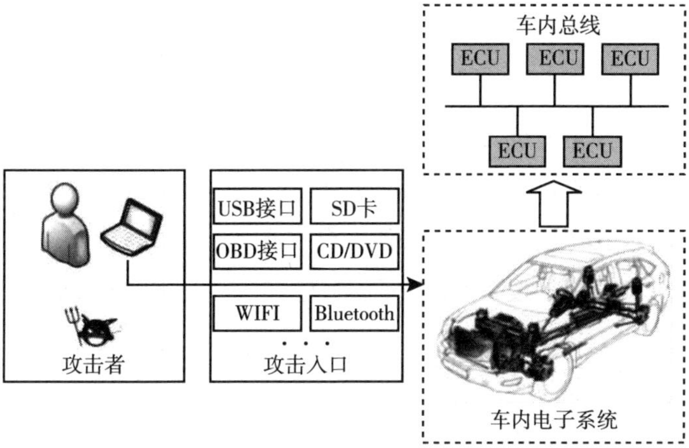

图 6　ECU 被攻击示意

7. 通信安全

车联网（IOV：Internet of Vehicle）是指人、车、路、汽车传感设备等的交互，实现车辆与公众网络通信的动态移动网络通信系统。目前，全球还没有统一的车间通信标准。美国于 1998 年推出了 DSRC 作为车间通信标准，DSRC 以 IEEE 802.11p（WAVE）作为物理层标准，IEEE 802.11p 由 IEEE

802.11 标准扩充，专门应用于车用环境的无线通信技术，采用 5.850 ~ 5.925 吉赫中的 75 兆赫频段作为通信频段，传输距离可以达到 1000 米。DSRC 系统包含车载装置（On Board Unit，OBU）与路侧装置（Road Site Unit，RSU）两项重要组件，透过 OBU 与 RSU 提供车间与车路间信息的双向传输。

DSRC 在链路层上通信和传输加密有不小的难度。黑客只要拥有可以接收 DSRC 信号的接收器设备，就能在汽车有效接收范围内接收相关信息，如尺寸、位置、速度、方向以及最近 300 米内的行车路径，并使用这些信息跟踪目标车辆。例如，如果攻击者知道目标车辆的制造商和型号以及尺寸，他们就可以在目标住宅的附近设置接收器，远程接收目标车辆何时驶出接收器的范围，这样攻击者可以获得车主离开住宅的时间。

四 关键技术

智能网联汽车的安全防护并非仅指车辆本身的信息安全，而是包含通信、云平台、大数据和外部新兴生态系统的整体生态安全防护，同时安全防护需要长期进行，需要定期对整个生态做安全检测，以便发现潜在的风险。因此，智能网联汽车安全防护技术可以按照端、管和云的安全检测方面描述。

（一）车辆安全防护技术

1. 车载智能设备的操作系统安全防护技术

操作系统作为智能网联汽车的核心部件起着至关重要的作用：向上承载应用、通信等应用功能，向下承接底层资源调用和管理。当前主流的智能网联汽车操作系统分为两种类型：非开源和开源。非开源操作系统安全由汽车企业自行开发，比如宝马汽车的 iDrive。开源操作系统主要有安卓、QNX 和 linux。当前大部分主机企业采用的都是开源方案，开源能够降低开发成本，但是其自身安全风险不容小觑，如已知和未知漏洞风险、安全和健壮性的缺失，以及缺乏对操作系统行为的监控等。

尽管并不是所有汽车企业都有能力自主开发操作系统，但是考虑到智能网联汽车的特殊性，在选择和使用操作系统时，除了要考虑成本、易用性和商业生态方面的因素外，还需要对安全性做特别关注。

针对开源系统的漏洞问题，除应收集已知所选操作系统版本漏洞列表之外，还应该定期更新漏洞列表，同时扩大漏洞收集途径，确保能够及时了解各种系统漏洞并在第一时间内发现和解决。

操作系统作为整个智能网联汽车的核心部件，复杂性不言而喻，所有文件、I/O、通信和数据之间的交互非常频繁，需要确保每个行为可控和可管成为必然，监控全部应用和进程对所有资源的访问并进行必要的访问控制是安全可信的操作系统所必备的。

2. 固件安全技术

固件是指保存在具有永久存储功能器件中的二进制程序。在以微控制器为核心的 ECU 中，固件主要用于实现 ECU 的全部功能，不但提供硬件初始化、操作系统加载功能，同时也为上层软件有效使用硬件资源提供调用接口，是 ECU 的重要组成部分。

随着智能网联汽车的普及和智能化程度的提高，ECU 得到广泛应用，而作为 ECU 核心器件之一的微处理器和微控制器也随之呈现爆发式增长的趋势。固件作为 ECU 的重要组成部分，一方面更加方便了用户的使用；另一方面也为智能网联汽车带来信息安全的隐患。针对 ECU 固件安全问题，当前的重点主要集中在固件代码无法提取、固件代码防反汇编和逆向以及固件安全升级等方面。

由于固件代码的特性，因此选择器件时需要考虑是否支持加密算法，芯片中是否有保护寄存器，是否可以通过只读模式对固件存储器进行防护。

固件代码防止反汇编和逆向，一方面可以通过修改编译器的方式，自定义指令集，尽量避免使用通用指令集；另一方面也可以在固件代码中加入相应的混淆或者花指令，改变整个代码的层次结构，从而加大反汇编和逆向的难度，增加固件可靠性。

固件安全升级方面，需要使用主机企业认定的固件升级模式进行。

3. 数据加密技术

智能网联汽车的数据包括车辆数据、用户数据以及云端数据，数据安全除了数据的存储安全，也包含数据备份和数据传输安全，其中涉及的核心就是密钥存储安全和密码算法。

在密钥存储方面，针对 T-Box 上的数据安全，当前采用的主流方案是软件白盒和硬件 eSE 芯片，将密钥通过预制或者动态下发的方式存储在白盒或者芯片中，所有加解密操作均在白盒或者 eSE 中进行。轻量级密码算法是依据密码应用环境，减少资源消耗而提出的。

4. 密钥安全技术

智能网联汽车除了要建立一套完整的密钥管理体系外，还需要在密钥存储方面做特别关注。保护数据安全性的通常做法就是进行数据加密，在这种情况下合法用户需要访问的解密密钥同样需要保护，这对存储在不被信任的开源 linux 操作系统和安卓系统环境里的密钥来说，其安全性无法得到保障，解决在不被信任的操作系统中保障密钥安全的方式是采用白盒系统，尤其是安卓操作系统。白盒系统将密钥信息隐藏在加密库中，在程序运行的任何阶段密钥均以巨大查找表的形式存在，即只能通过输入明文得到密文或者相反操作得到明文。

5. FOTA 技术

智能网联汽车的 ECU 越来越多，代码行数也越来越多，软件自汽车价值中的占比也越来越高，开发周期却不断压缩，随之带来的是潜在风险加大。FOTA 可以有效解决软件故障问题，虽然当前 FOTA 技术趋于成熟，但是升级过程中的安全性仍然重要。智能网联汽车升级时需要配合安全升级机制，通过数字签名和认证机制确保增量升级的完整性和合法性；可按照时间、地区和设备数量等信息动态调整升级策略；在升级传输过程中通过通信加密保障整个升级包的传输安全。

（二）网络安全防护技术

1. 网络传输安全

网络系统拓扑结构复杂多样，智能网联汽车的网络也是一样，可分为车内网、车际网和车辆网络云等。其中，安全性是网络数据传输中不可避免的首要问题。主要体现在以下三个方面。

（1）网络加密技术

网络加密技术在网络的数据传送过程中是至关重要的。没有加密技术作为前提和保障，信息传输的网络系统很容易受到攻击，造成数据泄露或者数据被篡改，更别提数据的安全性。

（2）传输信息安全保护策略

这主要强调的是分级保护。根据具体的标准规范设置不同的信息安全保密程度，实行多层次网络划分，提高涉密人员的安全保护策略。

（3）加密可信计算机的实施

为保证计算机加密的可信性，可以从可信的技术数据出发，设置多层密码，对同一网络系统实施多线路管理。

2. 网络边界安全

智能网联汽车网络边界具备三个特征安全边界的扩大、分散和不确定性导致无法界定边界，从而造成边界隔离困难；可接入智能网联汽车的设备种类多，造成接入安全风险点增加；智能网联汽车身份验证困难。可采用如下技术。

（1）网络分段和隔离技术

对不同网段进行边界控制，对进入车辆内部控制总线的数据进行安全控制和安全检测。同时，对车辆端关键网络边界设备提供边界安全防护，如车载入侵检测系统等。

（2）接入智能网联汽车的认证技术

确保终端设备的可信性，避免未经认证的终端设备联入智能网联汽车。

（三）云平台安全防护技术

车云网络中车辆与云通信除了采用安全接入方式如 SSL 等，应该对业务进行划分，除通过不同的安全通信子系统接入网络外还需要采用基于 PKI 或者 IBC 的认证机制进行双向认证。

1. 云平台安全技术

智能网联汽车 TSP 云平台的安全控制及合规模型和新一代自适应安全架构与通用云平台安全相似：包含物理环境安全、计算存储安全、可信计算、网络安全、安全管理、信息安全、应用安全和可信安全管理平台等技术（见图 7）。

图 7　云平台安全技术构架示意

2. 云平台可视化管理技术

智能网联汽车安全可视化管理是指将车辆内所有 ECU、固件、操作系统和应用的安全风险以及威胁实时上报至云平台，将整个车辆的安全态势呈现给用户，帮助用户快速掌握车辆安全现状，识别异常等。

（1）移动 App 安全技术

智能网联汽车移动 App 主要承载了简单的车辆控制动作，如开门、开空调、开车灯和车辆启动等功能。智能网联汽车移动 App 安全涉及的范围非常广泛，其生命周期可分为三大部分：开发、发布和运行维护。

（2）智能网联汽车生态安全检测技术

智能网联汽车本身是一个完整的生态系统，包括整车安全检测、车辆—TSP 云平台—移动 App 间通信与业务交互安全检测，移动 App 安全检测以及 TSP 云平台安全检测。

五 企业竞争格局

相关报告数据显示，2015 年，全球互联网的网络安全市场规模约为 750 亿美元，而 2016 年全球轻型车销量是 8910 万辆，全球汽车保有量约 15 亿辆，与目前全球约 22 亿个移动终端的规模相去不远。但是全球汽车产业市场规模以万亿美元计算，任何一家全球排名前 3 位的零部件企业 1 年的产值都比网络安全总体市场规模还要大，因此“汽车网络安全”无疑是一块对网络安全企业有着巨大诱惑力的超级蛋糕。

中国智能网联汽车信息安全企业大致可分为以下几类。①具有国资背景的检测机构，以泰尔终端实验室和赛迪为代表，前者主要从事通信设备检测，后者主要从事软硬件设备检测。由于汽车与互联网、通信行业的日益融合，这类企业自然涉入汽车信息安全检测中。②传统互联网安全企业已经把汽车作为下一个终端进行产业布局，以奇虎 360、腾讯科恩实验室等为代表。③从事物联网安全的企业把汽车作为物联网的一个节点进行产业布局，以梆梆安全、匡恩网络等为代表。④具有一定的汽车软件开发基础的企业迅速切入汽车信息安全行业中，如东软和在中国发展较好的美国 Visual Threat 公司。⑤一些做传统加密业务的企业，布局汽车之上到云端的数据加密产业链条。汽车信息安全企业对比见表 1。中国汽车信息安全企业的研究方向见图 8。

表 1 汽车信息安全企业对比

对比项	匡恩网络	奇虎 360 腾讯科恩实验室	Visual Threat	梆梆安全	东软汽车安全方案
侧重点	汽车端安全检测	车联网安全检测服务	车联网安全服务、评估	车机应用端安全检测和防护	车机端防护
车联网安全方案	汽车端总线、接入、通信等自动化安全检测工具	①汽车渗透检测 ②汽车总线检测工具 ③汽车卫士	汽车总线检测工具	①手机 App 应用检测 ②车机 IPS 检测防护	车机 IPS 检测防护

续表

对比项	匡恩网络	奇虎360腾讯科恩实验室	Visual Threat	梆梆安全	东软汽车安全方案
优势	①全面安全检测 ②自动化工具 ③CAN漏挖技术	①渗透技术优势 ②安全服务团队 ③整体解决方案	①美国公司介入较早 ②安全服务团队	①手机App技术优势 ②车载系统IPS方案	车载系统IPS方案（集合自己IVI进行加装）

1.奇虎360、腾讯科恩实验室：专注于车联网安全渗透服务

2.Visual Threat公司：专注于车联网安全咨询和评估服务

3.梆梆安全：专注于车联网手机App端安全

4.东软：专注于车联网车载系统端安全检测防护

5.匡恩网络：专注于汽车端安全检测（自动化）工具

图8　中国汽车信息安全企业的研究方向

1. 中国行业起步较晚，基础薄弱

近几年，各种汽车被黑客攻破的消息纷至沓来，尤其以Jeep大切诺基被远程攻破接管达到了引爆点，直接导致菲亚特克莱斯勒大规模召回，这才开始引起了车厂的注意："在忙于将车辆联网的同时，汽车网络安全亦不可忽视。"但是，汽车行业的产品更新迭代和新技术引入，往往不如互联网和消费电子等领域的节奏快，汽车行业毕竟与传统互联网安全行业有很大的技术和人才差异，两者融合需要较长的时间。汽车行业具有较高的进入门槛，传统信息安全企业符合车规级安全的要求还有很长的路要走。

2. 中国企业信息安全切入点相近，同业竞争明显

中国汽车信息安全企业绝大部分以软件、漏洞为突破口，在渗透测试、漏洞挖掘和安全检测方面具有一定的技术积累。另外，在汽车端之上的管、

云安全防护方面有一定的建树，毕竟与传统互联网信息安全较接近。但是，在车端，如总线数据加密、空中升级等涉及车载芯片级的安全防护方面的技术较欠缺。所以，中国企业的主要安全业务集中在渗透测试和漏洞检测方面。距离硬件及智能网联汽车信息安全解决方案还有一定测差距。

3. 中国企业竞争格局不明显

中国的智能网联汽车信息安全企业竞争格局不明显：①智能网联汽车信息安全发展处于起步阶段，涉及信息安全的企业更少；②智能汽车与互联网存在一定的技术壁垒，对智能网联汽车未来发展的不确定性，传统安全企业对这个领域的关注度不高、大型互联网安全企业几乎都没有车载安全产品；③汽车零部件集成度较高，要求复杂，融入车辆信息安全体系中的单一产品，成熟度较低；④汽车信息安全企业技术积累普遍不高，各自都没有推出有强大竞争力的产品。

六　发展中存在的问题

（一）整车及零部件企业普遍缺乏完善的车联网网络安全管理机制

中国整车及零部件企业普遍缺乏完善的车联网网络安全管理机制。

（1）中国整车企业很少，零部件企业基本没有专门的车联网网络安全管理机构，个别企业有公司级的网络信息安全小组、部门或子公司专门或兼职负责车联网网络安全。

（2）只有少部分整车企业已形成跨部门或各部门分散的车联网网络安全管理机制，但全部企业均尚未建立网络安全方面的管理制度。

（3）全部企业均未单独明确车联网网络安全投入预算，对车联网网络安全方面的投入情况（比如网络安全方面的投入在整个信息化工作中所占的比例、网络安全方面的产品在整个汽车电子方面的成本比例等）不甚清楚。

总体而言，中国汽车企业普遍缺乏针对车联网网络安全的管理机构、管理制度和手段，还未真正考虑车联网网络安全的投入问题，现阶段对于车联网网络安全的管理较为匮乏，有待加强。

（二）现有车联网信息服务平台的网络安全防护仍显不足

中国企业在车联网信息服务平台的网络安全防护建设方面已有一定的举措，比如依据相关法律法规，建立密钥及证书管理体系，使用加密机、防火墙等安全措施，注意数据安全管理以及要求用户实名登记。但是，企业在车联网信息服务平台方面的网络安全建设仍较初级，缺乏系统性，网络安全防护能力仍显不足，未能有针对性地采取更加有效的安全防护手段，需继续加强重视，增强手段。

（三）车联网终端系统安全防护严重缺乏

车联网终端系统安全防护问题较多，具体体现在：

（1）在车联网移动 App 安全防护方面，尽管部分企业委托第三方 App 安全防护服务企业进行安全防护，包括采取防逆向、防调试、防篡改等安全防护措施，但仍然有不少企业并未采取完整有效的安全防护措施，存在诸多隐患；

（2）在车载终端安全防护方面，多数企业普遍未采取安全防护措施，仅有少部分企业在系统安全加固、应用安全加固和入侵检测及入侵防御等方面采取了部分安全防护措施。

由上可见，汽车企业在车联网移动 App 和车载终端产品（包括 IVI、T-BOX 等）等方面的安全防护措施严重不足，并且很少使用第三方的安全产品和服务，导致其在车联网终端系统的安全防护方面严重匮乏，安全风险十分严重。

（四）车联网网络安全政策法规及标准体系缺失

中国迄今为止还未建立起针对车联网网络安全的政策法规和技术标准体系，客观上影响了中国车联网的普及和相关安全产品及服务体系的建设。

B.27
智能汽车云数据发展情况

谷明琴　徐景洋*

摘　要： 在信息时代大环境下，汽车行业原有的数据存储和计算方式都需要进行变革，以车联网和云数据为主的云数据服务正是在这一背景下应运而生。云数据服务对促进汽车、交通、信息通信产业的融合和升级，以及相关产业生态和价值链体系的重塑是具有重要意义的。本报告从云数据的定义、重要性、国家出台的相关政策、互联网企业的示范等几个层面介绍了目前云数据的发展情况。提出在由车载终端数据、应用数据和交通信息流数据三部分有机组成的云数据全产业链条中，相关企业机构应当各司其职，从战略布局、服务及技术、产业政策和法律法规等方面齐心协力推动车联网与云数据的发展。

关键词： 智能汽车　车联网　云数据

信息时代的大环境下，汽车行业原有的数据存储和计算方式都需要一次“大换血”，车联网和云数据为主的云数据服务正是在这一背景下应运而生并迅速发展。云数据服务对促进汽车、交通、信息通信产业的融合和升级，及相关产业生态和价值链体系的重塑是具有重要意义的。

---

* 谷明琴，百度，工程师，博士，研究方向为自动驾驶；徐景洋，中国汽车技术研究中心，助理工程师，研究方向为车联网全产业链技术。

一　云数据的定义

智能汽车的云数据是云计算和大数据的结合体，是基于云计算商业模式应用的数据集成、数据分析、数据整合、数据分配、数据预警的技术与平台的总称。智能汽车数据包含几个部分：车载终端数据、应用数据和交通信息流数据。车载终端数据主要包括位置与轨迹、监控与报警、智能交互；应用数据包括车辆与设备管理、驾驶管理、智能诊断与维修、内容与信息集成；交通信息流数据包含基础设施状态和道路通行情况等方面。通过这些数据可以全方位地了解城市交通情况、车辆行驶状态、车辆本身的情况及客户对交通关注的情况等。同时，可以为政府、用户及相应的企业（汽车企业和供应商）提供很好的数据来源，也可以提供更加精准的服务。

在整个产业链条中，互联网企业、供应商、服务商、整车企业及创业企业均扮演着不同角色。

二　云数据的重要性

过去，整车企业与消费者的联系基本发生在用户购车及维修保养阶段，而在消费者真正的使用阶段，整车企业并未与用户发生更密切的联系，从而屏蔽了用户在使用车辆方面的很多习惯、偏好及对售出车辆是否满意等信息，也无法为用户下次购车进行精准营销，更谈不上针对不同消费群体进行精准营销。

目前，整车企业开始意识到用户数据的价值，纷纷推出本企业的云数据服务，开始为本企业的整车产品配置相应的基础数据服务，并向客户提供更好的技术和用户体验。然而，整车企业因其不具备海量数据的采集、存储、分析及使用能力，大量的用户数据、消费数据及习惯数据得不到很好的应用，依然处于摸索阶段。

（一）上汽通用战略目标——构建云平台和云服务

自2017年3月7日起，上汽通用开始向广大消费者推广其车联网2025战略。根据该战略，未来的上汽通用将利用其庞大的用户基数，不断加快构建企业车辆云平台和云服务的步伐，不断坚持车联网服务能力的提升，以期打造一个“人·车·生活”全面互联的车联生态，在未来的智能汽车社会引领一种全新的生活模式。

“上汽通用车联网2025战略”在不同的阶段有着不同的发展目标。第一阶段，2017年，推出具有全新一代车联系统功能的新车，车辆的应用与服务将以“云”为中心得到不断推进，且系统将会迭代升级。此外，Onstar基础服务期延长至5年。第二阶段，2018年上汽通用OTA在线系统更新推出，将实时车况诊断功能升级为危险预警提醒，为驾驶员的人身安全提供坚实保障。第三阶段，2019年将会引入一项先进技术——Super Cruise智能驾驶系统，届时，会初步解放驾驶员的四肢及双眼。第四阶段，2020年会继续针对V2X技术进行开发，结合自动驾驶功能，使出行更加高效、安全。第五阶段，2021~2025年上汽通用将聚焦前沿技术，大力研发包括人工智能技术、AR增强现实技术以及5G超高速网络等，实现人性化智能服务。

（二）长安汽车搭建智能汽车技术交流平台

2017年12月21日，长安汽车携手盖世汽车举办了智能汽车技术交流会。24家智能科技企业通过路演、现场交流和实物体验等，针对30多项汽车智能技术进行了合作交流。在智能化领域，长安汽车所掌握的智能化技术已达到三大类60余项，其中包括汽车智能驾驶、智能互联和智能交互，尤其是在结构化道路L3级自动驾驶技术和APA6.0自动泊车技术方面，正在进行实车测评。同时，还研发了智能语音秘书“小安”，可以实现用户与车辆之间的双向交流，并已搭载在CS95以及全新上市的睿骋CC等量产车型上。

（三）北汽集团生态战略合作

2017 年 10 月 13 日，北汽集团与百度公司计划达成集团战略合作，合作领域涵盖自动驾驶、车联网、云服务等方面，旨在打造全方位的“汽车 + 人工智能”生态。

在自动驾驶方面，双方计划以百度公司阿波罗（Apllo）开放平台与北汽集团车辆平台作为基础，并在百度公司人工智能核心技术的助力下，于 2019 年前后实现 L 3 级别（SAE）的自动驾驶汽车量产，于 2021 年前后实现 L 4 级别（SAE）的自动驾驶汽车量产。

在车联网方面，百度的 Apollo 平台将车辆信息安全、Duer OS、图像识别等产品和技术与北汽集团的车载系统深度融合，为打造一款双方共有的一站式车联网产品而不断努力。预计 2018 年底，百度公司的阿波罗车联网产品将全面应用到北汽集团的自主品牌车辆当中。2019 年，北汽集团旗下搭载百度公司车联网产品的车辆预计超过 100 万辆。除此之外，北汽与百度共同探讨就云服务领域展开相关合作，包括全新云生态系统的构建，智慧交通、移动出行等大数据增值服务等项目的合作。

三　国家部委和地方政府制定的相应政策及示范应用

（一）国务院

2017 年 7 月 20 日，中共中央国务院公布了《新一代人工智能发展规划》，规划中多次提及要重点发展自动驾驶、车联网等技术。在规划中，智慧车联网，最主要是与充电运营平台、汽车企业车辆管理平台的数据共享。“车、桩、网”数据融合后，通过充电、用电和驾驶等大数据分析，可以为用户提供更多服务。

2010 ~ 2017 年各部委推出的产业政策见表 1。

表1　2010～2017年各部委推出的产业政策

政府部门	发布日期	政策
国务院	2015年5月	《中国制造2025》
	2015年7月	《关于积极推进"互联网+"行动的指导意见》
	2015年9月	成立"国家制造强国建设领导小组车联网产业发展专项委员会"
工信部	2015年12月	《关于贯彻落实〈国务院积极推进"互联网+"行动的指导意见〉行动计划(2015～2018年)》
	2016年6月	《车联网创新发展工作方案》
	2017年9月	《国家车联网产业标准体系建设指南》系列文件
国家发改委/交通运输部	2016年8月	《推进"互联网+"便捷交通,促进智能交通发展的实施方案》
	2016年	《关于加强道路运输车辆动态监管工作的通知》

（二）工信部

2017年6月13日，为加快推动中国智能网联汽车产业发展，发挥技术标准的引导和规范作用，工业和信息化部办公厅和国标委办公室共同发布了《国家车联网产业体系建设指南（智能网联汽车）（2017年）》（征求意见稿），指南中指出发展智能网联汽车不仅可以有效解决道路安全、交通拥堵、能源短缺和环境污染等问题，而且有利于汽车产业的转型升级，同时对电子、通信、软件、互联网和交通等产业集群都具有重要意义。指南提出了95项标准体系，其中包含基础、通用规范、标准、产品、技术应用等相关方面。同时根据各标准在技术等级、内容范围等方面的特性或共性，该指南分为结构合理、内容完善、界限清晰的14个子类。12月14日，工业和信息化部发布了AI三年发展计划，通过实施四项重点任务，争取到2020年，实现人工智能产品突破性进展，在全球形成独特的竞争优势，使实体经济和人工智能融会贯通，同时助推人工智能技术的普及，使得智能技术在健康管理、智能家居、车载产品和移动智能终端等领域得到更深入的应用，优化人工智能硬件的产业发展环境。

在发展智能网联汽车方面，大力推广车载智能芯片、自动驾驶操作系统、车辆智能算法等技术及产品，支持车辆智能计算平台体系架构，构造一个新型的软件、硬件和算法一体化的汽车智能化平台。预计 2020 年，建立一个安全、可靠、实时性强的汽车智能化平台，出台平台相关标准，支撑高度自动驾驶（HA 级）。

（三）地方政府

地方政府也意识到了车联网对未来城市的价值，也在力推车联网与云数据中心的建立，对基础设施进行改造，以便技术尽快落地。

2017 年 10 月 18 日，锡东新城与中国南山开发（集团）举行车联网小镇项目签约，这预示着在鸿山小镇、雪浪小镇等成为物联网小镇后，又一个有鲜明产业特色的小镇落户无锡。此次投资建设的中国南山车联网小镇项目旨在建立一个中国汽车后市场物联网服务的标杆平台和车联网示范区，项目总投资约 120 亿元。车联网小镇以汽车物联网、汽车金融、汽车文旅和汽车后服务等车联网产业为核心，打造汽车智慧园区和汽车主题公园两大主题业态，成为汽车工业与物联网产业结合的产物。

到目前为止，工业和信息化部与公安部、北京—保定、重庆、浙江、湖北、吉林和江苏签署了示范合作框架协议或共建合作协议，通过智能制造试点示范项目支持上海建设智能网联驾驶示范区。

四　互联网企业加速车联网及云数据布局

根据截至 2017 年 6 月底的统计数据，全国汽车的保有量已经达到 2.05 亿辆。2017 年上半年与 2016 年上半年新注册登记量基本一致，为 1322 万辆。目前，中国汽车市场规模全球第一，而智能汽车云数据服务处于初期发展阶段，潜在的市场规模巨大。前瞻产业研究院发布的《车联网行业市场前瞻与投资分析报告》数据显示，随着智能交通概念的不断普及，中国车联网用户数量也与日俱增。2010 年的行业渗透率为 2%，2015 年为 8%，并在这之后进入一个加速增长阶段。预计 2020 年，用户规模将突破 5000 万户。车联网用户在加速渗透，同时，汽车企业、供应商、互联网企业均在竭尽所能地将触角伸向车联网及后端的数据服务方面。车联网及云数据的产业链见图1。

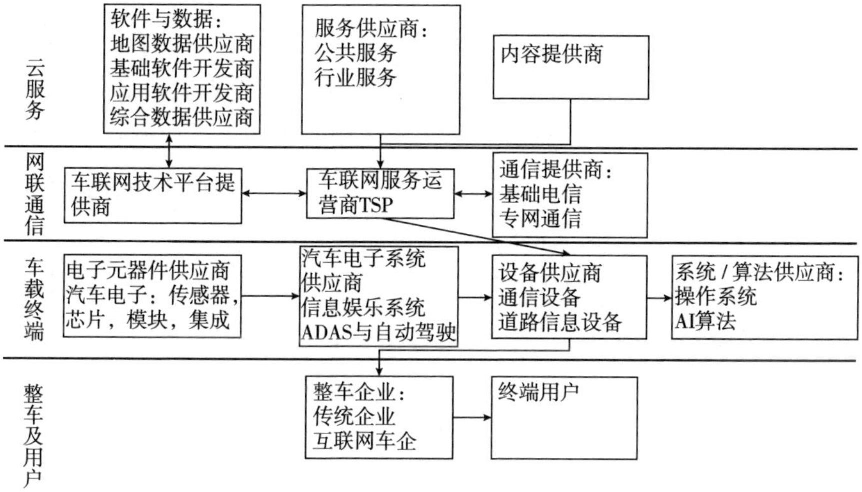

图1　车联网及云数据的产业链

数据是互联网企业流动的血液，互联网企业对数据一直呈渴望的状态，并且为了数据，会进行很多商业上的尝试，也会为其他企业、客户和政府提供很好的服务和应用。目前，对车辆数据的收集和使用还处于初级状态。在整个产业链中，互联网企业因为车辆自带的数据，会非常积极获取与车相关的各项数据。BAT三家企业均在2017年开放不同的功能，来加码车联网及云数据业务，也成为互联网新技术投入的热点方向。

（一）百度“Apollo”计划

2017年4月19日，百度公司宣布开放自动驾驶平台，在这个名为“Apollo平台”的新计划中，百度公司表示将帮助汽车领域伙伴加强车辆与硬件系统之间的联系，决定为汽车行业以及自动驾驶领域的相关合作伙伴提供一个安全、完整且开放的平台，并根据车辆的特性不同，搭建不同的驾驶平台系统。2017 年 7 月，百度公司发布 DuerOS 系统，其主打语音操控，是以语音作为主流交互方式后的新操作生态。

（二）阿里巴巴“AliOS”

2017 年 9 月 27 日，阿里巴巴集团也推出了新战略——升级操作系统战略，并且发布了 AliOS 崭新的品牌以及口号：驱动万物智能。根据新阿里巴巴操作系统事业部的决定，该事业部在物联网领域的投入比例将会持续加大，包括汽车、物联网终端、物联网芯片和工业领域研发物联网操作系统四大物联网业务领域，并整合原 YunOS 移动端业务。

阿里巴巴将携手斑马网络以及其他汽车全产业链的合作伙伴，持续在汽车操作系统领域开展研发工作，以期实现汽车行业的智能转型。汽车作为 AliOS 驱动万物智能的开始，将重新定义 PC 和移动时代的物联网操作系统。

（三）腾讯公司“AIinCar”系统

2017 年 11 月 8 日，腾讯对外推出腾讯车联“AIinCar”系统，系统整体基于 AI 的生态资源和连接能力，并针对服务场景和智能交互向汽车企业提供有效的解决方案。腾讯开放了五项服务：场景化服务、内容服务、智能语音服务、运营增值服务和社交服务。五项服务基本覆盖车主的完整生活场景，形成了完整的智能车联网服务平台，为“AIinCar”系统保驾护航，为汽车行业发展赋能。同时，腾讯决定与长安汽车、比亚迪汽车、吉利汽车、广汽集团和东风柳汽五家大型车企达成腾讯与车企的首批合作，共建 AIinCar 生态系统。

五　供应商及创业企业提供的云数据服务及技术

（一）飞驰镁物

2017 年，飞驰镁物宣布已完成 5000 万元 A + 轮融资，此轮融资由海尔资本领投，光量资本跟投。此轮融资计划继续用于与汽车数字化和出行服务相关的新技术、软硬件产品和运营服务平台的研发。飞驰镁物将继续深化“智能汽车即服务”（SMART X Vehicle as a Service）理念，坚持汽车联网数字化和移动出行服务解决方案提供商（Digital & Mobility Service Provider）的战略及定位，为用户提供更好的移动出行服务，提高汽车产品和移动出行的智能化、便捷化和高效化。

（二）彩虹无线

2017 年 12 月 28 日，彩虹无线在“数聚彩虹”数据价值论坛上与上汽乘用车、东风技术研究中心、湖南中车、观致汽车等 8 家主机企业机构进行了业务合作签约。此次签署的内容包括：与上汽乘用车签署“工程大数据开发应用合作项目”、与东风技术研究中心签署“大数据应用技术支持服务项目”、与湖南中车签署“新能源大数据应用开发项目”、与观致汽车签署“数据智能应用联合实验室项目”、与东风保险经纪公司签署“车联网保险业务战略合作项目”、与云度汽车签署“车联网大数据运营服务合作”、猎豹汽车签署“车联网大数据运营服务合作”、与众泰汽车签署“车联网大数据运营服务合作”。目前，彩虹无线已经在十几家主机企业实现了基于数据的金融创新服务，在 2017 年为十几家主机企业提供了从数据的咨询规划到平台搭建、数据模型建设以及一体化运营的全产业链、全周期的数据服务。

（三）博创联动

博创联动科技服务于商用车车联网大数据应用及整车智能控制方面。博创联动提供商用车辆装备的控制系统、智能信息终端和远程数据管理等相关产品和技术服务，充分体现了智能化和信息化的高度融合。博创联动自主研发的拖拉机自动悬挂系统、农机通用电控系统以及农机无人驾驶系统为农机提供自动化控制功能，以帮助农民实现农业精准作业。除此之外，博创联动还为农机建造了一个大数据服务平台，以帮助实现农业云作业。

六 小结

随着互联网、物联网和移动计算等技术的迅猛发展，记录、反映日常生活行为以及社会经济发展状态的数据大量产生，这种数据逐步成为重要资源。云数据就是在这种背景下产生的。其中，率先应用云数据的领域有电信、金融、互联网等行业，渐渐的，由于云数据的潜力被不断挖掘，未来也将被社会各界认可和应用。在智能汽车领域，随着近几年智能汽车的快速发展，需要攻克的难题逐渐增多，这种难题既存在于技术层面，也存在于应用层面，同样，由于数据采集装置所采集频率的范围一步步扩大，使得海量实时数据造成严重积累，给云数据的服务也造成一定影响。

根据汽车系统的基本特点，云数据服务的建设和发展与普通的云计算与大数据有所不同，作为一种新兴的技术和理念，智能汽车领域的云数据服务发展离不开产业链中各个环节的共同努力。目前，车联网和云数据能够得到如此惊人的资金、技术和人员的投入，在短期内便实现了对城市便利性、未来无人驾驶以及人们出行习惯产生空前影响，与其产业链条中的每个环节密不可分。车联网作为实现智能动态信息服务、智能化交通管理和车辆智能化控制的一体化网络，在车际网、车内网和车载移动互联网的范畴内，按照数据交互标准和通信协议，在车与行人、车与路、车与车、车与基础设施之间进行信息交换和无线通信的交换。并且，与由车载终端数据、应用数据和交通信息流数据三部分有机组成的云数据组成的全产业链条中，互联网企业、整车企业、供应商、创业企业、国家部委和地方政府各司其职，在战略布局、服务及技术、产业政策和法律法规等方面齐心协力推动车联网与云数据的发展。

在智能汽车的车联网与云数据生态方面，各个汽车企业、互联网企业和创业企业依托各自的优势，在车联网和用户数据方面大力发展，突破了多个技术壁垒，以期改变未来出行方式和改善城市生态环境。而地方城市和国家部委也顺应技术趋势，建立相应的标准和规范，对新技术提供更大的支持。预计在未来的五到十年里汽车行业所发生的改变将会是巨大的，将远远超越过去五十年间汽车行业发展所产生的变革，全汽车行业的人都会深深记住车联网、云计算以及大数据为此改变所做出的贡献。

B.28

地方政府在智能网联汽车城市应用方面的情况

张广秀*

摘 要： 智能网联汽车是人工智能领域最具潜力，也是最可能较快惠及人类的一种智能产品，已经成为各国重点发展的重要领域。中国政府高度重视智能网联汽车技术及相关产业集群的发展。目前，工业和信息化部已经与上海市、北京市、河北省、重庆市、浙江省、湖北省以及吉林省等多个地方政府签署了示范合作框架协议，共同开展示范区建设，加强应用项目合作，助推智能网联汽车和智慧交通工程建设。本报告通过几个城市间示范区建设的特点及规划，拟为我国其他城市建设智能网联汽车城提供相关参考依据。

关键词： 智能网联汽车 测试示范区 落地应用

一 发展背景

智能网联汽车是人工智能领域最具潜力，也是最可能较快惠及人类的智能造物，已经成为各国重点发展的重要领域，被认为是汽车行业增长的新动力。它不仅有助于探索更加绿色安全的出行方式，而且可以解放人类的驾驶

* 张广秀，中国汽车技术研究中心，高级工程师，硕士，研究方向为智能网联汽车标准法规。

行为，极大地便利各类人群出行，是构建绿色汽车社会的核心要素，是城市智能交通系统的关键环节。

智能网联汽车及其相关产品是未来汽车行业的主要形态，以其为核心构建的智能交通和智慧城市将更加高效和谐。有关调查表明，全球范围内90%以上的交通事故都与驾驶人状态行为有关。无论是疲劳驾驶、酒后驾驶等引起的注意力分散而导致事故，还是由于人的主观局限性而存在的路怒症、紧急制动反应过缓等而未能避免的损失，都有望通过智能网联汽车来得到彻底解决。智能网联汽车通过搭载传感器和通信设备等，借助人工智能技术、多传感器融合感知技术、高精度定位和组合导航技术、智能规划控制技术，已经基本具备人类驾驶员的感知、判断、决策和执行能力。另外，通过深度神经网络和增强学习等技术“偷师”人类驾驶员，具有大量的驾驶经验，可以对道路上的各种交通状况进行感知判断，做出最安全和损伤最小的决策。有研究表明仅智能辅助技术就有望减少50%以上的交通事故。因此，开展智能网联汽车研发和示范区建设，构建智慧城市是时代的需要。

中国政府高度重视智能网联汽车技术及相关产业集群的发展，国务院于2015年5月发布《中国制造2025》，将智能网联汽车作为中国汽车产业未来发展的三大战略方向之一，与节能汽车、新能源汽车共同服务于行业变革。智能网联汽车的发展也被提升至国家战略的高度。2015年5月22日，工业和信息化部发文详细解读了《中国制造2025》，在智能网联汽车方面的目标是：2020年要掌握智能辅助驾驶关键技术，初步建立智能网联汽车自主研发和生产配套体系；到2025年掌握自动驾驶总体及各项关键技术，基本完成汽车产业转型升级。

二　基本现状

目前国内已经积累了相关产业发展基础，初步具备了跨界融合发展条件。集汽车、通信、电子信息与人工智能等为一体，政产学研用融合的智能网联汽车正在以前所未有的高态势发展。智能网联汽车不仅是国家智能制造工程的主攻方向，更是解决交通事故和拥堵、资源节约和绿色发展的重要载体。世界范围内智能网联汽车相关产业都正在高速全面地发展。

“基于宽带移动互联网的智能汽车和智慧交通应用示范工程”由工业和信息化部直接推动，可以视为国家意志的体现，各地政府积极响应。目前，工业和信息化部已经与上海市、北京市、河北省、重庆市、浙江省、湖北省以及吉林省等多个地方政府签署了示范合作框架协议，共同开展示范区建设，加强应用项目合作，助推智能网联汽车和智慧交通工程建设。

（一）上海市

2015 年 7 月，工业和信息化部批准上海国际汽车城（集团）有限公司开始建设国内首个智能网联汽车试点示范区。根据上海国际汽车城相关负责人介绍，2015 年至 2017 年 12 月，示范区分三期进行工程建设和运营，三期示范区面积分别为 5 平方公里、27 平方公里和 90 平方公里，第一期示范区仅有约 200 辆车示范运行，到第三期计划 1 万辆车加入示范运行。

国家智能网联汽车（上海）试点示范区计划从第一期的 29 个功能测试场景发展到三年近百个；从 20 公里路段的车路协同应用试点，逐步过渡为在开放道路上探索实现车车通信预警、公交优先和自动泊车等示范应用。示范区应用典型场景有通过交叉口、环岛、隧道、盲区和交叉口碰撞预警等，目前示范区正在逐步形成较为完善的系统级测试评价和应用示范服务体系，为突破高精度定位和组合导航、智能车载平台、智能规划控制等关键技术，攻克多源信息融合、协同规划控制和信息安全等核心共性技术，探索测试评价过程、试验验证等评价验证技术等多个目标提供基础支撑。

（二）北京市、河北省

2016 年 1 月 18 日工业和信息化部、北京市政府和河北省政府共同签订了《基于宽带移动互联网的智能汽车与智慧交通应用示范合作框架协议》，建设了京津冀智能网联汽车与智慧交通示范区。协议的主要目的是在三方联合构建创新平台和产业生态。关键是突破与掌握核心技术，带动相关产业技术发展与创新。其后要在关键技术攻关的基础上促进成果转化，孕育出一批创新领军企业，形成发展持续强劲的产业生态。

示范区将联合两大开发区和长城汽车试验场，根据其通信基础设施和道路交通状况研究开展六大应用示范——绿色用车、智慧路网、智能驾驶、便捷停车、快乐车生活和智慧管理。绿色用车示范是要大力研发推广智能电动汽车，开展节能与新能源研究；智慧路网示范主要解决车联网通信与协同控制等关键技术，实现路网的精细化控制；智能驾驶示范包括智能化和网联化智能驾驶系统；便捷停车示范要突破停车场容纳量和停车位余量的感知联网和交互等技术，研发具有联网功能的智能停车设备；快乐车生活示范是车辆为乘客提供新闻娱乐信息和移动办公等智能化、人性化便捷功能；智慧管理主要进行云—网—端一体化的智慧交通管理服务。

智能汽车与智慧交通产业创新示范区致力于核心技术研发和成果转化，积累建设经验，构建产业良好发展环境。在发展粗具规模初见成效后，将建设经验在京津冀大规模推广形成示范产业链，直至在全国范围内推广。另外，全国各地也在积极构建地方示范区，各示范区兄弟单位互相学习建设经验，将会促进智能汽车产业在全国范围内遍地开花结果。

（三）重庆市

在北京市和河北省示范区成立后的第十天，工业和信息化部又与重庆市政府签署了合作框架协议。根据协议，工业和信息化部与重庆市将结合交通和通信基础设施的实际情况，在未来 3 年内逐步开展由试验场地封闭环境到城市交通开放环境的一系列试验，共同推动 5G 网络建设，研发相关技术产品，带动相关产业发展。实现在 2019 年前基本建成具有重庆特色的智能网联汽车与智慧交通新技术，初步形成以两江新区为重点的产业应用示范基地，在智能驾驶、智慧路网、绿色用车、防盗追踪、便捷停车、资源共享、大范围交通诱导和交通状态智慧管理等八大领域，开展多个应用示范项目建设，推动智能网联汽车、智慧交通相关产业新技术、新产品研发，检测认证及标准制定，为相关企业的技术创新和产品研发提供统一的技术支撑。

（四）浙江省

2015 年 9 月 11 日，工业和信息化部和浙江省人民政府签署了《工业和信息化部浙江省人民政府关于基于宽带移动互联网的智能汽车、智慧交通应用示范合作框架协议》。浙江省在工业和信息化部的支持下，以杭州市云栖小镇和桐乡市乌镇为核心区域建立示范区。示范应用将以核心软硬件为切入点，大力推进相关软硬件的集成适配和 5G 技术验证，积极探索下一代宽带移动互联与智能网联汽车、智慧交通融合、创新发展路径。

（五）湖北省

2016 年 5 月 1 日，武汉市向国家申报“智能汽车与智慧交通创新应用示范区”，计划在沌口地区建设自动驾驶“智慧小镇”，进行移动通信、V2X 协同通信、高精度定位等基础设施服务建设改进和核心技术研发测试验证，致力于创新催化智能创新生态产业圈。根据规划，2017 ~ 2021 年，示范区面积由 5 平方公里逐渐扩大至 90 平方公里，智能网联汽车从 40 辆增加至 1000 辆，包括基本型乘用车、公交客车和专用汽车等，道路里程从 15 公里扩展至 600 公里。湖北省致力于通过智能网联汽车和智慧交通示范区的建设发展，带动大数据、云计算和人工智能等高新技术发展和智能汽车研发、智慧交通建设。

（六）吉林

吉林省是中国汽车工业的摇篮，经过多年发展，已形成基础雄厚、分类齐全的汽车工业体系，成为中国重要的汽车生产基地。2016 年 11 月 1 日，工业和信息化部与吉林省人民政府签署《工业和信息化部吉林省人民政府关于基于宽带移动互联网的智能汽车与智慧交通应用示范合作框架协议》。吉林省具备高寒地带冰雪特殊路况，在开展基于宽带移动互联网的智能网联汽车与智慧交通应用示范方面的基础扎实、地域特色明显、发展前景广阔。通过开展试点应用，有助于整合吉林省乃至东北地区的产业、科研院校和政府资源，增强技术和产业创新能力，促进经济增长与产业发展。

三　基本特点

国务院出台的《中国制造2025》《关于积极推进“互联网+”行动的指导意见》《促进大数据发展行动纲要》，为汽车、通信和电子信息三大产业的高度融合创造了机遇。工业和信息化部积极推动构建“基于宽带移动互联网的智能汽车与智慧交通应用示范”的部省市合作网络，大力促进宽带移动通信、电子信息与汽车制造业以及交通运输服务领域的融合创新和转型升级。多地政府对于开展基于宽带移动互联网的智能网联汽车与智慧交通应用示范项目持积极态度，积极响应，能够根据本地区的特点和优势开展有特色的示范区建设和应用项目，为技术跨界融合和协同创新提供应用和测试验证环境，为智能网联汽车和智慧交通发展创造新空间。综合分析已开展的示范区和应用项目，不难发现，各地区均是智能网联汽车与智慧交通同步进行，政产学研用等携手合作，有利于中国智能网联汽车和智慧交通广区域全面发展布局。

此外，上海市在绿色节能、典型的应用场景、辅助安全驾驶以及多源信息融合等核心共性技术方面开展示范应用；北京市和河北省在绿色用车、便捷停车、快乐车生活和智慧管理等方面开展示范应用；重庆市在绿色用车、防盗追踪、便捷停车、资源共享、大范围交通诱导和交通状态智慧管理等方面开展示范应用。

四　未来规划

中国是汽车制造大国和互联网大国，在传统汽车制造到电动汽车和智能网联汽车的转变，以及制造业与互联网融合过程中拥有重大发展机遇。

目前，中国已经在5G、智能驾驶、智慧交通和人工智能等领域取得一定研究成果，然而实现全自动无人驾驶并非易事。单车实现自动驾驶并不能适应于复杂的交通环境，甚至可能导致更多事故纠纷，因此必须逐步过渡，最终构建城市智能交通系统。首先，要探索和建设符合智能驾驶汽车行驶的交通环境和必备基础设施；其次，要探索 V2X 的通信体系及高水平智能交通控制平台建立完整的具有智能化特征的智能交通系统。

智能网联汽车的发展需要智慧城市同步发展，科学地调配道路资源和车辆通行计划，协同推进工业、交通和通信等多领域工作，制定相应的保障机制。统筹推进测试评价及应用示范，为构建智能网联汽车与智慧交通的研究开发、测试评价、应用示范和产业发展等提供技术与政策支撑，推动智能网联汽车和智慧交通等产业融合发展。

国 外 篇

International Reports

B.29
德国智能网联汽车发展现状

杨晨光　侯凯文*

摘　要： 德国是智能网联技术的领跑者，其在网联化技术、智能控制技术、芯片技术等方面处于优势地位。本报告从智能网联汽车的政策法规、标准、智能驾驶技术、车联网技术、测试、企业布局及示范运营等几个方面系统阐述了德国智能网联汽车的发展情况，展示了德国汽车工业在智能化、网联化等方面最新技术的研发成果。德国的先进经验对中国建立和完善智能网联汽车相关的战略规划、政策体系及标准法规，以及促进中国智能网联汽车的自主研发、技术创新及产业化应用，都具有非常深刻的指导作用。

---

* 杨晨光，中国汽车技术研究中心，助理工程师，硕士，研究方向为智能交通与共享出行；侯凯文，北京交通大学交通运输学院，交通运输工程专业研究生在读。

关键词： 德国　智能网联汽车　发展规划

在汽车制造领域，德国是汽车制造大国，也是汽车制造强国。德国是汽车的发源地，世界上第一辆三轮汽车诞生在德国。现在，世界知名汽车品牌宝马、奥迪、奔驰、大众等都是德国生产。当前，随着工业化、信息化以及人工智能等技术的发展，新一轮科技革命逐渐展开，各个国家对于技术和市场的占有及转型升级的趋势日益明显。面对无人驾驶快速发展的大势，德国加紧部署和加快行动，致力于抢占未来的战略制高点。

德国是智能网联汽车技术的领跑者，其在网联化技术、智能控制技术、芯片技术等方面处于优势地位，产业的上、中、下游实力均衡。德国联邦政府以及各州政府以促进技术创新和应用、改善道路交通安全为出发点，对智能网联汽车进行了立法，并形成了较成熟的经验。本报告从智能网联汽车的政策法规、标准、智能驾驶技术、车联网技术、测试、企业布局及示范运营等几个方面系统阐述了德国智能网联汽车的发展情况，具体展示了德国汽车工业在智能化、网联化等最新技术的研发成果。德国的先进经验对中国建立和完善智能网联汽车相关的战略规划、政策体系及标准法规，以及推动和促进中国智能网联汽车的自主研发、技术创新及产业化应用，都具有非常深刻的学习和借鉴意义。

一　德国智能网联汽车的发展机遇

德国政府非常重视国内智能网联汽车的发展和规划，在资金和测试场地方面提供了巨大的支持。早在2015年9月，德国政府就宣布了自动网联驾驶战略，重点集中在基础设施、法律、创新、信息安全和数据保护方面。该战略旨在使德国成为自动网联汽车的领先供应商，并在市场中处于领先地位。

2016年12月，德国联邦交通运输和数字化基础设施部在实施该战略过程中，为其“道路交通自动化及互联”项目的一部分提供了1亿欧元的资金用于发展自动驾驶技术项目。截至 2017 年 7 月，6920 万欧元资金已拨付。此外，德国联邦经济和技术部也向中小企业的自动电子驾驶项目提供了补贴。

目前，众多德国政府资助的测试场地已建成，以供企业测试自动驾驶系统。2017 年，德国、法国和卢森堡达成跨境测试场地协议。按照计划，2018 年春位于巴登－符腾堡州的自动驾驶测试路段将投入使用，该测试场地包括各种不同类型道路。

德国为其国内智能网联汽车的发展创造了良好的投资环境。对外国投资者而言，德国对外商直接投资持友好和开放态度。德国外商投资控制法仅允许德国主管部门在交易被认为对公共政策或公共安全构成威胁时，才予以干涉或禁止交易。2017 年 7 月，德国对相关技术安全提出了新要求，对外商投资政策略作紧缩，针对包括运输和交通在内的关键基础设施做出了更详细的规定。但根据相关立法文件，以上内容未涉及汽车出行，仅对公共运输和货物运输产生了影响。

但也可能还有进一步改变：德国、法国以及意大利的部长们呼吁在欧洲层面建立有效的防御措施，用来审查非欧洲国家投资者出于政治动机对高科技企业的收购。2017 年 9 月 13 日，欧盟委员会制定了提案，要求建立欧盟外商直接投资的审查框架。上述审查允许考量投资的潜在影响，不仅针对关键基础设施及安全，也包括关键技术，这可能影响对自动驾驶技术企业的投资。但是对相关投资予以放行还是禁止的决定，将仍依成员国立法在成员国层面做出。目前，该提案正在欧盟层面讨论。

二　德国智能网联汽车的发展现状

（一）政策法规

随着汽车自动驾驶技术的迅猛发展，在技术、产业、法律和政策的互动与碰撞中，自动驾驶对于立法的需求变得越来越迫切。

德国在自动驾驶的立法方面一直比较活跃。2017 年 5 月，德国议会两院通过了一项由运输部提出的法案，对现行道路交通法规进行了修改，将自动化驾驶相关概念及规定引入于1909 年6 月1 日生效的《道路交通法》，率先颁布了《道路交通法第八修正案》。该修正案规定，自动驾驶汽车应满足六个要求，例如，在任何情况下驾驶员都可以手动取代或关闭自动驾驶系统并接管车辆；自动驾驶系统应可以识别出需要驾驶员亲自操控的情形，并在移交接管前向驾驶员做出足够的提示。此外，该修正案还对使用自动驾驶系统时驾驶员的权利和义务进行明确。由此可见，德国立法更侧重于对 L3 级别的自动驾驶系统进行规制。

此外，新法明确规定，配有自动驾驶系统的汽车内需安装类似“黑匣子”的装置，对系统运作、要求介入和人工驾驶等不同阶段的具体情况进行记录，以便有助于明确交通事故责任。对于自动驾驶导致的交通事故，该修正案提高了责任人的最高赔偿金额：造成人员伤亡的，最高赔偿额从 500 万欧元提高到 1000 万欧元；对于财产毁损的情形，最高赔偿金额从 100 万欧元提高到 200 万欧元。

除了道路交通法以外，德国政府也主动回应了一个困扰无人驾驶的道德问题。2017 年 8 月，德国交通运输与数字基础建设部道德委员会公布了一套自动驾驶道德准则，供其国内发展自动驾驶技术的汽车企业参考，这是全球第一个针对自动驾驶的道德准则。道德委员会经过评估报告，由科学家和法律专家共同提出 15 条自动驾驶系统的驾驶决策道德准则。

该道德准则在价值追求方面确立了以下原则：道路安全优于出行便利；个人保护优于其他功利主义的考量；法律对技术的规制方式是在个人自由与他人自由及他人安全之间取得平衡；对人身权益的保护必须优先于对动物或财产权利的保护。该准则还要求，不得对于必须在两个人的生命之间做出选择的极端情况进行标准化设定或编程；法律责任和审判制度必须对责任主体从传统的驾驶员扩大到技术系统的制造企业和设计者等这一变化做出有效调整；自动驾驶汽车的软件和技术必须被设计成已经排除了突然需要驾驶员接管的紧急情况的出现；在有效、可靠和安全的人机交互中，系统必须更适应人类的交流行为，而不是要人类提高适应系统的能力；驾驶系统需要政府许可和监督，公权力部门应确保公共道路上自动驾驶车辆的安全；等等。另外，在探讨上述道德准则时，道德委员会颇有前瞻性的特别考量了 L4 和 L5 级别的高度和完全自动驾驶车辆所存在的技术决策风险。这部准则为自动驾驶的技术发展，以及立法监督提出了方向、划定了边界，对于自动驾驶技术真正落地和实现产业化具有里程碑意义。

（二）汽车企业现状

在发展智能网联汽车方面，德国的汽车企业均已根据各自的特点和目标建立了相应的计划和时间表。下面便就德国各大汽车企业对于智能驾驶汽车的产业化路线及产品定位进行简单的介绍。

1. 宝马公司

德国宝马公司（BMW）是一家行业领先的豪华汽车制造企业。该集团拥有德国宝马、英国 MINI 和英国劳斯莱斯等品牌。但该公司的战略已从制造高端汽车转向提供高端出行服务（Premium Mobility and Mobility Services）。除了合作伙伴，宝马公司还在为自动驾驶的未来制定标准、平台及后端。宝马公司已经与美国英特尔和以色列 Mobileye 合作开发了一套全新的完全自动驾驶汽车原型。此外，该公司已开发出一些用于自动驾驶汽车移动服务的产品，如 DriveNow、ReachNow、ParkNow 和 ChargeNow。

具体而言，宝马公司在自动驾驶领域拥有超过 10 年的研发经验，一直都在大力推广无人驾驶技术的应用和普及，累计突破了大量关键技术：2006 年，搭载了 BMW 赛道训练系统（BMW TrackTrainer）的宝马 3 系首次在霍根海姆赛道展示了全自动驾驶；2011 年，高度自动驾驶测试车在德国 A9 高速公路进行公开路试；2014 ~ 2016 年，在 CES 上分别展示漂移辅助系统提供无缝控制技术、360°防撞技术、远程代客泊车辅助系统、自动手势控制泊车系统等功能；2017 年，在 CES 上展出宝马 5 系四门轿车原型车进行完全自动驾驶（L5）演示，展示自动、互联、个性化的未来出行；2017 年，宝马公司自动驾驶的全球测试原型车投放 40 辆，投放地区包括中国；2018

年，宝马公司自动驾驶的全球测试原型车增至 80 辆，投放地区包括中国；2018 年，在 CES 上宝马公司发布了全新 i8 插混超跑，可实现半自动驾驶，最具现实意义的一点是，这套驾驶系统覆盖了新 5 系旗下的大部分车型，相比其他品牌只在顶配车型上搭载，甚至需要消费者选装的现状来讲，确实达到了让“科技”普惠于民的最终目的；2018 年，宝马公司自动驾驶研发中心在慕尼黑正式投入使用，标志着宝马公司在自动驾驶技术领域取得了阶段性成果，并将加速该公司在创新与自动驾驶方面的研发进程，保证其在未来出行方面的持续领导力。

此外，2017 年宝马公司与英特尔公司、Mobileye 和菲亚特克莱斯勒汽车（FCA）建立起行业第一个开放式的自动驾驶研发平台。计划于 2021 年上市的宝马 iNEXT 将满足 L 3 ~ L 5 自动驾驶的安全技术要求。中国作为宝马公司全球研发的重要基地，也在积极开展自动驾驶的研发。2016 年，宝马中国公司首次在成都指定的高速公路上，实景演示了 L 4 高度自动驾驶。2017 年，宝马中国公司在杭州实景演示了 L 5 完全自动驾驶。

由此可见，宝马是自动驾驶车企中较受欢迎的品牌，似乎所有的自动驾驶联盟都要拉上宝马公司，其与百度公司、博世集团、英特尔公司等各领域的巨头均有合作。其主要原因在于，低端车型出于成本考虑暂时很难用上自动驾驶，而宝马公司汽车产品的价格完全没有这方面的顾虑，更适合自动驾驶的普及。背靠联盟支持，宝马公司的最终目标是“在 2021 年推出符合 SAE 标准的 L5 自动驾驶汽车”。而这个时间节点，其他的传统汽车制造企业普遍将目标暂时定在 L4 级别。

2. 奥迪品牌

作为全球主流汽车制造企业之一，奥迪品牌切入自动驾驶的布局已经多年了，甚至还参加过电动方程式赛车（Formula E）举办的无人驾驶赛车比赛。并且，奥迪品牌近年来不断拓展“朋友圈”，在自动驾驶方面的成就不容小觑。

2017 年 1 月，奥迪品牌宣布与英伟达公司建立合作关系，计划共同开发一款全自动驾驶汽车，并且预计在 2020 年上路。

2017 年 6 月，奥迪品牌正与林茨约翰·开普勒大学（JKU）展开进一步的深度合作，双方将在奥地利的林茨建立“奥迪 JKU 深度学习中心”（Audi. JKU Deep Learning Center），共同致力于研发未来的智能车辆。奥迪品牌将与 JKU 生物信息学院展开合作，计划为旗下汽车提供人工智能技术。接下来，双方将就未来数年自动驾驶的发展持续进行观点分享和经验交流。

除了拓展合作关系，奥迪品牌在自动驾驶汽车的路测方面也十分积极。2017 年 6 月，纽约宣布将允许自动驾驶汽车在公共道路上进行测试，并开放自动驾驶车辆路测申请。而奥迪品牌是获得许可的第一家车企。在申请成功后，奥迪品牌几乎马不停蹄地让其自动驾驶车辆在纽约的道路上跑起来。被奥迪带到纽约道路的，是一辆自动驾驶奥迪 A7 原型车，奥迪品牌将其带到了纽约首府奥尔巴尼的街道上，向立法者、媒体，以及股东们展示它的自动驾驶成果。之后，奥迪品牌将在纽约开展更大规模自动驾驶测试项目。

在美国，奥迪品牌还获得了加利福尼亚州、亚利桑那州等地区的自动驾驶道路测试许可。在德国，今年 5 月通过的最新自动驾驶法案规定：只要有人值守，任何形式的自动驾驶车辆都将允许上路行驶，这对奥迪品牌无疑是一大利好消息。

2017 年 7 月，新一代奥迪 A8 在巴塞罗那亮相，其除了全新设计风格与高科技配置之外，还被认为是世界上第一台量产型的 L3 自动驾驶汽车。在奥迪 A8 上，只要行驶速度不超过 60 公里/小时，汽车就可以实现自动驾驶，这就是奥迪品牌将这种功能称为 AI Traffic Jam Pilot（人工智能堵车自动驾驶）的原因。这套自动驾驶系统确实利用了大量的新科技，其中，计算机系统来自英伟达公司等供应商，图像处理器来自 Mobileye，还有一个超大的传感器阵列集群：12 个超声传感器、5 个摄像头、5 个雷达、1 个夜视红外摄像机。其中最值得注意的是 1 个小型激光雷达（LiDAR），这是第一次在量产车中进行应用。

当然，完全自动驾驶在目前看来依然还需要时间，大多数自动驾驶企业都将实现无人驾驶的时间表定在 2025 ~ 2030 年。虽然 L5 级别仍然较遥远，但是奥迪 A8 的面世已经足够惊喜。未来，随着自动驾驶技术的继续推进，更多更高级别的自动驾驶汽车有望投入市场，来到大众身边。

3. 戴姆勒公司

戴姆勒公司（Daimler AG）是整车制造企业，总部位于德国斯图加特，拥有高档车知名品牌梅赛德斯 - 奔驰，日系载货车企业三菱扶桑卡客车公司也在其旗下。戴姆勒公司作为最大的豪华车制造企业之一，长期以来都在关注自动驾驶技术，并已经在其 S 级轿车上搭载了前向碰撞预警、车道保持、自动泊车等半自动驾驶功能，而且近两年更加大了自动驾驶的发展力度。

2013 年 8 月，戴姆勒公司推出“S500 智能驾驶系统”，实现了全球首次在高速公路高峰时段的自动驾驶。2015 年 1 月发布自动驾驶概念车“F015 Luxury in Motion”，驾驶者可以将驾驶座转向后方，与后座乘客面对面交谈，车内设计呈现出宛如休息室的宽敞空间。2015 年 5 月，自动驾驶型概念款拖车“福莱纳 · 灵感”（Freightliner Inspiration）问世，在美国内华达州取得道路行驶许可后，进行了全球首次自动驾驶大型拖车的路测。2015 年 10 月，该车又在德国高速公路上进行了初次试跑。

同时，戴姆勒公司也在自动驾驶汽车开发方面与其他企业展开合作。它在“识别环节”与美国 Quanergy Systems、韩国 LG 电子两家企业合作。2014 年宣布与 Quanergy Systems 在激光雷达研发方面进行战略性合作，激光雷达虽然能精确检测周围环境，但价格较高，难以投入使用，今后双方将共同致力于提升技术，并降低成本。2015 年 1 月，戴姆勒公司宣布与 LG 电子合作开发自动驾驶汽车摄像头，用来拍摄车辆前方图像，监视有无障碍物、是否偏离车道。此外，在“信息环节”，德国汽车制造企业宝马公司、大众汽车和戴姆勒公司在 2015 年 8 月联手收购了芬兰诺基亚的 3D 地图开发业务子公司 HERE。要使自动驾驶汽车的驾驶过程安全且舒适，3D 地图必不可少，其以 3D 模式提供现有的地图，再加上道路、车道情况等信息。对戴姆勒公司而言，收购 HERE 之举将成为自动驾驶汽车研发的强力助推。2017 年 4 月，博世集团宣布与奔驰母公司戴姆勒达成合作，共同开发完全的（L 4 或 L 5）自动驾驶技术，旨在于 2020 年推出无人驾驶的出租车系统

“Robo Taxi”。2017 年 9 月，梅赛德斯 - 奔驰宣布启动覆盖全球五大洲的智能驾驶辅助系统道路实测。

从 2000 年起，戴姆勒公司与德国卡尔斯鲁厄理工学院共同开发自动驾驶系统的算法。该算法基于传感器、3D 地图得出的地理位置信息，分析可供行驶的空间距离，规划行车路线。该算法已被纳入“S500 智能驾驶系统”。

戴姆勒公司还与英伟达公司合作，在试验车上采用对方的图像处理器。此外，戴姆勒公司与微软公司、SAP、宝马公司共同资助德国人工智能研究中心，围绕“机器学习技术在智能泊车上的应用”等课题开展研究。

目前，已有数款奔驰车型搭载了高速公路拥堵时段的自动驾驶功能，能在车速低于 60 公里/小时的慢速行驶过程中自动跟随前方车辆。

戴姆勒公司制定了明确的发展路线图：2016 年实现用智能手机远距离操作的自动泊车功能；2020 年实现高速公路上的自动高速行驶功能；2025 年实现公共道路、普通道路上的自动驾驶功能。该路线图不仅限于乘用车，还计划在 2025 年将自动驾驶的大型载货车投入市场。

4. 博世集团

博世集团作为世界第二大汽车装备供应商，总部坐落于德国斯图加特，并且在全球 50 多个国家设有子公司以及分支机构。其在巩固现有技术的同时，也在自动驾驶领域积累了大量关键技术和研发专利，具体包括软硬件解决方案、ADAS 系统功能开发以及产品上路测试等方面。博世集团希望于 2022 年能够实现 L5 等级的自动驾驶，时间规划略早于其他车企和技术型企业。

早在 1978 年，博世集团便开始致力于车用雷达相关技术及产品研发，主要将其应用于车道偏离预警等功能，并于 2009 年正式推出且始终处于领先状态；2014 年，博世集团开始实现车用多功能摄像头和立体摄像头的量产，同时还推出了基于 iboost 的电子制动系统；2015 年，博世集团进一步收购了采埃孚的转向系统，又向自动驾驶迈进一步；2017 年 2 月，其又投资了激光雷达企业 Tetra Vue，着力于智能汽车激光雷达传感器领域研发与生产；2017 年 4 月，博世集团宣布与戴姆勒公司在全球合作，预计在 2022 年将 L 4 级以上的自动驾驶出租车在限定区域内有条件地投放使用；2017 年 9 月，博世集团透露将投资 10 亿欧元在德国德累斯顿新建工厂，用于生产汽车自动、互联技术的芯片。

总体而言，博世集团在智能汽车相关的感知、决策、执行三个领域均有布局，并且投入了大量资源进行研发，投入大量资金完成投资收购。同时，博世集团还与主机企业、互联网公司、芯片企业、地图企业积极合作，向智能汽车产业各领域进行全面布局，例如，其和英伟达合作开发基于 Xavier 人工智能计算平台的自动驾驶系统，和戴姆勒公司合作开发自动驾驶出租车等。

5. 大陆集团

大陆集团总部位于汉诺威，是成立于 1871 年的顶级汽车零部件供应商。大陆集团很早就明确了自动驾驶开发计划，在 2014 年，就展示了其自动驾驶发展蓝图。大陆集团走的是循序渐进、由易到难的路径。大体规划是，由自动泊车到低速跟车，再到高速道路上变道行驶。实现的时间点分别是 2018 年、2020 年、2025 年。由于其长期研究汽车安全领域，因而十分强调安全属性，其规划时间表也相对保守，且并未透露何时实现开放场景下的自动驾驶。同时，大陆集团决定自己开发自动驾驶的核心控制单元 ADCU，为集中式设计，但更强调安全性，计划 2019 年实现商用。

态度虽然相对保守，但大陆集团自身的开发工作进度并不慢。作为汽车领域的一线企业，其四方布局，不仅持续更新其擅长的毫米波雷达，还研发新型激光雷达，发力高精度地图，收购自动驾驶运营企业，与全球各方力量合作。大陆集团作为德国体量第二大的 Tier-1，正全面向自动驾驶发力。

大陆集团在 2012 年就取得了美国内华达州的自动驾驶测试资格，并且先后在德国、美国、日本、中国都开启了自动驾驶汽车的道路测试。2015 年，大陆集团收购了自动驾驶软件企业 Elektrobit，推出了一个软件平台 Robinos，该平台的作用是接受、整合不同的自动驾驶模块（即使来自不同的自动驾驶系统）的信息，输出控制结果。在该平台的帮助下，以及大陆集团重视的云端服务下，可以批量导入停车场信息，实现自动泊车。在其自动驾驶测试车上，搭载了“Cruising Chauffeur”自动驾驶系统，融合摄像头、毫米波、IMU、GPS 等传感器信息和 V2X 车联网提供的数据。到 2018 年，已经能实现高度成熟的 L 2 级自动驾驶——行驶过程中驾驶员只需发出变道指示，其就可以自行完成变道，无须人类介入转向盘的操作。

不过大陆集团在自动驾驶方面的“保守规划”依然没有变，还是 2020 年再推出自动驾驶。不过在公共交通方面，大陆集团给出了一些和自动驾驶结合的新想法。2017 年 9 月，在法兰克福车展上，大陆集团亮出了 CUbE（Continental Urban Mobility Experience）自动驾驶演示车。这是一辆搭载了大陆集团几乎所有自动驾驶成果的集大成者。目的是为城市通勤者提供自动驾驶的公共交通服务，提高城市出行效率。与之对应，2017 年 7 月，大陆集团投资了一家无人驾驶企业 Easymile，后者“研发共享无人驾驶方案”。大陆集团的 CUbE 正是基于 Easymile 的 EZ10 改装。Easymile 在世界各地都测试了其无人驾驶小型客车 EZ10，其中一次还是与通信巨头爱立信在瑞典合作，基于云端服务对 EZ10 进行引导。而这一点，是与大陆集团重视云端连接的自动驾驶方案相符的。从大陆集团投资 Easymile、展示 CUbE 也可以看出，用于公共交通的自动驾驶，或许会有先落地的可能（运行线路更可能是封闭的）。2017 年 12 月，大陆集团收购了以色列智能汽车技术初创公司 Argus Cyber Security，并将其纳入旗下的软件子公司 Elektrobit。大陆集团表示，Argus Cyber Security 的技术主要用来防止互联网汽车被黑客攻击，有助于进一步强化汽车的网络安全，帮助大陆集团填充从汽车到云端的“空白点”。

除了投资，大陆集团也采取了广泛合作的姿态。从大陆集团研发的 Robinos 软件框架可以看出，它想扮演一个连接器的角色。2017 年 6 月，大陆集团紧随德尔福公司之后，宣布加入英特尔公司、宝马公司、Mobileye 的联盟，和德尔福公司竞争又合作，负责方案集成。在中国，大陆集团先是加入了百度公司的 Apollo 平台，又和蔚来汽车签署了合作协议。

毫无疑问，作为销售额位居前列、客户合作伙伴遍布全球的汽车零部件供应商，大陆集团注定是难以绕开的自动驾驶技术方面的重要力量。它的许多想法，都将对自动驾驶产生定性的影响。而大陆集团从其在汽车主动安全方面的经验出发，实现由主动安全向自动驾驶的过渡，虽然看上去慢了一些，观念偏传统，但在自动驾驶概念热衷于大跃进的当下，可以说是一股踏踏实实的自动驾驶力量。

总之，德国的各大汽车企业的布局和发展趋势基本相同，而在产业规划方面却有着各自的布局。各大车企既合作又竞争，相互促进相互制衡。但总的来说，人工智能是关键技术，安全可靠是基本原则，新的商业和使用模式是最终目的。

三　德国智能网联汽车的特殊意义

发展智能网联汽车，主要是为了通过其技术的普及，达到逐步减少交通事故发生、缓解交通拥堵、减轻驾驶员负担和节约能源损耗等目的。然而，对于德国政府来说，发展智能网联汽车还存在特殊意义。

（一）维持汽车产业的传统地位

截至目前，汽车产业一直是德国最重要的经济产业和支柱产业。2016 年，该产业营业额为 4050 亿欧元，有超过 80 万名从业人员。德国以其汽车闻名，拥有梅赛德斯（戴姆勒）、宝马、奥迪以及大众等汽车品牌。但德国汽车产业不仅仅限于这些大品牌，在汽车供应领域，德国中小企业通常被认为是德国经济的引擎，主导着汽车产业。德国中小企业主要由中小型家庭企业构成，它们有独特的领导模式和强大的区域基础（通常位于大城市之外）。同时，它们在该商业领域是全球少有的隐形世界冠军。

由此可见，汽车产业已融进了德国社会的方方面面，其对德国的重要性不言而喻。如何维持其在国际汽车产业领域的领先地位，德国汽车企业能否抓住新技术催生的经济机遇，并从全球科技企业日益增强的竞争力中胜出，关系着德国未来经济的健康稳定发展和德国社会的繁荣稳定。从这个方面来说，大力发展智能网联汽车，进而巩固德国汽车产业的传统地位是德国政府和企业的必然选择。

（二）抢占智能汽车的市场高地

根据 IHS 报告：到 2035 年全球无人驾驶汽车销量将近 1200 万辆，2025～2035年将保持48%的年复合增长率，以平均每辆汽车的无人驾驶系统价值为 5 万元进行保守估算，2035 年全球无人驾驶市场空间将达 6000 亿美元。

汽车行业在全德企业收入中占比约 20%，是德国最大的出口行业，占德国总出口额约 20%。每年德国生产的汽车有近 80% 出口到世界其他地区，2016 年德国的汽车出口额达 1591 亿美元，占据全球汽车市场份额的 21.8%，这表明德系车在世界汽车市场占据重要份额。面对无人驾驶如此广阔的市场前景和潜力，德国政府和企业自然也将目光和精力早早地锁定在这一块庞大的市场，群策群力，积极布局。目前，德国政府积极地为自动驾驶在德国的发展扫清法律障碍，而德国企业也持续加大对无人驾驶的投资和研发力度。截至目前，德国在自动驾驶的专利数量方面稳居全球第一。由此可见，在抢占未来智能汽车的市场高地方面，德国已做好了充分的准备。

（三）减少交通事故及人力成本

美国兰特研究所认为，在美国发生的 530 万起碰撞事件中，如果使用自动驾驶技术有可能减少 30%。德国政府认为，90% 以上的事故是由人为错误引起的。

由于德国劳动力短缺问题日趋严重，该问题导致人口稀少的交通和人力问题是德国政府不得不考虑的问题。随着技术发展，L 4 技术的实现可以使无人驾驶的公共汽车运行，节约人力，并且可以将赤字控制到极限。

四　德国智能网联汽车的发展规划

德国政府提出“工业 4.0”战略，并在 2013 年 4 月的汉诺威工业博览会上正式推出。在“工业 4.0”战略中，德国政府详细规划了自动驾驶技术路线图，将汽车智能化技术列为汽车产业发展的重要突破口。德国政府对智能网联汽车的分级也是按照美国国家道路交通安全局（NHTSA）提出的四个阶段划分的，其发展目标是到 2020 年实现第二阶段，约在 2025 年实现第三阶段的市场化，接下来实现完全自动驾驶系统的市场化。

目前，德国关于智能网联汽车的发展规划主要包括三部分内容。

第一，德国政府在自动驾驶项目的组织结构已开展必要的基础工作，具体包括：成立相关的工作组和分工作组，并对不同类型工作组赋予不同使命，使其按照分工开展不同方面的活动，从而保证各方的责权比较明晰，避免工作内容的交叉以及资源的浪费。

第二，德国政府还建立了一系列的研究项目并提供资金支持，具体包括：搭建起数字化的高速公路测试平台，推动智能网联汽车测试场地建设运营，选址区域设计城市及郊区，以便实现在真实交通环境下检验测试工作成果。

第三，德国政府对立法工作进行相关修订与完善，具体包括：修改了 1968 年的《日内瓦公约》，以便能够使其更适应国家法律的需求，并提出相关草案对一系列的国家法律法规进行修订，同时，着手建立相关智能化方针进行数据安全以及网络安全保护，并制定相关技术方面的规章。此外，还建立了独立的伦理委员会并提出相应的道德准则。

第四，德国政府相继开展了一系列的国际层面活动，具体包括：同美国、法国、中国、英国等国家建立了双边联系与协调关系，以便将相关的技术进行引进并使其在德国进行最佳的实践应用。此外，德国对其联合国、欧洲经济委员会、UNECE、欧盟等框架之下的相关活动进行了具体协调，以便能够加强其在欧盟国家之间甚至国际汽车行业工作的协调作用。

五　德国智能网联汽车的发展启示

德国以大型汽车企业为引领，整合全球资源，以全面商用为目标的发展思路非常值得借鉴。同时，德国积极为自动驾驶车辆测试和准入问题清除障碍，探索自动驾驶车辆事故界定的实现方式，高度重视自动驾驶车辆数据的保护问题。

德国汽车工业为保持在汽车产业发展和自动驾驶领域的领先地位，不断推进技术创新和法律创新，并且不断革新道路迎接新技术带来的挑战。这些都给中国智能网联汽车的发展提供了很好的经验。

B.30
英国智能网联汽车发展现状

英国智能网联与自动驾驶汽车中心　徐景洋*

摘　要： 目前英国智能网联汽车发展态势良好，英国智能网联与自动汽车驾驶中心主要通过监管、研发和测试三个渠道支持智能网联汽车发展。本报告详细阐述了英国现阶段发展智能网联汽车的现状、发展特点及规划。英国预计 2021 年将有大量无人驾驶汽车进行道路测试，前提是经过反复测试确认其可靠性。英国政府将大力支持智能网联汽车的研发和测试，确定更加稳健的发展路径，引领未来汽车产业发展。

关键词： 英国　智能网联汽车　发展规划

如果世界上不存在人工驾驶汽车，那么发展智能网联汽车就仅仅是一项技术性的挑战。在某种特殊情况下，会遇到这种挑战。但是，目前人类出行面临最大的挑战是如何能使智能网联汽车和人工驾驶汽车在同一条道路上行驶，以及未来 30 ~ 40 年，如何使汽车驾驶从完全的人工驾驶逐渐转变为完全的无人驾驶。在发明汽车 130 多年后，人类出行方式将发生颠覆式改变。

一　发展智能网联汽车的目的

1. 提高安全性

90% 道路上发生的汽车碰撞事故都是人为造成的。汽车采用驾驶辅助系

---

* 徐景洋，中国汽车技术研究中心，助理工程师，研究方向为车联网全产业链技术。

统后，事故发生率已经逐步下降。例如，根据最新汽车保险行业数据，汽车配置自动制动系统 AEB 后，使汽车事故发生率减少 15%。智能网联汽车将使汽车事故发生率加大下降趋势。

2. 提高道路利用率

高速公路出现拥堵现象的原因之一，是驾驶员制动迟缓造成了交通流量出现“压力波”。智能网联汽车将实现对交通流量实时管理，并可以优化汽车行驶的表现。

3. 改善空气质量

智能网联汽车的应用将优化交通流量、减少油耗、降低排放。车辆列队的行驶模式将减少载货车的油耗。

4. 提高社会包容性

智能网联汽车的应用，将使由于身体残疾或者年龄较大无法驾驶汽车的人群获得更多的出行机会，使生活质量得到提高。

5. 节约时间

智能网联汽车的应用，将使原来“通勤 1 小时，办公室工作 8 小时”模式变成“车内工作 1 小时，办公室工作 7 小时”的模式，将人们的日常通勤时间变为工作时间的一部分。

6. 创造商机

汽车发明 130 余年以来，智能网联汽车将使汽车行业的发展发生重大变化，汽车相关行业、汽车服务业、汽车保险业等也随之发生重大变化。

二 发展现状

目前，英国智能网联汽车发展态势良好，研究主要依靠智能网联与自动汽车驾驶中心（英国）分析研究。智能网联与自动汽车驾驶中心（英国）主要支持智能网联和智能汽车发展，主要通过三个渠道：监管、研发和测试。从该中心研究成果中可以看出，英国采取比较开放的监管举措，相比世界上的其他国家，英国对上路测试有一些不同的规定，测试资金达到四亿多英镑，在未来的测试研发中将会再次提高投资来拉动整个研发和测试的进展，这也是未来2025年的规划，为测试提供更加良好的环境。

（一）技术研发概况

目前，智能网联汽车在世界范围内主要有两个发展方向，一个是智能化，另一个是网联化。智能化的发展主要是指依靠车载传感器，在车辆上搭载雷达、摄像头等设备，使车辆可以实现感知、决策、执行等能力。网联化的发展主要是指以通信技术为基础，使车与外界事物实现信息交互，从而对车辆周围的环境进行感知，避免事故发生，同时为乘车人提供车载娱乐服务。按照英国推出的智能网联汽车自动化分级标准，当智能网联汽车发展到最后阶段时，智能化与网联化这两个方向将会合二为一。

在智能化方面，英国取得了明显进展。英国的整车企业将驾驶辅助系统作为“自主式”智能网联汽车发展的初始点，然后再与“网联式”技术逐渐融合。逐步实现不需要人类驾驶员操作即可启动、行驶和停止。目前已基本实现了汽车自动紧急制动、感知自行车与行人、自适应式巡航和车道偏离辅助等技术。

在网联化技术方面，由于部分整车和零部件企业积极推动V2X技术，网联化技术获得了高度重视并得以快速发展，目前已在紧急避让、车距控制、转向碰撞预警等功能上进行了有效验证，成功打造了基于车联网、物联网和大数据的智能城市交通生态系统。

（二）政策制定现状

2017年，在英国交通部于伦敦举办的“智能网联2017”（Connected 2017）大会上，各汽车行业的车企高管、汽车技术行业的研究学者和国家决策者围绕智能网联和自动驾驶车辆的最新技术研究成果和所要面临的挑战、无人驾驶所带来的社会效益、潜在的网络安全风险和数据防护的挑战性进行探讨。来自汽车制造商、汽车制造商和贸易商协会（SMMT）、智能网联和自动驾驶车辆中心（CCAV）和英国低排放汽车办公室（OLEV）的代表纷纷发表观点。英国交通部部长约翰·海斯在会议上谈及了新版《汽车技术和航空法案》的内容与进程，该法案是由国会众议院委员会提出，旨在辅助英国实现转型，使英国成为超低排放、智能网联汽车的全球研发地。

该法案同时制定了许多新政策，目的在于帮助英国实现交通系统的现代化建设和营运，其中包括在汽油零售商处以及高速公路服务站大规模更新升级电动汽车充电基础设施，使充电头可以和全行业内的电动车辆相匹配。同时，更新了保险条例规定，旨在迎合自动驾驶车辆和技术方面的相关需求。

（三）安全指导方针发展现状

2017 年 8 月 6 日，英国政府对外发布了《智能网联汽车网络安全关键原则》。该指南分为 8 大原则、29 个细则。随着汽车智能化的发展，汽车行业的网络安全问题引发更多关注。无论是将汽车看作无线网络中的节点，还是通过数百万行代码来实现车辆的完全无人驾驶，汽车比以往任何时候都更容易受到黑客攻击和窃取数据的困扰。汽车网络安全问题是汽车全生命周期的问题，其安全防护工作更是一个不断迭代完善的工作，需要产业链协同完成。

生产制造供应链上所有参与者，从设计师、工程师到零售商和高级管理人员，都需要一份指导这一全球性产业发展的统一指南。因此，英国交通部和国家基础设施保护中心联合制定了贯穿汽车行业、智能网联汽车（CAV）、智能交通系统（ITS）及其产业链的关键指导原则，内容主要分为八大原则：

①从董事会层面，自上而下重视、管理并推动网络安全建设；

②适度均衡地评估和管理安全风险，包括细分到供应链各个环节中的安全风险；

③建立健全产品售后服务和应急响应机制，以确保产品全生命周期的安全；

④所有组织共同努力，提高系统的安全性；

⑤系统设计采用纵深防御的方法；

⑥所有软件的安全管理应贯穿全生命周期；

⑦数据的存储和传输是安全可控的；

⑧系统设计要具有弹性，当防御失效或传感器失灵时，能够对攻击做出适当响应。

三　英国在智能网联汽车发展方面的特点

一个国家要成为智能网联汽车行业发展的领军者，需要具备三个方面的条件：①卓越的基础技术能力，必须在人工智能（AI）和网络安全等众多领域成为领军者；②充足的研发资金，技术发展需要资金支持，谨慎设定目标，需要缜密的系统分析，让每一分的投入都能产生最大的收益；③创建适宜的环境以促进发展；智能网联汽车是汽车行业迄今为止遇到的最复杂的挑战之一，其相关技术涉及众多行业（如计算机、汽车和通信等），对社会的影响巨大，甚至改变了出行方式，需要广泛制定新的法律法规，以重新规范汽车行业在智能网联时代的发展，任何方面出现问题，都可能导致智能网联汽车行业的发展搁浅。英国网联和无人驾驶汽车研发中心见表1。

（一）拥有坚实的技术基础和众多研发团队

现代通用计算机概念（由英国数学家、逻辑学家 Alan Mathison Turing 提出，他被誉为“计算机之父”）、人工智能（AI 的第一次编码化——“图灵测试”在曼彻斯特大学开发）和锂离子电池基本专利（牛津大学提出了碱金属离子固态电解质的构架结构概念，并获得以尖晶石层状结构氧化物作为阴极的锂离子二次电池基本专利）均源于英国。

智能网联汽车发展的重点就是能够找到合适的技术合作团队。网联和无人驾驶汽车技术的研发十分复杂，需要将细微与整体两类工作进行巧妙结合。英国汽车行业拥有庞大的专业企业网络，可以直接与整车制造企业及供应商进行合作，为快速推进智能网联汽车的发展奠定了基础。

英国世界一级供应商见表2。

表1 英国网联和无人驾驶汽车研发中心

序号	单位	职能
1	Horiba MIRA	拥有欧洲唯一独立的智能网联汽车技术研发和验证设施，其拥有的综合道路网络完美的复制了城市驾驶环境
2	Millbrook	拥有全面的测试道路（包括北欧唯一独立的高山道路），是全自动驾驶和半自动驾驶车辆进行系统耐久性测试的首选地
3	国家汽车创新中心（National Automotive Innovation Centre）	全新的国家汽车创新中心计划从2017年开始为智能网联汽车提供全世界首个沉浸式模拟环境
4	TRL	前身为运输研究实验室，为交通运输的各个领域提供全面的、先进的研究、咨询、测试和认证服务
5	英国交通系统中心（Transport Systems Catapult）	为无人驾驶汽车领域的创新者提供了平台，帮助他们开展合作、研发和展示产品

表2 世界一级供应商

序号	单位	职能
1	Oxbotica	从牛津大学行动机器人实验室拆分出来的企业，主要是进行传感器、导航系统和机器人的研发
2	Westfield	主要进行无人驾驶舱运输的研发，例如希思罗机场
3	BAE Systems	主要进行自主防御车辆的研发
4	Codeplay	主要进行芯片、视觉系统的研发
5	GOBOTIX	主要进行无人驾驶车辆控制系统的研发
6	Cambridge Silicon Radio	主要进行车载网联系统的研发
7	ARM	主要从事低功耗芯片设计和研发
8	Cambridge Wireless	非营利组织，为参与网联领域企业提供互动场所
9	Improbable	主要进行超大规模模拟测试
10	Geospock	地理空间数据库，帮助企业从整个网络收集、存储和分析数据
11	BT	全世界众多OEM企业的供应商和网络安全专家
12	Ordnance Survey	英国国家测绘局，世界地理空间数据领先者，在伦敦拥有企业孵化器，支持地理空间技术创新

此外，英国的另一项优势是正在建设智能网联汽车开发产业集群。该产业集群以英国东南部的牛津市为中心，很多技术先进的企业都位于距该市110公里的范围内。而智能网联汽车集群与英国工业集群“赛车谷”（沿泰晤士河谷穿过牛津）高度重合。两个集群相互促进，将为英国的高科技汽车行业做出巨大贡献。

（二）研发资金投入巨大

目前，英国已成立网联自动汽车中心（Centre for Connected and Automomous Vehicles），旨在负责一项投资为2亿英镑的研发、示范和部署的项目。该项目通过配对资金竞争的方式，由多家企业形成联合体，每年通过竞争获得各轮资金。英国政府坚定地认为，智能网联汽车的研究无论对任何一个组织来说都太过复杂，很难单独支撑。政府鼓励跨行业企业之间进行合作，联合体可以通过竞争资金而获得项目总成本50%的资金支持。

2015年，该项目进行了第一轮资金竞争，一共有8个项目获得了2000万英镑的项目支持资金。以下为已经成功实施的项目。

（1）英国互联智能交通运输环境（UK Connected Intelligent Transport Environment）。该项目旨在建立较先进的环境，用于测试智能网联汽车。项目建设内容包括利用汽车声控技术、LTE-V技术等新型技术，建设逾40英里的城市道路和高速公路等新道路场景和交通模式。该项目的实施可以改善交通出行、降低交通拥堵，为乘车人提供更好的娱乐和安全服务。

（2）Insight。该项目利用先进传感器和控制系统开发无人驾驶班车，并在城市步行区进行试验。旨在改善城市交通能力，以便残疾人士和视障人士出行。参与项目的联合体成员包括：Westfield Sportscars Limited、Heathrow Enterprises Ltd.、Fusion Processing Ltd.、Creative Example Ltd.、Conigtal Ltd.和伯明翰城市大学。

另外还有部分获得政府直接资助的试验项目。

（1）米尔顿凯恩斯、考文垂——UK Autodrive。旨在于真实环境中展示自动驾驶能力逐步增强的无人驾驶汽车。开发和展示轻型全自动驾驶舱，包括组建一支由 40 辆汽车组成的车队。

（2）格林尼治——Gateway。目的是在伦敦展示无人驾驶汽车。制订新的测试方案和长期发展的基准，测试遥控驾驶技术，利用模拟器研究车辆与人的交互情况。

（3）布里斯托尔——Venturer。任务包括测试路虎无人驾驶汽车，用于增强公交客车驾驶员对行人和骑自行车者监测系统、公众对智能网联汽车的接受程度和使用者的参与度。同时，开展相关法律和保险等领域的研究。

（4）A2/M2 Connected Corridor。英国运输部与英格兰公路公司、肯特郡议会和伦敦交通局合作，沿着伦敦到多佛海峡港口的 A2/M2 高速公路建设网联走廊。该走廊将为网联汽车提供较好的通信基础设施，并同时发展和测试这些基础设施的安全性。

2016 年，英国政府宣布，投资 1 亿英镑建立一个智能网联汽车测试中心，使英国成为全世界验证研发成果的首选地。该测试中心在 2017 年正式启动，目标包括：协调全世界对英国智能网联汽车的研发和战略规划的需求；创造宽松的发展环境，促进不同实体有效合作；建立全系统的商业原则和规程；为希望加入宽松发展环境的英国中小企业和世界上的其他企业提供全面的“一站式”服务；创建全世界认可的标志性品牌，促进英国智能网联汽车的发展；与政府建立密切关系，为制定政策提供信息，对未来的资金投入提供帮助和指导；帮助行业降低在英国进行设施和能力建设投资的风险；确保国家帮扶 2016 年夏天出版的《智能网联汽车测试环境调查报告》中所列出的大部分（即使不是全部）理想特征包含的项目。

（三）建设适宜的测试环境

智能网联汽车的研发过程异常复杂，存在很多可能导致项目失败的因素。如果没有适当的监管和法律规范，拥有世界上最好的研发技术也无济于事。在这个领域中，技术的发展非常迅速，过早尝试设定法规有可能成为创新的障碍。英国政府对智能网联汽车实施宽松的监管政策，首先推出了允许在英国任何道路上进行测试和研发的监管体系。

2015年，英国政府为了推动智能网联汽车的测试，颁布了《无人驾驶车辆技术测试实务守则》，要求此测试者必须遵守所有的道路交通法规，并且必须确保测试车辆能安全上路行驶，务必有经过培训的操作人员能够并且愿意在必要时对车辆采取控制，购买操作人员和车辆等相应保险。此外，测试车辆应配备数据记录仪，测试人员不需要特别的许可。但测试项目应该与道路运营商进行协商（英格兰公路公司是高速公路和主要干线的运营商）。英国在智能网联汽车测试方面的规定与其他多数国家的差别鲜明。在其他多数国家进行相关测试，必须要办理专门的许可证和（或）高价值担保，并要求在公共道路上测试时配备驾驶员。

英国正计划通过法律途径更新无人驾驶汽车的相关保险条文，使无人驾驶汽车也能享受到和传统汽车相同的保险待遇。更加值得注意的是，英国在处理任何无人驾驶汽车事故时，不会轻易尝试预测任何可能性，而是全权交由法院对事故进行责任判定和赔偿判决。英国政府考虑到，由于智能网联汽车技术的发展是不可预测的，那么，在智能网联汽车技术发展的早期阶段就使用高度规范化的法律会升高事故的发生率，因此，法律条文在制定时应尽可能灵活，以便按照市场的变化制定规章制度。在建立无人驾驶汽车的规章框架时，政府鼓励发展先进驾驶员辅助系统（ADAS），包括放宽目前有关远程控制停车、高速公路辅助和队列行驶等功能的规定。

（四）公众接受程度较高

英国公众热衷于接受新技术。英国是欧洲率先采用最新电子产品的大国，如20世纪80~90年代的计算机、网上购物和非接触支付等。

英国交通系统中心（Transport Systems Catapult）为智能网联汽车领域的创新者们提供了平台，以帮助他们开展合作、展示和研发产品。该中心委托开展的一项独立研究显示，英国出行者对无人驾驶汽车持积极态度，超过33%的受访者表示会考虑现在就使用无人驾驶汽车，50%以上的受访者表示不介意共享个人信息，以获得更好的交通服务。英国交通系统中心对受访者的调查结果见图1。

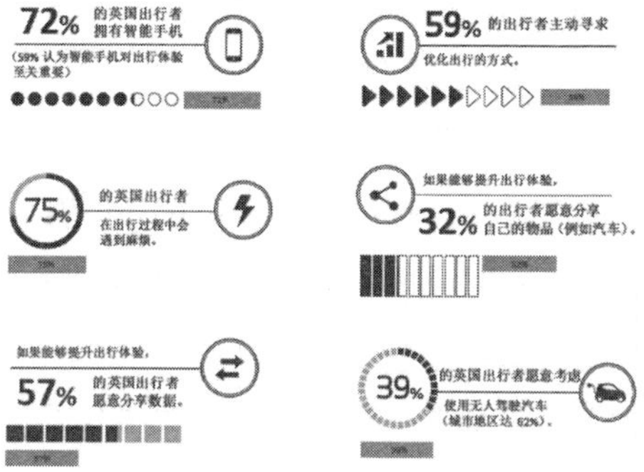

图 1　英国交通系统中心对受访者的调查结果

（五）其他国家品牌汽车进行测试的首选地

打好基础固然重要，但是能否确保取得成功更重要。自 2016 年以来，世界汽车行业已经用实际行动进行了表态，英国成为世界智能网联汽车的研发和测试首选地。英国不仅是捷豹、路虎实施无人驾驶汽车研究的全球基地，也是沃尔沃汽车和日产汽车的首选地。

沃尔沃汽车计划在三个国家——中国、瑞典以及英国进行测试。英国将是沃尔沃汽车进行无人驾驶汽车测试的唯一“中立”地区。沃尔沃表示：“我们希望寻找不同的生活方式、不同的年龄层、对无人驾驶汽车持不同态度的消费者。我们的研究团队也会和试用消费者进行紧密合作，收集每个用户不同的建议，了解他们在体验无人驾驶汽车时所产生的行为习惯。”

2017 年，日产汽车开始在英国进行测试，并在此次测试进行之前宣布日产计划在下一代英国制造的聆风和日产逍客上配备 ProPILOT 技术，在高速公路上实现单车道无人驾驶。同时，该测试也是日产首次于欧洲公共道路进行测试。

四　发展规划

目前，英国关于智能网联汽车的相关研究已拥有超过 1.5 亿英镑的投资，有 51 个相关项目已经开始进行，其中政府提供的资金超过 1 亿英镑，有 150 多家企业参加，包括大企业、小企业以及大学、官方组织、政府、法律、金融等行业，努力实现互联互通。英国与德国、美国、中国不同，在汽车相关企业方面没有规格庞大的汽车企业，也没有规模巨大的 Tier 1 供应商。同样的，英国在工作方式方面与国际合作伙伴或者竞争对手也不一样，与荷兰、瑞士等国家比较接近。

英国基于现有环境制定了未来智能网联汽车发展规划，表示希望能够打通不同行业间的企业，让这些企业能够进行协同增效，共同合作，构建开放平台，并为其提供充足的公共资助服务，助推英国智能网联汽车技术研发。2021 年，英国预计有大量无人驾驶汽车进行道路测试，但要在经过反复测试后，确认可靠性才可以上路。同时，英国政府还非常关心科技的安全性、先进性，非常关心如何使生产力更加高效地推动社会发展。例如，让老年人使用无人驾驶汽车。预计全球市场在 2035 年时，科技的安全性和先进性将会有非常大的增长，其中一个成功的科技成果案例就是无人驾驶汽车。英国政府预计在未来会有非常多的举措，不仅仅停留于现阶段对于智能网联行业的一些初期探索。英国将进行更多测试，确定更加稳健的智能网联汽车发展路径，引领未来智能网联汽车发展。

B.31
美国智能网联汽车发展现状

宋攀　郭蓬*

摘　要： 美国在智能网联汽车技术发展中处于领先地位，其网联化技术发展强劲，产业上、中、下游实力均衡。美国联邦政府以及各州政府以促进技术创新和应用、改善道路交通安全为出发点，对智能网联汽车进行了立法，并形成了较成熟的经验。本报告从智能网联汽车的政策法规、标准、车联网技术、测试、企业布局及示范运营等几个方面阐述了美国智能网联汽车的发展情况，具体展示了美国汽车工业在智能化、网联化等方面的最新技术的研发成果。美国的先进经验对中国建立和完善智能网联汽车相关的战略规划、政策体系及标准法规，以及推动中国智能网联汽车的自主研发、技术创新及产业化应用，都具有重要指导意义。

关键词： 美国　智能网联汽车　发展规划

美国是智能网联汽车技术的领跑者，其在网联化技术、智能控制技术、芯片技术等方面处于优势地位，产业上、中、下游实力均衡。美国联邦政府以及各州政府以促进技术创新和应用、改善道路交通安全为出发点，对智能网联汽车进行了立法，并形成了较成熟的经验。本报告从智能网联汽车的政策法规、

* 宋攀，中国汽车技术研究中心，高级工程师，博士，汽车主动安全技术；郭蓬，中国汽车技术研究中心，智能网联主管，博士，研究方向为车联网及智能网联汽车。

标准、智能驾驶技术、车联网技术、测试、企业布局及示范运营等几个方面系统阐述了美国智能网联汽车的发展情况，具体展示了美国汽车工业在智能化、网联化等最新技术的研发成果。美国的先进经验对中国建立和完善智能网联汽车相关的战略规划、政策体系及标准法规，以及推动和促进中国智能网联汽车的自主研发、技术创新及产业化应用，都具有非常深刻的学习和借鉴意义。

一 政策法规

美国对自动驾驶技术最早的需求源于军方。20 世纪 80 年代，美国军方开始探索自动驾驶技术在军事领域的应用，尝试用机器代替人进行军事车辆的操控来执行危险的战场任务。从 2004 年开始，美国国防部高级研究计划局（Defence Advanced Research Projects Agency，DARPA）为了吸引和鼓励更多的研究人员从事自动驾驶技术的研究，促进技术进步，组织了一系列 DARPA 无人驾驶汽车比赛，自动驾驶技术开始迅速进入公众视野，引起社会广泛关注。

在民用领域，美国从 20 世纪 90 年代开展“智能交通系统”项目（Intelligent Transportation System，ITS），2009 年该项目即提出将车辆网联化作为重点研究方向，在 2014 年提出的 2015 ~2019 年战略研究规划中进一步加入了车辆智能化的研究计划，包括完善基础设施、探索管理方法、优化车辆速度、促进智能交通体系的技术创新和进步，构建智能交通系统框架和标准体系等内容。

美国交通运输部下属的道路交通安全管理局（National Highway Traffic Safety Administration，NHTSA）于 2013 年 5 月发布了《关于自动驾驶车辆的政策初步声明》，指出美国智能网联汽车技术及标准法规研究制定的重点，建议各州鼓励和批准公共道路自动驾驶测试，但不批准自动驾驶汽车的市场销售。其实，早在该项声明发布之前，内华达州和佛罗里达州已经通过了允许自动驾驶汽车在公共道路上进行开发、测试和运行的相关法规，在该项声明发布后弗吉尼亚州、亚利桑那州、加利福尼亚州、密歇根州等也纷纷出台了相关的支持政策。

在 2016 年，NHTSA 进一步发布了《自动驾驶政策指南》（简称指南），从联邦的角度对高度自动驾驶的相关厂商提出了安全监管的要求，涉及自动驾驶汽车性能指南、州政策模式、NHTSA 当前监管方式、监管新工具和权威四个方面的内容。该指南提出自动驾驶制造商可以从数据记录和共享、隐私、系统安全、整车网络安全、人机界面、耐撞性等 15 个方面来进行性自动驾驶的安全评估并公布，以回应监管部门和社会公众对自动驾驶安全性的关切。

在首版自动驾驶指南发布一年之后，2017 年 9 月美国交通运输部部长赵小兰在密歇根大学的新闻发布会上揭晓了修订之后的自动驾驶指南，即《自动驾驶 2.0：安全愿景》，回应了自动驾驶相关企业对于法律障碍的担忧。与首版相比，新版指南被认为对自动驾驶汽车研发的评估和测试程序进行了简化，因而受到了主机厂和零部件厂商的欢迎。新版指南鼓励美国的各个州根据自身实际制定相关的政策，联邦政府未来则会制定更加正式的监管条例。交通运输部还宣称正在积极征集自动驾驶各个相关方的意见，开展第三版自动驾驶政策指南的编写工作，计划于 2018 年正式发布。

除了发布指导意见外，美国在自动驾驶领域的立法进程也在加快。2017 年 9 月，美国众议院首次批准了《自动驾驶法案》（Self Drive Act），该法案赋予美国政府制定自动驾驶汽车监管条例的权力，并鼓励自动驾驶汽车的测试和研发以确保车辆安全。该法案涉及联邦政府和各个州政府如何在自动驾驶的立法和监管上进行分工、成立自动驾驶咨询委员会、督促 NHTSA 加紧制定自动驾驶汽车的安全监管计划等内容。

在辅助驾驶领域，美国国内销售的车辆配备的高级辅助驾驶系统（Advanced Driver Assistant System，ADAS）都需要符合 NHTSA 负责管理的《联邦机动车辆安全标准》（Federal Motor Vehicle Safety Standards，FMVSS）的要求，该标准涵盖主动安全、被动安全等 5 个板块，NHTSA 一直在根据汽车行业技术的发展不断迭代和更新该标准的内容。除了 FMVSS，美国国内还有一些其他的非强制性测试评价办法，例如新车评价规程（New Car Assessment Program，NCAP）。

NHTSA 和美国汽车工程师学会（SAE）分别推出了自动驾驶分级标准，其中，NHTSA 提供了 0 级的非自动驾驶和一共 4 级的自动驾驶分级，SAE 也有 0 级，但给出了 5 个自动驾驶评级。虽然两个标准略有差别，但

NHTSA 和 SAE 所采用的分级体系类似，考虑的是执行驾驶操作、进行周边监控和紧急情况支援的不同主体情况，如表 1 所示。

表 1　NHTSA 和 SAE 自动驾驶技术分级对比

<table>
<tr><th colspan="2">自动驾驶分级</th><th colspan="2">SAE</th><th colspan="4">主体</th></tr>
<tr><th>NHTSA</th><th>SAE</th><th>技术名称</th><th>定义</th><th>驾驶操作</th><th>周边监控</th><th>支援</th><th>系统作用域</th></tr>
<tr><td>0</td><td>0</td><td>无自动化</td><td>由人类驾驶者全权操作汽车，在行驶系统中可以得到警告和保护系统的辅助</td><td>人类驾驶者</td><td rowspan="3">人类驾驶者</td><td rowspan="4">人类驾驶者</td><td>无</td></tr>
<tr><td>1</td><td>1</td><td>驾驶支援</td><td>通过驾驶环境对转向盘和加减速中的一项操作提供驾驶支援，其他的驾驶动作都由人类驾驶者完成</td><td>人类驾驶者或系统</td><td rowspan="4">部分</td></tr>
<tr><td>2</td><td>2</td><td>部分自动化</td><td>通过驾驶环境对转向盘和加减速中的多项操作提供驾驶支援，其他的驾驶动作都由人类驾驶者完成</td><td rowspan="4">系统</td></tr>
<tr><td>3</td><td>3</td><td>有条件自动化</td><td>由无人驾驶系统完成所有的驾驶操作，根据系统请求，人类驾驶者提供适应的应答</td><td rowspan="3">系统</td></tr>
<tr><td rowspan="2">4</td><td>4</td><td>高度自动化</td><td>由无人驾驶系统完成所有的驾驶操作，根据系统请示，人类驾驶者不一定需要对所有系统请求做出反应，限定道路和环境条件等</td><td rowspan="2">系统</td></tr>
<tr><td>5</td><td>完全自动化</td><td>由无人驾驶系统完成所有的驾驶操作，人类驾驶者在可能的情况下接管，在所有的道路和环境下驾驶</td><td>全域</td></tr>
</table>

在网联标准领域，美国主推的是专用短程通信技术（Dedicated Short Range Communications，DSRC），美国电气和电子工程师协会（Institute of Electrical and Electronics Engineers，IEEE）及 SAE 联合制定了 WAVE 体系作为 DSRC 标准。WAVE 标准具有以下三个特点：第一，设备间通信距离在 1000m 以内；第二，数据速率可达到 3～27Mbps；第三，针对交通安全应用做优化，预留专门信道给公共安全。IEEE802.11p 定义了 WAVE 的物理层和 MAC 层。1609.X 协议族主要包含 1609.2、1609.3 和 1609.4 标准，定义了 WAVE 的中间层（网络层、传输层）和顶层（应用层）。其中，1609.2 定义了包括加解密、认证及隐私保护等功能的 WAVE 安全机制；1609.3 提供网络传输服务，包含 WSMP 和 WSA；1609.4 包含多通道管理协作的信道路由、信道协调和消息优先级三大功能，是媒体访问控制层（MAC）的扩展。网联化对于自动驾驶意义重大，可以在车载传感器感知信息的基础上加入更加宏观的交通道路信息，辅助智能网联汽车进行自主决策。实际上，众多汽车企业已经投入 DSRC 的车—车（V2V）通信技术的研发中。

二　行业标准

根据美国电气和电子工程师协会（IEEE）2012 年 9 月的预测，到 2040 年，全球汽车保有量的 75% 都将是智能网联汽车。届时，当前汽车产业运营模式将被颠覆，新的运营模式粗具规模；涵盖交通规则和交通基础设施等方面的智能汽车交通系统也将发生巨大变革，新的交通规则将在探索中初步形成，交通基础设施也将初步建成。

2015 年美国交通部（US DoT）发布了《智能交通系统战略规划 2015～2019》，提出了发展智能交通系统战略的重点和主题，即实现汽车互联技术和推进车辆自动化。2016 年 1 月，美国联邦政府出台自动驾驶汽车行动计划。通过实施“智能交通系统”项目，美国成为全球范围内应用智能交通系统支持智能汽车相关技术和产业发展较成功的国家之一。德国罗兰贝格公司于2016年4月发布了《2016年第一季度全球智能汽车发展指数》研究报告，指出美国与德国在智能汽车发展指数方面世界领先，并且美国是全球智能驾驶汽车市场规模最大的国家（见图1）。

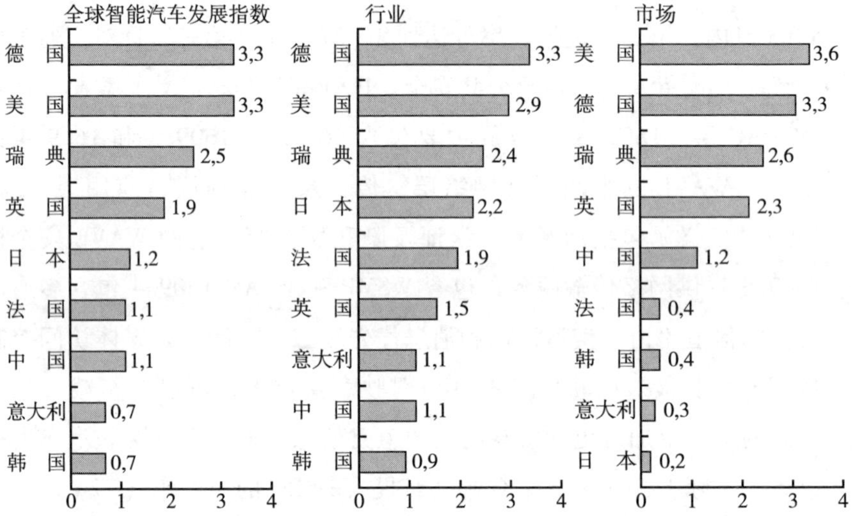

图1　全球智能汽车发展指数排名情况

为了进一步规范自动驾驶市场的监督和管理，美国汽车工程师学会（SAE）在2014年1月发布的J3016标准《道路机动车辆自动驾驶系统相关术语的分类与定义》中对自动驾驶等级与技术水平之间的对应关系进行了详细定义。该标准将汽车按自动化程度由低至高分为0~5级，即完全手动驾驶、辅助驾驶（DA）、部分自动驾驶（PA）、特定条件下自动驾驶（CA）、高度自动驾驶（HA）以及完全自动驾驶（FA）。J3016标准也分别对应智能网联汽车发展的3个阶段，即自助式驾驶辅助（DA+PA）、人机共驾（CA）、高度自动/无人驾驶（HA+FA）。2016年9月，美国交通部下属的国家公路交通安全管理局（NHTSA）首次在《联邦自动驾驶汽车政策》中采用了SAE自动驾驶汽车评级机制，并率先将自动驾驶安全监管纳入联邦法律框架。同月，SAE也更新了J3016标准（J3016-201609），标准全面覆盖从非自动驾驶汽车到全自动驾驶汽车在内的所有道路车辆，旨在为包括联邦、各州及地方政府立法者、监管者、政策制定者的多个方面，提供全面的自动驾驶汽车分级定义与标准。《联邦自动驾驶汽车政策》提出的高度自动驾驶汽车性能指导框架见图2。

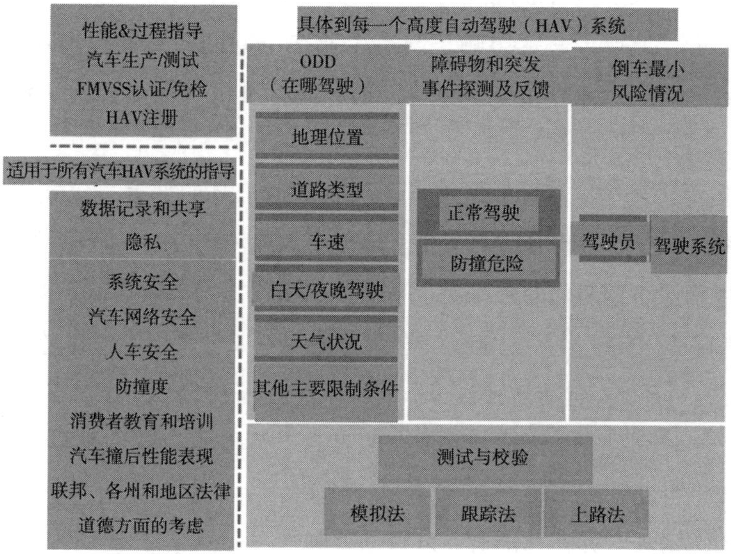

图2　《联邦自动驾驶汽车政策》提出的高度自动驾驶汽车（HAV）性能指导框架

2017年9月，美国交通部发布的针对汽车自动驾驶系统安全性的评估指南，是美国政府对自动驾驶汽车制定的第二版政策，被称为《安全展望2.0》。这套政策主要关注SAE3～5级的高度自动驾驶汽车（HAV），汽车制造企业无须等待就能开始测试以及部署自己的自动驾驶系统。另外，其还精简了各企业和组织在自动驾驶开发过程中的自我评估流程。这套全新的政策旨在统一全自动驾驶、先进驾驶者辅助系统等自动化开发项目，并协助汽车行业、当地政府、州政府和联邦政府实现这一目标。

随着自动驾驶汽车评级及指导原则持续推进、自动驾驶规范及标准的逐渐完备、业界自动驾驶部署进程不断加快，美国各州纷纷出台政策对自动驾驶汽车进行规制。立法以促进自动驾驶技术发展和保障道路安全为双重目标，重点监管自动驾驶汽车的事中和事后环节，完成对自动驾驶管理从“法无禁止”到“明确合法”的转变。目前，已有21个州通过了与自动驾驶汽车相关的立法或发布了相关的行政命令，但目的、定义和侧重点各有不同，造成了监管的碎片化。不同的自动驾驶政策对业界自动驾驶汽车的部署进程造成了一定影响，制造企业在不同的州需要遵循不同标准，增加了研发成本。业界希望出台统一的联邦标准以确保更多的一致性，鼓励创新。

2017年9月6日，为了促进自动驾驶交通工具的部署，建立统一的规则体系来保证企业在政府监管下安全地创新，美国众议院一致通过了两党法案——《确保车辆演化的未来部署和研究安全法案》（也称《自动驾驶法案》）。《自动驾驶法案》规定了美国联邦法律对于自动驾驶汽车监管的优先权，赋予了NHTSA自动驾驶汽车监管权限，要求NHTSA应逐步升级，出台新的自动驾驶汽车安全标准，并成立高度自动驾驶汽车咨询委员会。同时，该法案要求自动驾驶车辆企业必须制订详细的网络安全计划，遵循NHTSA的网络安全指导，并在其销售高度自动驾驶汽车、部分自动驾驶汽车或全自动驾驶系统时应制作书面隐私计划，法案强调了联邦贸易委员会（FTC）有权对包括交通在内的行业不公平或欺骗性的隐私和数据行为采取执法行动。该法案在获得国会通过后，将成为正式法令。

三　智能驾驶技术发展情况

2014年11月，美国交通部在联合国欧洲经济委员会（UNECE）发表报告，从智能汽车产业发展角度指出，目前行业主流做法是将研发智能化高级辅助驾驶系统作为智能汽车的首要目标，然后逐步融合“网联式”技术，在智能网联汽车发展的最后阶段实现智能化和网联化完全融合。美国交通部提出的智能汽车的3种技术路线见图3。

目前，美国是世界第二大汽车消费市场，ADAS系统的市场规模和前景预期很广阔。英国VisionGain公司在2017年6月统计的汽车ADAS市场排

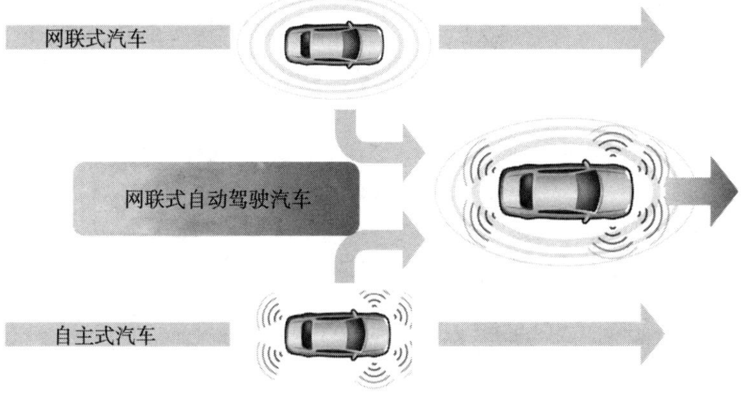

图 3　美国交通部提出的智能汽车的 3 种技术路线

名前 20 位的企业中，美国企业占了 6 家，排名世界第一位。根据 Statista 公司统计，2014 年美国 ADAS 相关的配置年销售额为 11.439 亿美元，2015 年达到了 15.17 亿美元，并预计随后 5 年保持约 30% 的年增长额，到了 2020 年达到 54 亿美元。此外，美国是较早将 ADAS 系统引入新车评价体系的国家之一。2003 年，NHTSA 就是否需要强制新车加装车道偏离预警（LDW）与前碰撞预警（FCW）系统进行过深入研究。美国新车评价规程（US-NCAP）规定自 2018 年开始五星安全标准车辆必须配备自动紧急制动（AEB）系统。NHTSA 在 2016 年 3 月发布公告，称美国汽车市场占有率达到 99% 的 20 家汽车企业宣布，到 2022 年 9 月以后推出的新车都将标配前碰预警（FCW）与自动紧急制动（AEB）功能。美国新车评价体系中主动安全和驾驶辅助试验见图 4，美国 2015 年款新车型的主动安全系统及 ADA8 装配率见图 5。

除了引入新车评价规程之外，美国也开始制定法规推动 ADAS 系统的普及。根据 NHTSA 在 2016 年 5 月发布的数据，美国每年超过 200 万件交通事故中 94% 是由于驾驶员操作失误，因此强烈建议抑或强制要求安装 ADAS 主动安全系统。根据美国 FMVSS-111 法律，自 2016 年 5 月起，美国各汽车企业必须对其生产车辆中的 10% 安装后视摄像头，并且这一比例短期内要

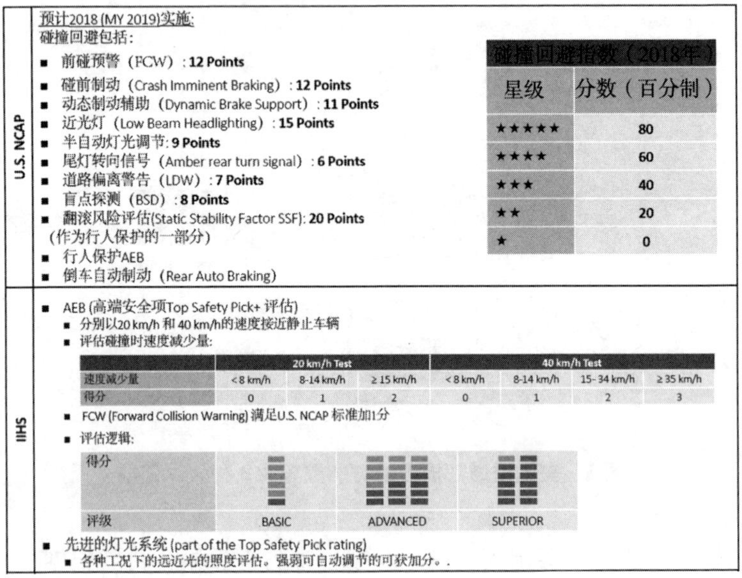

图4　美国新车评价体系中主动安全和驾驶辅助试验

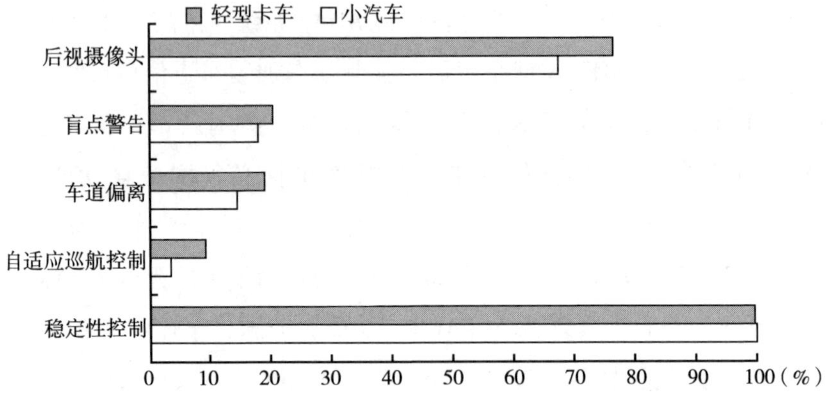

图5　美国2015年款新车型的主动安全系统及ADAS装配率

实现大幅提升直至全覆盖。根据美国汽车媒体WardsAuto统计，美国市场SUV和皮卡中，后方摄像头搭载的比例为76.3%、乘用车为67.6%。而盲区监测（BSD）、车道偏离预警（LDW）还仅配置在高级汽车上，因此在2015年新推出的车型中占15%~20%，其中搭载BSD系统的情况：SUV和皮卡占20.6%，乘用车占18.2%；搭载LDW系统的SUV和皮卡占19.1%，乘用车占14.5%；搭载自适应巡航（ACC）系统的SUV皮卡占9.4%，乘用车占3.6%。

20世纪80年代，美国开始研发自动驾驶技术，如1984年卡内基梅隆大学的Navlab项目（见图6）和美国国防部高级研究计划局（DARPA）的陆地自动巡航（ALV）计划。1995年，自动驾驶研发迎来了重大里程碑，Navlab 5首次实现长距离无人驾驶。从宾夕法尼亚州匹兹堡市到加利福尼亚州圣地亚哥市之间的4584公里内有4500公里是完全自动驾驶的（98.2%），平均速度为102.7公里/小时。此后，许多高校、企业和研究机构开始了自动驾驶原型车的开发工作。

图6　卡内基梅隆大学的Navlab无人驾驶汽车1~5代（由左至右）

2004~2007年美国共举办了三届DARPA无人驾驶挑战赛（见图7），主要考察无人驾驶汽车在恶劣和复杂环境下的自动驾驶能力。这项赛事是美国无人驾驶人才的摇篮，谷歌和Uber等无人驾驶企业的很多人才都有此项赛事的参赛背景。DARPA的系列挑战赛是汽车自动驾驶革命的开端，通过比赛向世人证明了无人驾驶技术的可能性。

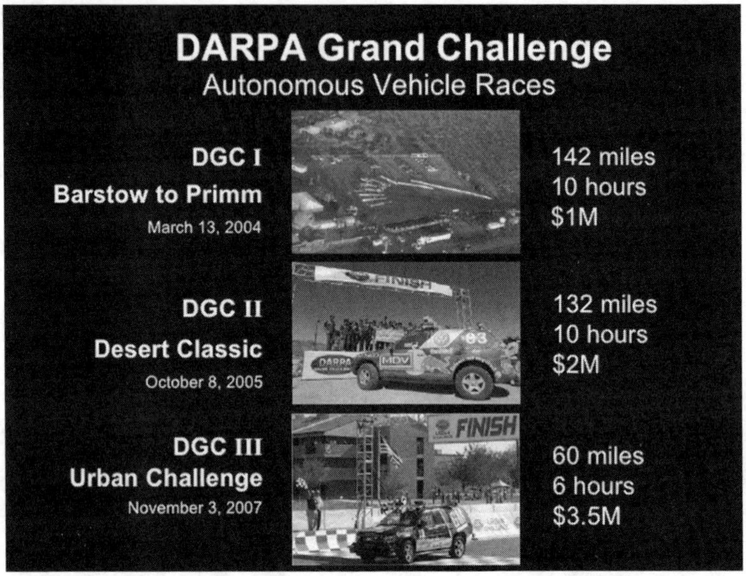

图7 三届 DARPA 无人驾驶汽车挑战赛

美国的自动驾驶汽车发展有两条技术路线。一条是在传统车型上逐步开发应用自动驾驶技术。如特斯拉在传统车型上嵌入自动驾驶技术，从单个功能开始，逐步向多功能自动驾驶系统升级，最终发展到无人驾驶。2015 年 10 月，特斯拉汽车搭载了“Autopilot”软件（见图 8），包括了车道保持、变换车道和自动泊车等多项功能。2016 年 1 月发布的软件不仅增加了辅助转向的安全限制，还增加了手机召唤功能，并具有“自主学习”功能。Autopilot 的自动驾驶等级属于 SAE 2 ~ 3 级，汽车可以自主行驶，但需要驾驶员时刻保持关注，并能够随时接管车辆。2016 年 5 月 7 日，美国首例涉及汽车自动驾驶功能的交通死亡事故正是由于特斯拉 Autopilot 自主驾驶能力有限，且当时驾驶员分心造成的。2016 年 7 月，美国国家运输安全委员会（NTSB）展开正式调查，2017 年 1 月公布了调查结果，指出特斯拉的 Autopilot 系统对此次事故不负责任。调查显示，在加装 Autopilot 系统之后，特斯拉的车祸率降低了 40%。自 2016 年 10 月 19 日开始，特斯拉声称其所有新车均装备了能够实现 SAE 5 级自动驾驶的 Autopilot 硬件，其传感器包括 8 个环视摄像头和 12 个超声波传感器。经过必要的软件测试，特斯拉在 2017 年底之前实现了全自动驾驶的功能。

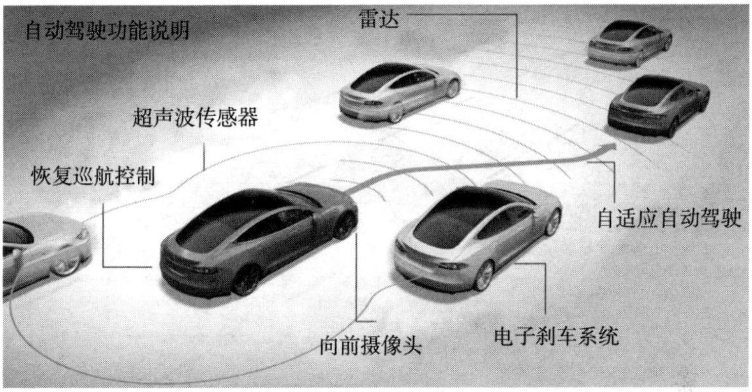

图 8　特斯拉 Autopilot 功能说明

另一条路线直接指向智能汽车的终极解决方案。如谷歌直接实现完全无人驾驶，主要使用激光雷达技术，辅以计算机视觉和人工智能技术，已经成为全球领跑者。截至 2016 年 3 月，谷歌已经完成总计约 240 万千米的无人驾驶测试。根据谷歌的事故统计报告，其无人驾驶汽车已经发生了 14 次车祸，其中 13 次被认定是对方驾驶员的责任，1 次是无人驾驶汽车自身的软件缺陷造成了碰撞。谷歌在 2016 年 12 月正式宣告 Waymo 独立于 Google，专门致力于无人驾驶技术研究，是目前世界上技术较先进的自动驾驶企业。根据 2017 年 2 月美国加利福尼亚州车辆管理局（DMV）公布的《2016 全年无人驾驶测试报告》，Waymo 无人驾驶汽车的自动化程度较高，平均 1609 公里的人工干预次数仅 0.2 次，相比 2015 年的 0.8 次下降了 75%。Waymo 无人驾驶汽车 2016 年在加利福尼亚州的道路上共行驶了 1023112 公里，相当于其他所有汽车企业路测里程总和的 30 倍。同期，美国硅谷也涌现出诸如 Uber、Lyft、Cruise Automation、NuTonomy、Otto、Drive. ai 等新兴自动驾驶技术企业。Waymo 这类高科技企业的关注点是基于人工智能和大数据的自动驾驶系统的开发，它们或许不擅长车辆制造以及将自动驾驶系统量产化，但在自动驾驶系统方面投入了大量的力量。Waymo 无人驾驶技术说明见图 9。

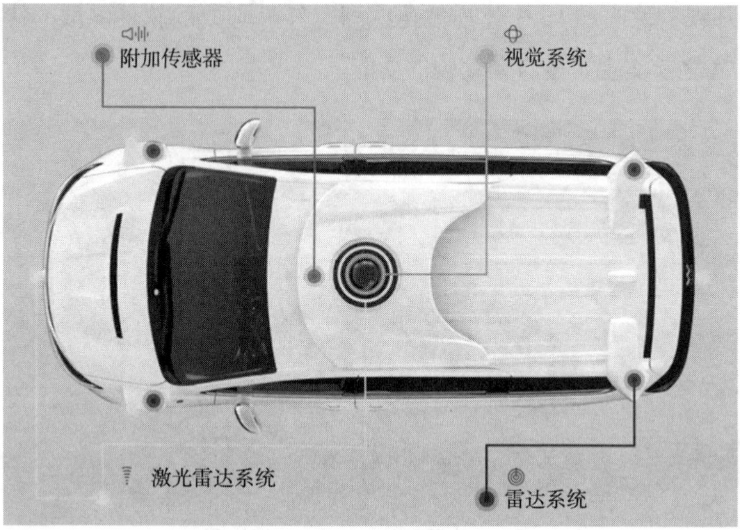

图 9　Waymo 无人驾驶技术说明

四　美国车联网技术发展现状

2003 年负责智能交通项目专项研究的美国交通部专家逐渐发现，车—路通信（V2I）、车—车通信（V2V）技术对提升道路安全，解决一些疑难交通问题起关键作用。同年，美国交通部又组织开展了一个 VII 车路协同系统项目，通过探索新兴的通信与计算机技术来扩展智能交通计划的研究范围，以此来助力该项目从研究阶段步入商用化测试和市场投放阶段。2009 年，美国交通部将 VII 项目更名为“IntelliDrive”。2010 年，美国交通部“研究与特殊项目管理局”（RITA）发布了《智能交通系统战略研究计划(2010～2014 年)》，计划的研究重点在 IntelliDrive 的应用、技术和政策三个方面，提出了美国车联网技术的发展目标、实现途径，并详细规划部署了智能交通系统建设等问题。2011 年 5 月，美国交通部将“IntelliDrive”正式更名为“智能互联汽车研究”（CVR），但项目内容、规划和目的没有发生改变。2014 年，美国交通部发布的《智能交通系统战略研究计划（2010～2014年）》，是《智能交通系统战略研究计划（2010～2014年）》的升级版。美国智能交通系统的战略从单纯的汽车网联化，升级为汽车网联化与自动控制智能化的双重发展战略，发展目标包括：①提高车辆与道路安全性；②增强交通移动性；③降低环境影响；④促进创新；⑤支持交通系统信息共享。

1999年10月，美国联邦通信委员会（FCC）在5.9吉赫频带上分配了75兆赫频率，供智能交通系统使用，即专用短距离通信（DSRC）系统（见图10）。DSRC技术最早被应用于高速公路电子收费（ETC）系统。2014年2月，DSRC被美国交通部确认为车联网（V2X）的通信标准。目前，基于专用短距离通信（DSRC）、蜂窝网络、Wi-Fi和GPS卫星等在内的多种通信技术的车—路通信（V2I）、车—车通信（V2V）的网联式驾驶辅助系统正在美国进行实用性技术开发和大规模试验场测试。之前，通过大量的示范测试，美国交通部与密歇根大学等相关测试单位得出了车联网技术能够减少大约80%交通事故的结论。这项结论使得美国政府于2016年11月正式发布《联邦机动车安全标准——第150号》（FMVSS No. 150），该安全标准要求所有轻型车辆必须安装V2V通信设备以确保车辆和车辆之间能够发送和接收基本安全信息。2015年7月美国交通部曾在递交给国会的报告中预测，到2040年美国90%的轻型车辆将会安装DSRC系统。

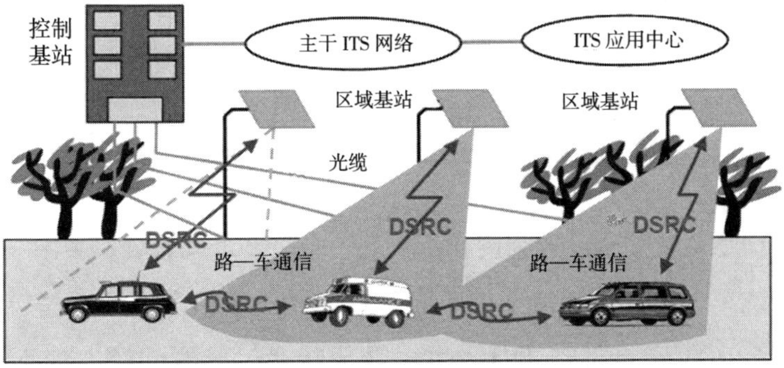

图10　DSRC技术图解

网联化技术的另一项重要应用是空中下载（OTA）技术，根据咨询机构 ABI Research 预测，到 2022 年将有 2.03 亿辆汽车能通过 OTA 方式更新软件，其中至少 2200 万辆汽车能通过 OTA 更新固件。咨询机构 IHS 的预测也显示了相同趋势，它们认为汽车制造企业从 OTA 软件更新中节省的成本将从 2015 年的 27 亿美元增长到 2022 年的 350 亿美元。特斯拉是汽车企业中 OTA 服务的领先者（见图 11），OTA 服务内容包括：应用程序、地图、灯光控制、语音控制、空气悬架和 Autopilot 驾驶辅助功能等。在特斯拉带动的科技热潮下，汽车企业日益重视 OTA 服务能力的建设：2017 年 5 月，福特汽车宣布将采用 OTA 技术实现软件升级，为搭载 Sync 3 的 2016 款车型新增 Android Auto 及 Apple CarPlay 系统；2017 年 7 月，通用汽车宣布计划在 2020 年之前推出能进行空中升级（OTA）的信息娱乐系统。目前，OTA 的汽车产业应用也已经从地图和软件更新开始向车辆核心功能发展。汽车制造企业快速普及 OTA 更新的原因包括：召回成本、自动驾驶和基于软件复杂性的安全风险增加。例如 2016 年 9 月，科恩实验室通过特斯拉车辆的互联网络攻击了 2014 款 Model S P85，可以远程解锁，甚至可以在高速行驶时制动。在科恩实验室将漏洞提交给特斯拉后，特斯拉在 2016 年 10 月便通过 OTA 发布了 V7.1 2.36.31 新版固件封堵了该漏洞。

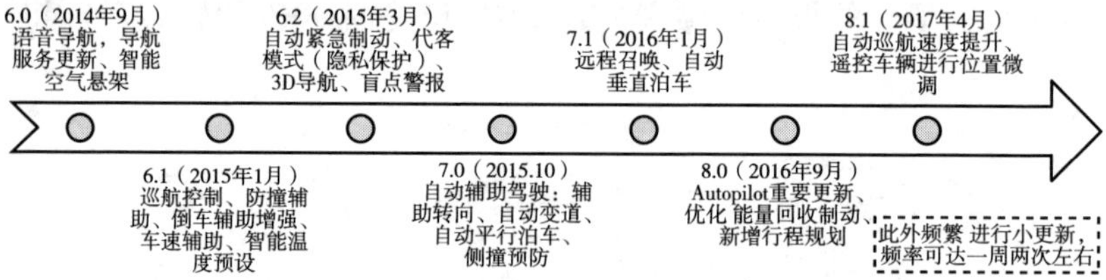

图 11　特斯拉 OTA 重大更新时间线

汽车信息系统安全已成为网联汽车的一个重要发展领域，美国在互联网巨头和传统车企的大力支持下，政府和行业对汽车信息安全关注较早。目前，在汽车功能安全标准 ISO 26262 等基础上，美国已经发展形成 SAE J3061、IEEE 1609.2 等系列标准。其中，2016 年 1 月发布的 SAE J3061 推荐规程《信息——物理融合系统网络安全指南》是全球第一部针对汽车网络安全制定的指导性文件，是根据目标提出的建议而不是强制性文件，主要帮助整车企业根据其自身项目要求探索合适的解决方案。同年 10 月，美国 NHTSA 发布了《现代汽车信息安全最佳实践》，针对快速发展的智能网联汽车信息安全及隐私保护等问题推出了最佳实践框架结构。

五　代表性企业

在美国，智能网联汽车行业的参与者既有主机企业，例如通用汽车、福特汽车和特斯拉等，也有互联网和 IT 企业，例如谷歌和英特尔等，还有新兴的共享出行服务商，例如 Uber 和 Lyft 等，更有数不清的初创高科技企业加入。本报告选取产业链上的几个代表性企业进行简单介绍。

（一）谷歌

2009 年，谷歌成立了 X 实验室开展无人驾驶汽车的研究。2012 年开始城市道路测试，截至目前谷歌无人驾驶汽车的实际路测里程达到了 482.8 万千米，在虚拟软件环境中的模拟测试里程突破了 16.09 亿千米。谷歌在无人驾驶汽车方面的研发不局限于软件，在激光雷达、AI 芯片等硬件领域也有布局。2016 年，谷歌把 X 实验室改为 Waymo 公司，专门从事无人驾驶的研究，现在 Waymo 与共享出行企业 Lyft、菲亚特 - 克莱斯勒等众多业内企业纷纷建立了战略合作关系，开始探索可行的商业模式。

（二）特斯拉

特斯拉是新型汽车制造企业的典型代表，其旗下的各电动汽车车型凭借高级自动驾驶功能 Autopilot 吸引了众多消费者，创造了令人瞩目的销量。特斯拉 Autopilot 系统已经搭载到 Model S、Model X 和 Model 3 车型上，提供了自动转向、高级自适应巡航、自动泊车和驾驶员预警等功能。在网联化方面，特斯拉的车主可通过手机 App 远程控制车辆，获知车辆基本状态，甚至可以实现远程 OTA 程序更新。虽然多起交通事故让公众觉得特斯拉的自动驾驶有虚假宣传之嫌，特斯拉仍然在坚定不移地更新 Autopilot 的版本，不断加入新功能。最近还宣称已经研发支持 L 5 级别自动驾驶的套件。

（三）Uber

Uber 已经充分意识到自动驾驶对于未来共享出行的意义，积极布局自动驾驶，以应对竞争对手带来的压力。通过收编卡耐基梅隆大学的机器人团队和收购无人驾驶载货车企业 Otto 等举措，迅速拥有了无人驾驶汽车领域的研究能力。通过 18 个月的集中研发，Uber 于 2016 年 9 月在美国匹兹堡市发布了基于福特 Fusion 车型改装的自动驾驶汽车，多辆 Fusion 汽车开始为 Uber 的 VIP 客户提供自动驾驶出行体验服务。另外，Uber 也与沃尔沃达成了联合研发协议，宣布将在沃尔沃 XC90 车型上开发自动驾驶汽车。

（四）福特汽车

福特汽车作为传统的汽车生产企业，除了推广 ADAS 系统在旗下车型的配装外，也于 2016 年成立了专门的智能移动技术企业，在车联网技术、移动技术和自动驾驶技术等方面进行布局，甚至提出在 2021 年量产具备高度自动驾驶功能的汽车。2017 年 2 月，福特汽车宣布将以 10 亿美元投资人工智能初创公司 Argo AI，把 Argo 发展成为福特汽车的人工智能研究中心，为自动驾驶的研发提供助力。同时，福特汽车还先后投资了自动驾驶产业链上的多家企业，例如云计算企业 Pivotal、地图企业 Civil Maps 和激光雷达制造企业 Velodyne 等。

（五）英特尔

英特尔已经成立自动驾驶事业部，试图将其在 PC 领域的 CPU 优势扩张到智能汽车领域，通过和德尔福、宝马公司、爱立信、Denso 组成产业联盟以及高价收购迅速进入自动驾驶行业。其中，英特尔收购以色列企业

Moblieye 尤其引人瞩目，Moblieye 是全球领先的 ADAS 系统供应企业，市值上百亿美元，花高价收购 Moblieye 足可看到英特尔的决心。2017 年 8 月，英特尔高调宣布，首期将研发和部署 100 辆无人驾驶汽车进行试运营，计划于 2019 年将自动驾驶系统提供给汽车企业。

除了上述企业，通用汽车、德尔福、英伟达、高通、微软、苹果等企业也是自动驾驶技术研发的参与者，它们也纷纷制定在自动驾驶领域的发展规划，或收购其他企业加强研发能力，或瞄准自动驾驶的需求加强新产品研发，或将其他行业形成的传统优势向汽车行业扩展，都试图在智能网联汽车的这块大蛋糕上有所作为，创造利润。另外，有许多新兴的自动驾驶创业企业也瞄准一些细分领域，纷纷入场。

六　测试及示范运营情况

道路测试和示范区运营是全球智能网联汽车产业化和市场化的重要一环和关键一步。2011 年，内华达州首先通过了在道路上测试自动驾驶技术的相关法律；次年谷歌取得了内华达州的首张“自动驾驶”汽车牌照。此后，佛罗里达州、加利福尼亚州、弗吉尼亚州、密歇根州等也相继通过了允许在公开道路上测试自动驾驶车辆的相关法律。根据加利福尼亚机动车驾驶管理处（DMV）的数据，截至 2017 年 9 月 25 日，已经有 42 家企业获得了自动驾驶的测试牌照（见图 12）。

2015 年 10 月，美国密歇根大学交通研究所发布了一项研究报告。该报告对谷歌、德尔福（Delphi）和奥迪三家企业无人驾驶汽车的交通事故发生率进行了比较，结果发现它们的事故率要高于传统汽车。但这篇报告也指出，这三家企业无人驾驶汽车的累计行驶里程较低，共计行驶了 203.21 万千米，而传统汽车每年在美国公路上的行驶里程总共达 4.83 万亿公里。甚至美国智库兰德公司在 2016 年 4 月的报告《多少英里的测试才能证明无人驾驶汽车的可靠性?》中指出，可能需要数百年、数千亿千米的测试，才能完全证实无人驾驶汽车比有人驾驶的致死率更低。如果继续按照当前的思路和方式进行，那么自动驾驶测试的任务几乎无法完成。如果将传统整车测试比作医生给病人检测血压或者视力，那么自动驾驶的测试过程就相当于汽车的智商测试。以汽车腐蚀测试为例，并不会将车辆放在真实环境中用10年时间验证是否会发生腐蚀，而是通过增加环境湿度、放到恶劣环境下进行测试。不仅如此，在企业研发自动驾驶汽车时开展内部测试的同时，政府也需要推出一套标准的测试方法，对自动驾驶系统的功能和性能进行评估验证。

- Volkswagen Group of America
- Mercedes Benz
- Waymo
- Delphi Automotive
- Tesla Motors
- Bosch
- Nissan
- GM Cruise LLC
- BMW
- Honda
- Ford
- Zoox, Inc.
- Drive.ai, Inc.
- Faraday & Future Inc.
- Baidu USA LLC
- Wheego Electric Cars Inc.
- Valeo North America, Inc.
- NextEV USA, Inc.
- Telenav, Inc.
- NVIDIA Corporation
- AutoX Technologies Inc
- Subaru
- Udacity, Inc
- Navya Inc.
- Renovo.auto
- UATC LLC (Uber)
- PlusAi Inc
- Nuro, Inc
- CarOne LLC
- Apple Inc.
- Bauer's Intelligent Transportation
- Pony.AI
- TuSimple
- Jingchi Corp
- SAIC Innovation Center, LLC
- Almotive Inc
- Aurora Innovation
- Nullmax
- Samsung Electronics
- Continental Automotive Systems Inc
- Voyage
- CYNGN, Inc

图12　已获得加州自动驾驶测试牌照的企业
（截至2017年9月25日）

2017年5月，美国密歇根大学发表了白皮书《从实验室到街道：解决加速自动化车辆测试的挑战》，书中提出了一套可以将传统无人驾驶汽车测试里程缩短300~100000倍的加速测试评价方法：其核心思想是基于统计分析的方式，将真实驾驶环境分解、过滤、优化，并提取出典型的、重要的、易于模拟和复现的驾驶场景。同时，对复杂场景下的关键事件里人类驾驶员与自动驾驶系统之间的交互数据进行分析并建立联系，最后对加速测试结果进行逆向推导，以评估无人驾驶汽车在日常情况下的驾驶表现。需要指出的是，为了完善这套测试方法、保证方法的准确性，需要大量的实车数据作为支撑，然而现阶段具备 SAE 4 级的自动驾驶汽车在真实环境中行驶的数据是远远不够的。加利福尼亚州 DMV 公布的 9 家企业《2016 年全年无人驾驶测试报告》见表 20。

表 2　加州 DWV 公布的 9 家企业《2016 全年无人驾驶测试报告》

企业	公里数(公里)	Diseng	英里/Diseng	道路类型
BMW	1020.8	1	638.0	接近高速公路
Bosch	1572.8	1442	0.7	州际公路/城市快速路
GM/Cruise	15641.6	181	54.0	都市道路
Delphi	5000	178	17.6	高速/都市道路/郊区道路
Ford	944	3	196.7	高速公路
Google/Waymo	1017388.8	124	5128.0	接近郊区道路
Mercedes	1076.8	336	2.0	都市道路
Nissan	6558.4	28	146.4	高速/都市道路/郊区道路
Tesla	880	182	3.0	高速/郊区道路/不明道路类型

2017 年 10 月，Waymo 发布了无人驾驶汽车安全报告《通往完全自动驾驶之路》，公开了其无人驾驶汽车的安全设计理念、工作方式、测试验证和人机交互等技术细节。报告里面特别介绍了自动驾驶系统的测试基地 Castle 以及虚拟测试平台 Carcraft。Castle 是坐落于加利福尼亚州，专门为测试设计建造的，占地约 37 万平方米的私有封闭式测试场地，通过对 Waymo 无人驾驶汽车进行了数千次“结构化测试”，重新创建了用于自动驾驶系统学习和测试的特定场景，并为虚拟仿真平台 Castle 提供许多宝贵的真实数据。Carcraft 能够将真实的驾驶环境数字化和图像化呈现，每天有 25000 多辆虚拟的 Waymo 无人驾驶汽车在 Carcraft 中行驶 1287.48 万公里的路程，让基于人工智能的自动驾驶算法可以获得更多的学习和训练，并返回现实世界进行测试验证（见图 13）。这种“结构化测试”“虚拟化测试”是加速无人驾驶技术进步和确保在日常驾驶级危险工况下无人驾驶车辆安全性的关键。

图 13　Waymo 基于虚拟现实技术测试其无人驾驶算法

美国十分重视智能网联汽车的示范运行，并斥资建设了多个示范区。2015 年 7 月，位于美国密歇根的 M-City 正式对外开放（见图 14），这是全球第一家公开面向无人驾驶汽车和智能交通的测试基地。M-City 位于密歇根大学北校区，占地约 13 万平方米，模拟了车辆在高速、城区和郊区范围可能遭遇的各种复杂道路情况和交通场景。密歇根大学研究人员同当地交管部门合作完成了 M-City 的设计，成为进行智能汽车和网联汽车测试的理想场所。此外，密歇根大学还参与了一个项目：在 16.09 公里外的伊普斯兰提小镇建设一个更复杂的测试基地，名为“Willow Run”，占地约 20 万平方米。基地有供测试使用的高速路，里面还配备各种复杂的十字路口、三层立交桥以及越野路面，路面上还有天然的坑洞。类似这样由军工厂改造的测试场还有加利福尼亚州的 GoMentum Station、谷歌 Castle 空军基地等。

2017 年 1 月，美国交通部从超过 60 个候选试验场中官方指定了 10 个最适合测试自动驾驶汽车的示范区，并鼓励各企业、院校和机构等在这些示范区测试和共享智能网联汽车的新技术。考察内容包括综合条件、设施类型等，还有测试场地可提供的测试项目，是否与其他机构合作共享数据等，十大自动驾驶示范区包括：

(1) 匹兹堡市与托马斯·拉森（Thomas D. Larson）宾夕法尼亚州交通学院；

图 14　美国密歇根大学建设的智能网联汽车专用测试场（M-City）

（2）得克萨斯影音试验场合作伙伴（Texas AV Proving Grounds Partnership）；

（3）美国陆军阿伯丁测试中心；

（4）密歇根州美国流动中心；

（5）康特拉科斯塔运输局（CCTA）和 GoMentum Station；

（6）圣地亚哥政府协会；

（7）艾奥瓦市去卡发集团；

（8）威斯康星大学麦迪逊分校；

（8）中佛罗里达州无人驾驶汽车合作伙伴；

（10）北卡罗来纳州收费公路管理局。

美国交通部指定的这些测试场地将整合各项设计，形成一个围绕无人驾驶测试和部署的实践社区，加速了安全的自动驾驶试点项目的发展和应用，帮助奠定了全国性的自动驾驶汽车基调，并建立了相应的系统标准。智能汽车的大规模示范运营有助于美国交通部推出进一步的指导方针和政策，为开发自动驾驶技术的企业提供引导，帮助智能汽车走进消费和商用领域。

七　典型智能网联示范区

美国政府和相关企业高度重视自动驾驶汽车的测试评价和示范运营工作。截至目前，全美已规划数十个智能网联汽车测试评价基地和运营示范区，这些试验场的建设一方面可以发展相关的测试评价技术，促进智能网联汽车相关技术的更新发展；另一方面可形成示范效应，引发社会和公众关注，吸引更多的企业加入智能网联汽车的研发和试验。下面选取几个典型的试验场进行简单介绍。

（一）M-City

M-City 是世界上首个为测试自动驾驶汽车和车联网技术而专门建设的测试试验区。为了测试无人驾驶汽车在不同道路工况下的性能，M-City 将试验区划分为用于模拟高速公路工况的高速试验区和用于模拟市区及近郊道路工况的低速试验区。该试验区位于密歇根州安娜堡市，占地近 13 万平方米，由密歇根大学负责具体运营。从 2015 年投入运营至今，M-City 吸引了世界各地从业者的目光，已与各主机企业、科研院所和零部件供应企业等广泛建立了合作关系。

（二）Castle

Castle 无人驾驶测试基地位于加利福尼亚州，始建于 2014 年，为谷歌所有，目前总面积为 37.03 万平方米。谷歌在该基地可对其研发的无人驾驶车辆进行简单测试。谷歌在租借该基地后规划并建设了多种测试道路，例如城区道路和郊区道路等，并架设了交通信号灯和交通标示等设备。另外，谷歌还会在该基地培训其无人汽车驾驶员。

（三）Willow Run

Willow Run 是美国交通部指定的自动驾驶试点试验场之一，该试验场位于密歇根州，占地 135.57 万平方米，被认为是 M-City 的“升级版”，拥有更丰富的智能网联汽车测试试验环境。Willow Run 规划了 1 条约 4000 米长的高速公路、两处高架道路、200 多米长的曲线隧道和多车道交叉路口等高逼真测试场景。该试验场正在建设阶段，计划用两年时间建设完成。

（四）GoMentum

GoMentum 与 Willow Run 一样，也是美国交通部指定的自动驾驶试点试验场之一。GoMentum 本是一座废弃的海军基地，占地约 850 万平方米，位于加利福尼亚州旧金山市以北 65 公里处。GoMentum 由康特拉科斯塔郡交通局和行业合作伙伴共同出资建设，是规划中的全美最大的自动驾驶汽车技术测试场。

八　对中国智能网联行业发展的启示

美国智能网联汽车行业的发展对中国有如下启示。

第一，加强顶层设计规划，制定适宜国情的发展战略。从政府角度出发，应结合产业发展规律和中国的实际国情，制定相关的产业发展政策，对智能网联汽车在中国的发展进行鼓励和支持，既不能贪功冒进，忽视市场需求，又不能裹足不前，错失大好机遇。从企业角度出发，应看准行业发展形势，积极投身智能网联汽车相关产品的研发，掌握自主知识产权，形成市场竞争优势。另外，要重视市场规律，从实际着手，形成良性的资本收入——产出循环。

第二，加快标准法规制定，为行业发展保驾护航。在法规方面，美国无论是联邦还是州政府都出台了相关政策，鼓励无人驾驶汽车上路测试。但中国政府在该领域内仍较保守，尚未出台相关法规进行约束。公安交通部门应采取更加包容的态度，在保证公共安全的情况下，有针对性地开放部分社会道路，供自动驾驶汽车进行功能和性能测试。在标准领域，中国已经出台了《国家车联网产业标准体系建设指南（智能网联汽车）》，应结合预期的工作安排、选择重点领域，积极展开标准的制定工作，指导相关技术的统一共性发展。

第三，重视测试试验区建设，发挥示范带动作用。与美国类似，无论是工业和信息化部还是地方政府都已经在近些年积极投入了测试试验区的建设工作，在全国多地规划和建设了多处自动驾驶汽车测试评价基地，希望后期能提高相关试验场的开放程度，吸引更多合作伙伴入场测试，形成常态化的示范运营机制，吸引公众关注，鼓励更多企业投入智能网联汽车的研发和试验。

面对智能网联汽车发展的重大机遇，中国政府和相关企业一定要凝神聚力，共同奋斗，积极借鉴国际经验，抓住机会，结合国情，快速发展，在产业链中实现全面突破，占领产业制高点，真正实现中国汽车行业从“大”到“强”的梦想。

B.32 日本智能网联汽车发展现状

张锲石*

摘　要：　本报告从丰田、斯巴鲁、本田、日产几大汽车企业对于智能驾驶汽车的产业化路线及产品定位入手对日本智能网联汽车的发展现状进行介绍，明确了其现阶段智能网联汽车的发展和产业化目标及规划。日本的发展目标是到2020年实现第二阶段，约在2025年实现第三阶段的市场化，以及完全自动驾驶系统的市场化。主要是在东京奥运会及残奥会时能够实现第三阶段无人驾驶出租车的特定条件下实用化。

关键词：　日本　智能网联汽车　发展规划

当前，随着工业化、信息化以及人工智能等技术的发展，新一轮科技革命逐渐展开，各个国家都致力于领先技术研发和率先占据市场地位。其中具有代表性的包括德国“工业4.0”、美国“工业互联网”和中国“智能制造2025”等。此外，日本也在加紧部署、加快行动，致力于抢占未来的战略制高点。

一　日本对智能网联汽车发展的态度

日本政府提出了“战略创新计划”（SIP，Strategic Innovation Promotion

* 张锲石，中国科学院深圳先进技术研究院，高级工程师，博士，研究方向为智能驾驶、人机控制。

Program)，智能网联汽车技术作为对日本社会、经济和产业竞争力有重大影响的 11 个重点发展领域之一，占据重要战略地位。为了促进每一个领域的发展，都从企业或者大学选定相关领域计划的负责人。在 2017 年提出的计划中，智能网联汽车方面的负责人选定了丰田汽车的葛卷清吾，并分配了 33.2 亿日元的预算。在 2017 年 2 月召开的研究经济增长战略的未来投资会议上，日本政府提出了推动智能网联汽车实用化的进度表。进度表以实现在放心、安全的环境下提供便利的移动性社会为目标，通过利用路车间通信的安全驾驶辅助系统和智能网联汽车等技术手段，不断推进汽车与信息通信及融合所带来的新的汽车交通系统。特别是期待智能网联汽车作为替代驾驶者认知、判断和操作等的驾驶辅助系统。此外，日本政府也希望能在 2020 年东京奥运会的时候展现日本智能网联汽车相关技术的成果，并推出无人驾驶出租车。日本政府对智能网联汽车的发展和产业化都有着明确的目标和规划。

为了减少交通事故、增加地区公共交通的便利性、缓和交通拥堵和增加国际竞争力等，2017 年 12 月，日本国土交通省在其内部设立了自动驾驶战略总部。由国土交通大臣担任部长，并由汽车局、道路局等部门参与。由此可见日本政府对于智能网联汽车的发展和规划不仅仅是重视，更有着具体的部署和分工。

二　发展现状

（一）政策法规

在自动驾驶汽车方面，驾驶车辆的不是人类，而是人工智能，这样虽有可能减少事故，但还没有降到零。因此，问题是发生事故时的责任归属问题。虽然车的所有者没有参与驾驶，但也不能归责于人工智能。在某种意义上说，汽车制造企业不得不承担责任。在全自动驾驶的情况下，汽车的所有人可能没有在车上或者没有驾照，对于这种情况法律没有任何规定，同时也是法律法规最难解决的课题之一。

无人驾驶汽车有望取得减少事故、确保老年人出行等效果。日本警察厅已于2017年6月初公布了无人驾驶汽车在公路上开展测试需要的道路使用许可标准。这一机制将被灵活运用以推动无人驾驶技术的进一步发展。根据该许可标准中的规定，该无人驾驶汽车单位负责人首先必须保证公路测试过程中系统的安全性，尤其需要对行人突然冲入测试路线等情况进行反复测试；其次，就限速等指示标识是否存在法律问题安排警察乘坐进行测试审查；最后，由公路管辖部门核准是否批准其使用道路。同时，通信部门还需保证测试路段的无线通信系统持续正常运行，并且不会对普通道路使用者产生影响。

（二）各汽车企业的现状

在发展智能网联汽车方面，日本的汽车企业均已根据各自的目标建立了相应的计划表。日产汽车将于2018年实现在高速道路自动变更车道；丰田汽车将在2020年发售可在高速道路自动变道的汽车；本田汽车将在2025年实现自动驾驶技术第四阶段。由三菱集团、Zenrin主导的一些地图企业、整车制造企业成立动态交通地图企业（Dynamic Map Planning，DMP），该公司的成立是SIP推进2年自动驾驶的成果。DMP公司的主要职能包括对动态地图数据的收集、集成、处理和使用。这一时刻，代表日本动态高精度地图开始走向产业化。它们的目标是在2020年，也就是在东京奥运会之前，实现日本高精度地图的覆盖。

下面就日本各大汽车企业对于智能驾驶汽车的产业化路线及产品定位进行简单的介绍。

1. 丰田汽车

2016年1月，丰田汽车为了研究开发人工智能在硅谷设立了“丰田研究中心”（TOYOTA RESEARCH INSTITUTE，INC，TRI），并表示将在5年内投资10亿美元。之后，丰田汽车与微软公司共同成立了汽车数据收集的大数据分析公司，并与在图像处理半导体中占据高市场份额的美国爱迪维亚合作。

2017 年 3 月，丰田汽车决定同 NTT 进行超高速无线通信技术合作。丰田计划在 2020 年正式销售能够在高速公路上实现车道线变更的“第三阶段”的车辆，并在 2025 年前实现路口等复杂环境判断的“第四阶段”技术。丰田汽车在这个蓝图中表明，“欧洲汽车评价的发展蓝图，从 2018 年开始要求‘针对夜间步行者的冲突回避’，联合国欧洲经济委员会、汽车标准协调世界论坛（WP29）在 2018 年生效的、修正‘以车速 10 公里/小时以上，握着转向盘的状态下自动操舵的汽车线变更’的应对”是必需的功能。

2. 斯巴鲁（富士重工）

2017 年，计划在汽车专用道路上实现同一车道内的低速跟车功能；2020 年，将实现高速公路上能自动变道的自动驾驶，其中包括变换车道等，也算作“半自动驾驶车辆”，斯巴鲁认为这可能更实际一点。直到 2020 年都将保持每年千亿日元的研发投资规模。未来每年将投入 1000 亿日元（折合人民币约 5800 万元）作为进一步提高汽车安心安全感的技术开发和实现自动驾驶的技术研发费用。目前，斯巴鲁的“EyeSight”驾驶辅助系统已经整合了一部分智能驾驶技术，包括防碰撞制动系统（PCB，可以主动参与制动）、全车速自适应巡航控制系统（ACC）、起步油门误操作预防系统和警报与提示功能。

3. 本田汽车

2017 年 1 月，本田汽车在举办的 CES 上与软银公司一同公开了共同开发的自动驾驶通勤电动车 NeuV。NeuV 以安全驾驶为设计目标，将从驾驶员的脸色、表情和声音来感知压力的有无、轻重等。

值得注意的是，该构想希望无人驾驶车辆在空闲时，可以当作无人驾驶出租车运行。在电费高的时候，可以通过这样的方式来换取利益并节约成本。如果在完全实现无人驾驶时，当车辆所有者工作的时候，该车可以充当出租车自主运行。其构想场景如下。早晨，通过自动驾驶的方式将车主送到单位。此时，如果推测车主处于紧张状态，就提议去咖啡店买咖啡。咖啡的种类等都是自动同店家预约，费用也由车辆自动支付，车主直接取咖啡。将车主送去公司，19 点去接。在此期间，由于车主不使用汽车，可以通过共享汽车或者共同乘坐等方式供他人使用。因为 NeuV 是电动汽车（EV），即使没有车辆共享对象的话也可以进行电力供应，将多余电力卖给需要的电器设备。

如果这个计划真的能实现，那么汽车的概念可能也会发生改变。如果自动驾驶汽车成为副业，即使汽车价格上涨，在几年后，通过这一新方式——自己赚钱（累计金额）将能赚到同车价一样的费用。这样一来，这辆车就成了“摇钱树”，自动驾驶汽车可能会成为像房地产一样的投资对象。

4. 日产汽车

日产汽车计划在 2018 年实现高速公路多车道行驶，并可以实现超车功能。期望在 2020 年可以将在普通道路行驶的智能车辆投入市场，但均停留在第二阶段以下。以搭载第二阶段技术的“SERENA”为基础，增加大众知名度，并与 DeNA 联手进行基于商业化的完全自动驾驶的实证试验。DeNA 公司构建 IT 系统，并计划到 2020 年，在日本首都地区进行行驶试验。

此外，日产汽车开发出“无缝自动出行”（Seamless Autonomous Mobility，SAM）技术，通过车载人工智能和人为辅助使自动驾驶车辆在难以预知的环境下完成认知、做出决策。SAM 平台可使在城市道路上的数百万辆自动驾驶车辆安全顺利地行驶。同时，SAM 平台能够帮助车辆识别城市街道上不可预见的状况，包括交通事故和道路障碍物等。有了 SAM 平台，自动驾驶车辆能足够聪明地辨认在何种情况下不需自行应对突发情况。相反，该平台会在安全的状态下停车，并向指挥中心求助。信息会被传送到第一位可进行应对的出行管理者，可以使该出行管理者通过无线传输的图像和传感器信息评估情况，做出正确应对。同时，出行管理者通过“描绘”虚拟道路，为汽车规划新的安全行车路线。

日产汽车计划到 2020 年将在高速公路上使用自动驾驶技术，实现未来的无人驾驶。但是，无论自动驾驶的 AI 如何进化，也有可能遇到事故现场或者施工现场等情况，AI可能会出现误判断的情况。SAM在这种情况下，将支持AI通过网络由操作员进行技术支持或者给出代替路线等。

总之，日本的各大汽车企业的布局和发展趋势基本相同。在技术层面上目前没有太多的报道和较大区别，在产业规划方面却有着各自的布局。但总的来说，人工智能是关键技术，安全可靠是基本原则，新的商业和使用模式是最终目的。

三　日本的特殊意义

发展智能网联汽车，主要是为了通过其技术的普及，达到逐步减少交通事故发生、缓解交通拥堵、减轻驾驶员负担和节约能源损耗等目的。然而，对于日本社会，发展智能网联汽车还有着其特殊性。

（一）抢占智能网联汽车技术的国际标准

日本国土交通省宣布将积极参与联合国主导的汽车自动驾驶国际标准的制定，抢占制高点，把握主动权。基于日本智能网联汽车技术，联合日本工业汽车协会，制定用于规范自动操作油门、制动以及转向盘的标准，以及制定关于超车、合流等的新交通法规，与7个主要发达国家（G7）及东盟（ASEAN）合作，参与联合国的讨论，标准预计在2018年确定。

（二）减少交通事故及人力成本

美国兰特研究所认为，在美国发生的530万起碰撞事件中，如果使用自动驾驶技术有可能减少30%。德国、英国政府认为，90%以上的事故是由人为错误引起的。日本政府也通过自动驾驶技术的普及，以到2018年将日本全体交通事故从4000人减少到2500人以下作为国家目标。

由于日本老龄化问题日趋严重，该问题导致的人口稀少的交通和人力问题是日本政府不得不考虑的问题。随着技术发展，第四阶段技术的实现可以使无人驾驶的公共汽车跑起来，节约人力，并且可以将赤字控制到极限。

四　发展规划

（一）智能网联汽车的定位

为了促进智能网联汽车及相关技术的推进，自2014年起，日本政府在SIP计划的基础之上进一步提出了自动驾驶战略促进项目（SIP-adus）计划，该计划又被称为Innovation of Automated Driving for Universal Services，旨在推进智能网联汽车的自动驾驶技术的研发和应用项目。该计划实际上显示了日本政府带领以丰田汽车为首的日本国内智能交通系统产业集群走向世界的决心。在智能交通和自动驾驶领域，日本不仅希望发展技术，更希望可以拓展市场，并将产业链布局到全球。为了有针对性地发展，该项目由日本政府内阁办公室与相关部门及机构领衔，并设立了五大重点专项技术领域。

1. 动态地图

在自动驾驶的实际使用中，动态地图相当于一种高级的信息数据库。因为其不仅给智能网联汽车提供高精度地图，而且将同其他车辆进行信息共享。其中包括动态信息（ITS智能交通系统中的可预测信息，包括V2V、V2P、交通灯等）、半动态信息（事故、拥堵、当地天气等）、半静态信息（交通管制、道路施工、气象预测等）和静态信息（道路线形、拓扑数据等）。

2. 人机交互界面

目前，完全脱离驾驶员的智能驾驶仍不存在，因此根据不同级别的无人驾驶要求，都需要人适时干预与交互。人机交互主要关注驾驶员的行为，以及驾驶员和自动驾驶车辆的交流等，该功能可使人与系统融为一体，并确保自动驾驶系统安全运行。其中传感器技术发挥重要的作用，时刻关注系统信息对驾驶员行为的影响、驾驶员状态对其在交通环境中行为的影响，以及能使自动驾驶汽车进行交流的可行性路径。

3. 信息安全

实现智能驾驶各环节的通信和地图等数据的传输与更新，如车与车、路与车、行人与车之间的通信；让车辆、行人、汽车检测系统和动态地图中心功能实用化，实现防止网络攻击和安全威胁防御，降低汽车联网时代的威胁和风险是十分重要的安全环节。2014 年以来，日本频繁发生诸如恶意攻击轮胎压力监测系统、使用广域网解析防盗器密钥等事件，自此汽车网络安全进入高度戒备状态，相关政府部门研究制定了相应的对策和管理措施。

4. 降低行人事故相关技术

通过构建可自动收集处理交通环境要素相关信息的智能网联信息系统来实现对交通事故的预测和预防，并以此形成的相应技术基础及实行体制，进行驾驶辅助系统及自动驾驶系统的开发和实用化、普及和促进。同时解析交通事故死亡数据，提高模拟技术，开发安全措施效果预测和检验验证技术。

5. 下一代城市交通

提高地区交通管理，进行有助于未来发展的下一代城市交通系统的实用化开发，针对移动出行困难者提供相应的解决对策，确保所有人安全、安心、顺利地移动出行。

由此可见，日本政府不仅将智能驾驶列入国家的战略创新计划，更是针对不同的技术领域进行了细分。

（二）发展规划

日本政府对智能网联汽车的分级也是按照美国国家道路交通安全局（NHTSA）提出的四个阶段划分的，其发展目标是到 2020 年实现第二阶段，约在 2025 年实现第三阶段的市场化，接下来实现完全自动驾驶系统的市场化。同时希望在 2020 年东京奥运会及残奥会时，能够实现第三阶段车辆的特定条件下实用化，主要是无人驾驶出租车。日本政府为了实现其目标规划，已于 2017 年起开始在国内约 10 个地方开展了试验，并初步计划于 2020 年实现人口疏散地区使用无人驾驶公共汽车接送老年人的项目实用化。

随着日本高龄化现象的出现，身体功能衰弱的驾驶员增加，75 岁以上人群的交通死亡事故的原因中汽车的“误操作”占 29%（2015 年）。作为应对高龄者事故的一个环节，国土交通省将自动制动功能加入新车销售的条件中，并将这一要求通过法律进行规范。同时，要求 2020 年能够在各种车型上实现该功能。日本的《读卖早报》刊文，“2020 年日本国内生产的几乎所有的轿车将配备自动制动功能”（如马自达 2017 年度中在日本国内几乎所有销售车型都将自动制动功能作为标配）。预计自动制动的普及率从不足 1%（2010 年）发展到约 40%（2015 年），最终实现几乎 100%（2020 年）的装备率。近些年，自动制动功能不仅仅能探知前方的车辆和障碍物，同时也能够识别步行者。《朝日新闻》报道，丰田汽车不仅计划将这种自动制动功能装配在高级车型上，还将配备在小型运动型多功能车上。目前，自动制动的装备还没有统一的安全标准，仅仅被认为是“在同样的条件下，对步行者进行停止试验的情况下，在遇到假人和放在假人面前的东西就会停止”。也就是说，各企业在技术方面仍有偏差。

表 1 列出了日本对智能网联汽车市场化的计划，根据不同技术和智能驾驶级别制订了计划。

表 1　智能网联汽车技术的市场化计划

<table>
<tr><th colspan="2">级别</th><th>期望实现的技术</th><th>市场化时间</th></tr>
<tr><td colspan="2" rowspan="3">第二阶段（驾驶员责任）</td><td>跟车、追尾系统</td><td>已经市场化</td></tr>
<tr><td>自动车线变更</td><td>2017 年</td></tr>
<tr><td>半自动控制</td><td>目标 2020 年</td></tr>
<tr><td colspan="2">第三阶段（自动驾驶模式下系统责任）</td><td>自动控制</td><td>2020 年初</td></tr>
<tr><td rowspan="2">第四阶段
（系统责任）</td><td>远程型、限定区域</td><td>无人自动驾驶移动服务</td><td>到 2020 年（限定区域）</td></tr>
<tr><td>非远程型</td><td>完全自动驾驶系统</td><td>目标 2025 年</td></tr>
</table>

五　日本的启示

日本以国家牵头、各方配合的整合型发展思路成为许多政府、组织机构借鉴的一部分。丰田汽车对“无人驾驶”的说法存在异议，因为这个词可能误导驾驶员，使其产生错误的想法。丰田认为使用“自动化驾驶”，这种说法更符合美国国家高速公路管理局提出的语言更精准的要求。日本政府正牵头组织全行业力量制作日本道路地图。但迄今为止，只完成了一部分高速公路的绘制。专家预测，到 2020 年奥运会之际，高清地图将覆盖日本的大部分高速公路，届时，日本汽车企业就能在高速公路上实现自动驾驶目标了。

总而言之，日本在自动驾驶领域实施以布局为重，以技术为要的策略将使其更有可能成为行业领先者。

附　　录

Appendix

B.33
2016年世界大事记

1月28日　法国EasyMile公司为欧盟Citymobil 2项目研发的无人驾驶电动客车“WEpod”开始在荷兰公路上投入使用。该车可以搭载6名乘客，最高车速25公里/小时，为追踪行驶环境配置了摄像头、雷达、激光和GPS等设备，由控制室监控并保证乘客安全。

3月24日　丰田、日产、本田等6大汽车制造商和电装、瑞萨电子、松下等汽车电子制造商加入日本经济贸易产业省组建的研究小组，协议联手进行自动驾驶汽车的研发。

5月20日　日本的IT综合战略本部发布自动驾驶普及路线图，计划自动驾驶汽车（依然有驾驶员坐在车里的模式）将于2020年允许在高速公路上行驶。

7月15日　芬兰国家交通安全局批准无人驾驶公交车在芬兰上路行驶。

8月3日　美国密歇根州和加拿大安大略省共同签署促进两个地区吸引自动驾驶汽车研发和产业整体发展协议。

8 月 25 日 美国 nuTonomy 公司研发，由雷诺 Zoe 和三菱 iMiEV 电动汽车通过合作完成的全球首辆 nuTonomy 无人驾驶出租车在新加坡正式营运载客。

8 月 法国政府正式批准其他国家的汽车制造企业在该国公路进行自动驾驶汽车测试。

9 月 20 日 《美国自动驾驶汽车政策指南》发布。

9 月 23～25 日 七国集团（G7）交通部长会议在日本通过了汽车自动驾驶技术相关的联合宣言草案。

10 月 24 日 美国《汽车最佳网络安全指南》正式发布。

10 月 29 日 美国俄亥俄州宣布，从该日起俄亥俄州允许无人驾驶载货车在公路上进行测试行驶。

11 月 3 日 福特汽车宣布，计划两年内在量产车上配备多种新功能，比如碰撞避免转向功能、对逆行发出警告功能、停车场泊车自动转向功能以及附带自动制动功能的倒车警告（Rear Traffic Alert）功能等。

11 月 13 日 日本内阁府在秋田县仙北市的公路上，首次实施有人乘坐的自动驾驶客车的验证试验。试验使用由法国企业研发的没有转向盘等驾驶装置的车辆。

11 月 15 日 韩国修订后允许自动驾驶汽车在其国内公路进行路试的新道路交通法规开始实施。

11 月 15 日 日本内阁府在东京举行的“第 3 届 SIP-adus Workshop 2016”上公布，计划在 2017 年启动“战略性创新创造项目”（SIP）中自动行驶系统的大规模公路实证试验。

11 月 16 日 韩国现代汽车公司在 2016 洛杉矶车展上发布配备自动驾驶功能的概念车“Autonomous IONIQ concept”。研发该概念车的目标是实现尽可能简单的自动驾驶系统。

11 月 21 日 蔚来汽车在伦敦发布首款电动超级跑车 NIO EP9，并发布全新英文品牌“NIO”、全新品牌 LOGO 以及全新品牌 Slogan。NIO EP9 搭载 4 台高性能电机和 4 个独立变速器，峰值功率为 1000 千瓦，0～200 公里/小时加速时间 7.1 秒，最高车速可达 313 公里/小时。

11 月 23 日 美国交通部针对移动设备制造企业发布行业指南，要求制造企业研发特定的“驾驶模式”帮助驾驶员全神专注开车。

11 月 28 日 加拿大安大略省首次获准无人驾驶汽车试运行。在 2017 年的第一季度，安大略省就可以正式在公共道路进行无人驾驶汽车测试运行。

11 月 29 日 福特汽车宣布，2017 年该公司计划在欧洲进行自动驾驶汽车的测试。

12 月 15 日 在美国拉斯维加斯市会展中心周边道路 4 公里范围内，现代汽车 IONIQ 纯电动版和 IONIQ 混合动力版自动驾驶汽车在载人的情况下，进行了没有司机操纵的自动行驶示范。

12 月 22 日 本田汽车推出的兼容 CarPlay 和 Android Auto 两系统的 2017 款 CR-V 车型正式在美国地区开始销售。

12 月 28 日 加拿大批准滑铁卢大学、德国 Erwin Hymer Group 及黑莓 QNX 团队等三个机构的无人驾驶汽车在安大略省进行首批路测。

B.34

2016年中国大事记

1月6日 乐视超级汽车与阿斯顿·马丁在国际消费类电子产品展览会上共同推出合作的首轮成果——搭载乐视新车联网系统的 Rapide S。

1月12日 长城汽车在日本横滨举行拥有日本法人的“长城日本技研”开业典礼。设立该机构旨在学习日本（制造商）成熟的开发理念、自动驾驶技术和环保汽车技术。

1月18日 工业和信息化部、北京市和河北省签署“基于宽带移动互联网的智能汽车与智慧交通示范应用”合作框架协议。

1月25日 奇瑞汽车与亚太股份签署《智能驾驶技术合作协议》。奇瑞汽车确定亚太股份为其提供智能驾驶线控制动系统和控制模块的研发、产品供货、整车安装调试及技术服务等。

2月17日 乐视超级汽车与阿斯顿·马丁在德国法兰克福就成立电动汽车合作合资公司签署谅解备忘录。双方在合资公司各占50%股份，利用各自优势研发并生产一系列具备行业领先优势的互联网智能电动汽车。

3月9日 智车优行在北京宣布研发及生产计划：与国内外团队建立合作，共同推进智能驾驶技术的研发及落地；计划战略投资日本电动超跑公司 GLM，并形成战略合作，引进成熟技术。

3月19日 乐视超级汽车与博世集团签署战略合作框架协议，双方作为长期战略合作伙伴，计划重点在先进电动汽车、自动驾驶、车联网等前沿技术领域展开深入合作。

4月6日 江淮汽车与蔚来汽车签署战略合作协议：双方计划全面推进新能源汽车和网联智能汽车产业链合作，整体合作规模约为100亿元。

4月15日 北汽集团研制的无人驾驶汽车在北京市采育厂区亮相。

4月17日 长安汽车的无人驾驶汽车经过6天行驶，完成2000公里超级无人驾驶测试项目。长安汽车无人驾驶汽车配置了前视摄像头、前视雷达、激光雷达、高精地图及诸多智能科技设备。

4月20日 乐视超级汽车LeSEE品牌发布首款概念样车。该车搭载了乐视互联电动智能共享交通生态系统。

4月25日 福田戴姆勒发布第一代互联网超级载货车——欧曼EST。该车配置了发动机智能管理、智能制动系统、智能车道辅助系统、智能电控空气悬架、智能换挡系统、智能稳定控制系统六大智能控制系统和超级车队管理系统。

4月26日 车和家与德赛西威在北京签署战略合作协议，双方计划以用户为中心，在汽车电子领域展开深入合作。德赛西威在汽车电子领域的技术储备比较全面，包括基于视觉ADAS系统的智能驾驶技术。

5月27日 奇瑞新能源汽车技术有限公司与亚太股份签署《新能源智能汽车技术合作协议》。通过此次技术合作，双方计划进一步提升新能源智能汽车方面的技术水平和应用能力，开发出两款新能源智能汽车。

6月7日 “国家智能网联汽车（上海）试点示范区”正式运营。该封闭测试区立足服务于测试及演示智能汽车、网联通信两大类关键技术，涵盖V2X多种通信场景，以及安全、效率、信息、新能源汽车等四大类技术应用。

6月20日 凯翼汽车研发的首款SUV车型凯翼X3上市，该车型搭载自主研发的icar智能互联系统，是凯翼智能互联汽车的起点产品，也是凯翼汽车首个采用“众包”方式制造的产品。

7月6日 上汽集团首款互联网SUV车型荣威RX5正式上市。该车型搭载阿里巴巴研发的YunOS for Car智能操作系统。

8月2日 四维图新宣布，分别与威马汽车及蔚来汽车签署《战略合作框架协议》。四维图新计划：与威马汽车就自动驾驶技术、道路交通大数据在线服务平台、车联网、动态信息分发服务、车载娱乐平台系统五个方向进行探索及细化合作；与蔚来汽车就导航引擎、车联网、自动驾驶、交通大数据在线服务系统、全球业务五个方向进行探索及细化合作。

8月10日 车和家在江苏常州武进举行生产工厂奠基仪式。该工厂占地面积50万平方米，设计年产能达30万辆，整体投资50亿元。

9月12日 知豆电动汽车有限公司研发的知豆D2S正式上市。该车型系统整合了车载微信功能，导航系统配置了实时路况信息推送和最佳导航路线功能，车里可以映射显示手机的内容，并拥有多功能智能钥匙。

9月21日 众泰汽车向社会公开自动驾驶技术发展规划。该规划包括：城市、高速场景功能样机开发，高速路况自动驾驶量产化，城市特定路况自动驾驶量产化和全工况自动驾驶四个阶段。目前处于第一阶段，计划在2018年实现单一车型高速路况自动驾驶车型量产。

10月12日 华域汽车与韩国Cammsys株式会社签订《合作技术开发合同》，就“车载前视视觉系统”开展技术开发合作。

10月25日 北汽集团无人驾驶汽车暨项目运营启动仪式在辽宁省盘锦市举行。7月6日，北汽集团新技术研究院与辽宁省盘锦市大洼区政府在北京签署无人驾驶汽车战略合作协议，双方在红海滩景区内合作建设22公里长的封闭区域，由北汽集团提供无人驾驶车辆在各个景点间提供摆渡服务，游客只需使用手机客户端即可实现对于无人驾驶车辆的预约和使用。

10月26日 英特尔、东软集团、一汽红旗联合发布“智能驾驶舱平台”，三方跨界合作致力于智能驾驶体验新方向探索。

11月5日 “吉利汽车202000战略”正式发布，吉利汽车计划将自动驾驶技术作为其战略发展的主要方向之一。

11月7日 工业和信息化部与湖北省政府在武汉市签订“基于宽带移动互联网的智能汽车与智慧交通应用示范”部省合作框架协议，将在武汉市开发区生态智慧城打造自动驾驶“智慧小镇”。

11月14日 北汽福田与百度智能汽车事业部（L3）正式发布中国首款无人驾驶超级载货车。该车型基于百度高精度地图的level3自动驾驶技术，结合北汽福田研发的无人驾驶技术和商用车大数据。

11月16~18日 浙江合众新能源汽车有限公司研发的智能互联新能源概念车在第三届世界互联网大会·乌镇峰会亮相。该车型具备第一级辅助驾驶阶段的智能互联功能，可自动识别交通指示牌和行车信息。

11月23日 威马新能源汽车智能产业园开工奠基仪式在浙江省温州市瓯江口新区举行。该智能产业园占地面积66.7万平方米，一期固定资产投资67亿元。全部建成后，拥有自动驾驶试验、智能制造、智慧物流和零部件柔性化配套四大功能，以及年产20万辆新能源智能汽车的能力。

11月18日和23日 中国分别正式启动车用77~81吉赫毫米波雷达和车—车通信LTE-V技术频率划分研究试验工作，这两项工作由车载信息服务产业应用联盟（TIAA）组织进行。

11月30日 长安汽车与美国科技孵化器PlugandPlay（PNP）正式签约。长安汽车与PNP合作加速了长安汽车第三、第四级智能驾驶技术的开发进度，助推逐步实现“654战略”。

12月3日 中国汽车技术研究中心和英国国际贸易部共同宣布，共建中英汽车联合工作组，以此推动双方在智能汽车领域的深化合作，增强相关领域技术、商贸及学术交流。

12月3日 车载信息服务产业应用联盟（TIAA）和未来移动通信论坛（FuTURE）在北京2016未来信息通信技术峰会上联合发布智能网联汽车5G基本应用白皮书。

12月19日 上汽通用汽车正式发布《上汽通用汽车车联数据报告——powered by 安吉星》。该《报告》基于车联网数据，反映了一线城市车主的用车习惯、驾驶行为、车况状态等，旨在帮助车主养成良好的驾车习惯。

12月26日 四维图新宣布，香港图新投资科技有限公司联合腾讯Oriental Power Holdings Limited以及新加坡Rocco VenturesPte. Ltd. 共同投资荷兰SIWAY公司，并由SIWAY公司收购汽车地图导航服务企业HERE的10%股权。同日，SIWAY与THERE就此次收购签署了《股份购买协议》。

12月27日 国务院印发《“十三五”国家信息化规划》。

12 月 28 日 乐视超级汽车莫干山超级汽车项目开始动工。该项目主要包括超级汽车工厂和智能汽车生态小镇，第一阶段规划用地 286.8 万平方米，规划产能为年产 40 万辆整车，计划投资 200 亿元。

12 月 28 日 一汽集团 2017 款奔腾 B30 正式上市。该车型配置了 CarLife 系统，兼容安卓和 IOS 系统。

B.35
2017年世界大事记

1月3日 法拉第未来 FF 在美国拉斯维加斯发布旗下首款量产汽车 FF91。该车配置了激光雷达、人脸识别、手触碰式开车门、自动驾驶、无人代客泊车、智能交互灯光系统等。

1月4日 奥迪公司宣布，该公司已与英伟达建立合作关系，双方计划联合开发一款全自动驾驶汽车。

1月4日 福特汽车和丰田汽车公开宣布，由 13 家企业成立的 SmartDeviceLink Consortium 联盟，计划以非营利组织的方式加速推广开源式车载软件平台。

1月5日 丰田汽车在 2017 年国际消费类电子产品展览会 CES 上发布 TOYOTA Concept－爱 i 概念车。

1月9日 奥迪公司在 2017 年国际消费类电子产品展览会 CES 上发布奥迪 Q8 混合动力概念车。该车型配置了奥迪下一代虚拟驾驶舱和 MMI 信息娱乐系统。

1月9日 宝马集团全新宝马 5 系正式在 2017 年国际消费类电子产品展览会 CES 上发布。该车系配置了全新的 iDrive 系统、手势控制、遥控泊车、远程 3D 视角、平视显示系统以及带有行人监测的夜视系统。

2月10日 大众汽车和 Mobileye 公司签署自动驾驶汽车技术研发合作协议。

2月10日 福特汽车宣布，计划向无人驾驶汽车软件系统初创公司 Argo AI 公司投资 10 亿美元，该公司将为福特汽车公司的无人驾驶汽车开发软件，以促进无人驾驶汽车技术的发展。

2月14日 Uber 公司宣布，其计划开始测绘生成该公司的首张新加坡

3D 地图，以便为该公司的无人驾驶汽车车队奠定基础。

2 月 16 日 IBM 公司和博世公司共同宣布，双方计划开展工业物联网（Industrial Internet of Things）合作。IBM 云平台 Bluemix 和 IBM 沃森 IoT 平台均采用开放标准，博世公司为用户提供 IoT 套件，使用户能够更高效地完成 IoT 设备的自动更新。

6 月 14 日 宝马公司与 IBM 展开合作。IBM 为宝马集团发布的车联网项目提供云数据管理服务。

6 月 21 日 伊莱比特（Elektrobit）与恩智浦半导体宣布，双方计划展开合作，致力于交付一款功能强大的新研发平台。

7 月 5 日 荷兰车用导航软件企业 TomTom 宣布，已与中国百度公司签署合作协议，双方技术在数字地图领域展开合作，用于计算机辅助驾驶。

7 月 12 日 标致雪铁龙集团宣布与道路设施公司 Vinci 合作。

7 月 17 日 丰田汽车宣布成立人工智能技术风险投资公司 Toyota AI Ventures，将致力于人工智能技术初创领域的投资。

8 月 8 日 博世集团、Geo + +、三菱电机及 u-blox 宣布，将联合创建一家合资公司 Sapcorda Services GmbH，旨在实现高精度全球导航卫星系统（GNSS）定位服务的市场化运作。

8 月 8 日 电装宣布，将成立一家新公司——NSITEXE，Inc.，主要从事半导体知识产权芯核（semiconductor IP core）的设计及研发工作，该元件是实现自动驾驶的核心半导体元件。

8 月 8 日 英特尔宣布，已完成对以色列自动驾驶科技企业 Mobileye 的 84% 股权收购工作，后期双方将专注研发 L3、L4 和全自动驾驶系统、高精度地图、5G LTE 连接以及数据中心基础设施。

8 月 15 日 现代集团与起亚汽车宣布，双方已建立一套先进的车路通信系统，旨在助推自动驾驶技术发展。

8 月 16 日 特斯拉发布最新版 Autopilot 2.0 软件升级文件——“2017.32”，特斯拉车主们可采用空中下载技术获该取升级文件。

8 月 28 日 丰田汽车（TMC）宣布，计划扩大安全支持技术的应用，旨在进一步减少碰撞事故。将加大宣传活动力度，致力于提升用户的安全意识。

9月5日 大众汽车和IBM公司宣布，双方计划共同开发数字化汽车服务，满足车联网环境下的汽车消费者的新兴需求，合作为期5年。

9月6日 美国众议院一致通过了两党法案——《自动驾驶法案》。

9月6日 里卡多（Ricardo plc）与罗克曼勒研究公司（Roke Manor Research）签订谅解备忘录（MoU），双方致力于研发新方案，以确保自动驾驶车辆及互联车辆免受网络攻击。

9月10日 美国众议院通过了一项提案，禁止各州阻拦无人驾驶汽车上路。

9月12日 美国交通部部长赵小兰公布了由交通部和国家公路交通与安全管理局联合制作的自动驾驶系统性指导方针。这是美国政府对自动驾驶汽车制定的第二版政策。

9月18日 微妙通讯公司（Nuance Communications，Inc.，NUAN）宣布，该公司将在底特律郊区的新用户体验研究中心内启用设计、研发、创新及车载体验（DRIVE）实验室，旨在研发并改进车载用户界面，最终为驾驶员提供更为安全、智能、愉悦的车载体验，帮助汽车企业提供差异化服务，带来出色的用户体验。

9月26日 Nvidia（英伟达）在北京召开的GTC China大会上发布神经网络推理加速器TensorRT 3。

9月27日 日立汽车系统公司宣布，该公司将旗下的先进驾驶辅助系统电子控制单元（ADAS ECU）配置到全新设计的日产LEAF车型中。

10月9日 通用汽车收购了1家名为Strobe的激光雷达企业，该公司开发的技术可以帮助无人驾驶汽车识别远处的物体。

10月9日 韩国电信公司宣布，该公司已加入韩国京畿道板桥的自动驾驶试点城市，计划建设1套5G试点网络。

10月10日 NVIDIA发布全球首台为完全自动驾驶出租车设计的AI计算机。

10 月 25 日 雷克萨斯全新自动驾驶概念车——LS + Concept 正式亮相。

11 月 6 日 西雅特与 Telefónica España 签订协议，旨在共同研发汽车业创新举措。

11 月 7 日 雷诺公司宣布，已研发了一款自动驾驶控制系统，该系统可应对具有挑战性的驾驶情境。

11 月 8 日 激光雷达企业 Velodyne 宣布正式推出 128 线激光雷达VLS - 128，其探测距离相较于 Velodyne 的 64 线激光雷达提升 100%，分辨率（点云密度）提高了 400%。

11 月 9 日 LG 电子宣布，该公司已与高通签订协议，未来双方将致力于研发互联车辆及自动驾驶车辆产品方案。

11 月 10 日 丰田汽车投资的创业企业 PKSHA 正式上市。丰田汽车向该公司投资 910 万美元，主要业务是软件开发，能使汽车不断学习，并实现车与驾驶员进行语言交流。

11 月 14 日 TomTom 发布 TomTom 路径监控（TomTom Route Monitoring）服务，旨在解决全球智能城市日益严峻的车辆拥堵问题。

11 月 16 日 特斯拉发布电动载货车 Semi，搭载 AEB、LKA、BSM 等自动驾驶功能，续航里程 800 公里，0 ~ 100 公里/小时加速时间为 5 秒多。该车满载 36t 时，0 ~ 100 公里/小时加速时间为 20 秒。

11 月 20 日 保时捷汽车北美分公司宣布，该公司引入了一套“技术实时看”（Tech Live Look）的增强现实技术，旨在提升美国境内保时捷的技术服务水平。

11 月 21 日 意大利国家电力公司透露，将加大在数字网络方面的投资，为用户提供远程家居设备控制及电动汽车充电站。

11 月 24 日 DEKRA 正式启用西班牙马拉加的互联汽车测试场，该设施是一家互联汽车、自动驾驶汽车及电动汽车的国际测试平台。

11 月 30 日 通用汽车公布了自动驾驶汽车的愿景，并告诉投资者，该公司计划 2019 年在多个密集的城市环境中推出全自动驾驶出租车。

12 月 7 日 本田汽车宣布，计划与中国新创企业商汤科技（SenseTime）

联合研发旨在实现自动驾驶的人工智能（AI）技术，将充分利用商汤科技擅长的图像识别技术，预测车辆和行人在市区的活动情况，帮助可安全行驶的自动驾驶汽车投入使用。

12 月 12 日 加利福尼亚州机动车管理局（DMV）发言人称，该局已在向美国高通公司发放了这一许可证，批准美国高通公司的 1 辆汽车和 3 名驾驶员参与测试。

12 月 12 日 硅谷华人创业企业 Innovusion 在位于硅谷 Los Altos 的公司发布 LiDAR + 相机融合方案，分辨率等效 300 线。

12 月 22 日 韩国 SK 电讯宣布，该公司在数据通信领域实现了重要的技术里程碑，其数据通信基于新认证的非独立（NSA）5G NR 标准，旨在与全球领先的移动通信企业爱立信及高通展开合作。

12 月 25 日 LG 电子表示，该公司先进驾驶辅助系统和信息娱乐系统以及车载显示屏已获得由德国 TUV Rheinland 颁发的安全证书。

B.36

2017年中国大事记

1月6日　百度智能汽车（Baidu Intelligent Vehicle）推出高级自动驾驶人工智能模型Road Hackers，并表示将基于此模型的百度自动驾驶训练数据对外开放，以及联合清华大学汽车工程系针对中国道路做深度自动驾驶技术的研发等一系列动作。

1月7日　北汽集团与百度智能汽车在2017年国际消费类电子产品展览会CES上宣布合作。双方计划在自动驾驶、高精度地图、车联网、汽车大数据等方面进行合作。

1月19日　Future Mobility Corporation Ltd.（FMC）与南京经济技术开发区签署战略合作框架协议。计划投入116.4亿元建设FMC高端智能电动汽车制造基地，规划总年产能30万辆。

2月16日　飞歌导航与四维图新签署战略合作协议，双方规划在车机功能体验方面不断优化，还计划在流量、第三方资源和汽车金融等多方面服务展开深入合作，并共同探索新一代车联网的商业模式，打造多方共赢的互联化产业链条。

2月17日　中国一汽和东风汽车签署共建前瞻共性技术创新中心战略合作协议。

2月21日　车和家在江苏省常州市举行智能汽车第二生产基地及设立及产业基金签约仪式。

2月23日　蔚来汽车的EP9超级跑车，在得克萨斯美洲赛道（Circuit of the Americas）的无人驾驶测试中创造了257公里/小时的速度纪录。

3月1日　百度公司宣布对现有业务及资源进行整合，成立专门的智能驾驶事业群组（IDG）。

3月28日　地平线上海自动驾驶研发中心正式成立，并入驻上海汽车·创新港。主要定位于ADAS和自动驾驶的产品化研发，包括汽车级软件的开发、系统的测试和匹配、整车的集成，以及前装客户的支持服务等。

3月30日　由东方网力、京山轻机、汤臣倍健三家上市公司与成员单位奇点汽车、物灵科技以及格灵深瞳联合真格基金共同发起的万象人工智能研究院在北京成立。

4月6日　大众汽车集团（中国）宣布，计划与出门问问共同成立一家合资公司，其中大众汽车集团（中国）计划投资1.8亿美金，用于支持双方在汽车领域业务合作以及出门问问未来发展，大众汽车和出门问问将分别持股50%，主要方向是人工智能。

4月7日　江淮汽车战略级自动驾驶汽车——瑞风S7首次亮相，该车配置了自动制动系统AEB和自适应巡航系统ACC。

4月8日　福特汽车CEO马克·菲尔兹宣布了福特汽车在中国移动出行的网联化和自动化方面的进展情况：已正式启动福特派（Ford Pass），利用互联技术改善驾驶亚UN的用车体验。

4月13日　一汽解放与中国移动、爱立信、博世、大陆、ZF、百度、恒润、沃特玛等企业签署战略合作协议，计划在智能商用车的开发、核心技术研究和市场推广运营等方面进行合作。此外，一汽解放还发布了“挚途”商用车战略。

4月13日　奇点汽车发布首款量产车型iS6。该车定位为纯电动中大型SUV，可实现400km续航里程，支持换电模式，提供5座和7座两种版本，并配置多项人机交互系统。

4月19日　长安汽车与英特尔签署战略合作协议。双方计划在计算、感知、通信、存储和交互等方面合作，将结合各自优势、资源共享，共同促进汽车智能化领域的科技创新与战略发展。

4月19日　蔚来汽车发布纯电动7座SUV量产车型ES8。该车车长大于5米、车宽接近2米、轴距大于3米，采用“2+3+2”的7座布局，全系前后均配置感应式电机，输出功率478千瓦，0~100公里/小时加速时间小于5秒，续航里程可达300公里，支持换电模式。

4月19日 正道汽车发布概念车正道H600。正道H600计划搭载“微型涡轮发电机增程器+超级电池”的动力组合，最大功率600千瓦，0~100公里/小时加速时间为2.9秒，最高车速250公里/小时，续航里程1000公里。

4月19日 四维图新与伟世通亚太（上海）有限公司签署战略合作协议，双方计划携手合作，以期提供面向中国市场的高精度地图（HAD）产品。

4月19日 游侠汽车与湖州市吴兴区政府正式签署《游侠汽车·湖州超级工厂建设合作协议》，启动了游侠汽车超级工厂、新能源产业基金、智能汽车小镇等方面的合作项目，游侠汽车第一个生产基地计划在湖州市吴兴区建设投产。

5月4日 小鹏汽车与广东省肇庆市政府共同举行《小鹏智能新能源汽车整车项目》发布仪式。该项目共分三期，总规划用地为200万平方米，一、二期总投资达到100亿元。

5月9日 银隆新能源南京产业园举行项目奠基仪式。

5月10日 吉利汽车在杭州湾发布全新的技术品牌“iNTEC”，并宣布坐落于杭州湾的投资62亿元的全新研发中心正式启用。

5月23日 小鹏汽车与海格通讯达成战略合作，计划在高精度定位服务、高精度导航地图及人机交互引擎等方面进行技术与产品的深度合作，以加速小鹏汽车的智能驾驶研发进程。

5月24日 上海市经济和信息化委员会与嘉定区人民政府市区深化国家智能网联汽车（上海）试点示范区框架协议签约仪式暨国家智能网联汽车（上海）试点示范区项目合作签约仪式在上海举行。

5月26日 长城汽车与车载信息服务产业应用联盟战略（TIAA）签约暨新一代卫星移动多媒体地面试验网启动仪式在长城汽车技术中心召开，河北省工信厅、保定市政府、电子科技集团等也分别与TIAA车联签约。

6月7日 百度在“创领智途共驱未来”合作伙伴发布会上与德赛西威、联合汽车电子、航盛电子、博泰电子等行业领先的汽车零部件厂商签署合作协议，未来将共同开发智能驾驶量产方案。

6月12日 中国智能网联汽车产业创新联盟在北京成立。

6月15日 苏州骏创科技股份有限公司发布公告，该公司审议通过了《公司与南京绅软智能汽车有限公司签订股权投资框架合作协议》。

6月21~22日 2017年中国安全产业峰会暨首届汽车安全产业论坛（ASC2017）在北京召开。

6月23日 中国汽车工程研究院股份有限公司，正式对外发布中国首个“i-VISTA智能网联汽车评价体系框架”。

6月28日 上海汽车集团股份有限公司与中国移动通信集团有限公司、华为技术有限公司签署三方合作框架协议，共同推进智能出行服务暨下一代蜂窝车联网（C-V2X）产业的发展。

6月28日 北京智尊保汽车科技有限公司在2017年中国（天津）无人驾驶产业高峰论坛上正式发布全球首款自动驾驶房车、无人驾驶观光车和新型自动泊车系统。

6月28~29日 第四届中国国际智能网联汽车技术年会（CICV2017）在上海举行。

6月29日 广州小鹏汽车科技有限公司与博世集团签署战略合作协议，双方计划在自动驾驶领域展开战略合作，加速小鹏汽车的自动驾驶功能向更高层级进化及落地投产。

6月29日 天津清智科技有限公司发布旗下第一辆用于园区运营的全自动驾驶智能网联通勤车的产品原型车。

7月3日 中国一汽与百度公司签署战略合作协议框架。

7月5日 百度公司在北京举办的2017年AI开发者大会上正式开发Apollo平台，并公布了汽车自动驾驶生态战略目标，以及首批加入Apollo生态圈的50家企业。

7月5日 百度公司与河北省保定市在北京签署共建智能交通示范城市的战略合作协议。

7月6日 北汽集团新技术研究院与辽宁盘锦市大洼区政府在北京举行

无人驾驶汽车战略合作协议签约仪式。双方决定在盘锦“红海滩国家风景廊道”，合资合作共同开发建设无人驾驶体验项目。

7月18日 吉林大学青岛汽车研究院汽车数据工场车辆智能场景评价中心（VISE中心）在青岛成立。VISE中心将通过为用户提供中立的智能化方面的服务，与用户产生黏性，构建智能化的汽车应用和智能汽车的发展。

7月20日 《新一代人工智能发展规划的通知》正式印发。

7月20日 蔚来汽车与联想在联想2017全球科技创新大会上达成战略合作，双方将共同开发智能汽车计算平台。

7月28日 小米与北汽集团签署战略合作协议。

8月15日 工业和信息化部官网公示了2017年中德智能制造合作试点示范项目名单。

8月17日 博泰与浙江湖州长兴经济技术开发区管理委员会签署战略合作协议，双方将共同在湖州长兴开发区打造智能网联产业园。

8月24日 中车时代电动汽车股份有限公司自主研发、生产的全球首款12米智能驾驶客车上路试运行。

8月29日 江淮汽车向百度公司交付32辆江淮瑞风S3用于采集高精度地图的数据。

8月31日 国家智能网联汽车应用（北方）示范区在长春净月启明软件园正式开工。

9月5日 威伯科与智慧物联网企业G7联合发布突破性的“智能挂车车队管理系统（Smart Trailer FMS）”，是中国商用车市场首个智能挂车车队管理系统。

9月7日 Future Mobility Corporation（FMC）在上海发布产品品牌BYTON，中文名“拜腾”。BYTON品牌的产品定位是“下一代智能终端”，核心亮点之一是全新的用户界面。

9月7日 爱驰亿维与四维图新在北京举行战略签约仪式，双方将就“车联网+”、自动驾驶及全球业务等方面进行深入合作，共同推动中国智能网联汽车产业的发展。

9月7日 昂纳科技（集团）有限公司在深圳向市场发布新一代具价格竞争力光雷达产品“PANDA”，是一款新型脉冲光纤激光光源产品平台，可制造适用于自动驾驶应用、3D扫描及遥感的1550纳米LiDAR激光雷达系统。

9月12日 采埃孚股份公司（ZF Friedrichshafen AG）与中国互联网公司百度共同宣布，双方正式达成新的战略合作，将在自动驾驶、车联网以及移动出行服务领域展开合作，为中国市场开发完备的自动驾驶解决方案。

9月12日 威马汽车宣布将与360集团在汽车智能网联安全方面达成合作，一起研发首款量产车的信息安全解决方案。同时，威马汽车与360集团还联合展示了由双方合作研发的全球首款安全概念车。

9月13日 交通部（DoT）和国家公路交通安全管理局（NHTSA）联合发布全新的自动驾驶系统指南——《自动驾驶系统2.0：安全展望》。为汽车制造商、研发人员和各州提供指导，同时也表明联邦政府对自动驾驶汽车的绝对支持。

9月16日 雷诺、日产、三菱发布了“联盟2022”六年发展计划。根据计划，到2022年，在全球范围内，联盟成员将陆续推出40款不同等级的自动驾驶车辆。

9月18日 广汽集团与腾讯公司在广州签订战略合作协议。

9月20日 百度宣布正式开放Apollo1.5版技术。该版本拥有五大核心——障碍物感知、决策规划、云端仿真、高精地图服务、端到端的深度学习（End-to-End），其中前四种能力为首次开放。

9月22日 雷诺集团在中法武汉生态示范城公布详细的自动驾驶技术推进计划。

9月26日 现代汽车集团在贵州省贵阳市举行现代汽车集团中国大数据中心的启动仪式。

9月27日 北京新能源汽车股份有限公司与华为公司在深圳签署战略合作协议，合作范围包括云计算、车联网、能源互联网等领域。

9月27日 上汽集团研发的荣威RX3在郑州下线，该车依然配置荣威

RX5 搭载阿里巴巴的斑马智行 2.0 版系统。

9 月 28 日 北京京东世纪贸易有限公司（京东集团）与上汽大通合作推出 EV80 无人轻型载货车，并在交通部门指定的固定路段开始路试。

9 月 29 日 海马汽车发布公告，已与小鹏汽车签署了《小鹏品牌汽车合作制造框架协议》，双方将合作开展研发、生产、销售小鹏新能源汽车。

9 月 29 日 中国智慧交通车联网产业创新联盟在重庆正式成立。该联盟致力于促进“政产学研用”联动，推动关键技术研究，为重庆及全国智慧交通、车联网产业发展提供有力支撑。

9 月 30 日 奇瑞汽车建设完成一条 V2X 示范道路。该路全长 4.4 公里，涉及 8 个红绿灯路口 1 条隧道。改装开放道路下行驶车辆 10 辆，安装路侧设备 12 套。

10 月 1 日 国家智能网联汽车应用（北方）示范区实现首批车辆入驻测试和示范。

10 月 11 日 阿里巴巴集团与斑马汽车共同宣布，与神龙汽车达成车联网服务战略合作，Ali OS 在车载操作系统的势力版图进一步扩大。

10 月 11 日 阿里巴巴宣布成立全球研究院——阿里巴巴达摩院。是阿里巴巴设立的致力于探索科技未知，以人类愿景为驱动力的研究院，是阿里巴巴在全球多点设立的科研机构，立足基础科学、颠覆性技术和应用技术的研究。

10 月 11 日 东软集团股份有限公司拥有自主知识产权的无人驾驶汽车在东软集团沈阳园区上路测试。

10 月 12 日 小鹏汽车在郑州海马工厂为其首款量产车举行了小批量下线仪式。

10 月 12 日 深圳市速腾聚创科技有限公司正式对外发布激光雷达的感知算法——RS-LiDAR-Algorithms 感知算法 1.0 版本。

10 月 13 日 长春易航智能科技有限公司宣布与车和家签署战略合作协议，双方将在自动驾驶领域展开深入合作，车和家首款量产 SUV 将采用双方共同开发的 Autopilot 解决方案，并由易航智能实现。

10 月 13 日 神龙汽车有限公司在 2017 年杭州云栖大会上，与阿里巴巴集团全新操作系统品牌 AliOS、斑马网络技术有限公司就未来汽车智能化达成战略合作，即将在 2018 年推出搭载 AliOS 系统的互联网汽车。

10 月 13 日 百度与北汽集团正式签署战略合作协议，宣布在自动驾驶、车联网、云服务等领域达成集团层面战略合作，一同探索中国汽车产业智能化升级之路。

10 月 19 日 大陆集团与中国联通集团全资子公司联通智网科技有限公司为其新成立的合资公司联陆智能交通科技（上海）有限公司举行揭幕仪式。

10 月 20 日 禾多科技与四维图新正式签署战略合作框架协议，未来双方将发挥各自资源技术优势，合作开发国内外自动驾驶服务和地图相关产品及衍生服务，旨在加速自动驾驶领域在中国市场的落地。

10 月 21 日 中国重汽与李德毅院士工作团队联合成立智能网联汽车研究中心暨院士工作站签约及揭牌仪式在济南举行。

10 月 26 日 百度公司与首汽约车在京召开发布会，宣布将在智能汽车和示范运营层面达成战略合作。

11 月 5 日 四维图新公告称，已与宝马（中国）汽车贸易有限公司签署导航电子地图许可协议，将为其在中国销售的宝马集团所属品牌汽车提供包括在 2021 年前量产上市的原有平台及 2021 年量产上市的新平台在内的导航电子地图产品。

11 月 6～7 日 启迪之星——启迪国际智能网联汽车加速营暨智能网联汽车孵化基地开业仪式在北京举行。

11 月 8 日 腾讯公司在 2017 年腾讯全球合作伙伴大会上公布“AI in all”战略和“基础研究—场景共建—AI 开放”三层 AI 架构，并推出了车载系统“AI in Car”。

11 月 12 日 Newsight Imaging 公司宣布，该公司与深圳市镭神智能系统有限公司合作推出 V-LiDAR™，这是一款突破性的 3D 脉冲式车用级激光雷达，可用于搭载 ADAS 系统的车辆及自动驾驶车辆，计划将于 2018 年上半年面世。

11 月 13 日 重庆盼达汽车租赁有限公司联合力帆汽车、百度公司在北京联合发布首款应用无人驾驶技术的共享汽车，并正式宣布对外招募 100 名“AI-Rider”加入无人驾驶取还车项目，让一部分人在可控范围内先行感受无人驾驶带来的便捷体验。

11 月 15 日 华为公司与 PSA 集团共同宣布达成合作，并展示了阶段性的合作成果。

11 月 16 日 百度智能驾驶事业部发布专门的智能车载系统——Apolllo 小度车载系统。

11 月 16 日 广汽集团联合腾讯公司向公众展示了较新的智能互联合作成果，并全球首发 iSPACE 智能互联电动概念车。

11 月 23 日 广汽集团与中国移动签署战略合作框架协议，双方将充分发挥各自技术、产业、市场优势，促进通信产业与汽车产业的跨产业合作，共同构建基于下一代智能网联技术的智能出行服务系统和产业生态，推动车联网领域产品及服务品质的提升和落地。

12 月 2 日 “阿尔法巴智能驾驶公交系统”在深圳上路。

12 月 3 日 腾讯与中国电子科技集团公司签署战略合作框架协议，就进一步全面落实国家数字经济、互联网 + 行动计划、网络强国等战略部署，利用信息化手段促进传统产业转型升级，推进互联网产业与交通行业融合发展。

12 月 5 日 51VR 在“地球克隆计划”发布会上发布 51World 第一阶段“Cybertron”系统，该产品让自动驾驶训练和测试变得更高效、全面和安全。

12 月 6 日 钛马车联网、车音网、联通智网、联友科技、车联天下、九五智驾和斑马在 TC 汽车互联网大会上宣布战略合作结盟。

12 月 7 日 上海艾拉比智能科技有限公司发布 ABUP 艾拉比品牌、艾拉比汽车 OTA 升级解决方案、艾拉比物联网 OTA 解决方案。

12 月 7 日 联通智网科技有限公司与华为公司在上海第十届 TC 汽车互

联网大会期间举行车联网战略合作签约仪式。

12 月 7 日 阿里巴巴集团和福特汽车正式签署战略合作。双方计划开展全面合作，共同推进智联网汽车、人工智能、智能移动服务和数字营销等领域的合作。

12 月 8 日 腾讯公司与深圳市同行者科技有限公司联合宣布就车联网业务展开战略合作，合作内容涵盖渠道、数据、内容、运营和市场等方面。

12 月 11 日 威马汽车在上海举行“Always On 无威不智”品牌发布会，同时公布了威马汽车首款量产车 EX5。

12 月 11 日 小鹏汽车举行智能网联科技产业园（肇庆基地）奠基仪式。

12 月 12 日 神州优车集团发布全新战略，宣布打造新一代汽车生活平台，面向未来进行战略性、前瞻性布局，致力于建设一个全新的人车生态圈。

12 月 12 ~ 14 日 2017 年 CIVC 中国智能汽车大赛在上海国家智能网联汽车试点示范区和上海 F1 国际赛车场成功举办。

12 月 13 日 工业和信息化部印发《促进新一代人工智能产业发展三年行动计划（2018 ~ 2020 年）》的通知。

12 月 14 ~ 15 日 2017 年国际智能网联汽车峰会在南京召开，由中国汽车工程研究院股份有限公司主办。

12 月 15 日 北京市交通委员会、北京市公安局交通管理局、北京市经济和信息化委员会联合发布自动驾驶实际道路测试规范指导文件：《北京市关于加快推进自动驾驶车辆道路测试有关工作的指导意见（试行）》和《北京市自动驾驶车辆道路测试管理实施细则（试行）》。

12 月 16 日 蔚来汽车正式对外宣布首款自主开发的量产电动车 ES8 上市。

12 月 20 日 北京地平线信息技术有限公司宣布推出第一代基于自主研发的高斯架构的人工智能视觉芯片。

12 月 21 日 滴滴出行官方宣布完成新一轮超 40 亿美元股权融资，由多家中外机构共同完成。本轮资本将用于对 AI 交通技术的投入，加速推进国际化以及包括新能源汽车服务在内的创新业务。

12 月 26 日 上海临港经济发展（集团）有限公司、上海宝山区以及上海博泰悦臻网络技术服务有限公司签订三方战略合作协议。

12 月 28 日 深圳市景驰科技有限公司与黄埔区广州开发区的签署无人驾驶合作项目。

12 月 28 日 斑马网络正式启动斑马智行 2.0 空中升级。

Abstract

Annual Report on Development of Intelligent Automobile Industry in China is an annual research report on the development of Chinese intelligent automobile industry, which was first published in 2018. This book is organized by the China Automotive Technology and Research Center, supported by industrial experts from the national intelligent automobile enterprises, transportation research institutions, universities, research institutes and parts companies, and written by many researchers and industry experts from the China Automotive Technology and Research Center.

Annual Report on Development of Intelligent Automobile Industry in China 2018 consists of 11 chapters and appendices, including a general report, an expert review chapter, an industry chapter, a product chapter, a technical chapter, a policy chapter, a standard chapter, an enterprise chapter, a hot issues chapter, a specialty chapter, and foreign chapter.

In the general report, the status quo of Industry, status quo of technology and product, status quo of business model, status quo of relevant laws, standard system construction, demonstration area construction and enterprise-testing condition, and status quo of information security field in Chinese intelligent automobile industry are reviewed, then summarizing the problems faced by Chinese intelligent automobile products.

In the special reports, we first carried out detailed analysis on the problems existing in the development of the intelligent automobile industry, the status quo of investment cooperation in the industry, the developmental status quo of Chinese transportation and intelligent driving. It is proposed that the development of intelligent automobiles should start from the top-level design and guide the development of the industry; in terms of investment cooperation, it raises the problems and developmental trends in the development of the industry; in the aspect of transportation, it puts forward demand and developmental trends of the development of autonomous driving for the development of Chinese transportation.

In the industry reports, the overall development of the intelligent automobile industry, the parts industry, the testing industry and the market and business model were presented. The status quo of technique and testing environment were highlighted, and the developmental path of the parts industry was pointed out. The future trends of intelligent automobile industry, parts industry, testing industry, market and business model were analyzed.

In the product reports, the system architecture of the vehicle product, the transfer of product function value, the status quo of market and the R&D level of parts are described. The developmental status quo and gaps of parts and products at home and abroad are demonstrated. The developmental prospects of parts, and related products were analyzed.

In the technology reports, starting from the technical roadmap, after analyzing the developmental level of domestic and foreign industry technology and the path of technical development, this paper expounds the gap between Chinese cutting-edge technology and the international level of intelligent automobiles, and puts forward the prospects. By comparing the differences between the different definitions and testing techniques tested by the world's major auto powers in the new automobile evaluation system, suggestions were made for the development of testing technology in China.

In the policy reports, we reviewed Chinese strategic objectives, industrial policies and related industrial policies and related laws for the intelligent networked automobile industry, and analyzed the deficiencies in the promotion of industrial development at the policy level and legal aspects, and proposed the promotion of the top-level design, establishing coordination and promotion mechanism, and accelerating the construction of relevant laws.

In the standard reports, on the basis of comparing domestic and international industrial standards, this paper analyzes the problems existing in Chinese intelligent network connection vehicle standard system construction and puts forward the basic idea of building a standard system.

In the company reports, we introduced different ideas and designs of large-scale state-owned enterprises, mixed-type enterprises and sole proprietorship enterprises on the technique research and development, product launching and corporate strategic planning in the development of intelligent networked vehicles. Different layouts and strategies of various institutional enterprises in the development of intelligent networked vehicles are demonstrated.

In the hot issue reports, the various situations of security, industrial chain investment, smart city and intelligent transportation and Internet enterprise developing intelligent networked automobile are described in the intelligent automobile industry and related fields, and the above status quo is analyzed and suggestion is proposed.

In the special project reports, the developmental status quo of intelligent networked vehicles in information security and cloud data is briefly described. The problems of information security and related security technologies are analyzed, as well as the related enterprises in China. Problems in the development of cloud data in the automotive information security industry are put forward. In addition, the paper introduces the situation of intelligent automobiles' applications in several major cities in China, summarizes the characteristics of the application, and analyzes the future application planning according to the actual situation.

In the international reports, the paper describes the advantages of Germany, the United Kingdom, the United States and Japan in the development of intelligent automobiles, the policy and regulatory environment and technological status quo, testing conditions, etc., which have offered a lot of reference to Chinese development of intelligent automobiles.

Annual Report on Development of Intelligent Automobile Industry in China shows the status quo of development of China in the intelligent automobile industry to the intelligent automobile industry and related industries, as well as enterprises which will enter the industry and the public, and popularizes industrial knowledge. At the same time, it brings together the wonderful masterpieces of a large number of experts in Chinese intelligent automobile industry. Each part of the article systematically sorts out and analyzes the overall picture of Chinese intelligent automobile industry from a scientific perspective, hoping to provide the most authoritative and detailed information on the development of Chinese intelligent automobile industry for the automotive industry management departments, research institutes, universities, vehicle and parts companies, related enterprises, and the general public.

Contents

Ⅰ General Report

Abstract: The rise of technologies such as the Internet, big data and artificial intelligence has led to major changes in the global intelligent vehicle industry. Countries around the world attach great importance to the development of the intelligent vehicle industry and have invested a lot of money and energy. China is no exception. After years of hard work, China's intelligent vehicle have developed rapidly. This article will introduce China's intelligent vehicle industry, product technology, business model, relevant policies and regulations, demonstration area construction and information completion, and objectively and comprehensively expounds the development and existing problems of China's intelligent vehicle status.

Keywords: Intelligent Vehicle; Industrial Development; Business Model; Regulations and Policies; Demonstration Zone Construction

Ⅱ Special Reports

Abstract: Intelligent networked vehicle will accelerate the realization of driverless driving and help build smart cities. China's intelligent networked vehicle will be involved in the demonstration test period from the exploration of manufacturing period, and many domestic automobile companies continue to accelerate technology research and development and product testing. However, in order to realize the landing of intelligent connected vehicle, the top design of the country is needed. This paper expounds the current development status of China's intelligent networked vehicle, points out the importance of a good institutional environment, and proposes relevant suggestions for strengthening the top-level design to promote the development of the intelligent networked automobile industry.

Keywords: Intelligent Connected Vehicle; Institutional Environment; Top-level Design

Abstract: In recent years, intelligent as an important direction for the future development of the automotive industry is an important process for the transition of automotive products to intelligent vehicles. It is of great significance to promote the development of intelligent vehicle industry and to fully understand the development level and evolution stage of automobile. This paper attempts to establish a detailed system and detailed evaluation index system of automobile intelligent index under the framework of SAE International intelligent division, and comprehensively use the advantages and disadvantages of AHP and entropy method to determine the comprehensive weight of each index. And finally calculate the comprehensive evaluation index of automobile intelligent index, and provide the judgment basis for assessing the intelligent level of automobile.

Keywords: Intelligent Vehicles; Evaluation System; Analytic Hierarchy Process; Entropy Method; Comprehensive Weight

Abstract: Intelligent connected vehicle involves many fields such as automobile, internet and communication. With the promotion of practical and commercialization of intelligent connected vehicle, the cooperation in the field of intelligent connected vehicle has been expanded and it has become a cooperation of automobile neighborhoods. This paper introduces the characteristics of the investment cooperation of intelligent connected vehicle in the United States, Europe, Japan, South Korea and China. The technology-based enterprises combine their own advantages and actively cooperate with the intelligent networked automobile field. At the same time, the cooperation between intelligent networked automobile field with related parts and components companies has turned up distinct characteristics. Finally, this paper points out the current problems and future development trends.

Keywords: Intelligent Connected Vehicle; Investment Focus; Cooperation Characteristics; Cooperation Route

B. 5 Overview of China's Intelligent Transportation and Vehicle Development *Zhang Hao, Li Bin and Zhang Hongwei* / 041

Abstract: The advancement of automobile intelligentization has accelerated the intelligent development of the transportation industry. The two are closely linked and promote each other. The intelligent vehicle infrastructure cooperative systems require the realization of the "smart" road and the "smart" vehicle synergy development. This paper mainly introduces the development status of the intelligent transportation industry in China and the application of the intelligent technology of the operating vehicle. According to the traffic proposed by the relevant departments of China, the intelligent development planning and implementation plan of the transportation line summarized the situation requirements of the development of intelligent transportation, and finally expounded the development trend of the application of intelligent driving technology.

Keywords: Transportation; Operating Vehicles; Intelligent Vehicle; Infrastructure Cooperative Systems

Ⅲ Industry Reports

B. 6 The Development of Intelligent Connected Vehicle Industry *Wang Yu, Yang Chenguang and Hou Kaiwen* / 050

Abstract: Intelligent connected vehicle is not only a means of transportation, but has become an important means to solve the increasingly serious traffic problems. They are also the core elements for building a new industrial ecology of smart travel services, and promoting transportation powers and smart cities. An important carrier of construction. This paper lists relevant policies and regulations and analyzes them; introduces key technology research and development based on the key technology architecture of intelligent connected vehicle; expounds the test and evaluation environment in China, objectively gives the construction of China intelligent networked vehicle test and demonstration zone; finally analyzes market development situation. Through the above content, the development of China's intelligent networked automobile industry is objectively and comprehensively introduced.

Keywords: Intelligent Connected Vehicle; Industrial Ecology; Policies and Regulations; Key Technologies; Assessment Environment

Abstract: With the rise of intelligent connected vehicle, auto parts companies have turned their attention to the intelligent vehicle industry. In recent years, the smart auto parts industry has developed rapidly. This paper analyzes the development situation of China's intelligent auto parts industry in the world auto parts industry from Europe, the United States and other countries to form a three-legged situation. It expounds the component of intelligent Vehicle parts chain from the environmental perception system, decision-marking planning system and control execution system, gave the well-known enterprises at home and abroad in the industry chain, and finally summarized the development path of key components.

Keywords: Intelligent Vehicle Parts; Sensors; Controllers; Actuators

Abstract: Whether the hardware of the intelligent connected vehicle is invalid, whether the software has loopholes, whether the function is flawed, whether the driving is safe and reliable, these need to rely on the test of the intelligent connected vehicle. Testing can effectively avoid the intelligent connected vehicle Security risks faced. This paper conducts an in-depth study on the development of the intelligent networked automotive test industry. Starting with the meaning and necessity of testing, this paper briefly introduces the environment of China's testing policy and regulation, and introduces the intelligent network testing technology method system with three levels: "end", "management" and "cloud". Finally, the paper gives the testing feedback of the demonstration zone construction and the testing progress of enterprise projects.

Keywords: Intelligent Connected Vehicle; Testing and Evaluation; Policy and Regulation; Methodology System; Project Progress

B. 9 Research on Intelligent Connected Vehicle Market Development and Business Model Changes

Abstract: In recent years, the development of China's intelligent networked vehicles has been quite rapid. "Made in China 2025" proposes that by 2025, China will master the overall technology of autonomous driving and related technologies, and establish a relatively complete independent research and development system for intelligent networked vehicles. The production supporting system and industrial cluster have basically completed the transformation and upgrading of the automobile industry. This paper will study the business model of intelligent connected vehicle development: cross-border cooperation mode, "Internet +" mode, shared travel mode, service-led mode, etc., to clarify the current development of China's intelligent connected vehicle market and how to operate under the new business model. A smart car society of "safe, efficient, green and civilized" will be built.

Keywords: Intelligent Connected Vehicle; Unmanned; Commercialization; Market Penetration; Shared Travel

Ⅳ Product Reports

Abstract: With the gradual improvement of the level of automotive intelligence, the technological change of the internet of vehicles will bring subversive changes to the architecture of the entire vehicle product. This article will introduce the value chain, industry chain and innovation chain, as well as its transformation in functional value; analyze the current of the market development status of China's intelligent networked vehicles in the vehicle and parts profoundly; summarize the development process of China, and propose new development plans in terms of laws, regulations and technology applications to meet new challenges and escort the development and development of autonomous driving and driverless driving.

Keywords: Intelligent Vehicle; Architecture; Functional Value; V2V Communication

Abstract: With the advancement of intelligent automobile industrialization, the position of key parts industry in the automotive industry system is improving continuously. The technological breakthrough of key parts of intelligent automobile has important decisive significance for the development of the whole intelligent automobile industry. Against the background of automobile intellectualization, many new intelligent auto parts research and development enterprises and production organizations have emerged, working together to speed up the pace of intelligent automobile industrialization. The development of intelligent vehicle has important guiding function to the development of its key parts.

Keywords: ADAS; Key Parts; Sensor

Abstract: As the auto industry enters the Internet age, the vehicle is no longer a simple substitute tool, nor is it just a product that only auto company can produce. More and more Internet companies are starting to join the ranks of auto makers, such as Google, Uber, Baidu, Nio, and so on. But after the sudden Tesla accident, people returned to calm, and the safety of self-driving vehicles was taken seriously again. People began to suspect that there might be a congenital defect in the sensor-led car maker, the camera, radar and other virtual sensing equipment could not make accurate image analysis of the complicated environment of all-weather and all-road conditions, which led to the occurrence of safety accidents. And the coincident information communication technology of V2X can avoid the problem of image recognition inaccuracy and so on, and build a bridge to communicate with the outside world, so as to realize the timely perception and effective transmission of information. Therefor the vehicle and the outside world can communicate with each other and the probability of accidents.

Keywords: V2X; Information Interactive; Communication Module

V Technology Reports

Abstract: With the wide application of artificial intelligence technology in automobile field, automobile intellectualization has gradually become the important direction of the development of automobile enterprises. Automatic driving technology is mainly composed of perception, control and output modules. It is a multi-industry technology fusion product. This paper will introduce all kinds of advanced technologies related to intelligent connected vehicle, and summarize the framework of it.

Keywords: Intelligent Connected Vehicle; Technical Route; Radar

Abstract: The so-called "intelligent vehicle" refers to the vehicle with sensors, controllers and other institutions that can achieve environmental awareness and information interaction, which will replace the operation of the people to automatically control. In recent years, with the rapid development of computer control and sensor technology, intelligent vehicles have become a hot spot in the field of vehicle engineering and a new power in the growth of automobile industry. Intelligent vehicle is a combination of traditional automobile and new computer control technology. On the one hand, it uses all kinds of complicated road environment to improve the level of computer processing. On the other hand, advanced computer control technology has been applied to traditional cars. This article will combine several intelligent automobile typical technology application cases to introduce in detail the computer control technology in the traditional automobile application.

Keywords: Adaptive Cruise Controlsystem; Lane Keeping Aid; Intelligent Traffic

Abstract: After more than 100 years of development, the automobile has brought convenience, comfort and great impetus to economic and social development. It also brings problems such as traffic safety, traffic congestion, energy crisis and air pollution to human and economic and social development. In recent years, people has been trying to protect safety, improve efficiency, save energy and protect environment through intelligent automobile. Therefore, how to test becomes the key to the development of intelligent connected vehicle.

Keywords: Intelligent Connected Vehicle; Auxiliary Driving System; Testing Techwology

Ⅵ Policy Reports

Abstract: 2016 was an important year for the development of intelligent connected vehicle, and the United State released the FAVP, which sets out the direction for autonomous vehicles. China has released the road map of Intelligent Connected Vehicle Tchnology, which clearly defines the technical development route of the intelligent connected vehicle. The development of Intelligent Connected Vehicle has become the important part of Chinese auto industry and even the important component of the development strategy of automobile manufacturing industry. At present, China intelligent connected vehicle is still in the initial stage of industrialization and marketization, and it is faced with many problems, but with the further development of industrialization and marketization, ADAS system will be popularized rapidly and the application of on-board interconnection technology will be more extensive.

Keywords: Intelligent Connected Vehicle; Policy; Vehicle Interconnection Technology

Abstract: With the rapid development and wide application of intelligent vehicle, the safety and supervision issues arising from it have also begun to attract people's attention. Intelligent driving technology is at the very beginning, and the technology routes of major automotive enterprises are very different. The resulting regulatory gaps highlight the lagging development of intelligent vehicle standards and regulations. In order to ensure the orderly development of intelligent technology and the healthy development of intelligent vehicle industry, this paper will introduce the development status of intelligent vehicle law in detail. And think about how to establish the corresponding legal system for it.

Keywords: Intelligent Vehicle; Legal Environment; Regulatory System

Ⅶ Standard Report

Abstract: As a new technology, the development of intelligent vehicle is swift and violent and has been widely applied. At present, however, there is no perfect standard regulation to regulate the technological achievements of the cutting-edge technology and different technical routes. The lagging standard began to restrict the development of intelligent connected vehicle. Therefore, this paper will study the domestic and international intelligent network automobile standard regulations, and put forward a perfect idea.

Keywords: Intelligent Connected Vehicle; Standard Regulations; Chinese Characteristics

Ⅷ Company Reports

B. 19 Development Review of Dongfeng Intelligent Vehicle

Dongfeng Motor Corporation / 214

Abstract: In recent years, due to the rapid development of computer Internet technology, all walks of life are undergoing dramatic changes. For the purpose of its own development or in response to national development strategy of the Internet +, domestic traditional vehicle companies have increased investment in the field of intelligent networked vehicle. In view of this background, the technical center of Dongfeng Motor Group Co. , Ltd. is one of the enterprises that first started intelligent and networked vehicle research in China. Therefore, research on the technical center of Dongfeng Motor Group Co. , Ltd. is of great importance and practical significance.

Keywords: The Technical Center of Dongfeng Motor Group Co. , Ltd. ; Intelligent Networked Vehicle; Industry Development

B. 20 Development Review of Guangzhou Automotive Intelligent Vehicle

Xu Wei / 221

Abstract: Guangzhou Automobile Group, which was established in 2005, seems a little younger than other domestic automobile enterprises, but it is not more inferior in the development of cutting-edge technology industries. Thanks to the entire industrial chain layout of GAC Group, the Intelligent Networked Vehicle of GAC Group has built six platforms in three major areas. It enjoys great competitiveness in the product development status and technological development potential comparing to other domestic automobile companies.

Keywords: Guangzhou Automobile Group Co., Ltd.; Intelligent Networked Vehicle; Industry Development

B. 21 Development Review of Qirui Intelligent Vehicle

Chery Automobile Corporation / 233

Abstract: Under the sweep of the Internet wave, all traditional automobile companies have gotten the awareness of the necessity and urgency of reform. As the largest auto exporter in China, Chery Automobile Co., Ltd. has been fighting in the market for many years and still invincible. What it depends is a keen sense of business smell. Since all vehicle companies are increasing their investment in intelligent networked vehicles, Chery is no exception, it has done a lot of research on the intelligent technology of automobiles and has achieved a series of significant periodical result.

Keywords: Chery Automobile Co., Ltd.; Intelligent Networked Vehicle; Industry Development

B. 22 Development Review of AAI Company Intelligent

Automotive Artificial Intelligence (AAI) GmbH / 241

Abstract: Industrialization, electrification, and informationization are respectively called the three industrial revolutions of mankind. For the intelligence, the general view is that it will lead the fourth industrial revolution of mankind. Automotive Artificial Intelligence (AAl) GmbH is a technology company which was born out of the Internet information age and take artificial intelligence as its main development direction. The AAI simulation platform developed by it plays a significant role in promoting the development of intelligent vehicle technology.

Keywords: Intelligent Vehicle; Virtual Test; Simulation Platform

Ⅸ Hot Issue Reports

B. 23 Information Security Development Situation of Intelligent Vehicle

He Yan / 248

Abstract: Intelligent Vehicle is a new generation of automobile with the combination of intelligence and network, and the difference between the intelligent vehicle and the traditional one is that in addition to the passive safety technology and active security technology, the information security problem is also caused by the application of the network integration technology. This paper expounds the passive safety and active safety of the traditional vehicle, and introduces the importance of the intelligent vehicle information security. Through the analysis of the article, it shows that the research of promoting intelligent automobile information security will become the most important part of the development of intelligent vehicle.

Keywords: Intelligent Vehicle; Information Security; Passive Security; Active Safety

Abstract: As an important part of smart city, intelligent traffic is an important means to solve urban traffic problems. At present, countries in the construction of intelligent city have made a series of achievements, in the domestic main achievements are intelligent Shanghai, wisdom Shuangliu and so on, foreign achievements include Singapore's "Smart Country Plan", South Korea's "u-city plan", etc. However, limited by the level of technological development, intelligent transportation and intelligent cities are not integrated much with each other at this stage, and they are relatively still in the stage of independent development and exploration. In the past 30 years, China's transportation infrastructure construction has been developing rapidly, but the rapid economic development brings the traffic volume increasing continuously, and the traffic congestion is serious. Therefore, the vigorous development of intelligent transportation system is the key to solve the problem of traffic travel.

Keywords: Intelligent Transportation; Smart City; Integrative Development

Abstract: With the further development of artificial intelligence technology, Intelligent Connected Vehicle, the standard entrance of artificial intelligence technology, becomes the new technology and Tuyere which the Internet enterprise, the traditional enterprise and the start-up company compete to invest and develop. According to the investigation of Baidu, Tencent, Beijing-east and other emerging internet car-making enterprises' development status, this article found that, the Internet enterprises' exploration, innovation and application in the key technology have far-reaching influence on every field of automobile manufacture. In the field of talent echelon, capital technology and resources, Internet enterprises are promoting the development of automobile industry with the strongest state change, and promoting a more profound travel revolution.

Keywords: Intelligent Connected Vehicle; Internet Enterprises; Industrial Upgrading

X Special Project Reports

Abstract: With the improvement of the "four modernizations" (intelligent, networked, electrified, lightweight) of vehicles, the information security problem of intelligent connected vehicle is more and more outstanding. The information security hazards of intelligent network-linked vehicles, including privacy disclosure, hacker attacks and other property losses and personal injury, has developed into a national public security problem. This paper systematically outlines the current situation of information security of intelligent network in China, from information security standards, threat analysis, core system security, vehicle protection technology and solutions, and other aspects.

Keywords: Intelligent Connected Vehicle; Information Security Standards; Threat Analysis; Protection Technology

Abstract: Under the circumstances of information age, the original data storage and calculation methods of vehicle industry need to be changed, cloud data service came into being under this background, it is mainly based on connected vehicle and cloud data. Cloud data service is of great significance to promote the integration and upgrade of vehicle, traffic, information and communication industry, and to reshape the related industrial ecology and value chain system. This paper introduces the development of cloud data from several aspects, such as the definition, importance of the cloud data, the relevant policies of the country and the demonstration of internet enterprises. In the whole industry chain, which consists of three parts of vehicle terminal data, application data and traffic information flow data, the relevant enterprise organizations should work together to promote the development of vehicle networking and cloud data from the strategic layout, service and technology, industrial policy, laws and regulations.

Keywords: Intelligent Vehicle; Connected Vehicle; Cloud Data

Abstract: Intelligent connected vehicle is the most potential and most likely to benefit human intelligent creation in the field of artificial intelligence, which has become an important field of national development. The Chinese Government attaches great importance to the development of intelligent connected vehicle technology and related industrial clusters. At present, the ministry of industry and information technology has signed some model cooperation framework agreements with Shanghai, Beijing, Hebei province, Chongqing city, Zhejiang province, Hubei province, Jilin province respectively to carry out demonstration area construction, strengthen application project cooperation, and help push intelligent connected vehicle and intelligent traffic engineering construction. Based on the characteristics and planning of several urban demonstration areas, this paper provides reference for the construction of Intelligent network in other cities in China.

Keywords: Intelligent Connected Vehicles; Test Demonstration Area; Landing Application

Ⅺ International Reports

B. 29 Development Status of Germany Intelligent Vehicle

Yang Chenguang, Hou Kaiwen / 313

Abstract: Germany is the leader of intelligent connected technology, and it is in the dominant position in the aspects of network-linked technology, intelligent control technology, chip technology and so on. This paper summarizes the development of intelligent network in Germany, from the policies, regulations, standards, intelligent driving technology, vehicle networking technology, testing, enterprise layout and demonstration operation. Then it shows the research and development results of the latest technology of the German automotive industry in terms of intelligence and networking. Germany's advanced experience plays a profound guiding role in establishing and perfecting the strategic planning, policy system and standard regulations of the intelligent connected vehicles, and promoting the independent research and development, technological innovation and industrial application of China's intelligent connected vehicles.

Keywords: Germany; Intelligent Connected Vehicles; Development Planning

B. 30 Development Status of British Intelligent Vehicle

British Intelligent Networking and Automatic Driving Vehicle Center, Xu Jingyang / 328

Abstract: At present, the British intelligent connected vehicle development is in good shape, the British intelligent connected vehicle driving center support the development of intelligent connected vehicle through supervision, development and testing. This paper described the present situation, development features and planning of Britain intelligent connected vehicles in detail. The UK is expected to have a large number of unmanned vehicles for road testing in 2021, with the premise of reliability by repeated tests. The British government will strongly support the development and testing of intelligent connected vehicle to determine a more robust development path, leading the future development of the automotive industry.

Keywords: British; Intelligent Connected Vehicle; Development Planning

B. 31 Development Status of American Intelligent Vehicle

Abstract: The United States is in the leading position in the development of intelligent connected vehicles, its connected technology has strongly developed, and the power of the upper, middle and lower reaches of the industry is balanced. The United States federal government and the state governments have enacted legislation to promote technological innovation and application, improve road traffic safety, and formed a more mature experience. This paper summarizes the development of intelligent connected vehicles in the United States from several aspects, such as the policy regulations, standards, vehicle networking technology, test, enterprise layout and demonstration operation, and shows the research results of the latest technology of the American automobile industry in the fields of intelligence and networking. The advanced experience of the United States has important guiding significance for China to establish and perfect the strategic planning, policy system and standard regulation, as well as to promote the independent research and development, technology innovation and industrial application of China's Intelligent connected vehicles.

Keywords: United States; Intelligent Connected Vehicle; Development Planning

Abstract: This paper introduces the development status of the intelligent network in Japan, from the automobile enterprise's industrialization route and product orientation of the intelligent connected vehicles, such as Toyota, Subaru, Honda, Nissan. Japan also make clear of its development and industrialization goal and plan of the current intelligent network alliance automobile. Japan's development goal is to achieve the second phase by 2020, about the third phase of the market in 2025, and the complete automatic driving system of marketization. It is mainly in the Tokyo Olympics and Paralympic Games to achieve the third stage of unmanned taxis under the specific conditions of the practical.

Keywords: Japan; Intelligent Connected Vehicle; Development Planning

XII Appendix

皮书起源

“皮书”起源于十七、十八世纪的英国，主要指官方或社会组织正式发表的重要文件或报告，多以“白皮书”命名。在中国，“皮书”这一概念被社会广泛接受，并被成功运作、发展成为一种全新的出版形态，则源于中国社会科学院社会科学文献出版社。

皮书定义

皮书是对中国与世界发展状况和热点问题进行年度监测，以专业的角度、专家的视野和实证研究方法，针对某一领域或区域现状与发展态势展开分析和预测，具备原创性、实证性、专业性、连续性、前沿性、时效性等特点的公开出版物，由一系列权威研究报告组成。

皮书作者

皮书系列的作者以中国社会科学院、著名高校、地方社会科学院的研究人员为主，多为国内一流研究机构的权威专家学者，他们的看法和观点代表了学界对中国与世界的现实和未来最高水平的解读与分析。

皮书荣誉

皮书系列已成为社会科学文献出版社的著名图书品牌和中国社会科学院的知名学术品牌。2016 年，皮书系列正式列入“十三五”国家重点出版规划项目；2013~2018 年，重点皮书列入中国社会科学院承担的国家哲学社会科学创新工程项目；2018 年，59 种院外皮书使用“中国社会科学院创新工程学术出版项目”标识。

中国皮书网

（网址：www.pishu.cn）

发布皮书研创资讯，传播皮书精彩内容
引领皮书出版潮流，打造皮书服务平台

栏目设置

关于皮书：何谓皮书、皮书分类、皮书大事记、皮书荣誉、
皮书出版第一人、皮书编辑部

最新资讯：通知公告、新闻动态、媒体聚焦、网站专题、视频直播、下载专区

皮书研创：皮书规范、皮书选题、皮书出版、皮书研究、研创团队

皮书评奖评价：指标体系、皮书评价、皮书评奖

互动专区：皮书说、社科数托邦、皮书微博、留言板

所获荣誉

2008年、2011年，中国皮书网均在全国新闻出版业网站荣誉评选中获得“最具商业价值网站”称号；

2012年，获得“出版业网站百强”称号。

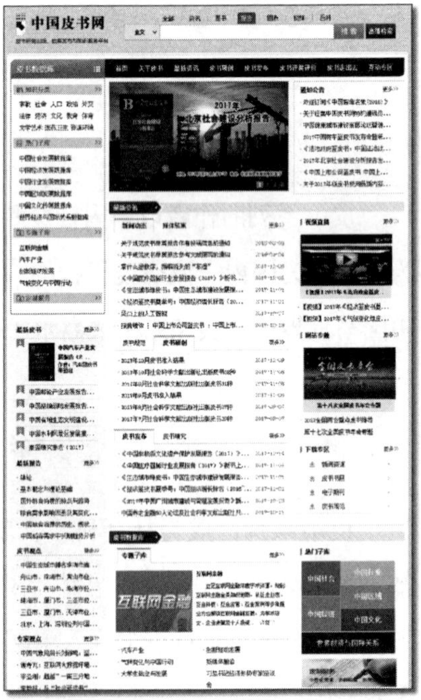

网库合一

2014年，中国皮书网与皮书数据库端口合一，实现资源共享。

S 基本子库
UB DATABASE

中国社会发展数据库（下设 12 个子库）

全面整合国内外中国社会发展研究成果，汇聚独家统计数据、深度分析报告，涉及社会、人口、政治、教育、法律等 12 个领域，为了解中国社会发展动态、跟踪社会核心热点、分析社会发展趋势提供一站式资源搜索和数据分析与挖掘服务。

中国经济发展数据库（下设 12 个子库）

基于"皮书系列"中涉及中国经济发展的研究资料构建，内容涵盖宏观经济、农业经济、工业经济、产业经济等 12 个重点经济领域，为实时掌控经济运行态势、把握经济发展规律、洞察经济形势、进行经济决策提供参考和依据。

中国行业发展数据库（下设 17 个子库）

以中国国民经济行业分类为依据，覆盖金融业、旅游、医疗卫生、交通运输、能源矿产等 100 多个行业，跟踪分析国民经济相关行业市场运行状况和政策导向，汇集行业发展前沿资讯，为投资、从业及各种经济决策提供理论基础和实践指导。

中国区域发展数据库（下设 6 个子库）

对中国特定区域内的经济、社会、文化等领域现状与发展情况进行深度分析和预测，研究层级至县及县以下行政区，涉及地区、区域经济体、城市、农村等不同维度。为地方经济社会宏观态势研究、发展经验研究、案例分析提供数据服务。

中国文化传媒数据库（下设 18 个子库）

汇聚文化传媒领域专家观点、热点资讯，梳理国内外中国文化发展相关学术研究成果、一手统计数据，涵盖文化产业、新闻传播、电影娱乐、文学艺术、群众文化等 18 个重点研究领域。为文化传媒研究提供相关数据、研究报告和综合分析服务。

世界经济与国际关系数据库（下设 6 个子库）

立足"皮书系列"世界经济、国际关系相关学术资源，整合世界经济、国际政治、世界文化与科技、全球性问题、国际组织与国际法、区域研究 6 大领域研究成果，为世界经济与国际关系研究提供全方位数据分析，为决策和形势研判提供参考。

皮书系列

2018年

智 库 成 果 出 版 与 传 播 平 台

社会科学文献出版社
SOCIAL SCIENCES ACADEMIC PRESS (CHINA)

社长致辞

蓦然回首，皮书的专业化历程已经走过了二十年。20年来从一个出版社的学术产品名称到媒体热词再到智库成果研创及传播平台，皮书以专业化为主线，进行了系列化、市场化、品牌化、数字化、国际化、平台化的运作，实现了跨越式的发展。特别是在党的十八大以后，以习近平总书记为核心的党中央高度重视新型智库建设，皮书也迎来了长足的发展，总品种达到600余种，经过专业评审机制、淘汰机制遴选，目前，每年稳定出版近400个品种。“皮书”已经成为中国新型智库建设的抓手，成为国际国内社会各界快速、便捷地了解真实中国的最佳窗口。

20年孜孜以求，“皮书”始终将自己的研究视野与经济社会发展中的前沿热点问题紧密相连。600个研究领域，3万多位分布于800余个研究机构的专家学者参与了研创写作。皮书数据库中共收录了15万篇专业报告，50余万张数据图表，合计30亿字，每年报告下载量近80万次。皮书为中国学术与社会发展实践的结合提供了一个激荡智力、传播思想的入口，皮书作者们用学术的话语、客观翔实的数据谱写出了中国故事壮丽的篇章。

20年跬步千里，“皮书”始终将自己的发展与时代赋予的使命与责任紧紧相连。每年百余场新闻发布会，10万余次中外媒体报道，中、英、俄、日、韩等12个语种共同出版。皮书所具有的凝聚力正在形成一种无形的力量，吸引着社会各界关注中国的发展，参与中国的发展，它是我们向世界传递中国声音、总结中国经验、争取中国国际话语权最主要的平台。

皮书这一系列成就的取得，得益于中国改革开放的伟大时代，离不开来自中国社会科学院、新闻出版广电总局、全国哲学社会科学规划办公室等主管部门的大力支持和帮助，也离不开皮书研创者和出版者的共同努力。他们与皮书的故事创造了皮书的历史，他们对皮书的拳拳之心将继续谱写皮书的未来！

现在，“皮书”品牌已经进入了快速成长的青壮年时期。全方位进行规范化管理，树立中国的学术出版标准；不断提升皮书的内容质量和影响力，搭建起中国智库产品和智库建设的交流服务平台和国际传播平台；发布各类皮书指数，并使之成为中国指数，让中国智库的声音响彻世界舞台，为人类的发展做出中国的贡献——这是皮书未来发展的图景。作为“皮书”这个概念的提出者，“皮书”从一般图书到系列图书和品牌图书，最终成为智库研究和社会科学应用对策研究的知识服务和成果推广平台这整个过程的操盘者，我相信，这也是每一位皮书人执着追求的目标。

“当代中国正经历着我国历史上最为广泛而深刻的社会变革，也正在进行着人类历史上最为宏大而独特的实践创新。这种前无古人的伟大实践，必将给理论创造、学术繁荣提供强大动力和广阔空间。”

在这个需要思想而且一定能够产生思想的时代，皮书的研创出版一定能创造出新的更大的辉煌！

社会科学文献出版社社长
中国社会学会秘书长

谢寿光

2017年11月

社会科学文献出版社简介

社会科学文献出版社（以下简称“社科文献出版社”）成立于1985年，是直属于中国社会科学院的人文社会科学学术出版机构。成立至今，社科文献出版社始终依托中国社会科学院和国内外人文社会科学界丰厚的学术出版和专家学者资源，坚持“创社科经典，出传世文献”的出版理念、“权威、前沿、原创”的产品定位以及学术成果和智库成果出版的专业化、数字化、国际化、市场化的经营道路。

社科文献出版社是中国新闻出版业转型与文化体制改革的先行者。积极探索文化体制改革的先进方向和现代企业经营决策机制，社科文献出版社先后荣获“全国文化体制改革工作先进单位”、中国出版政府奖・先进出版单位奖，中国社会科学院先进集体、全国科普工作先进集体等荣誉称号。多人次荣获“第十届韬奋出版奖”“全国新闻出版行业领军人才”“数字出版先进人物”“北京市新闻出版广电行业领军人才”等称号。

社科文献出版社是中国人文社会科学学术出版的大社名社，也是以皮书为代表的智库成果出版的专业强社。年出版图书2000余种，其中皮书400余种，出版新书字数5.5亿字，承印与发行中国社科院院属期刊72种，先后创立了皮书系列、列国志、中国史话、社科文献学术译库、社科文献学术文库、甲骨文书系等一大批既有学术影响又有市场价值的品牌，确立了在社会学、近代史、苏东问题研究等专业学科及领域出版的领先地位。图书多次荣获中国出版政府奖、“三个一百”原创图书出版工程、“五个‘一’工程奖”、“大众喜爱的50种图书”等奖项，在中央国家机关“强素质・做表率”读书活动中，入选图书品种数位居各大出版社之首。

社科文献出版社是中国学术出版规范与标准的倡议者与制定者，代表全国50多家出版社发起实施学术著作出版规范的倡议，承担学术著作规范国家标准的起草工作，率先编撰完成《皮书手册》对皮书品牌进行规范化管理，并在此基础上推出中国版芝加哥手册——《社科文献出版社学术出版手册》。

社科文献出版社是中国数字出版的引领者，拥有皮书数据库、列国志数据库、“一带一路”数据库、减贫数据库、集刊数据库等4大产品线11个数据库产品，机构用户达1300余家，海外用户百余家，荣获“数字出版转型示范单位”“新闻出版标准化先进单位”“专业数字内容资源知识服务模式试点企业标准化示范单位”等称号。

社科文献出版社是中国学术出版走出去的践行者。社科文献出版社海外图书出版与学术合作业务遍及全球40余个国家和地区，并于2016年成立俄罗斯分社，累计输出图书500余种，涉及近20个语种，累计获得国家社科基金中华学术外译项目资助76种、“丝路书香工程”项目资助60种、中国图书对外推广计划项目资助71种以及经典中国国际出版工程资助28种，被五部委联合认定为“2015-2016年度国家文化出口重点企业”。

如今，社科文献出版社完全靠自身积累拥有固定资产3.6亿元，年收入3亿元，设置了七大出版分社、六大专业部门，成立了皮书研究院和博士后科研工作站，培养了一支近400人的高素质与高效率的编辑、出版、营销和国际推广队伍，为未来成为学术出版的大社、名社、强社，成为文化体制改革与文化企业转型发展的排头兵奠定了坚实的基础。

宏观经济类

经济蓝皮书

2018 年中国经济形势分析与预测

李平 / 主编　2017 年 12 月出版　定价：89.00 元

◆　本书为总理基金项目，由著名经济学家李扬领衔，联合中国社会科学院等数十家科研机构、国家部委和高等院校的专家共同撰写，系统分析了 2017 年的中国经济形势并预测 2018 年中国经济运行情况。

城市蓝皮书

中国城市发展报告 No.11

潘家华　单菁菁 / 主编　2018 年 9 月出版　估价：99.00 元

◆　本书是由中国社会科学院城市发展与环境研究中心编著的，多角度、全方位地立体展示了中国城市的发展状况，并对中国城市的未来发展提出了许多建议。该书有强烈的时代感，对中国城市发展实践有重要的参考价值。

人口与劳动绿皮书

中国人口与劳动问题报告 No.19

张车伟 / 主编　2018 年 10 月出版　估价：99.00 元

◆　本书为中国社会科学院人口与劳动经济研究所主编的年度报告，对当前中国人口与劳动形势做了比较全面和系统的深入讨论，为研究中国人口与劳动问题提供了一个专业性的视角。

中国省域竞争力蓝皮书

中国省域经济综合竞争力发展报告（2017 ~ 2018）

李建平　李闽榕　高燕京 / 主编　2018 年 5 月出版　估价：198.00 元

◆　本书融多学科的理论为一体，深入追踪研究了省域经济发展与中国国家竞争力的内在关系，为提升中国省域经济综合竞争力提供有价值的决策依据。

金融蓝皮书

中国金融发展报告（2018）

王国刚 / 主编　2018 年 6 月出版　估价：99.00 元

◆　本书由中国社会科学院金融研究所组织编写，概括和分析了 2017 年中国金融发展和运行中的各方面情况，研讨和评论了 2017 年发生的主要金融事件，有利于读者了解掌握 2017 年中国的金融状况，把握 2018 年中国金融的走势。

区域经济类

京津冀蓝皮书

京津冀发展报告（2018）

祝合良　叶堂林　张贵祥 / 等著　2018 年 6 月出版　估价：99.00 元

◆　本书遵循问题导向与目标导向相结合、统计数据分析与大数据分析相结合、纵向分析和长期监测与结构分析和综合监测相结合等原则，对京津冀协同发展新形势与新进展进行测度与评价。

社 会 政 法 类

社会蓝皮书

2018 年中国社会形势分析与预测

李培林　陈光金　张翼 / 主编　2017 年 12 月出版　定价：89.00 元

◆　本书由中国社会科学院社会学研究所组织研究机构专家、高校学者和政府研究人员撰写，聚焦当下社会热点，对 2017 年中国社会发展的各个方面内容进行了权威解读，同时对 2018 年社会形势发展趋势进行了预测。

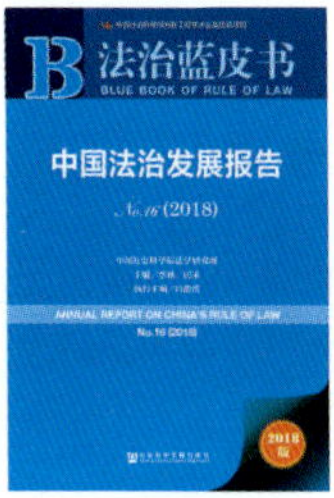

法治蓝皮书

中国法治发展报告 No.16（2018）

李林　田禾 / 主编　2018 年 3 月出版　定价：128.00 元

◆　本年度法治蓝皮书回顾总结了 2017 年度中国法治发展取得的成就和存在的不足，对中国政府、司法、检务透明度进行了跟踪调研，并对 2018 年中国法治发展形势进行了预测和展望。

教育蓝皮书

中国教育发展报告（2018）

杨东平 / 主编　2018 年 3 月出版　定价：89.00 元

◆　本书重点关注了 2017 年教育领域的热点，资料翔实，分析有据，既有专题研究，又有实践案例，从多角度对 2017 年教育改革和实践进行了分析和研究。

社会体制蓝皮书

中国社会体制改革报告 No.6（2018）

龚维斌 / 主编　2018 年 3 月出版　定价：98.00 元

◆　本书由国家行政学院社会治理研究中心和北京师范大学中国社会管理研究院共同组织编写，主要对 2017 年社会体制改革情况进行回顾和总结，对 2018 年的改革走向进行分析，提出相关政策建议。

社会心态蓝皮书

中国社会心态研究报告（2018）

王俊秀　杨宜音 / 主编　2018 年 12 月出版　估价：99.00 元

◆　本书是中国社会科学院社会学研究所社会心理研究中心“社会心态蓝皮书课题组”的年度研究成果，运用社会心理学、社会学、经济学、传播学等多种学科的方法进行了调查和研究，对于目前中国社会心态状况有较广泛和深入的揭示。

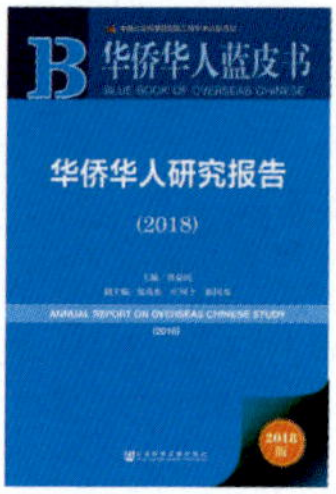

华侨华人蓝皮书

华侨华人研究报告（2018）

贾益民 / 主编　2017 年 12 月出版　估价：139.00 元

◆　本书关注华侨华人生产与生活的方方面面。华侨华人是中国建设 21 世纪海上丝绸之路的重要中介者、推动者和参与者。本书旨在全面调研华侨华人，提供最新涉侨动态、理论研究成果和政策建议。

民族发展蓝皮书

中国民族发展报告（2018）

王延中 / 主编　2018 年 10 月出版　估价：188.00 元

◆　本书从民族学人类学视角，研究近年来少数民族和民族地区的发展情况，展示民族地区经济、政治、文化、社会和生态文明“五位一体”建设取得的辉煌成就和面临的困难挑战，为深刻理解中央民族工作会议精神、加快民族地区全面建成小康社会进程提供了实证材料。

产 业 经 济 类

房地产蓝皮书

中国房地产发展报告 No.15（2018）

李春华 王业强 / 主编 2018 年 5 月出版 估价：99.00 元

◆ 2018 年《房地产蓝皮书》持续追踪中国房地产市场最新动态，深度剖析市场热点，展望 2018 年发展趋势，积极谋划应对策略。对 2017 年房地产市场的发展态势进行全面、综合的分析。

新能源汽车蓝皮书

中国新能源汽车产业发展报告（2018）

中国汽车技术研究中心 日产（中国）投资有限公司
东风汽车有限公司 / 编著 2018 年 8 月出版 估价：99.00 元

◆ 本书对中国 2017 年新能源汽车产业发展进行了全面系统的分析，并介绍了国外的发展经验。有助于相关机构、行业和社会公众等了解中国新能源汽车产业发展的最新动态，为政府部门出台新能源汽车产业相关政策法规、企业制定相关战略规划，提供必要的借鉴和参考。

行 业 及 其 他 类

旅游绿皮书

2017 ~ 2018 年中国旅游发展分析与预测

中国社会科学院旅游研究中心 / 编 2018 年 1 月出版 定价：99.00 元

◆ 本书从政策、产业、市场、社会等多个角度勾画出 2017 年中国旅游发展全貌，剖析了其中的热点和核心问题，并就未来发展作出预测。

民营医院蓝皮书

中国民营医院发展报告（2018）

薛晓林 / 主编　2018 年 11 月出版　估价：99.00 元

◆　本书在梳理国家对社会办医的各种利好政策的前提下，对我国民营医疗发展现状、我国民营医院竞争力进行了分析，并结合我国医疗体制改革对民营医院的发展趋势、发展策略、战略规划等方面进行了预估。

会展蓝皮书

中外会展业动态评估研究报告（2018）

张敏 / 主编　2018 年 12 月出版　估价：99.00 元

◆　本书回顾了2017 年的会展业发展动态，结合“供给侧改革”、“互联网 +”、“绿色经济” 的新形势分析了我国展会的行业现状，并介绍了国外的发展经验，有助于行业和社会了解最新的展会业动态。

中国上市公司蓝皮书

中国上市公司发展报告（2018）

张平　王宏淼 / 主编　2018 年 9 月出版　估价：99.00 元

◆　本书由中国社会科学院上市公司研究中心组织编写的，着力于全面、真实、客观反映当前中国上市公司财务状况和价值评估的综合性年度报告。本书详尽分析了 2017 年中国上市公司情况，特别是现实中暴露出的制度性、基础性问题，并对资本市场改革进行了探讨。

工业和信息化蓝皮书

人工智能发展报告（2017 ~ 2018）

尹丽波 / 主编　2018 年 6 月出版　估价：99.00 元

◆　本书国家工业信息安全发展研究中心在对 2017 年全球人工智能技术和产业进行全面跟踪研究基础上形成的研究报告。该报告内容翔实、视角独特，具有较强的产业发展前瞻性和预测性，可为相关主管部门、行业协会、企业等全面了解人工智能发展形势以及进行科学决策提供参考。

国际问题与全球治理类

世界经济黄皮书

2018 年世界经济形势分析与预测

张宇燕 / 主编　2018 年 1 月出版　定价：99.00 元

◆　本书由中国社会科学院世界经济与政治研究所的研究团队撰写，分总论、国别与地区、专题、热点、世界经济统计与预测等五个部分，对 2018 年世界经济形势进行了分析。

国际城市蓝皮书

国际城市发展报告（2018）

屠启宇 / 主编　2018 年 2 月出版　定价：89.00 元

◆　本书作者以上海社会科学院从事国际城市研究的学者团队为核心，汇集同济大学、华东师范大学、复旦大学、上海交通大学、南京大学、浙江大学相关城市研究专业学者。立足动态跟踪介绍国际城市发展时间中，最新出现的重大战略、重大理念、重大项目、重大报告和最佳案例。

非洲黄皮书

非洲发展报告 No.20（2017 ～ 2018）

张宏明 / 主编　2018 年 7 月出版　估价：99.00 元

◆　本书是由中国社会科学院西亚非洲研究所组织编撰的非洲形势年度报告，比较全面、系统地分析了 2017 年非洲政治形势和热点问题，探讨了非洲经济形势和市场走向，剖析了大国对非洲关系的新动向；此外，还介绍了国内非洲研究的新成果。

国别类

美国蓝皮书

美国研究报告（2018）

郑秉文　黄平 / 主编　2018 年 5 月出版　估价：99.00 元

◆　本书是由中国社会科学院美国研究所主持完成的研究成果，它回顾了美国 2017 年的经济、政治形势与外交战略，对美国内政外交发生的重大事件及重要政策进行了较为全面的回顾和梳理。

德国蓝皮书

德国发展报告（2018）

郑春荣 / 主编　2018 年 6 月出版　估价：99.00 元

◆　本报告由同济大学德国研究所组织编撰，由该领域的专家学者对德国的政治、经济、社会文化、外交等方面的形势发展情况，进行全面的阐述与分析。

俄罗斯黄皮书

俄罗斯发展报告（2018）

李永全 / 编著　2018 年 6 月出版　估价：99.00 元

◆　本书系统介绍了 2017 年俄罗斯经济政治情况，并对 2016 年该地区发生的焦点、热点问题进行了分析与回顾；在此基础上，对该地区 2018 年的发展前景进行了预测。

文化传媒类

新媒体蓝皮书

中国新媒体发展报告 No.9（2018）

唐绪军 / 主编　2018 年 6 月出版　估价：99.00 元

◆　本书是由中国社会科学院新闻与传播研究所组织编写的关于新媒体发展的最新年度报告，旨在全面分析中国新媒体的发展现状，解读新媒体的发展趋势，探析新媒体的深刻影响。

移动互联网蓝皮书

中国移动互联网发展报告（2018）

余清楚 / 主编　　2018 年 6 月出版　估价：99.00 元

◆　本书着眼于对 2017 年度中国移动互联网的发展情况做深入解析，对未来发展趋势进行预测，力求从不同视角、不同层面全面剖析中国移动互联网发展的现状、年度突破及热点趋势等。

文化蓝皮书

中国文化消费需求景气评价报告（2018）

王亚南 / 主编　2018 年 3 月出版　定价：99.00 元

◆　本书首创全国文化发展量化检测评价体系，也是至今全国唯一的文化民生量化检测评价体系，对于检验全国及各地 " 以人民为中心 " 的文化发展具有首创意义。

地方发展类

北京蓝皮书

北京经济发展报告（2017 ~ 2018）

杨松 / 主编　2018 年 6 月出版　估价：99.00 元

◆　本书对 2017 年北京市经济发展的整体形势进行了系统性的分析与回顾，并对 2018 年经济形势走势进行了预测与研判，聚焦北京市经济社会发展中的全局性、战略性和关键领域的重点问题，运用定量和定性分析相结合的方法，对北京市经济社会发展的现状、问题、成因进行了深入分析，提出了可操作性的对策建议。

温州蓝皮书

2018 年温州经济社会形势分析与预测

蒋儒标　王春光　金浩 / 主编　2018 年 6 月出版　估价：99.00 元

◆　本书是中共温州市委党校和中国社会科学院社会学研究所合作推出的第十一本温州蓝皮书，由来自党校、政府部门、科研机构、高校的专家、学者共同撰写的 2017 年温州区域发展形势的最新研究成果。

黑龙江蓝皮书

黑龙江社会发展报告（2018）

王爱丽 / 主编　2018 年 1 月出版　定价：89.00 元

◆　本书以千份随机抽样问卷调查和专题研究为依据，运用社会学理论框架和分析方法，从专家和学者的独特视角，对 2017 年黑龙江省关系民生的问题进行广泛的调研与分析，并对 2017 年黑龙江省诸多社会热点和焦点问题进行了有益的探索。这些研究不仅可以为政府部门更加全面深入了解省情、科学制定决策提供智力支持，同时也可以为广大读者认识、了解、关注黑龙江社会发展提供理性思考。

宏观经济类

城市蓝皮书
中国城市发展报告（No.11）
著(编)者：潘家华 单菁菁
2018年9月出版 / 估价：99.00元
PSN B-2007-091-1/1

城乡一体化蓝皮书
中国城乡一体化发展报告（2018）
著(编)者：付崇兰
2018年9月出版 / 估价：99.00元
PSN B-2011-226-1/2

城镇化蓝皮书
中国新型城镇化健康发展报告（2018）
著(编)者：张占斌
2018年8月出版 / 估价：99.00元
PSN B-2014-396-1/1

创新蓝皮书
创新型国家建设报告（2018～2019）
著(编)者：詹正茂
2018年12月出版 / 估价：99.00元
PSN B-2009-140-1/1

低碳发展蓝皮书
中国低碳发展报告（2018）
著(编)者：张希良 齐晔
2018年6月出版 / 估价：99.00元
PSN B-2011-223-1/1

低碳经济蓝皮书
中国低碳经济发展报告（2018）
著(编)者：薛进军 赵忠秀
2018年11月出版 / 估价：99.00元
PSN B-2011-194-1/1

发展和改革蓝皮书
中国经济发展和体制改革报告No.9
著(编)者：邹东涛 王再文
2018年1月出版 / 估价：99.00元
PSN B-2008-122-1/1

国家创新蓝皮书
中国创新发展报告（2017）
著(编)者：陈劲 2018年5月出版 / 估价：99.00元
PSN B-2014-370-1/1

金融蓝皮书
中国金融发展报告（2018）
著(编)者：王国刚
2018年6月出版 / 估价：99.00元
PSN B-2004-031-1/7

经济蓝皮书
2018年中国经济形势分析与预测
著(编)者：李平 2017年12月出版 / 定价：89.00元
PSN B-1996-001-1/1

经济蓝皮书春季号
2018年中国经济前景分析
著(编)者：李扬 2018年5月出版 / 估价：99.00元
PSN B-1999-008-1/1

经济蓝皮书夏季号
中国经济增长报告（2017～2018）
著(编)者：李扬 2018年9月出版 / 估价：99.00元
PSN B-2010-176-1/1

农村绿皮书
中国农村经济形势分析与预测（2017～2018）
著(编)者：魏后凯 黄秉信
2018年4月出版 / 定价：99.00元
PSN G-1998-003-1/1

人口与劳动绿皮书
中国人口与劳动问题报告No.19
著(编)者：张车伟 2018年11月出版 / 估价：99.00元
PSN G-2000-012-1/1

新型城镇化蓝皮书
新型城镇化发展报告（2017）
著(编)者：李伟 宋敏
2018年3月出版 / 定价：98.00元
PSN B-2005-038-1/1

中国省域竞争力蓝皮书
中国省域经济综合竞争力发展报告（2016～2017）
著(编)者：李建平 李闽榕
2018年2月出版 / 定价：198.00元
PSN B-2007-088-1/1

中小城市绿皮书
中国中小城市发展报告（2018）
著(编)者：中国城市经济学会中小城市经济发展委员会
中国城镇化促进会中小城市发展委员会
《中国中小城市发展报告》编纂委员会
中小城市发展战略研究院
2018年11月出版 / 估价：128.00元
PSN G-2010-161-1/1

区域经济类

东北蓝皮书
中国东北地区发展报告（2018）
著(编)者：姜晓秋　2018年11月出版 / 估价：99.00元
PSN B-2006-067-1/1

金融蓝皮书
中国金融中心发展报告（2017～2018）
著(编)者：王力 黄育华　2018年11月出版 / 估价：99.00元
PSN B-2011-186-6/7

京津冀蓝皮书
京津冀发展报告（2018）
著(编)者：祝合良 叶堂林 张贵祥
2018年6月出版 / 估价：99.00元
PSN B-2012-262-1/1

西北蓝皮书
中国西北发展报告（2018）
著(编)者：王福生 马廷旭 董秋生
2018年1月出版 / 定价：99.00元
PSN B-2012-261-1/1

西部蓝皮书
中国西部发展报告（2018）
著(编)者：璋勇 任保平　2018年8月出版 / 估价：99.00元
PSN B-2005-039-1/1

长江经济带产业蓝皮书
长江经济带产业发展报告（2018）
著(编)者：吴传清　2018年11月出版 / 估价：128.00元
PSN B-2017-666-1/1

长江经济带蓝皮书
长江经济带发展报告（2017～2018）
著(编)者：王振　2018年11月出版 / 估价：99.00元
PSN B-2016-575-1/1

长江中游城市群蓝皮书
长江中游城市群新型城镇化与产业协同发展报告（2018）
著(编)者：杨刚强　2018年11月出版 / 估价：99.00元
PSN B-2016-578-1/1

长三角蓝皮书
2017年创新融合发展的长三角
著(编)者：刘飞跃　2018年5月出版 / 估价：99.00元
PSN B-2005-038-1/1

长株潭城市群蓝皮书
长株潭城市群发展报告（2017）
著(编)者：张萍 朱有志　2018年6月出版 / 估价：99.00元
PSN B-2008-109-1/1

特色小镇蓝皮书
特色小镇智慧运营报告（2018）：顶层设计与智慧架构标
著(编)者：陈劲　2018年1月出版 / 定价：79.00元
PSN B-2018-692-1/1

中部竞争力蓝皮书
中国中部经济社会竞争力报告（2018）
著(编)者：教育部人文社会科学重点研究基地南昌大学中国中部经济社会发展研究中心
2018年12月出版 / 估价：99.00元
PSN B-2012-276-1/1

中部蓝皮书
中国中部地区发展报告（2018）
著(编)者：宋亚平　2018年12月出版 / 估价：99.00元
PSN B-2007-089-1/1

区域蓝皮书
中国区域经济发展报告（2017～2018）
著(编)者：赵弘　2018年5月出版 / 估价：99.00元
PSN B-2004-034-1/1

中三角蓝皮书
长江中游城市群发展报告（2018）
著(编)者：秦尊文　2018年9月出版 / 估价：99.00元
PSN B-2014-417-1/1

中原蓝皮书
中原经济区发展报告（2018）
著(编)者：李英杰　2018年6月出版 / 估价：99.00元
PSN B-2011-192-1/1

珠三角流通蓝皮书
珠三角商圈发展研究报告（2018）
著(编)者：王先庆 林至颖　2018年7月出版 / 估价：99.00元
PSN B-2012-292-1/1

社会政法类

北京蓝皮书
中国社区发展报告（2017～2018）
著(编)者：于燕燕　2018年9月出版 / 估价：99.00元
PSN B-2007-083-5/8

殡葬绿皮书
中国殡葬事业发展报告（2017～2018）
著(编)者：李伯森　2018年6月出版 / 估价：158.00元
PSN G-2010-180-1/1

城市管理蓝皮书
中国城市管理报告（2017-2018）
著(编)者：刘林 刘承水　2018年5月出版 / 估价：158.00元
PSN B-2013-336-1/1

城市生活质量蓝皮书
中国城市生活质量报告（2017）
著(编)者：张连城 张平 杨春学 郎丽华
2017年12月出版 / 定价：89.00元
PSN B-2013-326-1/1

城市政府能力蓝皮书
中国城市政府公共服务能力评估报告（2018）
著(编)者：何艳玲　2018年5月出版 / 估价：99.00元
PSN B-2013-338-1/1

创业蓝皮书
中国创业发展研究报告（2017～2018）
著(编)者：黄群慧 赵卫星 钟宏武
2018年11月出版 / 估价：99.00元
PSN B-2016-577-1/1

慈善蓝皮书
中国慈善发展报告（2018）
著(编)者：杨团　2018年6月出版 / 估价：99.00元
PSN B-2009-142-1/1

党建蓝皮书
党的建设研究报告No.2（2018）
著(编)者：崔建民 陈东平　2018年6月出版 / 估价：99.00元
PSN B-2016-523-1/1

地方法治蓝皮书
中国地方法治发展报告No.3（2018）
著(编)者：李林 田禾　2018年6月出版 / 估价：118.00元
PSN B-2015-442-1/1

电子政务蓝皮书
中国电子政务发展报告（2018）
著(编)者：李季　2018年8月出版 / 估价：99.00元
PSN B-2003-022-1/1

儿童蓝皮书
中国儿童参与状况报告（2017）
著(编)者：苑立新　2017年12月出版 / 定价：89.00元
PSN B-2017-682-1/1

法治蓝皮书
中国法治发展报告No.16（2018）
著(编)者：李林 田禾　2018年3月出版 / 定价：128.00元
PSN B-2004-027-1/3

法治蓝皮书
中国法院信息化发展报告 No.2（2018）
著(编)者：李林 田禾　2018年2月出版 / 定价：118.00元
PSN B-2017-604-3/3

法治政府蓝皮书
中国法治政府发展报告（2017）
著(编)者：中国政法大学法治政府研究院
2018年3月出版 / 定价：158.00元
PSN B-2015-502-1/2

法治政府蓝皮书
中国法治政府评估报告（2018）
著(编)者：中国政法大学法治政府研究院
2018年9月出版 / 估价：168.00元
PSN B-2016-576-2/2

反腐倡廉蓝皮书
中国反腐倡廉建设报告 No.8
著(编)者：张英伟　2018年12月出版 / 估价：99.00元
PSN B-2012-259-1/1

扶贫蓝皮书
中国扶贫开发报告（2018）
著(编)者：李培林 魏后凯　2018年12月出版 / 估价：128.00元
PSN B-2016-599-1/1

妇女发展蓝皮书
中国妇女发展报告 No.6
著(编)者：王金玲　2018年9月出版 / 估价：158.00元
PSN B-2006-069-1/1

妇女教育蓝皮书
中国妇女教育发展报告 No.3
著(编)者：张李玺　2018年10月出版 / 估价：99.00元
PSN B-2008-121-1/1

妇女绿皮书
2018年：中国性别平等与妇女发展报告
著(编)者：谭琳　2018年12月出版 / 估价：99.00元
PSN G-2006-073-1/1

公共安全蓝皮书
中国城市公共安全发展报告（2017～2018）
著(编)者：黄育华 杨文明 赵建辉
2018年6月出版 / 估价：99.00元
PSN B-2017-628-1/1

公共服务蓝皮书
中国城市基本公共服务力评价（2018）
著(编)者：钟君 刘志昌 吴正杲
2018年12月出版 / 估价：99.00元
PSN B-2011-214-1/1

公民科学素质蓝皮书
中国公民科学素质报告（2017～2018）
著(编)者：李群 陈雄 马宗文
2017年12月出版 / 定价：89.00元
PSN B-2014-379-1/1

公益蓝皮书
中国公益慈善发展报告（2016）
著(编)者：朱健刚 胡小军　2018年6月出版 / 估价：99.00元
PSN B-2012-283-1/1

国际人才蓝皮书
中国国际移民报告（2018）
著(编)者：王辉耀　2018年6月出版 / 估价：99.00元
PSN B-2012-304-3/4

国际人才蓝皮书
中国留学发展报告（2018）No.7
著(编)者：王辉耀 苗绿　2018年12月出版 / 估价：99.00元
PSN B-2012-244-2/4

海洋社会蓝皮书
中国海洋社会发展报告（2017）
著(编)者：崔凤 宋宁而　2018年3月出版 / 定价：99.00元
PSN B-2015-478-1/1

行政改革蓝皮书
中国行政体制改革报告No.7（2018）
著(编)者：魏礼群　2018年6月出版 / 估价：99.00元
PSN B-2011-231-1/1

华侨华人蓝皮书
华侨华人研究报告（2017）
著(编)者：张禹东 庄国土　2017年12月出版 / 定价：148.00元
PSN B-2011-204-1/1

互联网与国家治理蓝皮书
互联网与国家治理发展报告（2017）
著(编)者：张志安　2018年1月出版 / 定价：98.00元
PSN B-2017-671-1/1

环境管理蓝皮书
中国环境管理发展报告（2017）
著(编)者：李金惠　2017年12月出版 / 定价：98.00元
PSN B-2017-678-1/1

环境竞争力绿皮书
中国省域环境竞争力发展报告（2018）
著(编)者：李建平 李闽榕 王金南
2018年11月出版 / 估价：198.00元
PSN G-2010-165-1/1

环境绿皮书
中国环境发展报告（2017~2018）
著(编)者：李波　2018年6月出版 / 估价：99.00元
PSN G-2006-048-1/1

家庭蓝皮书
中国“创建幸福家庭活动”评估报告（2018）
著(编)者：国务院发展研究中心“创建幸福家庭活动评估”课题组
2018年12月出版 / 估价：99.00元
PSN B-2015-508-1/1

健康城市蓝皮书
中国健康城市建设研究报告（2018）
著(编)者：王鸿春 盛继洪　2018年12月出版 / 估价：99.00元
PSN B-2016-564-2/2

健康中国蓝皮书
社区首诊与健康中国分析报告（2018）
著(编)者：高和荣 杨叔禹 姜杰
2018年6月出版 / 估价：99.00元
PSN B-2017-611-1/1

教师蓝皮书
中国中小学教师发展报告（2017）
著(编)者：曾晓东 鱼霞
2018年6月出版 / 估价：99.00元
PSN B-2012-289-1/1

教育扶贫蓝皮书
中国教育扶贫报告（2018）
著(编)者：司树杰 王文静 李兴洲
2018年12月出版 / 估价：99.00元
PSN B-2016-590-1/1

教育蓝皮书
中国教育发展报告（2018）
著(编)者：杨东平　2018年3月出版 / 定价：89.00元
PSN B-2006-047-1/1

金融法治建设蓝皮书
中国金融法治建设年度报告（2015~2016）
著(编)者：朱小黄　2018年6月出版 / 估价：99.00元
PSN B-2017-633-1/1

京津冀教育蓝皮书
京津冀教育发展研究报告（2017~2018）
著(编)者：方中雄　2018年6月出版 / 估价：99.00元
PSN B-2017-608-1/1

就业蓝皮书
2018年中国本科生就业报告
著(编)者：麦可思研究院　2018年6月出版 / 估价：99.00元
PSN B-2009-146-1/2

就业蓝皮书
2018年中国高职高专生就业报告
著(编)者：麦可思研究院　2018年6月出版 / 估价：99.00元
PSN B-2015-472-2/2

科学教育蓝皮书
中国科学教育发展报告（2018）
著(编)者：王康友　2018年10月出版 / 估价：99.00元
PSN B-2015-487-1/1

劳动保障蓝皮书
中国劳动保障发展报告（2018）
著(编)者：刘燕斌　2018年9月出版 / 估价：158.00元
PSN B-2014-415-1/1

老龄蓝皮书
中国老年宜居环境发展报告（2017）
著(编)者：党俊武 周燕珉　2018年6月出版 / 估价：99.00元
PSN B-2013-320-1/1

连片特困区蓝皮书
中国连片特困区发展报告（2017~2018）
著(编)者：游俊 冷志明 丁建军
2018年6月出版 / 估价：99.00元
PSN B-2013-321-1/1

流动儿童蓝皮书
中国流动儿童教育发展报告（2017）
著(编)者：杨东平　2018年6月出版 / 估价：99.00元
PSN B-2017-600-1/1

民调蓝皮书
中国民生调查报告（2018）
著(编)者：谢耘耕　2018年12月出版 / 估价：99.00元
PSN B-2014-398-1/1

民族发展蓝皮书
中国民族发展报告（2018）
著(编)者：王延中　2018年10月出版 / 估价：188.00元
PSN B-2006-070-1/1

女性生活蓝皮书
中国女性生活状况报告No.12（2018）
著(编)者：高博燕　2018年7月出版 / 估价：99.00元
PSN B-2006-071-1/1

汽车社会蓝皮书
中国汽车社会发展报告（2017～2018）
著(编)者：王俊秀　2018年6月出版 / 估价：99.00元
PSN B-2011-224-1/1

青年蓝皮书
中国青年发展报告（2018）No.3
著(编)者：廉思　2018年6月出版 / 估价：99.00元
PSN B-2013-333-1/1

青少年蓝皮书
中国未成年人互联网运用报告（2017～2018）
著(编)者：季为民 李文革 沈杰
2018年11月出版 / 估价：99.00元
PSN B-2010-156-1/1

人权蓝皮书
中国人权事业发展报告No.8（2018）
著(编)者：李君如　2018年9月出版 / 估价：99.00元
PSN B-2011-215-1/1

社会保障绿皮书
中国社会保障发展报告No.9（2018）
著(编)者：王延中　2018年6月出版 / 估价：99.00元
PSN G-2001-014-1/1

社会风险评估蓝皮书
风险评估与危机预警报告（2017～2018）
著(编)者：唐钧　2018年8月出版 / 估价：99.00元
PSN B-2012-293-1/1

社会工作蓝皮书
中国社会工作发展报告（2016~2017）
著(编)者：民政部社会工作研究中心
2018年8月出版 / 估价：99.00元
PSN B-2009-141-1/1

社会管理蓝皮书
中国社会管理创新报告No.6
著(编)者：连玉明　2018年11月出版 / 估价：99.00元
PSN B-2012-300-1/1

社会蓝皮书
2018年中国社会形势分析与预测
著(编)者：李培林 陈光金 张翼
2017年12月出版 / 定价：89.00元
PSN B-1998-002-1/1

社会体制蓝皮书
中国社会体制改革报告No.6（2018）
著(编)者：龚维斌　2018年3月出版 / 定价：98.00元
PSN B-2013-330-1/1

社会心态蓝皮书
中国社会心态研究报告（2018）
著(编)者：王俊秀　2018年12月出版 / 估价：99.00元
PSN B-2011-199-1/1

社会组织蓝皮书
中国社会组织报告（2017-2018）
著(编)者：黄晓勇　2018年6月出版 / 估价：99.00元
PSN B-2008-118-1/2

社会组织蓝皮书
中国社会组织评估发展报告（2018）
著(编)者：徐家良　2018年12月出版 / 估价：99.00元
PSN B-2013-366-2/2

生态城市绿皮书
中国生态城市建设发展报告（2018）
著(编)者：刘举科 孙伟平 胡文臻
2018年9月出版 / 估价：158.00元
PSN G-2012-269-1/1

生态文明绿皮书
中国省域生态文明建设评价报告（ECI 2018）
著(编)者：严耕　2018年12月出版 / 估价：99.00元
PSN G-2010-170-1/1

退休生活蓝皮书
中国城市居民退休生活质量指数报告（2017）
著(编)者：杨一帆　2018年6月出版 / 估价：99.00元
PSN B-2017-618-1/1

危机管理蓝皮书
中国危机管理报告（2018）
著(编)者：文学国 范正青
2018年8月出版 / 估价：99.00元
PSN B-2010-171-1/1

学会蓝皮书
2018年中国学会发展报告
著(编)者：麦可思研究院　2018年12月出版 / 估价：99.00元
PSN B-2016-597-1/1

医改蓝皮书
中国医药卫生体制改革报告（2017～2018）
著(编)者：文学国 房志武
2018年11月出版 / 估价：99.00元
PSN B-2014-432-1/1

应急管理蓝皮书
中国应急管理报告（2018）
著(编)者：宋英华　2018年9月出版 / 估价：99.00元
PSN B-2016-562-1/1

政府绩效评估蓝皮书
中国地方政府绩效评估报告 No.2
著(编)者：贠杰　2018年12月出版 / 估价：99.00元
PSN B-2017-672-1/1

政治参与蓝皮书
中国政治参与报告（2018）
著(编)者：房宁　2018年8月出版 / 估价：128.00元
PSN B-2011-200-1/1

政治文化蓝皮书
中国政治文化报告（2018）
著(编)者：邢元敏 魏大鹏 龚克
2018年8月出版 / 估价：128.00元
PSN B-2017-615-1/1

中国传统村落蓝皮书
中国传统村落保护现状报告（2018）
著(编)者：胡彬彬 李向军 王晓波
2018年12月出版 / 估价：99.00元
PSN B-2017-663-1/1

中国农村妇女发展蓝皮书
农村流动女性城市生活发展报告（2018）
著(编)者：谢丽华　　2018年12月出版 / 估价：99.00元
PSN B-2014-434-1/1

宗教蓝皮书
中国宗教报告（2017）
著(编)者：邱永辉　　2018年8月出版 / 估价：99.00元
PSN B-2008-117-1/1

产业经济类

保健蓝皮书
中国保健服务产业发展报告 No.2
著(编)者：中国保健协会　　中共中央党校
2018年7月出版 / 估价：198.00元
PSN B-2012-272-3/3

保健蓝皮书
中国保健食品产业发展报告 No.2
著(编)者：中国保健协会
中国社会科学院食品药品产业发展与监管研究中心
2018年8月出版 / 估价：198.00元
PSN B-2012-271-2/3

保健蓝皮书
中国保健用品产业发展报告 No.2
著(编)者：中国保健协会
国务院国有资产监督管理委员会研究中心
2018年6月出版 / 估价：198.00元
PSN B-2012-270-1/3

保险蓝皮书
中国保险业竞争力报告（2018）
著(编)者：保监会　　2018年12月出版 / 估价：99.00元
PSN B-2013-311-1/1

冰雪蓝皮书
中国冰上运动产业发展报告（2018）
著(编)者：孙承华 杨占武 刘戈 张鸿俊
2018年9月出版 / 估价：99.00元
PSN B-2017-648-3/3

冰雪蓝皮书
中国滑雪产业发展报告（2018）
著(编)者：孙承华 伍斌 魏庆华 张鸿俊
2018年9月出版 / 估价：99.00元
PSN B-2016-559-1/3

餐饮产业蓝皮书
中国餐饮产业发展报告（2018）
著(编)者：邢颖
2018年6月出版 / 估价：99.00元
PSN B-2009-151-1/1

茶业蓝皮书
中国茶产业发展报告（2018）
著(编)者：杨江帆 李闽榕
2018年10月出版 / 估价：99.00元
PSN B-2010-164-1/1

产业安全蓝皮书
中国文化产业安全报告（2018）
著(编)者：北京印刷学院文化产业安全研究院
2018年12月出版 / 估价：99.00元
PSN B-2014-378-12/14

产业安全蓝皮书
中国新媒体产业安全报告（2016～2017）
著(编)者：肖丽　　2018年6月出版 / 估价：99.00元
PSN B-2015-500-14/14

产业安全蓝皮书
中国出版传媒产业安全报告（2017～2018）
著(编)者：北京印刷学院文化产业安全研究院
2018年6月出版 / 估价：99.00元
PSN B-2014-384-13/14

产业蓝皮书
中国产业竞争力报告（2018）No.8
著(编)者：张其仔　　2018年12月出版 / 估价：168.00元
PSN B-2010-175-1/1

动力电池蓝皮书
中国新能源汽车动力电池产业发展报告（2018）
著(编)者：中国汽车技术研究中心
2018年8月出版 / 估价：99.00元
PSN B-2017-639-1/1

杜仲产业绿皮书
中国杜仲橡胶资源与产业发展报告（2017～2018）
著(编)者：杜红岩 胡文臻 俞锐
2018年6月出版 / 估价：99.00元
PSN G-2013-350-1/1

房地产蓝皮书
中国房地产发展报告No.15（2018）
著(编)者：李春华 王业强
2018年5月出版 / 估价：99.00元
PSN B-2004-028-1/1

服务外包蓝皮书
中国服务外包产业发展报告（2017～2018）
著(编)者：王晓红 刘德军
2018年6月出版 / 估价：99.00元
PSN B-2013-331-2/2

服务外包蓝皮书
中国服务外包竞争力报告（2017～2018）
著(编)者：刘春生 王力 黄育华
2018年12月出版 / 估价：99.00元
PSN B-2011-216-1/2

工业和信息化蓝皮书
世界信息技术产业发展报告（2017～2018）
著(编)者：尹丽波　2018年6月出版 / 估价：99.00元
PSN B-2015-449-2/6

工业和信息化蓝皮书
战略性新兴产业发展报告（2017～2018）
著(编)者：尹丽波　2018年6月出版 / 估价：99.00元
PSN B-2015-450-3/6

海洋经济蓝皮书
中国海洋经济发展报告（2015～2018）
著(编)者：殷克东 高金田 方胜民
2018年3月出版 / 定价：128.00元
PSN B-2018-697-1/1

康养蓝皮书
中国康养产业发展报告（2017）
著(编)者：何莽　2017年12月出版 / 定价：88.00元
PSN B-2017-685-1/1

客车蓝皮书
中国客车产业发展报告（2017～2018）
著(编)者：姚蔚　2018年10月出版 / 估价：99.00元
PSN B-2013-361-1/1

流通蓝皮书
中国商业发展报告（2018～2019）
著(编)者：王雪峰 林诗慧
2018年7月出版 / 估价：99.00元
PSN B-2009-152-1/2

能源蓝皮书
中国能源发展报告（2018）
著(编)者：崔民选 王军生 陈义和
2018年12月出版 / 估价：99.00元
PSN B-2006-049-1/1

农产品流通蓝皮书
中国农产品流通产业发展报告（2017）
著(编)者：贾敬敦 张东科 张玉玺 张鹏毅 周伟
2018年6月出版 / 估价：99.00元
PSN B-2012-288-1/1

汽车工业蓝皮书
中国汽车工业发展年度报告（2018）
著(编)者：中国汽车工业协会
中国汽车技术研究中心
丰田汽车公司
2018年5月出版 / 估价：168.00元
PSN B-2015-463-1/2

汽车工业蓝皮书
中国汽车零部件产业发展报告（2017～2018）
著(编)者：中国汽车工业协会
中国汽车工程研究院深圳市沃特玛电池有限公司
2018年9月出版 / 估价：99.00元
PSN B-2016-515-2/2

汽车蓝皮书
中国汽车产业发展报告（2018）
著(编)者：中国汽车工程学会
大众汽车集团（中国）
2018年11月出版 / 估价：99.00元
PSN B-2008-124-1/1

世界茶业蓝皮书
世界茶业发展报告（2018）
著(编)者：李闽榕 冯廷佺
2018年5月出版 / 估价：168.00元
PSN B-2017-619-1/1

世界能源蓝皮书
世界能源发展报告（2018）
著(编)者：黄晓勇　2018年6月出版 / 估价：168.00元
PSN B-2013-349-1/1

石油蓝皮书
中国石油产业发展报告（2018）
著(编)者：中国石油化工集团公司经济技术研究院
中国国际石油化工联合有限责任公司
中国社会科学院数量经济与技术经济研究所
2018年2月出版 / 定价：98.00元
PSN B-2018-690-1/1

体育蓝皮书
国家体育产业基地发展报告（2016～2017）
著(编)者：李颖川　2018年6月出版 / 估价：168.00元
PSN B-2017-609-5/5

体育蓝皮书
中国体育产业发展报告（2018）
著(编)者：阮伟 钟秉枢
2018年12月出版 / 估价：99.00元
PSN B-2010-179-1/5

文化金融蓝皮书
中国文化金融发展报告（2018）
著(编)者：杨涛 金巍
2018年6月出版 / 估价：99.00元
PSN B-2017-610-1/1

新能源汽车蓝皮书
中国新能源汽车产业发展报告（2018）
著(编)者：中国汽车技术研究中心
日产（中国）投资有限公司
东风汽车有限公司
2018年8月出版 / 估价：99.00元
PSN B-2013-347-1/1

薏仁米产业蓝皮书
中国薏仁米产业发展报告No.2（2018）
著(编)者：李发耀 石明　秦礼康
2018年8月出版 / 估价：99.00元
PSN B-2017-645-1/1

邮轮绿皮书
中国邮轮产业发展报告（2018）
著(编)者：汪泓　2018年10月出版 / 估价：99.00元
PSN G-2014-419-1/1

智能养老蓝皮书
中国智能养老产业发展报告（2018）
著(编)者：朱勇　2018年10月出版 / 估价：99.00元
PSN B-2015-488-1/1

中国节能汽车蓝皮书
中国节能汽车发展报告（2017～2018）
著(编)者：中国汽车工程研究院股份有限公司
2018年9月出版 / 估价：99.00元
PSN B-2016-565-1/1

中国陶瓷产业蓝皮书
中国陶瓷产业发展报告（2018）
著(编)者：左和平 黄速建
2018年10月出版 / 估价：99.00元
PSN B-2016-573-1/1

装备制造业蓝皮书
中国装备制造业发展报告（2018）
著(编)者：徐东华
2018年12月出版 / 估价：118.00元
PSN B-2015-505-1/1

行业及其他类

“三农”互联网金融蓝皮书
中国“三农”互联网金融发展报告（2018）
著(编)者：李勇坚 王弢
2018年8月出版 / 估价：99.00元
PSN B-2016-560-1/1

SUV蓝皮书
中国SUV市场发展报告（2017～2018）
著(编)者：靳军 2018年9月出版 / 估价：99.00元
PSN B-2016-571-1/1

冰雪蓝皮书
中国冬季奥运会发展报告（2018）
著(编)者：孙承华 伍斌 魏庆华 张鸿俊
2018年9月出版 / 估价：99.00元
PSN B-2017-647-2/3

彩票蓝皮书
中国彩票发展报告（2018）
著(编)者：益彩基金 2018年6月出版 / 估价：99.00元
PSN B-2015-462-1/1

测绘地理信息蓝皮书
测绘地理信息供给侧结构性改革研究报告（2018）
著(编)者：库热西·买合苏提
2018年12月出版 / 估价：168.00元
PSN B-2009-145-1/1

产权市场蓝皮书
中国产权市场发展报告（2017）
著(编)者：曹和平
2018年5月出版 / 估价：99.00元
PSN B-2009-147-1/1

城投蓝皮书
中国城投行业发展报告（2018）
著(编)者：华景斌
2018年11月出版 / 估价：300.00元
PSN B-2016-514-1/1

城市轨道交通蓝皮书
中国城市轨道交通运营发展报告（2017～2018）
著(编)者：崔学忠 贾文峥
2018年3月出版 / 定价：89.00元
PSN B-2018-694-1/1

大数据蓝皮书
中国大数据发展报告（No.2）
著(编)者：连玉明 2018年5月出版 / 估价：99.00元
PSN B-2017-620-1/1

大数据应用蓝皮书
中国大数据应用发展报告No.2（2018）
著(编)者：陈军君 2018年8月出版 / 估价：99.00元
PSN B-2017-644-1/1

对外投资与风险蓝皮书
中国对外直接投资与国家风险报告（2018）
著(编)者：中债资信评估有限责任公司
中国社会科学院世界经济与政治研究所
2018年6月出版 / 估价：189.00元
PSN B-2017-606-1/1

工业和信息化蓝皮书
人工智能发展报告（2017～2018）
著(编)者：尹丽波 2018年6月出版 / 估价：99.00元
PSN B-2015-448-1/6

工业和信息化蓝皮书
世界智慧城市发展报告（2017～2018）
著(编)者：尹丽波 2018年6月出版 / 估价：99.00元
PSN B-2017-624-6/6

工业和信息化蓝皮书
世界网络安全发展报告（2017～2018）
著(编)者：尹丽波 2018年6月出版 / 估价：99.00元
PSN B-2015-452-5/6

工业和信息化蓝皮书
世界信息化发展报告（2017～2018）
著(编)者：尹丽波 2018年6月出版 / 估价：99.00元
PSN B-2015-451-4/6

工业设计蓝皮书
中国工业设计发展报告（2018）
著(编)者：王晓红 于炜 张立群 2018年9月出版 / 估价：168.00
PSN B-2014-420-1/1

公共关系蓝皮书
中国公共关系发展报告（2017）
著(编)者：柳斌杰 2018年1月出版 / 定价：89.00元
PSN B-2016-579-1/1

公共关系蓝皮书
中国公共关系发展报告（2018）
著(编)者：柳斌杰 2018年11月出版 / 估价：99.00元
PSN B-2016-579-1/1

管理蓝皮书
中国管理发展报告（2018）
著(编)者：张晓东 2018年10月出版 / 估价：99.00元
PSN B-2014-416-1/1

轨道交通蓝皮书
中国轨道交通行业发展报告（2017）
著(编)者：仲建华 李闽榕
2017年12月出版 / 定价：98.00元
PSN B-2017-674-1/1

海关发展蓝皮书
中国海关发展前沿报告（2018）
著(编)者：干春晖 2018年6月出版 / 估价：99.00元
PSN B-2017-616-1/1

互联网医疗蓝皮书
中国互联网健康医疗发展报告（2018）
著(编)者：芮晓武 2018年6月出版 / 估价：99.00元
PSN B-2016-567-1/1

黄金市场蓝皮书
中国商业银行黄金业务发展报告（2017～2018）
著(编)者：平安银行 2018年6月出版 / 估价：99.00元
PSN B-2016-524-1/1

会展蓝皮书
中外会展业动态评估研究报告（2018）
著(编)者：张敏 任中峰 聂鑫焱 牛盼强
2018年12月出版 / 估价：99.00元
PSN B-2013-327-1/1

基金会蓝皮书
中国基金会发展报告（2017~2018）
著(编)者：中国基金会发展报告课题组
2018年6月出版 / 估价：99.00元
PSN B-2013-368-1/1

基金会绿皮书
中国基金会发展独立研究报告（2018）
著(编)者：基金会中心网 中央民族大学基金会研究中心
2018年6月出版 / 估价：99.00元
PSN G-2011-213-1/1

基金会透明度蓝皮书
中国基金会透明度发展研究报告（2018）
著(编)者：基金会中心网
清华大学廉政与治理研究中心
2018年9月出版 / 估价：99.00元
PSN B-2013-339-1/1

建筑装饰蓝皮书
中国建筑装饰行业发展报告（2018）
著(编)者：葛道顺 刘晓一
2018年10月出版 / 估价：198.00元
PSN B-2016-553-1/1

金融监管蓝皮书
中国金融监管报告（2018）
著(编)者：胡滨 2018年3月出版 / 定价：98.00元
PSN B-2012-281-1/1

金融蓝皮书
中国互联网金融行业分析与评估（2018～2019）
著(编)者：黄国平 伍旭川 2018年12月出版 / 估价：99.00元
PSN B-2016-585-7/7

金融科技蓝皮书
中国金融科技发展报告（2018）
著(编)者：李扬 孙国峰 2018年10月出版 / 估价：99.00元
PSN B-2014-374-1/1

金融信息服务蓝皮书
中国金融信息服务发展报告（2018）
著(编)者：李平 2018年5月出版 / 估价：99.00元
PSN B-2017-621-1/1

金蜜蜂企业社会责任蓝皮书
金蜜蜂中国企业社会责任报告研究（2017）
著(编)者：殷格非 于志宏 管竹笋
2018年1月出版 / 定价：99.00元
PSN B-2018-693-1/1

京津冀金融蓝皮书
京津冀金融发展报告（2018）
著(编)者：王爱俭 王璟怡 2018年10月出版 / 估价：99.00元
PSN B-2016-527-1/1

科普蓝皮书
国家科普能力发展报告（2018）
著(编)者：王康友 2018年5月出版 / 估价：138.00元
PSN B-2017-632-4/4

科普蓝皮书
中国基层科普发展报告（2017～2018）
著(编)者：赵立新 陈玲 2018年9月出版 / 估价：99.00元
PSN B-2016-568-3/4

科普蓝皮书
中国科普基础设施发展报告（2017～2018）
著(编)者：任福君 2018年6月出版 / 估价：99.00元
PSN B-2010-174-1/3

科普蓝皮书
中国科普人才发展报告（2017～2018）
著(编)者：郑念 任嵘嵘 2018年7月出版 / 估价：99.00元
PSN B-2016-512-2/4

科普能力蓝皮书
中国科普能力评价报告（2018～2019）
著(编)者：李富强 李群 2018年8月出版 / 估价：99.00元
PSN B-2016-555-1/1

临空经济蓝皮书
中国临空经济发展报告（2018）
著(编)者：连玉明 2018年9月出版 / 估价：99.00元
PSN B-2014-421-1/1

旅游安全蓝皮书
中国旅游安全报告（2018）
著(编)者：郑向敏 谢朝武　2018年5月出版 / 估价：158.00元
PSN B-2012-280-1/1

旅游绿皮书
2017～2018年中国旅游发展分析与预测
著(编)者：宋瑞　2018年1月出版 / 定价：99.00元
PSN G-2002-018-1/1

煤炭蓝皮书
中国煤炭工业发展报告（2018）
著(编)者：岳福斌　2018年12月出版 / 估价：99.00元
PSN B-2008-123-1/1

民营企业社会责任蓝皮书
中国民营企业社会责任报告（2018）
著(编)者：中华全国工商业联合会
2018年12月出版 / 估价：99.00元
PSN B-2015-510-1/1

民营医院蓝皮书
中国民营医院发展报告（2017）
著(编)者：薛晓林　2017年12月出版 / 定价：89.00元
PSN B-2012-299-1/1

闽商蓝皮书
闽商发展报告（2018）
著(编)者：李闽榕 王日根 林琛
2018年12月出版 / 估价：99.00元
PSN B-2012-298-1/1

农业应对气候变化蓝皮书
中国农业气象灾害及其灾损评估报告（No.3）
著(编)者：矫梅燕　2018年6月出版 / 估价：118.00元
PSN B-2014-413-1/1

品牌蓝皮书
中国品牌战略发展报告（2018）
著(编)者：汪同三　2018年10月出版 / 估价：99.00元
PSN B-2016-580-1/1

企业扶贫蓝皮书
中国企业扶贫研究报告（2018）
著(编)者：钟宏武　2018年12月出版 / 估价：99.00元
PSN B-2016-593-1/1

企业公益蓝皮书
中国企业公益研究报告（2018）
著(编)者：钟宏武 汪杰 黄晓娟
2018年12月出版 / 估价：99.00元
PSN B-2015-501-1/1

企业国际化蓝皮书
中国企业全球化报告（2018）
著(编)者：王辉耀 苗绿　2018年11月出版 / 估价：99.00元
PSN B-2014-427-1/1

企业蓝皮书
中国企业绿色发展报告No.2（2018）
著(编)者：李红玉 朱光辉
2018年8月出版 / 估价：99.00元
PSN B-2015-481-2/2

企业社会责任蓝皮书
中资企业海外社会责任研究报告（2017～2018）
著(编)者：钟宏武 叶柳红 张蒽
2018年6月出版 / 估价：99.00元
PSN B-2017-603-2/2

企业社会责任蓝皮书
中国企业社会责任研究报告（2018）
著(编)者：黄群慧 钟宏武 张蒽 汪杰
2018年11月出版 / 估价：99.00元
PSN B-2009-149-1/2

汽车安全蓝皮书
中国汽车安全发展报告（2018）
著(编)者：中国汽车技术研究中心
2018年8月出版 / 估价：99.00元
PSN B-2014-385-1/1

汽车电子商务蓝皮书
中国汽车电子商务发展报告（2018）
著(编)者：中华全国工商业联合会汽车经销商商会
北方工业大学
北京易观智库网络科技有限公司
2018年10月出版 / 估价：158.00元
PSN B-2015-485-1/1

汽车知识产权蓝皮书
中国汽车产业知识产权发展报告（2018）
著(编)者：中国汽车工程研究院股份有限公司
中国汽车工程学会
重庆长安汽车股份有限公司
2018年12月出版 / 估价：99.00元
PSN B-2016-594-1/1

青少年体育蓝皮书
中国青少年体育发展报告（2017）
著(编)者：刘扶民 杨桦　2018年6月出版 / 估价：99.00元
PSN B-2015-482-1/1

区块链蓝皮书
中国区块链发展报告（2018）
著(编)者：李伟　2018年9月出版 / 估价：99.00元
PSN B-2017-649-1/1

群众体育蓝皮书
中国群众体育发展报告（2017）
著(编)者：刘国永 戴健　2018年5月出版 / 估价：99.00元
PSN B-2014-411-1/3

群众体育蓝皮书
中国社会体育指导员发展报告（2018）
著(编)者：刘国永 王欢　2018年6月出版 / 估价：99.00元
PSN B-2016-520-3/3

人力资源蓝皮书
中国人力资源发展报告（2018）
著(编)者：余兴安　2018年11月出版 / 估价：99.00元
PSN B-2012-287-1/1

融资租赁蓝皮书
中国融资租赁业发展报告（2017～2018）
著(编)者：李光荣 王力　2018年8月出版 / 估价：99.00元
PSN B-2015-443-1/1

商会蓝皮书
中国商会发展报告No.5（2017）
著(编)者：王钦敏　2018年7月出版 / 估价：99.00元
PSN B-2008-125-1/1

商务中心区蓝皮书
中国商务中心区发展报告No.4（2017～2018）
著(编)者：李国红 单菁菁　2018年9月出版 / 估价：99.00元
PSN B-2015-444-1/1

设计产业蓝皮书
中国创新设计发展报告（2018）
著(编)者：王晓红 张立群 于炜
2018年11月出版 / 估价：99.00元
PSN B-2016-581-2/2

社会责任管理蓝皮书
中国上市公司社会责任能力成熟度报告No.4（2018）
著(编)者：肖红军 王晓光 李伟阳
2018年12月出版 / 估价：99.00元
PSN B-2015-507-2/2

社会责任管理蓝皮书
中国企业公众透明度报告No.4（2017～2018）
著(编)者：黄速建 熊梦 王晓光 肖红军
2018年6月出版 / 估价：99.00元
PSN B-2015-440-1/2

食品药品蓝皮书
食品药品安全与监管政策研究报告（2016～2017）
著(编)者：唐民皓　2018年6月出版 / 估价：99.00元
PSN B-2009-129-1/1

输血服务蓝皮书
中国输血行业发展报告（2018）
著(编)者：孙俊　2018年12月出版 / 估价：99.00元
PSN B-2016-582-1/1

水利风景区蓝皮书
中国水利风景区发展报告（2018）
著(编)者：董建文 兰思仁
2018年10月出版 / 估价：99.00元
PSN B-2015-480-1/1

数字经济蓝皮书
全球数字经济竞争力发展报告（2017）
著(编)者：王振　2017年12月出版 / 定价：79.00元
PSN B-2017-673-1/1

私募市场蓝皮书
中国私募股权市场发展报告（2017～2018）
著(编)者：曹和平　2018年12月出版 / 估价：99.00元
PSN B-2010-162-1/1

碳排放权交易蓝皮书
中国碳排放权交易报告（2018）
著(编)者：孙永平　2018年11月出版 / 估价：99.00元
PSN B-2017-652-1/1

碳市场蓝皮书
中国碳市场报告（2018）
著(编)者：定金彪　2018年11月出版 / 估价：99.00元
PSN B-2014-430-1/1

体育蓝皮书
中国公共体育服务发展报告（2018）
著(编)者：戴健　2018年12月出版 / 估价：99.00元
PSN B-2013-367-2/5

土地市场蓝皮书
中国农村土地市场发展报告（2017～2018）
著(编)者：李光荣　2018年6月出版 / 估价：99.00元
PSN B-2016-526-1/1

土地整治蓝皮书
中国土地整治发展研究报告（No.5）
著(编)者：国土资源部土地整治中心
2018年7月出版 / 估价：99.00元
PSN B-2014-401-1/1

土地政策蓝皮书
中国土地政策研究报告（2018）
著(编)者：高延利 张建平 吴次芳
2018年1月出版 / 定价：98.00元
PSN B-2015-506-1/1

网络空间安全蓝皮书
中国网络空间安全发展报告（2018）
著(编)者：惠志斌 覃庆玲
2018年11月出版 / 估价：99.00元
PSN B-2015-466-1/1

文化志愿服务蓝皮书
中国文化志愿服务发展报告（2018）
著(编)者：张永新 良警宇　2018年11月出版 / 估价：128.00元
PSN B-2016-596-1/1

西部金融蓝皮书
中国西部金融发展报告（2017～2018）
著(编)者：李忠民　2018年8月出版 / 估价：99.00元
PSN B-2010-160-1/1

协会商会蓝皮书
中国行业协会商会发展报告（2017）
著(编)者：景朝阳 李勇　2018年6月出版 / 估价：99.00元
PSN B-2015-461-1/1

新三板蓝皮书
中国新三板市场发展报告（2018）
著(编)者：王力　2018年8月出版 / 估价：99.00元
PSN B-2016-533-1/1

信托市场蓝皮书
中国信托业市场报告（2017～2018）
著(编)者：用益金融信托研究院
2018年6月出版 / 估价：198.00元
PSN B-2014-371-1/1

信息化蓝皮书
中国信息化形势分析与预测（2017～2018）
著(编)者：周宏仁　2018年8月出版 / 估价：99.00元
PSN B-2010-168-1/1

信用蓝皮书
中国信用发展报告（2017～2018）
著(编)者：章政 田侃　2018年6月出版 / 估价：99.00元
PSN B-2013-328-1/1

休闲绿皮书
2017～2018年中国休闲发展报告
著(编)者：宋瑞　　2018年7月出版 / 估价：99.00元
PSN G-2010-158-1/1

休闲体育蓝皮书
中国休闲体育发展报告（2017～2018）
著(编)者：李相如 钟秉枢
2018年10月出版 / 估价：99.00元
PSN B-2016-516-1/1

养老金融蓝皮书
中国养老金融发展报告（2018）
著(编)者：董克用 姚余栋
2018年9月出版 / 估价：99.00元
PSN B-2016-583-1/1

遥感监测绿皮书
中国可持续发展遥感监测报告（2017）
著(编)者：顾行发 汪克强 潘教峰 李闽榕 徐东华 王琦安
2018年6月出版 / 估价：298.00元
PSN B-2017-629-1/1

药品流通蓝皮书
中国药品流通行业发展报告（2018）
著(编)者：佘鲁林 温再兴
2018年7月出版 / 估价：198.00元
PSN B-2014-429-1/1

医疗器械蓝皮书
中国医疗器械行业发展报告（2018）
著(编)者：王宝亭 耿鸿武
2018年10月出版 / 估价：99.00元
PSN B-2017-661-1/1

医院蓝皮书
中国医院竞争力报告（2017~2018）
著(编)者：庄一强　　2018年3月出版 / 定价：108.00元
PSN B-2016-528-1/1

瑜伽蓝皮书
中国瑜伽业发展报告（2017~2018）
著(编)者：张永建 徐华锋 朱泰余
2018年6月出版 / 估价：198.00元
PSN B-2017-625-1/1

债券市场蓝皮书
中国债券市场发展报告（2017～2018）
著(编)者：杨农　　2018年10月出版 / 估价：99.00元
PSN B-2016-572-1/1

志愿服务蓝皮书
中国志愿服务发展报告（2018）
著(编)者：中国志愿服务联合会
2018年11月出版 / 估价：99.00元
PSN B-2017-664-1/1

中国上市公司蓝皮书
中国上市公司发展报告（2018）
著(编)者：张鹏 张平 黄胤英
2018年9月出版 / 估价：99.00元
PSN B-2014-414-1/1

中国新三板蓝皮书
中国新三板创新与发展报告（2018）
著(编)者：刘平安 闻召林
2018年8月出版 / 估价：158.00元
PSN B-2017-638-1/1

中国汽车品牌蓝皮书
中国乘用车品牌发展报告（2017）
著(编)者：《中国汽车报》社有限公司
博世（中国）投资有限公司
中国汽车技术研究中心数据资源中心
2018年1月出版 / 定价：89.00元
PSN B-2017-679-1/1

中医文化蓝皮书
北京中医药文化传播发展报告（2018）
著(编)者：毛嘉陵　　2018年6月出版 / 估价：99.00元
PSN B-2015-468-1/2

中医文化蓝皮书
中国中医药文化传播发展报告（2018）
著(编)者：毛嘉陵　　2018年7月出版 / 估价：99.00元
PSN B-2016-584-2/2

中医药蓝皮书
北京中医药知识产权发展报告No.2
著(编)者：汪洪 屠志涛　　2018年6月出版 / 估价：168.00元
PSN B-2017-602-1/1

资本市场蓝皮书
中国场外交易市场发展报告（2016～2017）
著(编)者：高峦　　2018年6月出版 / 估价：99.00元
PSN B-2009-153-1/1

资产管理蓝皮书
中国资产管理行业发展报告（2018）
著(编)者：郑智　　2018年7月出版 / 估价：99.00元
PSN B-2014-407-2/2

资产证券化蓝皮书
中国资产证券化发展报告（2018）
著(编)者：沈炳熙 曹彤 李哲平
2018年4月出版 / 定价：98.00元
PSN B-2017-660-1/1

自贸区蓝皮书
中国自贸区发展报告（2018）
著(编)者：王力 黄育华
2018年6月出版 / 估价：99.00元
PSN B-2016-558-1/1

国际问题与全球治理类

“一带一路”跨境通道蓝皮书
“一带一路”跨境通道建设研究报（2017～2018）
著(编)者：余鑫 张秋生　　2018年1月出版 / 定价：89.00元
PSN B-2016-557-1/1

“一带一路”蓝皮书
“一带一路”建设发展报告（2018）
著(编)者：李永全　　2018年3月出版 / 定价：98.00元
PSN B-2016-552-1/1

“一带一路”投资安全蓝皮书
中国“一带一路”投资与安全研究报告（2018）
著(编)者：邹统钎 梁昊光　　2018年4月出版 / 定价：98.00元
PSN B-2017-612-1/1

“一带一路”文化交流蓝皮书
中阿文化交流发展报告（2017）
著(编)者：王辉　　2017年12月出版 / 定价：89.00元
PSN B-2017-655-1/1

G20国家创新竞争力黄皮书
二十国集团（G20）国家创新竞争力发展报告（2017～2018）
著(编)者：李建平 李闽榕 赵新力 周天勇
2018年7月出版 / 估价：168.00元
PSN Y-2011-229-1/1

阿拉伯黄皮书
阿拉伯发展报告（2016～2017）
著(编)者：罗林　　2018年6月出版 / 估价：99.00元
PSN Y-2014-381-1/1

北部湾蓝皮书
泛北部湾合作发展报告（2017～2018）
著(编)者：吕余生　　2018年12月出版 / 估价：99.00元
PSN B-2008-114-1/1

北极蓝皮书
北极地区发展报告（2017）
著(编)者：刘惠荣　　2018年7月出版 / 估价：99.00元
PSN B-2017-634-1/1

大洋洲蓝皮书
大洋洲发展报告（2017～2018）
著(编)者：喻常森　　2018年10月出版 / 估价：99.00元
PSN B-2013-341-1/1

东北亚区域合作蓝皮书
2017年“一带一路”倡议与东北亚区域合作
著(编)者：刘亚政 金美花
2018年5月出版 / 估价：99.00元
PSN B-2017-631-1/1

东盟黄皮书
东盟发展报告（2017）
著(编)者：杨静林 庄国土　2018年6月出版 / 估价：99.00元
PSN Y-2012-303-1/1

东南亚蓝皮书
东南亚地区发展报告（2017～2018）
著(编)者：王勤　　2018年12月出版 / 估价：99.00元
PSN B-2012-240-1/1

非洲黄皮书
非洲发展报告No.20（2017～2018）
著(编)者：张宏明　　2018年7月出版 / 估价：99.00元
PSN Y-2012-239-1/1

非传统安全蓝皮书
中国非传统安全研究报告（2017～2018）
著(编)者：潇枫 罗中枢　　2018年8月出版 / 估价：99.00元
PSN B-2012-273-1/1

国际安全蓝皮书
中国国际安全研究报告（2018）
著(编)者：刘慧　　2018年7月出版 / 估价：99.00元
PSN B-2016-521-1/1

国际城市蓝皮书
国际城市发展报告（2018）
著(编)者：屠启宇　　2018年2月出版 / 定价：89.00元
PSN B-2012-260-1/1

国际形势黄皮书
全球政治与安全报告（2018）
著(编)者：张宇燕　　2018年1月出版 / 定价：99.00元
PSN Y-2001-016-1/1

公共外交蓝皮书
中国公共外交发展报告（2018）
著(编)者：赵启正 雷蔚真　　2018年6月出版 / 估价：99.00元
PSN B-2015-457-1/1

海丝蓝皮书
21世纪海上丝绸之路研究报告（2017）
著(编)者：华侨大学海上丝绸之路研究院
2017年12月出版 / 定价：89.00元
PSN B-2017-684-1/1

金砖国家黄皮书
金砖国家综合创新竞争力发展报告（2018）
著(编)者：赵新力 李闽榕 黄茂兴
2018年8月出版 / 估价：128.00元
PSN Y-2017-643-1/1

拉美黄皮书
拉丁美洲和加勒比发展报告（2017～2018）
著(编)者：袁东振　　2018年6月出版 / 估价：99.00元
PSN Y-1999-007-1/1

澜湄合作蓝皮书
澜沧江-湄公河合作发展报告（2018）
著(编)者：刘稚　　2018年9月出版 / 估价：99.00元
PSN B-2011-196-1/1

欧洲蓝皮书
欧洲发展报告（2017~2018）
著(编)者：黄平 周弘 程卫东
2018年6月出版 / 估价：99.00元
PSN B-1999-009-1/1

葡语国家蓝皮书
葡语国家发展报告（2016~2017）
著(编)者：王成安 张敏 刘金兰
2018年6月出版 / 估价：99.00元
PSN B-2015-503-1/2

葡语国家蓝皮书
中国与葡语国家关系发展报告·巴西（2016）
著(编)者：张曙光
2018年8月出版 / 估价：99.00元
PSN B-2016-563-2/2

气候变化绿皮书
应对气候变化报告（2018）
著(编)者：王伟光 郑国光
2018年11月出版 / 估价：99.00元
PSN G-2009-144-1/1

全球环境竞争力绿皮书
全球环境竞争力报告（2018）
著(编)者：李建平 李闽榕 王金南
2018年12月出版 / 估价：198.00元
PSN G-2013-363-1/1

全球信息社会蓝皮书
全球信息社会发展报告（2018）
著(编)者：丁波涛 唐涛 2018年10月出版 / 估价：99.00元
PSN B-2017-665-1/1

日本经济蓝皮书
日本经济与中日经贸关系研究报告（2018）
著(编)者：张季风 2018年6月出版 / 估价：99.00元
PSN B-2008-102-1/1

上海合作组织黄皮书
上海合作组织发展报告（2018）
著(编)者：李进峰 2018年6月出版 / 估价：99.00元
PSN Y-2009-130-1/1

世界创新竞争力黄皮书
世界创新竞争力发展报告（2017）
著(编)者：李建平 李闽榕 赵新力
2018年6月出版 / 估价：168.00元
PSN Y-2013-318-1/1

世界经济黄皮书
2018年世界经济形势分析与预测
著(编)者：张宇燕 2018年1月出版 / 定价：99.00元
PSN Y-1999-006-1/1

世界能源互联互通蓝皮书
世界能源清洁发展与互联互通评估报告（2017）：欧洲篇
著(编)者：国网能源研究院
2018年1月出版 / 定价：128.00元
PSN B-2018-695-1/1

丝绸之路蓝皮书
丝绸之路经济带发展报告（2018）
著(编)者：任宗哲 白宽犁 谷孟宾
2018年1月出版 / 定价：89.00元
PSN B-2014-410-1/1

新兴经济体蓝皮书
金砖国家发展报告（2018）
著(编)者：林跃勤 周文
2018年8月出版 / 估价：99.00元
PSN B-2011-195-1/1

亚太蓝皮书
亚太地区发展报告（2018）
著(编)者：李向阳 2018年5月出版 / 估价：99.00元
PSN B-2001-015-1/1

印度洋地区蓝皮书
印度洋地区发展报告（2018）
著(编)者：汪戎 2018年6月出版 / 估价：99.00元
PSN B-2013-334-1/1

印度尼西亚经济蓝皮书
印度尼西亚经济发展报告（2017）：增长与机会
著(编)者：左志刚 2017年11月出版 / 定价：89.00元
PSN B-2017-675-1/1

渝新欧蓝皮书
渝新欧沿线国家发展报告（2018）
著(编)者：杨柏 黄森
2018年6月出版 / 估价：99.00元
PSN B-2017-626-1/1

中阿蓝皮书
中国-阿拉伯国家经贸发展报告（2018）
著(编)者：张廉 段庆林 王林聪 杨巧红
2018年12月出版 / 估价：99.00元
PSN B-2016-598-1/1

中东黄皮书
中东发展报告No.20（2017~2018）
著(编)者：杨光 2018年10月出版 / 估价：99.00元
PSN Y-1998-004-1/1

中亚黄皮书
中亚国家发展报告（2018）
著(编)者：孙力
2018年3月出版 / 定价：98.00元
PSN Y-2012-238-1/1

国别类

澳大利亚蓝皮书
澳大利亚发展报告（2017-2018）
著(编)者：孙有中 韩锋　2018年12月出版 / 估价：99.00元
PSN B-2016-587-1/1

巴西黄皮书
巴西发展报告（2017）
著(编)者：刘国枝　2018年5月出版 / 估价：99.00元
PSN Y-2017-614-1/1

德国蓝皮书
德国发展报告（2018）
著(编)者：郑春荣　2018年6月出版 / 估价：99.00元
PSN B-2012-278-1/1

俄罗斯黄皮书
俄罗斯发展报告（2018）
著(编)者：李永全　2018年6月出版 / 估价：99.00元
PSN Y-2006-061-1/1

韩国蓝皮书
韩国发展报告（2017）
著(编)者：牛林杰 刘宝全　2018年6月出版 / 估价：99.00元
PSN B-2010-155-1/1

加拿大蓝皮书
加拿大发展报告（2018）
著(编)者：唐小松　2018年9月出版 / 估价：99.00元
PSN B-2014-389-1/1

美国蓝皮书
美国研究报告（2018）
著(编)者：郑秉文 黄平　2018年5月出版 / 估价：99.00元
PSN B-2011-210-1/1

缅甸蓝皮书
缅甸国情报告（2017）
著(编)者：祝湘辉
2017年11月出版 / 定价：98.00元
PSN B-2013-343-1/1

日本蓝皮书
日本研究报告（2018）
著(编)者：杨伯江　2018年4月出版 / 定价：99.00元
PSN B-2002-020-1/1

土耳其蓝皮书
土耳其发展报告（2018）
著(编)者：郭长刚 刘义　2018年9月出版 / 估价：99.00元
PSN B-2014-412-1/1

伊朗蓝皮书
伊朗发展报告（2017～2018）
著(编)者：冀开运　2018年10月 / 估价：99.00元
PSN B-2016-574-1/1

以色列蓝皮书
以色列发展报告（2018）
著(编)者：张倩红　2018年8月出版 / 估价：99.00元
PSN B-2015-483-1/1

印度蓝皮书
印度国情报告（2017）
著(编)者：吕昭义　2018年6月出版 / 估价：99.00元
PSN B-2012-241-1/1

英国蓝皮书
英国发展报告（2017～2018）
著(编)者：王展鹏　2018年12月出版 / 估价：99.00元
PSN B-2015-486-1/1

越南蓝皮书
越南国情报告（2018）
著(编)者：谢林城　2018年11月出版 / 估价：99.00元
PSN B-2006-056-1/1

泰国蓝皮书
泰国研究报告（2018）
著(编)者：庄国土 张禹东 刘文正
2018年10月出版 / 估价：99.00元
PSN B-2016-556-1/1

文化传媒类

“三农”舆情蓝皮书
中国“三农”网络舆情报告（2017～2018）
著(编)者：农业部信息中心
2018年6月出版 / 估价：99.00元
PSN B-2017-640-1/1

传媒竞争力蓝皮书
中国传媒国际竞争力研究报告（2018）
著(编)者：李本乾 刘强 王大可
2018年8月出版 / 估价：99.00元
PSN B-2013-356-1/1

传媒蓝皮书
中国传媒产业发展报告（2018）
著(编)者：崔保国
2018年5月出版 / 估价：99.00元
PSN B-2005-035-1/1

传媒投资蓝皮书
中国传媒投资发展报告（2018）
著(编)者：张向东 谭云明
2018年6月出版 / 估价：148.00元
PSN B-2015-474-1/1

非物质文化遗产蓝皮书
中国非物质文化遗产发展报告（2018）
著(编)者：陈平　2018年6月出版 / 估价：128.00元
PSN B-2015-469-1/2

非物质文化遗产蓝皮书
中国非物质文化遗产保护发展报告（2018）
著(编)者：宋俊华　2018年10月出版 / 估价：128.00元
PSN B-2016-586-2/2

广电蓝皮书
中国广播电影电视发展报告（2018）
著(编)者：国家新闻出版广电总局发展研究中心
2018年7月出版 / 估价：99.00元
PSN B-2006-072-1/1

广告主蓝皮书
中国广告主营销传播趋势报告No.9
著(编)者：黄升民 杜国清 邵华冬 等
2018年10月出版 / 估价：158.00元
PSN B-2005-041-1/1

国际传播蓝皮书
中国国际传播发展报告（2018）
著(编)者：胡正荣 李继东 姬德强
2018年12月出版 / 估价：99.00元
PSN B-2014-408-1/1

国家形象蓝皮书
中国国家形象传播报告（2017）
著(编)者：张昆　2018年6月出版 / 估价：128.00元
PSN B-2017-605-1/1

互联网治理蓝皮书
中国网络社会治理研究报告（2018）
著(编)者：罗昕 支庭荣
2018年9月出版 / 估价：118.00元
PSN B-2017-653-1/1

纪录片蓝皮书
中国纪录片发展报告（2018）
著(编)者：何苏六　2018年10月出版 / 估价：99.00元
PSN B-2011-222-1/1

科学传播蓝皮书
中国科学传播报告（2016~2017）
著(编)者：詹正茂　2018年6月出版 / 估价：99.00元
PSN B-2008-120-1/1

两岸创意经济蓝皮书
两岸创意经济研究报告（2018）
著(编)者：罗昌智 董泽平
2018年10月出版 / 估价：99.00元
PSN B-2014-437-1/1

媒介与女性蓝皮书
中国媒介与女性发展报告（2017～2018）
著(编)者：刘利群　2018年5月出版 / 估价：99.00元
PSN B-2013-345-1/1

媒体融合蓝皮书
中国媒体融合发展报告（2017～2018）
著(编)者：梅宁华 支庭荣
2017年12月出版 / 定价：98.00元
PSN B-2015-479-1/1

全球传媒蓝皮书
全球传媒发展报告（2017～2018）
著(编)者：胡正荣 李继东　2018年6月出版 / 估价：99.00元
PSN B-2012-237-1/1

少数民族非遗蓝皮书
中国少数民族非物质文化遗产发展报告（2018）
著(编)者：肖远平（彝） 柴立（满）
2018年10月出版 / 估价：118.00元
PSN B-2015-467-1/1

视听新媒体蓝皮书
中国视听新媒体发展报告（2018）
著(编)者：国家新闻出版广电总局发展研究中心
2018年7月出版 / 估价：118.00元
PSN B-2011-184-1/1

数字娱乐产业蓝皮书
中国动画产业发展报告（2018）
著(编)者：孙立军 孙平 牛兴侦
2018年10月出版 / 估价：99.00元
PSN B-2011-198-1/2

数字娱乐产业蓝皮书
中国游戏产业发展报告（2018）
著(编)者：孙立军 刘跃军　2018年10月出版 / 估价：99.00元
PSN B-2017-662-2/2

网络视听蓝皮书
中国互联网视听行业发展报告（2018）
著(编)者：陈鹏　2018年2月出版 / 定价：148.00元
PSN B-2018-688-1/1

文化创新蓝皮书
中国文化创新报告（2017·No.8）
著(编)者：傅才武　2018年6月出版 / 估价：99.00元
PSN B-2009-143-1/1

文化建设蓝皮书
中国文化发展报告（2018）
著(编)者：江畅 孙伟平 戴茂堂
2018年5月出版 / 估价：99.00元
PSN B-2014-392-1/1

文化科技蓝皮书
文化科技创新发展报告（2018）
著(编)者：于平 李凤亮　2018年10月出版 / 估价：99.00元
PSN B-2013-342-1/1

文化蓝皮书
中国公共文化服务发展报告（2017~2018）
著(编)者：刘新成 张永新 张旭
2018年12月出版 / 估价：99.00元
PSN B-2007-093-2/10

文化蓝皮书
中国少数民族文化发展报告（2017～2018）
著(编)者：武翠英 张晓明 任乌晶
2018年9月出版 / 估价：99.00元
PSN B-2013-369-9/10

文化蓝皮书
中国文化产业供需协调检测报告（2018）
著(编)者：王亚南　2018年3月出版 / 定价：99.00元
PSN B-2013-323-8/10

文化蓝皮书
中国文化消费需求景气评价报告（2018）
著(编)者：王亚南　　2018年3月出版 / 定价：99.00元
PSN B-2011-236-4/10

文化蓝皮书
中国公共文化投入增长测评报告（2018）
著(编)者：王亚南　　2018年3月出版 / 定价：99.00元
PSN B-2014-435-10/10

文化品牌蓝皮书
中国文化品牌发展报告（2018）
著(编)者：欧阳友权　　2018年5月出版 / 估价：99.00元
PSN B-2012-277-1/1

文化遗产蓝皮书
中国文化遗产事业发展报告（2017～2018）
著(编)者：苏杨 张颖岚 卓杰 白海峰 陈晨 陈叙图
2018年8月出版 / 估价：99.00元
PSN B-2008-119-1/1

文学蓝皮书
中国文情报告（2017～2018）
著(编)者：白烨　　2018年5月出版 / 估价：99.00元
PSN B-2011-221-1/1

新媒体蓝皮书
中国新媒体发展报告No.9（2018）
著(编)者：唐绪军　　2018年7月出版 / 估价：99.00元
PSN B-2010-169-1/1

新媒体社会责任蓝皮书
中国新媒体社会责任研究报告（2018）
著(编)者：钟瑛　　2018年12月出版 / 估价：99.00元
PSN B-2014-423-1/1

移动互联网蓝皮书
中国移动互联网发展报告（2018）
著(编)者：余清楚　　2018年6月出版 / 估价：99.00元
PSN B-2012-282-1/1

影视蓝皮书
中国影视产业发展报告（2018）
著(编)者：司若 陈鹏 陈锐
2018年6月出版 / 估价：99.00元
PSN B-2016-529-1/1

舆情蓝皮书
中国社会舆情与危机管理报告（2018）
著(编)者：谢耘耕
2018年9月出版 / 估价：138.00元
PSN B-2011-235-1/1

中国大运河蓝皮书
中国大运河发展报告（2018）
著(编)者：吴欣　　2018年2月出版 / 估价：128.00元
PSN B-2018-691-1/1

地方发展类-经济

澳门蓝皮书
澳门经济社会发展报告（2017～2018）
著(编)者：吴志良 郝雨凡
2018年7月出版 / 估价：99.00元
PSN B-2009-138-1/1

澳门绿皮书
澳门旅游休闲发展报告（2017～2018）
著(编)者：郝雨凡 林广志
2018年5月出版 / 估价：99.00元
PSN G-2017-617-1/1

北京蓝皮书
北京经济发展报告（2017～2018）
著(编)者：杨松　　2018年6月出版 / 估价：99.00元
PSN B-2006-054-2/8

北京旅游绿皮书
北京旅游发展报告（2018）
著(编)者：北京旅游学会
2018年7月出版 / 估价：99.00元
PSN G-2012-301-1/1

北京体育蓝皮书
北京体育产业发展报告（2017～2018）
著(编)者：钟秉枢 陈杰 杨铁黎
2018年9月出版 / 估价：99.00元
PSN B-2015-475-1/1

滨海金融蓝皮书
滨海新区金融发展报告（2017）
著(编)者：王爱俭 李向前　　2018年4月出版 / 估价：99.00元
PSN B-2014-424-1/1

城乡一体化蓝皮书
北京城乡一体化发展报告（2017～2018）
著(编)者：吴宝新 张宝秀 黄序
2018年5月出版 / 估价：99.00元
PSN B-2012-258-2/2

非公有制企业社会责任蓝皮书
北京非公有制企业社会责任报告（2018）
著(编)者：宋贵伦 冯培
2018年6月出版 / 估价：99.00元
PSN B-2017-613-1/1

福建旅游蓝皮书
福建省旅游产业发展现状研究（2017~2018）
著(编)者：陈敏华 黄远水　2018年12月出版 / 估价：128.00元
PSN B-2016-591-1/1

福建自贸区蓝皮书
中国(福建)自由贸易试验区发展报告(2017~2018)
著(编)者：黄茂兴　2018年6月出版 / 估价：118.00元
PSN B-2016-531-1/1

甘肃蓝皮书
甘肃经济发展分析与预测（2018）
著(编)者：安文华 罗哲　2018年1月出版 / 定价：99.00元
PSN B-2013-312-1/6

甘肃蓝皮书
甘肃商贸流通发展报告（2018）
著(编)者：张应华 王福生 王晓芳
2018年1月出版 / 定价：99.00元
PSN B-2016-522-6/6

甘肃蓝皮书
甘肃县域和农村发展报告（2018）
著(编)者：包东红 朱智文 王建兵
2018年1月出版 / 定价：99.00元
PSN B-2013-316-5/6

甘肃农业科技绿皮书
甘肃农业科技发展研究报告（2018）
著(编)者：魏胜文 乔德华 张东伟
2018年12月出版 / 估价：198.00元
PSN B-2016-592-1/1

甘肃气象保障蓝皮书
甘肃农业对气候变化的适应与风险评估报告（No.1）
著(编)者：鲍文中 周广胜
2017年12月出版 / 定价：108.00元
PSN B-2017-677-1/1

巩义蓝皮书
巩义经济社会发展报告（2018）
著(编)者：丁同民 朱军　2018年6月出版 / 估价：99.00元
PSN B-2016-532-1/1

广东外经贸蓝皮书
广东对外经济贸易发展研究报告（2017~2018）
著(编)者：陈万灵　2018年6月出版 / 估价：99.00元
PSN B-2012-286-1/1

广西北部湾经济区蓝皮书
广西北部湾经济区开放开发报告（2017~2018）
著(编)者：广西壮族自治区北部湾经济区和东盟开放合作办公室
广西社会科学院
广西北部湾发展研究院
2018年5月出版 / 估价：99.00元
PSN B-2010-181-1/1

广州蓝皮书
广州城市国际化发展报告（2018）
著(编)者：张跃国　2018年8月出版 / 估价：99.00元
PSN B-2012-246-11/14

广州蓝皮书
中国广州城市建设与管理发展报告（2018）
著(编)者：张其学 陈小钢 王宏伟　2018年8月出版 / 估价：99.00元
PSN B-2007-087-4/14

广州蓝皮书
广州创新型城市发展报告（2018）
著(编)者：尹涛　2018年6月出版 / 估价：99.00元
PSN B-2012-247-12/14

广州蓝皮书
广州经济发展报告（2018）
著(编)者：张跃国 尹涛　2018年7月出版 / 估价：99.00元
PSN B-2005-040-1/14

广州蓝皮书
2018年中国广州经济形势分析与预测
著(编)者：魏明海 谢博能 李华
2018年6月出版 / 估价：99.00元
PSN B-2011-185-9/14

广州蓝皮书
中国广州科技创新发展报告（2018）
著(编)者：于欣伟 陈爽 邓佑满　2018年8月出版 / 估价：99.00元
PSN B-2006-065-2/14

广州蓝皮书
广州农村发展报告（2018）
著(编)者：朱名宏　2018年7月出版 / 估价：99.00元
PSN B-2010-167-8/14

广州蓝皮书
广州汽车产业发展报告（2018）
著(编)者：杨再高 冯兴亚　2018年7月出版 / 估价：99.00元
PSN B-2006-066-3/14

广州蓝皮书
广州商贸业发展报告（2018）
著(编)者：张跃国 陈杰 荀振英
2018年7月出版 / 估价：99.00元
PSN B-2012-245-10/14

贵阳蓝皮书
贵阳城市创新发展报告No.3（白云篇）
著(编)者：连玉明　2018年5月出版 / 估价：99.00元
PSN B-2015-491-3/10

贵阳蓝皮书
贵阳城市创新发展报告No.3（观山湖篇）
著(编)者：连玉明　2018年5月出版 / 估价：99.00元
PSN B-2015-497-9/10

贵阳蓝皮书
贵阳城市创新发展报告No.3（花溪篇）
著(编)者：连玉明　2018年5月出版 / 估价：99.00元
PSN B-2015-490-2/10

贵阳蓝皮书
贵阳城市创新发展报告No.3（开阳篇）
著(编)者：连玉明　2018年5月出版 / 估价：99.00元
PSN B-2015-492-4/10

贵阳蓝皮书
贵阳城市创新发展报告No.3（南明篇）
著(编)者：连玉明　2018年5月出版 / 估价：99.00元
PSN B-2015-496-8/10

贵阳蓝皮书
贵阳城市创新发展报告No.3（清镇篇）
著(编)者：连玉明　2018年5月出版 / 估价：99.00元
PSN B-2015-489-1/10

贵阳蓝皮书
贵阳城市创新发展报告No.3（乌当篇）
著(编)者：连玉明　　2018年5月出版 / 估价：99.00元
PSN B-2015-495-7/10

贵阳蓝皮书
贵阳城市创新发展报告No.3（息烽篇）
著(编)者：连玉明　　2018年5月出版 / 估价：99.00元
PSN B-2015-493-5/10

贵阳蓝皮书
贵阳城市创新发展报告No.3（修文篇）
著(编)者：连玉明　　2018年5月出版 / 估价：99.00元
PSN B-2015-494-6/10

贵阳蓝皮书
贵阳城市创新发展报告No.3（云岩篇）
著(编)者：连玉明　　2018年5月出版 / 估价：99.00元
PSN B-2015-498-10/10

贵州房地产蓝皮书
贵州房地产发展报告No.5（2018）
著(编)者：武廷方　　2018年7月出版 / 估价：99.00元
PSN B-2014-426-1/1

贵州蓝皮书
贵州册亨经济社会发展报告（2018）
著(编)者：黄德林　　2018年6月出版 / 估价：99.00元
PSN B-2016-525-8/9

贵州蓝皮书
贵州地理标志产业发展报告（2018）
著(编)者：李发耀 黄其松　　2018年8月出版 / 估价：99.00元
PSN B-2017-646-10/10

贵州蓝皮书
贵安新区发展报告（2017～2018）
著(编)者：马长青 吴大华　　2018年6月出版 / 估价：99.00元
PSN B-2015-459-4/10

贵州蓝皮书
贵州国家级开放创新平台发展报告（2017～2018）
著(编)者：申晓庆 吴大华 季泓
2018年11月出版 / 估价：99.00元
PSN B-2016-518-7/10

贵州蓝皮书
贵州国有企业社会责任发展报告（2017～2018）
著(编)者：郭丽　　2018年12月出版 / 估价：99.00元
PSN B-2015-511-6/10

贵州蓝皮书
贵州民航业发展报告（2017）
著(编)者：申振东 吴大华　　2018年6月出版 / 估价：99.00元
PSN B-2015-471-5/10

贵州蓝皮书
贵州民营经济发展报告（2017）
著(编)者：杨静 吴大华　　2018年6月出版 / 估价：99.00元
PSN B-2016-530-9/9

杭州都市圈蓝皮书
杭州都市圈发展报告（2018）
著(编)者：洪庆华 沈翔　　2018年4月出版 / 定价：98.00元
PSN B-2012-302-1/1

河北经济蓝皮书
河北省经济发展报告（2018）
著(编)者：马树强 金浩 张贵　　2018年6月出版 / 估价：99.00元
PSN B-2014-380-1/1

河北蓝皮书
河北经济社会发展报告（2018）
著(编)者：康振海　　2018年1月出版 / 定价：99.00元
PSN B-2014-372-1/3

河北蓝皮书
京津冀协同发展报告（2018）
著(编)者：陈璐　　2017年12月出版 / 定价：79.00元
PSN B-2017-601-2/3

河南经济蓝皮书
2018年河南经济形势分析与预测
著(编)者：王世炎　　2018年3月出版 / 定价：89.00元
PSN B-2007-086-1/1

河南蓝皮书
河南城市发展报告（2018）
著(编)者：张占仓 王建国　　2018年5月出版 / 估价：99.00元
PSN B-2009-131-3/9

河南蓝皮书
河南工业发展报告（2018）
著(编)者：张占仓　　2018年5月出版 / 估价：99.00元
PSN B-2013-317-5/9

河南蓝皮书
河南金融发展报告（2018）
著(编)者：喻新安 谷建全
2018年6月出版 / 估价：99.00元
PSN B-2014-390-7/9

河南蓝皮书
河南经济发展报告（2018）
著(编)者：张占仓 完世伟
2018年6月出版 / 估价：99.00元
PSN B-2010-157-4/9

河南蓝皮书
河南能源发展报告（2018）
著(编)者：国网河南省电力公司经济技术研究院
河南省社会科学院
2018年6月出版 / 估价：99.00元
PSN B-2017-607-9/9

河南商务蓝皮书
河南商务发展报告（2018）
著(编)者：焦锦淼 穆荣国　　2018年5月出版 / 估价：99.00元
PSN B-2014-399-1/1

河南双创蓝皮书
河南创新创业发展报告（2018）
著(编)者：喻新安 杨雪梅
2018年8月出版 / 估价：99.00元
PSN B-2017-641-1/1

黑龙江蓝皮书
黑龙江经济发展报告（2018）
著(编)者：朱宇　　2018年1月出版 / 定价：89.00元
PSN B-2011-190-2/2

湖南城市蓝皮书
区域城市群整合
著(编)者：童中贤 韩未名　2018年12月出版 / 估价：99.00元
PSN B-2006-064-1/1

湖南蓝皮书
湖南城乡一体化发展报告（2018）
著(编)者：陈文胜 王文强 陆福兴
2018年8月出版 / 估价：99.00元
PSN B-2015-477-8/8

湖南蓝皮书
2018年湖南电子政务发展报告
著(编)者：梁志峰　2018年5月出版 / 估价：128.00元
PSN B-2014-394-6/8

湖南蓝皮书
2018年湖南经济发展报告
著(编)者：卞鹰　2018年5月出版 / 估价：128.00元
PSN B-2011-207-2/8

湖南蓝皮书
2016年湖南经济展望
著(编)者：梁志峰　2018年5月出版 / 估价：128.00元
PSN B-2011-206-1/8

湖南蓝皮书
2018年湖南县域经济社会发展报告
著(编)者：梁志峰　2018年5月出版 / 估价：128.00元
PSN B-2014-395-7/8

湖南县域绿皮书
湖南县域发展报告（No.5）
著(编)者：袁准 周小毛 黎仁寅
2018年6月出版 / 估价：99.00元
PSN G-2012-274-1/1

沪港蓝皮书
沪港发展报告（2018）
著(编)者：尤安山　2018年9月出版 / 估价：99.00元
PSN B-2013-362-1/1

吉林蓝皮书
2018年吉林经济社会形势分析与预测
著(编)者：邵汉明　2017年12月出版 / 定价：89.00元
PSN B-2013-319-1/1

吉林省城市竞争力蓝皮书
吉林省城市竞争力报告（2017~2018）
著(编)者：崔岳春 张磊
2018年3月出版 / 定价：89.00元
PSN B-2016-513-1/1

济源蓝皮书
济源经济社会发展报告（2018）
著(编)者：喻新安　2018年6月出版 / 估价：99.00元
PSN B-2014-387-1/1

江苏蓝皮书
2018年江苏经济发展分析与展望
著(编)者：王庆五 吴先满
2018年7月出版 / 估价：128.00元
PSN B-2017-635-1/3

江西蓝皮书
江西经济社会发展报告（2018）
著(编)者：陈石俊 龚建文　2018年10月出版 / 估价：128.00元
PSN B-2015-484-1/2

江西蓝皮书
江西设区市发展报告（2018）
著(编)者：姜玮 梁勇
2018年10月出版 / 估价：99.00元
PSN B-2016-517-2/2

经济特区蓝皮书
中国经济特区发展报告（2017）
著(编)者：陶一桃　2018年1月出版 / 估价：99.00元
PSN B-2009-139-1/1

辽宁蓝皮书
2018年辽宁经济社会形势分析与预测
著(编)者：梁启东 魏红江　2018年6月出版 / 估价：99.00元
PSN B-2006-053-1/1

民族经济蓝皮书
中国民族地区经济发展报告（2018）
著(编)者：李曦辉　2018年7月出版 / 估价：99.00元
PSN B-2017-630-1/1

南宁蓝皮书
南宁经济发展报告（2018）
著(编)者：胡建华　2018年9月出版 / 估价：99.00元
PSN B-2016-569-2/3

内蒙古蓝皮书
内蒙古精准扶贫研究报告（2018）
著(编)者：张志华　2018年1月出版 / 定价：89.00元
PSN B-2017-681-2/2

浦东新区蓝皮书
上海浦东经济发展报告（2018）
著(编)者：周小平 徐美芳
2018年1月出版 / 定价：89.00元
PSN B-2011-225-1/1

青海蓝皮书
2018年青海经济社会形势分析与预测
著(编)者：陈玮　2018年1月出版 / 定价：98.00元
PSN B-2012-275-1/2

青海科技绿皮书
青海科技发展报告（2017）
著(编)者：青海省科学技术信息研究所
2018年3月出版 / 定价：98.00元
PSN G-2018-701-1/1

山东蓝皮书
山东经济形势分析与预测（2018）
著(编)者：李广杰　2018年7月出版 / 估价：99.00元
PSN B-2014-404-1/5

山东蓝皮书
山东省普惠金融发展报告（2018）
著(编)者：齐鲁财富网
2018年9月出版 / 估价：99.00元
PSN B2017-676-5/5

山西蓝皮书
山西资源型经济转型发展报告（2018）
著(编)者：李志强　2018年7月出版 / 估价：99.00元
PSN B-2011-197-1/1

陕西蓝皮书
陕西经济发展报告（2018）
著(编)者：任宗哲 白宽犁 裴成荣
2018年1月出版 / 定价：89.00元
PSN B-2009-135-1/6

陕西蓝皮书
陕西精准脱贫研究报告（2018）
著(编)者：任宗哲 白宽犁 王建康
2018年4月出版 / 定价：89.00元
PSN B-2017-623-6/6

上海蓝皮书
上海经济发展报告（2018）
著(编)者：沈开艳　2018年2月出版 / 定价：89.00元
PSN B-2006-057-1/7

上海蓝皮书
上海资源环境发展报告（2018）
著(编)者：周冯琦 胡静　2018年2月出版 / 定价：89.00元
PSN B-2006-060-4/7

上海蓝皮书
上海奉贤经济发展分析与研判（2017~2018）
著(编)者：张兆安 朱平芳　2018年3月出版 / 定价：99.00元
PSN B-2018-698-8/8

上饶蓝皮书
上饶发展报告（2016~2017）
著(编)者：廖其志　2018年6月出版 / 估价：128.00元
PSN B-2014-377-1/1

深圳蓝皮书
深圳经济发展报告（2018）
著(编)者：张骁儒　2018年6月出版 / 估价：99.00元
PSN B-2008-112-3/7

四川蓝皮书
四川城镇化发展报告（2018）
著(编)者：侯水平 陈炜　2018年6月出版 / 估价：99.00元
PSN B-2015-456-7/7

四川蓝皮书
2018年四川经济形势分析与预测
著(编)者：杨钢　2018年1月出版 / 定价：158.00元
PSN B-2007-098-2/7

四川蓝皮书
四川企业社会责任研究报告（2017~2018）
著(编)者：侯水平 盛毅　2018年5月出版 / 估价：99.00元
PSN B-2014-386-4/7

四川蓝皮书
四川生态建设报告（2018）
著(编)者：李晟之　2018年5月出版 / 估价：99.00元
PSN B-2015-455-6/7

四川蓝皮书
四川特色小镇发展报告（2017）
著(编)者：吴志强　2017年11月出版 / 定价：89.00元
PSN B-2017-670-8/8

体育蓝皮书
上海体育产业发展报告（2017~2018）
著(编)者：张林 黄海燕
2018年10月出版 / 估价：99.00元
PSN B-2015-454-4/5

体育蓝皮书
长三角地区体育产业发展报（2017~2018）
著(编)者：张林　2018年6月出版 / 估价：99.00元
PSN B-2015-453-3/5

天津金融蓝皮书
天津金融发展报告（2018）
著(编)者：王爱俭 孔德昌
2018年5月出版 / 估价：99.00元
PSN B-2014-418-1/1

图们江区域合作蓝皮书
图们江区域合作发展报告（2018）
著(编)者：李铁　2018年6月出版 / 估价：99.00元
PSN B-2015-464-1/1

温州蓝皮书
2018年温州经济社会形势分析与预测
著(编)者：蒋儒标 王春光 金浩
2018年6月出版 / 估价：99.00元
PSN B-2008-105-1/1

西咸新区蓝皮书
西咸新区发展报告（2018）
著(编)者：李扬 王军
2018年6月出版 / 估价：99.00元
PSN B-2016-534-1/1

修武蓝皮书
修武经济社会发展报告（2018）
著(编)者：张占仓 袁凯声
2018年10月出版 / 估价：99.00元
PSN B-2017-651-1/1

偃师蓝皮书
偃师经济社会发展报告（2018）
著(编)者：张占仓 袁凯声 何武周
2018年7月出版 / 估价：99.00元
PSN B-2017-627-1/1

扬州蓝皮书
扬州经济社会发展报告（2018）
著(编)者：陈扬
2018年12月出版 / 估价：108.00元
PSN B-2011-191-1/1

长垣蓝皮书
长垣经济社会发展报告（2018）
著(编)者：张占仓 袁凯声 秦保建
2018年10月出版 / 估价：99.00元
PSN B-2017-654-1/1

遵义蓝皮书
遵义发展报告（2018）
著(编)者：邓彦 曾征 龚永育
2018年9月出版 / 估价：99.00元
PSN B-2014-433-1/1

地方发展类-社会

安徽蓝皮书
安徽社会发展报告（2018）
著(编)者：程桦　　2018年6月出版 / 估价：99.00元
PSN B-2013-325-1/1

安徽社会建设蓝皮书
安徽社会建设分析报告（2017~2018）
著(编)者：黄家海 蔡宪
2018年11月出版 / 估价：99.00元
PSN B-2013-322-1/1

北京蓝皮书
北京公共服务发展报告（2017~2018）
著(编)者：施昌奎　　2018年6月出版 / 估价：99.00元
PSN B-2008-103-7/8

北京蓝皮书
北京社会发展报告（2017~2018）
著(编)者：李伟东
2018年7月出版 / 估价：99.00元
PSN B-2006-055-3/8

北京蓝皮书
北京社会治理发展报告（2017~2018）
著(编)者：殷星辰　　2018年7月出版 / 估价：99.00元
PSN B-2014-391-8/8

北京律师蓝皮书
北京律师发展报告 No.4（2018）
著(编)者：王隽　　2018年12月出版 / 估价：99.00元
PSN B-2011-217-1/1

北京人才蓝皮书
北京人才发展报告（2018）
著(编)者：敏华　　2018年12月出版 / 估价：128.00元
PSN B-2011-201-1/1

北京社会心态蓝皮书
北京社会心态分析报告（2017~2018）
北京市社会心理服务促进中心
2018年10月出版 / 估价：99.00元
PSN B-2014-422-1/1

北京社会组织管理蓝皮书
北京社会组织发展与管理（2018）
著(编)者：黄江松
2018年6月出版 / 估价：99.00元
PSN B-2015-446-1/1

北京养老产业蓝皮书
北京居家养老发展报告（2018）
著(编)者：陆杰华 周明明
2018年8月出版 / 估价：99.00元
PSN B-2015-465-1/1

法治蓝皮书
四川依法治省年度报告No.4（2018）
著(编)者：李林 杨天宗 田禾
2018年3月出版 / 定价：118.00元
PSN B-2015-447-2/3

福建妇女发展蓝皮书
福建省妇女发展报告（2018）
著(编)者：刘群英　　2018年11月出版 / 估价：99.00元
PSN B-2011-220-1/1

甘肃蓝皮书
甘肃社会发展分析与预测（2018）
著(编)者：安文华 谢增虎 包晓霞
2018年1月出版 / 定价：99.00元
PSN B-2013-313-2/6

广东蓝皮书
广东全面深化改革研究报告（2018）
著(编)者：周林生 涂成林
2018年12月出版 / 估价：99.00元
PSN B-2015-504-3/3

广东蓝皮书
广东社会工作发展报告（2018）
著(编)者：罗观翠　　2018年6月出版 / 估价：99.00元
PSN B-2014-402-2/3

广州蓝皮书
广州青年发展报告（2018）
著(编)者：徐柳 张强
2018年8月出版 / 估价：99.00元
PSN B-2013-352-13/14

广州蓝皮书
广州社会保障发展报告（2018）
著(编)者：张跃国　　2018年8月出版 / 估价：99.00元
PSN B-2014-425-14/14

广州蓝皮书
2018年中国广州社会形势分析与预测
著(编)者：张强 郭志勇 何镜清
2018年6月出版 / 估价：99.00元
PSN B-2008-110-5/14

贵州蓝皮书
贵州法治发展报告（2018）
著(编)者：吴大华　　2018年5月出版 / 估价：99.00元
PSN B-2012-254-2/10

贵州蓝皮书
贵州人才发展报告（2017）
著(编)者：于杰 吴大华
2018年9月出版 / 估价：99.00元
PSN B-2014-382-3/10

贵州蓝皮书
贵州社会发展报告（2018）
著(编)者：王兴骥　　2018年6月出版 / 估价：99.00元
PSN B-2010-166-1/10

杭州蓝皮书
杭州妇女发展报告（2018）
著(编)者：魏颖
2018年10月出版 / 估价：99.00元
PSN B-2014-403-1/1

河北蓝皮书
河北法治发展报告（2018）
著(编)者：康振海　2018年6月出版 / 估价：99.00元
PSN B-2017-622-3/3

河北食品药品安全蓝皮书
河北食品药品安全研究报告（2018）
著(编)者：丁锦霞
2018年10月出版 / 估价：99.00元
PSN B-2015-473-1/1

河南蓝皮书
河南法治发展报告（2018）
著(编)者：张林海　2018年7月出版 / 估价：99.00元
PSN B-2014-376-6/9

河南蓝皮书
2018年河南社会形势分析与预测
著(编)者：牛苏林　2018年5月出版 / 估价：99.00元
PSN B-2005-043-1/9

河南民办教育蓝皮书
河南民办教育发展报告（2018）
著(编)者：胡大白　2018年9月出版 / 估价：99.00元
PSN B-2017-642-1/1

黑龙江蓝皮书
黑龙江社会发展报告（2018）
著(编)者：王爱丽　2018年1月出版 / 定价：89.00元
PSN B-2011-189-1/2

湖南蓝皮书
2018年湖南两型社会与生态文明建设报告
著(编)者：卞鹰　2018年5月出版 / 估价：128.00元
PSN B-2011-208-3/8

湖南蓝皮书
2018年湖南社会发展报告
著(编)者：卞鹰　2018年5月出版 / 估价：128.00元
PSN B-2014-393-5/8

健康城市蓝皮书
北京健康城市建设研究报告（2018）
著(编)者：王鸿春 盛继洪
2018年9月出版 / 估价：99.00元
PSN B-2015-460-1/2

江苏法治蓝皮书
江苏法治发展报告No.6（2017）
著(编)者：蔡道通 龚廷泰
2018年8月出版 / 估价：99.00元
PSN B-2012-290-1/1

江苏蓝皮书
2018年江苏社会发展分析与展望
著(编)者：王庆五 刘旺洪
2018年8月出版 / 估价：128.00元
PSN B-2017-636-2/3

民族教育蓝皮书
中国民族教育发展报告（2017·内蒙古卷）
著(编)者：陈中永
2017年12月出版 / 定价：198.00元
PSN B-2017-669-1/1

南宁蓝皮书
南宁法治发展报告（2018）
著(编)者：杨维超　2018年12月出版 / 估价：99.00元
PSN B-2015-509-1/3

南宁蓝皮书
南宁社会发展报告（2018）
著(编)者：胡建华　2018年10月出版 / 估价：99.00元
PSN B-2016-570-3/3

内蒙古蓝皮书
内蒙古反腐倡廉建设报告 No.2
著(编)者：张志华　2018年6月出版 / 估价：99.00元
PSN B-2013-365-1/1

青海蓝皮书
2018年青海人才发展报告
著(编)者：王宇燕　2018年9月出版 / 估价：99.00元
PSN B-2017-650-2/2

青海生态文明建设蓝皮书
青海生态文明建设报告（2018）
著(编)者：张西明 高华　2018年12月出版 / 估价：99.00元
PSN B-2016-595-1/1

人口与健康蓝皮书
深圳人口与健康发展报告（2018）
著(编)者：陆杰华 傅崇辉
2018年11月出版 / 估价：99.00元
PSN B-2011-228-1/1

山东蓝皮书
山东社会形势分析与预测（2018）
著(编)者：李善峰　2018年6月出版 / 估价：99.00元
PSN B-2014-405-2/5

陕西蓝皮书
陕西社会发展报告（2018）
著(编)者：任宗哲 白宽犁 牛昉
2018年1月出版 / 定价：89.00元
PSN B-2009-136-2/6

上海蓝皮书
上海法治发展报告（2018）
著(编)者：叶必丰　2018年9月出版 / 估价：99.00元
PSN B-2012-296-6/7

上海蓝皮书
上海社会发展报告（2018）
著(编)者：杨雄 周海旺
2018年2月出版 / 定价：89.00元
PSN B-2006-058-2/7

社会建设蓝皮书
2018年北京社会建设分析报告
著(编)者：宋贵伦 冯虹　2018年9月出版 / 估价：99.00元
PSN B-2010-173-1/1

深圳蓝皮书
深圳法治发展报告（2018）
著(编)者：张骁儒　2018年6月出版 / 估价：99.00元
PSN B-2015-470-6/7

深圳蓝皮书
深圳劳动关系发展报告（2018）
著(编)者：汤庭芬　2018年8月出版 / 估价：99.00元
PSN B-2007-097-2/7

深圳蓝皮书
深圳社会治理与发展报告（2018）
著(编)者：张骁儒　2018年6月出版 / 估价：99.00元
PSN B-2008-113-4/7

生态安全绿皮书
甘肃国家生态安全屏障建设发展报告（2018）
著(编)者：刘举科 喜文华
2018年10月出版 / 估价：99.00元
PSN G-2017-659-1/1

顺义社会建设蓝皮书
北京市顺义区社会建设发展报告（2018）
著(编)者：王学武　2018年9月出版 / 估价：99.00元
PSN B-2017-658-1/1

四川蓝皮书
四川法治发展报告（2018）
著(编)者：郑泰安　2018年6月出版 / 估价：99.00元
PSN B-2015-441-5/7

四川蓝皮书
四川社会发展报告（2018）
著(编)者：李羚　2018年6月出版 / 估价：99.00元
PSN B-2008-127-3/7

四川社会工作与管理蓝皮书
四川省社会工作人力资源发展报告（2017）
著(编)者：边慧敏　2017年12月出版 / 定价：89.00元
PSN B-2017-683-1/1

云南社会治理蓝皮书
云南社会治理年度报告（2017）
著(编)者：晏雄 韩全芳
2018年5月出版 / 估价：99.00元
PSN B-2017-667-1/1

地方发展类-文化

北京传媒蓝皮书
北京新闻出版广电发展报告（2017~2018）
著(编)者：王志　2018年11月出版 / 估价：99.00元
PSN B-2016-588-1/1

北京蓝皮书
北京文化发展报告（2017~2018）
著(编)者：李建盛　2018年5月出版 / 估价：99.00元
PSN B-2007-082-4/8

创意城市蓝皮书
北京文化创意产业发展报告（2018）
著(编)者：郭万超 张京成　2018年12月出版 / 估价：99.00元
PSN B-2012-263-1/7

创意城市蓝皮书
天津文化创意产业发展报告（2017~2018）
著(编)者：谢思全　2018年6月出版 / 估价：99.00元
PSN B-2016-536-7/7

创意城市蓝皮书
武汉文化创意产业发展报告（2018）
著(编)者：黄永林 陈汉桥　2018年12月出版 / 估价：99.00元
PSN B-2013-354-4/7

创意上海蓝皮书
上海文化创意产业发展报告（2017~2018）
著(编)者：王慧敏 王兴全　2018年8月出版 / 估价：99.00元
PSN B-2016-561-1/1

非物质文化遗产蓝皮书
广州市非物质文化遗产保护发展报告（2018）
著(编)者：宋俊华　2018年12月出版 / 估价：99.00元
PSN B-2016-589-1/1

甘肃蓝皮书
甘肃文化发展分析与预测（2018）
著(编)者：马廷旭 戚晓萍　2018年1月出版 / 定价：99.00元
PSN B-2013-314-3/6

甘肃蓝皮书
甘肃舆情分析与预测（2018）
著(编)者：王俊莲 张谦元　2018年1月出版 / 定价：99.00元
PSN B-2013-315-4/6

广州蓝皮书
中国广州文化发展报告（2018）
著(编)者：屈哨兵 陆志强　2018年6月出版 / 估价：99.00元
PSN B-2009-134-7/14

广州蓝皮书
广州文化创意产业发展报告（2018）
著(编)者：徐咏虹　2018年7月出版 / 估价：99.00元
PSN B-2008-111-6/14

海淀蓝皮书
海淀区文化和科技融合发展报告（2018）
著(编)者：陈名杰 孟景伟　2018年5月出版 / 估价：99.00元
PSN B-2013-329-1/1

河南蓝皮书
河南文化发展报告（2018）
著(编)者：卫绍生　2018年7月出版 / 估价：99.00元
PSN B-2008-106-2/9

湖北文化产业蓝皮书
湖北省文化产业发展报告（2018）
著(编)者：黄晓华　2018年9月出版 / 估价：99.00元
PSN B-2017-656-1/1

湖北文化蓝皮书
湖北文化发展报告（2017~2018）
著(编)者：湖北大学高等人文研究院
中华文化发展湖北省协同创新中心
2018年10月出版 / 估价：99.00元
PSN B-2016-566-1/1

江苏蓝皮书
2018年江苏文化发展分析与展望
著(编)者：王庆五 樊和平　2018年9月出版 / 估价：128.00元
PSN B-2017-637-3/3

江西文化蓝皮书
江西非物质文化遗产发展报告（2018）
著(编)者：张圣才 傅安平　2018年12月出版 / 估价：128.00元
PSN B-2015-499-1/1

洛阳蓝皮书
洛阳文化发展报告（2018）
著(编)者：刘福兴 陈启明　2018年7月出版 / 估价：99.00元
PSN B-2015-476-1/1

南京蓝皮书
南京文化发展报告（2018）
著(编)者：中共南京市委宣传部
2018年12月出版 / 估价：99.00元
PSN B-2014-439-1/1

宁波文化蓝皮书
宁波“一人一艺”全民艺术普及发展报告（2017）
著(编)者：张爱琴　2018年11月出版 / 估价：128.00元
PSN B-2017-668-1/1

山东蓝皮书
山东文化发展报告（2018）
著(编)者：涂可国　2018年5月出版 / 估价：99.00元
PSN B-2014-406-3/5

陕西蓝皮书
陕西文化发展报告（2018）
著(编)者：任宗哲 白宽犁 王长寿
2018年1月出版 / 定价：89.00元
PSN B-2009-137-3/6

上海蓝皮书
上海传媒发展报告（2018）
著(编)者：强荧 焦雨虹　2018年2月出版 / 定价：89.00元
PSN B-2012-295-5/7

上海蓝皮书
上海文学发展报告（2018）
著(编)者：陈圣来　2018年6月出版 / 估价：99.00元
PSN B-2012-297-7/7

上海蓝皮书
上海文化发展报告（2018）
著(编)者：荣跃明　2018年6月出版 / 估价：99.00元
PSN B-2006-059-3/7

深圳蓝皮书
深圳文化发展报告（2018）
著(编)者：张骁儒　2018年7月出版 / 估价：99.00元
PSN B-2016-554-7/7

四川蓝皮书
四川文化产业发展报告（2018）
著(编)者：向宝云 张立伟　2018年6月出版 / 估价：99.00元
PSN B-2006-074-1/7

郑州蓝皮书
2018年郑州文化发展报告
著(编)者：王哲　2018年9月出版 / 估价：99.00元
PSN B-2008-107-1/1

皮书起源

“皮书”起源于十七、十八世纪的英国，主要指官方或社会组织正式发表的重要文件或报告，多以“白皮书”命名。在中国，“皮书”这一概念被社会广泛接受，并被成功运作、发展成为一种全新的出版形态，则源于中国社会科学院社会科学文献出版社。

皮书定义

皮书是对中国与世界发展状况和热点问题进行年度监测，以专业的角度、专家的视野和实证研究方法，针对某一领域或区域现状与发展态势展开分析和预测，具备原创性、实证性、专业性、连续性、前沿性、时效性等特点的公开出版物，由一系列权威研究报告组成。

皮书作者

皮书系列的作者以中国社会科学院、著名高校、地方社会科学院的研究人员为主，多为国内一流研究机构的权威专家学者，他们的看法和观点代表了学界对中国与世界的现实和未来最高水平的解读与分析。

皮书荣誉

皮书系列已成为社会科学文献出版社的著名图书品牌和中国社会科学院的知名学术品牌。2016 年，皮书系列正式列入“十三五”国家重点出版规划项目；2013~2018 年，重点皮书列入中国社会科学院承担的国家哲学社会科学创新工程项目；2018 年，59 种院外皮书使用“中国社会科学院创新工程学术出版项目”标识。

中国皮书网

（网址：www.pishu.cn）

发布皮书研创资讯，传播皮书精彩内容
引领皮书出版潮流，打造皮书服务平台

栏目设置

关于皮书：何谓皮书、皮书分类、皮书大事记、皮书荣誉、
皮书出版第一人、皮书编辑部

最新资讯：通知公告、新闻动态、媒体聚焦、网站专题、视频直播、下载专区

皮书研创：皮书规范、皮书选题、皮书出版、皮书研究、研创团队

皮书评奖评价：指标体系、皮书评价、皮书评奖

互动专区：皮书说、社科数托邦、皮书微博、留言板

所获荣誉

2008年、2011年，中国皮书网均在全国新闻出版业网站荣誉评选中获得“最具商业价值网站”称号；

2012年，获得“出版业网站百强”称号。

网库合一

2014年，中国皮书网与皮书数据库端口合一，实现资源共享。

更多信息请登录

皮书数据库
http://www.pishu.com.cn

中国皮书网
http://www.pishu.cn

皮书微博
http://weibo.com/pishu

皮书微信“皮书说”

请到当当、亚马逊、京东或各地书店购买，也可办理邮购

咨询/邮购电话：010-59367028　59367070

邮　　箱：duzhe@ssap.cn

邮购地址：北京市西城区北三环中路甲29号院3号楼
华龙大厦13层读者服务中心

邮　　编：100029

银行户名：社会科学文献出版社

开户银行：中国工商银行北京北太平庄支行

账　　号：0200010019200365434

法律声明